U0928216

教育部人文社会科学重点研究基地基金资助
教育部人文社会科学重点研究基地四川大学南亚研究所
国家“985工程”四川大学南亚与当代国际问题研究创新基地

印度经济发展模式研究

主　编◎杨文武　　副主编◎张　立/李　好

A STUDY OF INDIAN ECONOMIC DEVELOPMENT MODEL

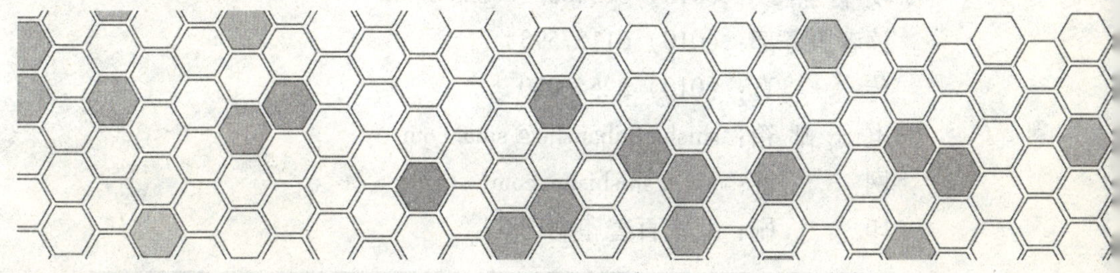

时事出版社

图书在版编目（CIP）数据

印度经济发展模式研究/杨文武主编．—北京：时事出版社，2013.12

ISBN 978-7-80232-683-5

Ⅰ．①印…　Ⅱ．①杨…　Ⅲ．①经济发展模式—研究—印度
Ⅳ．①F135.10

中国版本图书馆 CIP 数据核字（2013）第 303491 号

出版发行：时事出版社
地　　址：北京市海淀区巨山村 375 号
邮　　编：100093
发行热线：（010）82546061　82546062
读者服务部：（010）61157595
传　　真：（010）82546050
电子邮箱：shishichubanshe@sina.com
网　　址：www.shishishe.com
印　　刷：北京百善印刷厂

开本：787×1092　1/16　印张：23　字数：370 千字
2013 年 12 月第 1 版　2013 年 12 月第 1 次印刷
定价：79.00 元
（如有印装质量问题，请与本社发行部联系调换）

目 录

第一章　绪论

第一节　问题的提出

独立后，在经历了近30年经济低速增长之后，印度自20世纪90年以来，随着国内外形势的变化，通过深化内部改革和扩大对外开放，摆脱了长期以来缓慢发展的局面，一跃进入高增长国家行列，国民经济总量大幅提升。更为重要的是，印度在经济发展所采取的制度、动力、结构等多个方面，既不同于以英美为代表的平稳过渡模式，以及以新加坡和爱尔兰为代表的跨越发展模式，也不同于日本、韩国和东盟所经历的雁行渐进模式，更不同于中国典型的、向西方国家出口劳动密集型和廉价商品的外需拉动型发展模式，而是在没有经历基础广泛的制造业革命的背景下，绕过重工业阶段，将2/3的劳动力直接或间接地依赖于农业为主的经济增长逐步转变为主要依赖国内市场而非出口，依赖消费而非投资，依赖内资而非外资，依赖服务行业而非工业，依赖高科技产品而非技术含量较低的非政府主导、靠私人投资驱动和消费主导增长型的非传统经济发展模式。正如格查仁·达斯在《远东经济评论》上发表的《印度模式》中指出的那样，以“消费主导型的经济增长模式比其他增长方式更加以人为本”、“印度正处在历史的关键时刻”、“印度快速的（经济）增长很可能继续，甚至会加速”，并在一定程度上使印度经济走上可持续的发展道路。

然而，作为战后发展中国家经济发展过程中的一种国际经济现象——“印度模式”越来越受到世人的广泛关注和重视。尤其是对于20世纪90年代初，印度实施经济改革以来所形成的经济发展模式的演绎路径、基本内容及其特征、面临的挑战、经济增长模式绩效或质量评价以及其经验启迪等重大理论与现实问题，均需通过深入研究与分析才能作出科学回答与客观判研，并提炼出具有决策参考价值的对策与建议。为此，本书的研究对包括中国在内的发展中国家的发展战略抉择、经济改革政策的制定与执行、调整经济结构、实现经济增长方式转变到经济发展方式转变、进一步扩大对外开放、主动参与国际经济合作以及保障国家经济安全的政策制定等方面均具有十分重要的实践应用价值。而且，对印度经济发展模式的深入研究与分析，能在一定程度上丰富发展经济学、世界经济学、国际政治经济学、比较经济学、国际关系等诸多学科领域的研究，对传播相关经济理论等也具有十分重要的理论价值。

第二节　国内外研究现状①

据印度《经济调查》显示：2005—2006 年度、2006—2007 年度和 2007—2008 年度，印度经济增长率分别达到9.0%、9.2%和8.7%。因国内外专家学者纷纷将印度经济发展模式纳入其关注的热点论题展开理论分析与实证研究，并取得具有一定学术价值的研究成果，由此有必要对与经济发展模式相关的印度经济增长模式、印度产业结构演化模式、印度经济管理模式、印度经济开放模式等议题进行系统梳理。

一、印度经济增长模式研究

经济学家在考察经济发展模式时，必须首先从剖析经济增长规律及其增长源要素（或者说增长动力源），其中包括劳动投入要素、资本投入要素及扣除劳动与资本投入后的促进经济增长全要素生产率（total factor productivity）等相关问题入手，或者说从经济增长角度去考察一国经济发展的基本特点及基本经济发展状况，因而印度经济发展模式研究的本质内

① 杨文武、邹毅：“印度经济发展模式的研究现状及其维度探析”，《南亚研究季刊》2009 年第 1 期，第 38—42 页。

涵就是分析印度经济增长基础上经济发展的相关问题。由此，相关学者紧紧围绕印度经济增长源要素、经济增长规律以及经济增长轨迹等问题展开了相关的分析与研究。

（一）印度经济增长源要素

与贾瓦哈拉尔·尼赫鲁总理和其女英迪拉·甘地总理推行的费边社会主义政策时期令人沮丧的“印度教增长率”相比，在过去20多年里，印度经济已经取得明显的增长业绩，特别是近年来增速加快，那么持续快速的印度经济增长源要素是什么呢？

张环通过建立多元回归模型，从实证角度对印度经济增长的主要因素进行分析合指出：第一，居民消费对印度GDP增长的影响比较大，边际产出为1.41个单位，因而印度经济增长主要靠内需来拉动（印度工业联合会首席顾问塔伦·达斯也认为“印度则更多地依靠本国市场”）。第二，根据伯特的经济增长阶段理论，印度目前还处在要素投入推动发展的阶段，资本形成在相当长一段时间内仍将是印度经济增长的主要支撑。但从印度经济增长模型可以看出，印度投资的边际产出只有0.652，这在一定程度上反映了印度经济增长模式的特殊性：一方面，印度经济是一种“高效率”、“低成本”经济，投资率为20%—5%，外国直接投资也仅是中国的1/10，但其经济保持了持续快速增长态势。另一方面，从印度经济增长产业结构来看，印度这一独特的经济发展模式与其服务业占GDP的比重较高有较大关系；而且印度经济自由化改革大大改善了印度的投资环境，相对稳健和有效的金融部门也提供了融资便利，大大促进了印度的投资效率。第三，从印度经济增长模型中可看出，商品和服务进口对印度GDP增长也有一定影响。根据西方经济原理，商品和服务进口是国民经济的一种“漏出”，因此商品和服务进口对GDP增长是起负作用的，在印度其边际产出为-0.259。印度石油需求的70%要靠进口，近年来国际市场油价直线上升，不仅对国际收支造成不利影响，更引起了成本推动的通货膨胀，使印度经济发展成本不断提高，对经济增长造成巨大压力。①

而Nalin Surie认为：印度经济增长模式的核心就是解放生产力和劳

① 张环：“印度经济增长因素实证分析”，《亚太经济》2007年第2期。

动力，特别是印度企业家的能力和思路，被印度民主政治体制和市场经济所激活；加上印度拥有一个强大的金融基础设施，金融基础设施迅速成长并不断调整以适应市场变化的需要，且满足于更大的责任感和透明度的需要；再加上，不断增强的综合国力所表现出来的乐观与信任思潮。也就是说，印度不仅在知识密集型行业，而且在高科技的制造业、医药制剂和自动控制等领域，已经能够在全球市场有效地展开竞争，这也增强了自我信任的感觉。

格查仁·达斯也认为，印度30%到40%的GDP增长来源于生产率的提高——与资本或劳动力数量增加相比，这是经济健康增长的真实指标。此外，亚行首席经济学家艾弗兹·阿里认为，全球经济增长强劲仍然是促进亚洲包括印度在内的发展中国家经济增长的主要因素。

（二）印度经济增长规律

不同学者从不同研究视角对印度经济增长规律进行了一定的归纳与概括，主要研究观点有：第一，印度经济增长的周期波动性。从1951年到2005年，印度经济历经了6个变化周期，特别是从1951年到1980年呈现出“N”字形的低速增长轨迹，但自改革以来，印度经济增长由中低速向中高速的增长态势发展，不仅使印度经济总量不断扩大，也使印度人均GDP保持着持续快速的增长势头。第二，印度经济增长的地区差异性。在印度各邦经济增长率在各个时期差异都较大。第三，印度经济增长的结构性。在印度经济发展进程中，第二、三产业，特别是第三产业增长迅速。第四，印度经济增长技术进步的差异性。通过对技术水平对一国经济增长影响的CES模型的修正，并将修正后的模型用于对印度过去近30年经济增长的实证分析，得出“自20世纪90年代以来，在印度经济增长过程中劳动技术水平有所提高的同时，资本技术水平却较为显著地下降”的结论。

（三）印度经济增长悖论

普拉巴特·帕特奈克认为，当代印度经济的显著特点是GDP快速增长甚至生产剩余（利润）也不断增加，这有可能完全是一种经济繁荣，且这归因于缓解需求压力而释放出的利润膨胀过程。近年来，利润膨胀趋势是显而易见的，而事实上整个后自由化时代并没有出现过这种趋势。但在印度经济总体上受需求系统约束的情况下，生产剩余的增加应当让位于经济萧条主义趋势而不是经济增长的增加。普拉巴特·帕特奈克在解释印度经济中生产剩余增加往往导致需求制约、经济停止趋势的原因时，引用波兰马克思主义经济学家米歇尔·卡莱茨基（1954 年）的相关理论假设作出了相应回答。同时，他提供一个增长过程的简要模型，得出的结论认为印度经济增长过程面临两难困境：除非新产品和新技术不断被快速引进，否则印度经济将陷入可预期的生产过剩危机；即使为了避免危机厄运，如果新产品和新技术被引进，印度也将面临失业加剧、GDP 中生产剩余增加、贫富差距持续扩大、二元经济更为恶化的困境。[①]

（四）印度经济增长轨迹

第一，印度由于财政收入有限，政府用于基础设施投资的资金也十分有限，这使得印度的基础设施十分落后。而良好的基础设施是发展制造业的前提条件之一，印度在这一方面的缺陷使得印度企业的投资没有选择制造业，而是高技术服务业。[②] 第二，随之而来的结果是，随着印度经济的增长，印度的劳动就业水平并没有相应地显著提高，加之印度的人口迅速膨胀，印度劳动者的工资没有大幅提高，（除中产阶级以外）印度工人阶级也几乎没有什么储蓄，因而印度的工人始终处于仅靠获取工资维持低收入的消费水平。第三，印度企业投资高技术的服务业会产生较高的利润回报，资本家攫取这部分利润后，会将一部分用于增加自己的消费，另一部分储蓄起来再次形成企业的投资，这样就完成了印度经济扩大再生产的循环轨迹。第四，在这个循环体系中，资本家的投资（由给定的利润消费倾向条件下的储蓄转化而来）和消费相互促进，不断扩大，推动印度经济不断增长，这就使得印度资本家阶级始终处于高收入—高消费水平—高储蓄—高投资的资本家阶级的自身经济循环过程之中。

---

① Chandrashekhar C. P. and Ghosh J.，“Recent Employment Trends in India and China：An Unfortunate Convergence?”，Sociat Seientist，March - April 2007.

② “Indian Manufactures Learn to Compete”，The Economist，Feb. 12，2004.

二、印度产业结构演化模式

经济结构是一国经济发展模式的重要标志与内核，因此研究印度经济发展模式必然要对其经济结构，特别是印度产业结构体系演化规律进行分析与探索，而且也只有揭示了印度经济结构演化规律，才能真正把握印度经济发展模式运行的本质特征。因而，相关学者主要围绕改革后的印度产业结构演化的成因、进程、特质等相关内容进行分析与研究。

（一）印度产业结构演化成因

通过半个世纪的经济发展，印度完成了发达国家需要100至150年才能完成的经济结构演化。近几十年来，印度经济结构变化的显著特点就是，先前对经济增长作用较为明显的服务业在目前国民经济结构中所占的份额更大了，但在国民经济发展初期阶段有着重要贡献的工业特别是制造业，近年来却表现出弱化趋势。印度经济结构演化模式是在20世纪中叶发达国家才能具有的一种经济增长模式。那么，印度产业结构演化模式是由什么原因导致的呢？印度发展经济学家T·S·帕奥拉认为：第一，多年来的技术进步导致了在一个人均收入相对较低的国家对服务业需求的增加，尤其是随着经济信息通讯技术的发展和广泛应用，传统意义上的制造业与服务业的边界越来越模糊。其结果是，在一个人均收入相对低的国家，与总体需求弹性相比，服务业需求弹性越来越大，因而导致服务业对GDP的贡献度增加。[①] 第二，印度经济发展结构变化的典型模式是建立在自给自足政权制度及少许的国际贸易制度安排实践基础之上的，因为每个国家的国内生产结构必然反映其需求模式。随着经济开放度的增加及对外贸易在国民经济生活中作用的提升，需求模式将通过国际贸易活动的满足而发生相应的变化，各国将会在很大程度上形成基于其比较优势基础之上的某一生产模式，它与源于消费需求模式的生产模式有很大的不同

---

① "Economic Structure", The Economist, Oct. 6, 2003.

之处。[①]

（二）印度产业结构演化规律

有学者通过对印度独立后50多年来的产业结构变动的实证分析，探索印度工业化战略及其产业结构的演进规律，揭示20世纪80年代中期以后尤其是90年代以来，印度逐步走出具有自身特色的发展道路和发展模式。印度的工业化道路是既不同于西方发达国家也不同于中国的“第三条道路”，且印度三次产业演变有其独特轨迹，其演变顺序是从一、三、二到三、一、二，再到三、二、一，即从第一产业为主导发展成以第三产业为主导，由此形成知识密集型的、以服务业为导向的发展模式，服务业成为拉动经济快速增长的主要动力。[②]

（三）印度产业结构演化特征

印度经济发展模式所表现出的这种特性不仅具有强烈的印度国别个性，还具有南亚区域经济发展模式的共性。印度经济发展模式不仅是印度独特自然、政治、经济、文化与社会等各因素综合作用的结果，也是由南亚区域的具体区情所决定的。包括印度在内的南亚国家经济结构尤其是产业结构演进速度不断加快，导致第一产业占GDP的比重迅速下降，第二、第三特别是第三产业占GDP的比重迅速上升，甚至印度、巴基斯坦、孟加拉国和斯里兰卡等南亚国家的第三产业增加值占国民生产总值的比重都超过了50%。可见，这种建立在经济不发达或收入水准不高基础之上的同质化或同构性的经济结构演进形态，不仅是印度经济发展模式的个性，也是南亚区域国家的共性。但无论如何，一个欠发达且经济发展相对落后的“南亚区域式”的“印度经济发展模式”的成功与否，将完全取决于包括印度在内的南亚国家是否能够成功地避免传统的产业结构升级更替的路径依赖。

同样，引人深思的问题是：难道“印度是一个开创了直接从初级部

---

① 张立、王学人：“印度服务业增长的绩效、原因与问题”，《四川大学学报（哲学社会科学版）》2008年第2期，第80页。

② 任佳：《印度工业化进程中产业结构的演变——印度发展模式初探》，商务印书馆2007年版，第243页。

门过渡到服务业部门而不经由制造业作为主导部门的发展道路的先驱者吗?”印度是否已经达到了维持这种经济增长模式和增长源要素变化的发展阶段呢?或者说，发达国家是历经工业化或工业增加值占GDP的50%比重之后才进入以服务业为主导的经济发展阶段的，印度能否超越重工业阶段而直接进入后工业服务经济时代呢?林承节教授（2006年）则认为：印度制造业不发展，再先进的信息技术在国内也发挥不了作用。如果只是做“世界后台办公室”，仅有软件服务外包业的快速发展而制造业、传统服务业长期跟不上，那印度最多只能在国内造成一块块孤立的现代化繁荣小天地，走出那些小天地其就依然是欠发达地区，那样的发展当然不等于印度实现了现代化。

三、印度经济管理模式

在经济理论中，有关经济发展模式中的经济管理模式的研究基本上属于比较经济学的命题，而比较经济学把经济管理模式问题归结为经济分类问题，并运用了（不同所有制形式的）经济制度（Economic Institution）和（不同资源配置形式的）经济体制（Economic System）的两个基本概念属性。因而，相关学者从经济制度、经济体制的组合形式，以及与不同区域或国别经济管理模式的对比研究中来探讨印度经济管理模式。

（一）印度经济管理模式的演化

由其社会的生产力、社会生产关系、社会政治关系及国际经济环境等方面的特点所决定的混合经济管理模式，在经过20世纪80年代以来的经济政策调整与改革后，印度的财产所有制形式和资源配置方式并没有发生实质性变化，依然保持了公私并存的混合财产所有制形式和经济计划与市场调节相结合的混合资源配置方式，只是实行了某些有利于私营经济发展的政策措施，在公私并存的财产所有制形式中逐渐扩大了私营经济的规模，并实行某些有利于市场发育的政策措施，让市场机制在经济计划与市场调节相结合的资源配置方式中发挥更大的作用，但加速了印度经济的增长。[1] 具体来讲，印度经济管理模式的混合财产所有制形式的演化，主要立足于扩大私营部门在国民经济中的份额，降低公营部门在印度经济发展中的“制高点”的地位与作用；扩大公营企业的经营自主权，以减少政府对公营企业经营业务的干预；放松对私营经济发展的限制，并大力促进出口、放松进口限制、降低进口关税和实行自由进口政策；逐步推行货币自由化。在经济计划与市场调节相结合的资源配置方式的演化方面，印度许多传统的政府干预似乎更倾向于采用排斥市场的形式，如某些地区的规定和控制窒息了经济主体的能动性、某些领域的贸易禁止排除了其他经济选择等等。同时某些支持性的——与消极的和限制性的相对——政府行为（如针对全民的综合基础教育政策、充分普及的医疗保健计划等等）被非偶然地忽视了。而且，在给予市场更多的机会纠正前者的违规时，有可能大大超越市场对后者忽视的纠正。由此可见，印度经济管理模式更多地表现出一种混合经济制度条件下的公营经济与私营经济活动领域范围的适当调整，以及经济计划与市场调节相结合的经济运行机制的优化过程。

（二）印度经济管理模式的区域或国别比较

印度“经济体制由尼赫鲁时代的带有社会主义色彩的混合经济模式向东亚政府主导下的自由市场经济模式转型”，印度与东亚经济发展模式具有“殊途同归”的相似性。与中国不同的是，由于印度在改革开放之前就已广泛地存在数量众多的私人企业，因此对于印度来说，其通向市场化的道路就是放松政府管制、大力推进经济自由化与贸易自由化。不论中国和印度在走向市场化的过程中所采取的方法有多大的不同，但中国和印度的改革在有一点上却是非常相似的，那就是两国都谨慎地采取了渐进改革的方式，从而避免了那种发生在苏联和中东欧计划经济国家转型过程中的社会动乱，以及因社会动乱而造成的经济衰退。

---

① 文富德：“印度经济管理模式浅析”，《南亚研究》2006 年第 1 期，第 12 页。

四、印度经济对外开放模式

综合相关学者对印度经济开放模式研究的主要论点，主要体现在：第一，对外贸易方面开始由从进口替代、进口替代与出口促进并存到出口导向对外贸易政策演变。20世纪90年代，印度开始走出尼赫鲁时代的旧模式的困境，朝着市场经济模式转换，走上了对内改革、对外开放的道路。特别是1991年，拉奥政府调整外贸政策，取消进口许可证，取消出口补贴，降低进口关税，放松对外资的限制，加大对外资的利用，努力将内向型经济转为外向型经济，促进了印度经济的国际化。第二，印度加大吸引外资和对外投资的力度，特别是到20世纪90年代末，印度对外开放的力度进一步加大。第三，印度对外开放模式主要体现出“软件”领先、精英受益（而非广大下层群众）与外部增养的印度人才引发和推动的特点，但错过了20世纪80年代发达国家产业转移的机遇。第四，印度经济开放模式还表现出对外开放度不大（外贸、外资依存度不高）的相对保守性与相对封闭性。

由此可见，国内外相关研究成果数量较多，不乏重要参考价值和独到之处，但是大都缺乏在（如工业化理论、现代化理论、经济增长理论、经济发展理论、科学发展观）理论指导下，并扎根于特定的经济全球化国际背景与印度（历史、宗教文化、政治、经济、安全战略等）独特国情相结合的系统性、全方位的研究成果，特别我国对印度经济发展模式的研究，仅是一些应急性的相关研究。而且，对一定时空条件下的、以经济增长为前提和基础的印度经济发展模式的基本内容的研究缺乏深度与广度，对印度经济发展模式面临的挑战与完善、印度经济发展模式的国际比较等均缺乏系统性的深入研究。因而，在收集、整理、分析大量国内外资料与参加相关学术调研的基础上，笔者对印度经济发展模式的一些具有前沿性和争议性的问题提出了独到见解，而且印度经济发展模式研究定将为我国经济发展提供具有重要决策参考价值的国别经济发展经验。

第三节　研究的前提假设及其理论架构①

一、印度经济发展模式研究的前提假设

模式是指一个由多因素或多个子系统构成的具有内在结构和运行机制的复合系统，是对一种经常性的、大量的、重复的和相对固定出现的社会经济行为方式的理论抽象和概括。因而，经济发展模式在经济学上是指一个国家或地区在某一特定时期经济发展的总体方式，是对特定形式的经济体制、或经济发展经验、或发展道路的理论抽象与概括。就印度而言，尽管目前对于（转型后的）印度经济发展经验或经济体制变革是否展示了一种可以谓之为“模式”的制度特征与结构，学术界还没有达成共识。但无论如何，从印度经济发展进程来看，远未结束的印度经济转型已经具有一定体态特征的模式雏形，而且在一定意义上可能为后现代化发展中国家提供可资借鉴的范例，尤其是近年来印度经济取得持续快速的增长，从而使印度成为继中国之后的又一个令世界瞩目的新兴经济大国。为此，20世纪90年代（或经济转型）以来，在特定的国际国内历史条件下，印度生产力要素增长机制、所有制形式、经济结构、经济运行机制、对外开放格局和经济治理等经济发展道路——即独具印度特色的经济发展模式或被称之为印度自由市场经济发展模式——正在逐渐形成，而且印度正在实施经济转型，并取得了举世公认的经济发展绩效。如此等等，均成为本书研究的前提假设。

二、印度经济发展模式研究的理论架构

事实上，现行印度经济发展模式需着力以冷战后，特别是20世纪90年代以来经济全球化的发展和印度（历史社会、政治经济与宗教文

---

①　杨文武、邹毅：“印度经济发展模式的研究现状及其维度探析”，《南亚研究季刊》2009年第1期，第42—44页。

化）特定的国情为背景，在工业化理论、现代化理论、经济增长理论、经济发展理论、科学发展观等理论的研究视野之下，并借鉴和吸收国内外最新的（与经济发展模式相关的）研究成果，以印度经济发展模式的演化路径或者说印度经济发展道路（因为“模式”常常被用来概括一个国家或国家群体的经济发展战略和道路）为主线，综合运用文献调查、历史分析、规范分析、数理统计分析、比较分析等方法，同时借助现代信息技术、专家访谈与会议研讨等手段，对20世纪90年代印度经济改革以来所形成的经济发展模式理论、基本内容、面临的挑战与完善，以及印度经济发展模式的经验启示等内容进行系统研究。其研究的总体架构如图1—1所示：

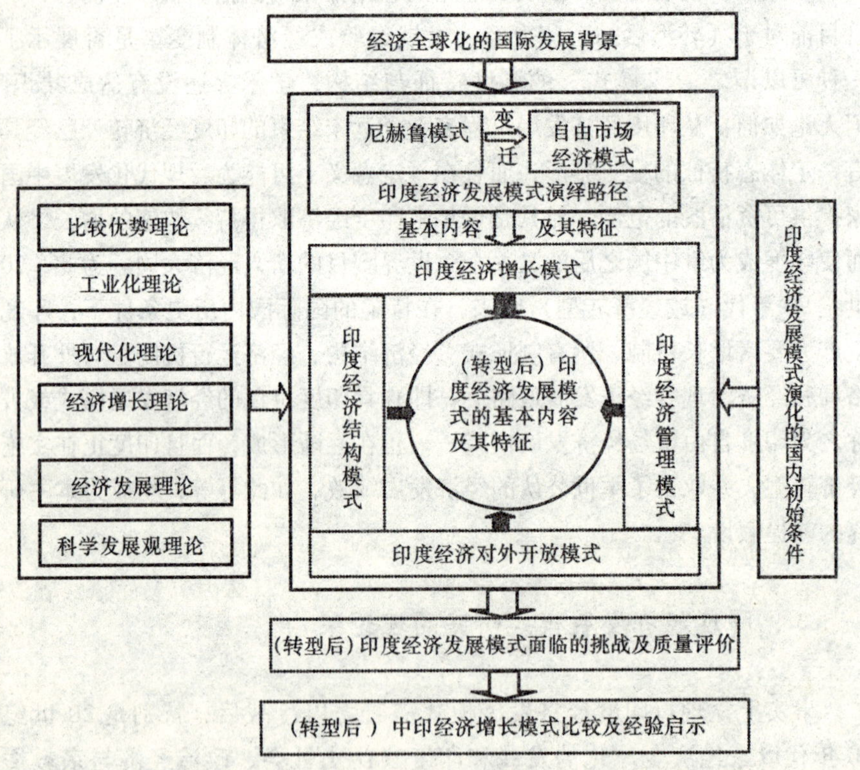

图1—1　印度经济发展模式研究的理论架构图

第四节　研究目标

本书拟达到以下主要的研究目标：

第一，通过对印度经济发展模式的演绎路径进行理论与逻辑梳理，揭示印度经济发展模式历史演化的必然性，从而为拓展印度市场经济发展模式研究的理论认知与研究视野奠定基础。

第二，通过对20世纪90年代以来印度经济增长、经济结构、对外开放以及经济管理等（转型后的）印度经济发展模式中基本内容的深入剖析，揭示当代印度经济发展模式运行的内在本质和特征。

第三，在以人为本，全面、协调、可持续发展观的理论统领下，揭示20世纪90年代以来印度经济发展模式面临的挑战及其质量评价，为进一步促进印度经济可持续发展，完善现行印度经济发展模式奠定理论。

第四，通过对中印两国经济体制变革策略与路径选择的差异性分析，剖析中印两国经济增长模式绩效差异性的根本原因，为更好地借鉴并吸取印度在发展民族经济过程中的宝贵经验与教训奠定实践基础。

第五节　研究方法与技术路径

一、研究方法

本书在研究方法上强调多学科、全方位和开放性，整体上采用归纳与演绎方法，通过对印度经济发展模式相关理论、具体内容、面临的挑战以及国际比较与经验借鉴等方面的分析与研究，总结与归纳印度经济发展过程中的经济增长、经济结构、经济管理与运行以及对外开放等模式演化特征；同时综合运用文献调查、历史分析、规范分析、数理统计分析、比较分析等方法，借助现代信息技术、专家访谈与会议研讨等手段，探索印度经济发展模式的演化机理、路径、制度结构、发展绩效及其经验启迪；高度重视所采用的文献数据资料的代表性、真实性和规范性。

二、技术路径

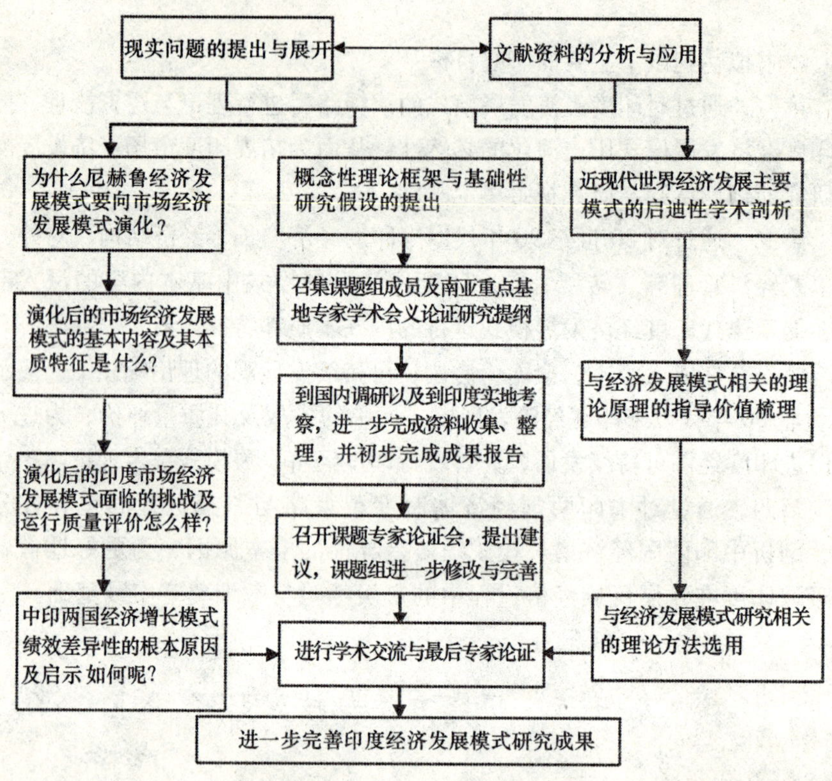

图 1—2　研究技术路径

如图 1—2 所示，本书研究主要围绕为什么印度尼赫鲁经济发展模式要向市场经济发展模式演化；演化后（或转型后）印度市场经济发展模式的基本内容及其运行的内在的、本质的特征是什么；演化后（或转型后）的印度市场经济发展模式面临的挑战及其运行进程中的质量评价（或质的规定性）怎么样；中印两国经济增长模式绩效差异性的根本原因是什么呢；以及印度经济发展模式的经验与启示是什么等一系列现实问题的提出与展开，并结合近现代世界经济发展主要模式、与经济发展模式相关的理论原理和理论方法等文献资料的分析，然后提出本书研究的概念性理论框架与基础性研究假设，并综合运用科学的研究方法，科学地回答印度经济发展模式演化及其运行进程中的“为什么”、“是什么”、“怎么样”和“如何”等问题，从而推导出合乎客观实际的研究结论。

第六节 研究的重点、难点和突破点

一、研究的重点和难点

（一）全面、系统、历史地考察

本书的研究要想系统归纳与总结独立后特别是20世纪90年代以来，印度尼赫鲁混合经济发展模式向自由市场经济发展模式演变历程、基本内容及其特征、面临的挑战及质量评价，以及通过对中印两国经济体制变革策略与路径选择的差异性分析，剖析中印两国经济增长模式绩效差异性的根本原因，从而提炼出对包括中国在内的发展中国家经济发展具有启迪性的经验与教训，就必须全面、系统、历史地考察印度经济发展模式的形成机理、运行特征、质量评价或运行绩效、理论借鉴与实践启迪。

（二）全方位、多角度地拓展研究视野

本书的研究既要将印度经济发展模式形成与演化的进程置身于特定的国际与国内政治经济、社会历史与文化环境的分析范畴，又要将其纳入南亚区域经济发展的特殊背景之下，而且还须基于制度分析视角下的中印经济增长模式的比较研究之范畴，这样才能突破研究视野的狭隘性与局限性。

（三）宏观整体与微观细分研究两极化的高度整合

研究印度经济发展模式既要从印度经济发展的道路选择、制度安排、战略规划等宏观整体层面进行分析与研究，探索其产生、发展、演变路径，又要对其经济增长模式、结构模式、管理与运行模式、对外开放模式等中观领域予以分析与研究，而且还须对其相应的微观领域或微观机制等方面进行透彻分析与研究，从而客观归结印度经济发展模式的本质特征及

其演化规律。

（四）修正或发展一些已有的学术观点

近年来，随着印度经济持续快速发展及其综合实力增强，特别是其软件服务业取得举世瞩目的成就，世人对印度给予了广泛的关注，于是出现了“印度模式造就世界强国”、“印度经济发展模式不具有可持续性或道德性”、“印度经济发展模式优于中国模式”、“中印经济发展模式的比较：相似的原理与不同的方法”等不同见解。因而，本书的研究力图科学地回答甚至纠正不够准确的相关理论见解与学术观点。

二、研究的突破点

第一，通过系统梳理国内外关于印度经济发展模式相关理论的脉络，廓清现有成果的共识和问题争议，提出理论假设与理论架构，揭示印度经济发展模式演化的本质内容及发展规律，理性认知非常规的印度经济发展道路，促进经济发展理论创新。

第二，选择了一个全新的研究视角，即在提出一定的理论假设与理论架构的基础上，把“印度经济发展模式”研究聚焦到印度经济发展模式演化及基本特征、基本内容及其特性、面临的挑战及质量评价、经验启示等全面而又系统的方面。

第三，从中印两国经济体制变革策略与路径选择的差异性分析入手，剖析中印两国经济增长模式绩效差异性的根本原因，以便进一步揭示印度经济发展模式内在的、本质的特征，并提炼出对包括中国在内的发展中国家经济发展具有启迪性的经验与教训。

第四，在研究方法上，在基于文献资料的同时，课题组充分利用国际交流机会，与南亚国家、西方学术界展开对话，并进行其他交流平台的互动，尽可能拓展学术视野，关注相关学术前沿和最新研究成果，强调参考文献的平衡使用，追踪问题的新进展、新特点和新趋势，从而保证研究的客观性和时效性。

第二章 印度经济发展模式演化及基本特性

印度从独立至今，历时60多年，经历了十多届政府，每一届政府都推行了自己的经济发展战略。总的来看，独立后的60多年里，印度大致推行了尼赫鲁经济发展模式[①]和市场经济发展模式，并实现其经济转型。尤其是自20世纪90年代初开始，印度实施了以自由化、市场化、全球化和私有化的"四化新经济政策"为导向的市场经济发展模式，使其经济在长期停滞后重新实现了较快增长。进入21世纪以来，持续快速的印度经济增长不仅为世界经济增长提供了动力，而且为世界消除贫困、控制人口[②]以及缩小南北差距等作出了积极贡献。由此可见，印度成功地实现了

---

① 所谓经济发展模式是指在一定时期内国民经济发展战略及其生产力要素增长机制、运行原则的特殊类型，包括经济发展的目标、方式、重心、步骤等一系列要素。在生产技术一定的条件下，一国经济发展战略的实现最终将受到该国可供利用资源的约束，同时也必然与其发展阶段的政治经济特征相适应。纵观古今，博览中外，在不同的历史时期，世界各国经济发展模式不断创新，各具特色，如拉美模式（是指战后特别是20世纪80年代以来，拉美一些发展中国家的经济社会发展道路和战略）、英美模式（也被称为"盎格鲁—撒克逊"模式，以美国为主导国家。它一般被认为是20世纪80年代里根总统和撒切尔夫人发动新保守主义革命后发展起来的经济模式。作为自由市场经济模式的典范，它建立在雄厚的经济实力基础之上，具有市场经济自发演进的悠久历程，在世界经济中独具一格）、莱茵模式（也被称为社会市场经济模式，并主要流行于莱茵河流域的一些欧洲大陆国家。该模式以德国的社会市场经济理念和模式最为典型）、瑞典模式（是以瑞典为首的北欧国家所实行的经济模式。它认为社会福利是西方国家中成功实现社会保障和福利制度的典型）、东亚模式（即东亚各国或地区在促进经济高速发展中成功的共同做法或经验。其本质是：东亚各国或地区在经济落后的情况下为追赶西方发达国家，以发展经济、实现工业化为目标，成功创造了一条在落后国家或地区实现经济赶超的道路），如此等等。

② 华民："中印经济发展模式的比较：相似的原理与不同的方法"，《复旦学报（社会科学版）》2006年第6期，第36页。

由“尼赫鲁模式”向“市场经济模式”的演化。[①] 为此，本部分主要对印度经济发展模式演化的路径选择及其必然性与可能性、印度经济发展模式演化的战略指引、印度经济发展模式的基本特质等进行理论与逻辑梳理，以揭示印度经济发展模式历史演化的本质规律，以便于为拓展印度市场经济发展模式研究的理论认知与研究视野奠定基础。

第一节 印度经济发展模式的演化路径

从理论上讲，纵观独立前后到20世纪90年代以前，印度基本上出现了甘地发展战略、尼赫鲁发展战略、尼赫鲁发展战略与甘地发展战略的相互协调三种战略模式。[②]

一、甘地发展战略模式

即1944年开始的“甘地计划”和其他一些公开性文件表述的思想构成了“甘地发展战略模式”。其基本目标是既提高大众的物质水平，也提高他们的文化水平，以便使他们生活能达到基本水准，致力于改善印度55万个村庄的经济条件，因此甘地模式将农业和家庭手工业放在最重要的地位，使粮食自给和乡村自治。甘地曾说过：“如果每一个村庄都开始生产自己的布匹，它的力量就会大大增强。”同时，该模式也承认发展工业的必要性，但工业不要干扰和妨害家庭手工业的发展。他说：“我确实设想让电力、炼铁、机械制造等工业与乡村工业同时并存，然而依赖关系应该颠倒过来。迄今为止，实行工业化的计划从来都要摧毁乡村和乡村工业，在未来的国家中工业化将推动乡村及其手工业的发展。”在公私营经济成分上，甘地相信“混合经济”，他说：“为公用事业服务的重型机械……应该由国家所有……”“……农村公社或国家应拥有发电站……”

---

① 谢代刚、李文贵：“试论印度经济发展模式的演绎进程”，《南亚研究季刊》2005年第2期，第16页。

② 杨文武、江东：“印度经济发展战略”，《南亚研究季刊》1998年第4期，第7—8页。

"生产基本生活必需品的生产资料仍由群众控制。"同时，他认为："……私有制的暴力比国家的暴力所造成的危害要小。"对于外资利用，甘地的"自产"哲学证明了其自力更生的民族主义思想，正如他经常所说的那样，"他还把独立后的印度设想成为一个由自力更生的共和国组成的联邦"。[①] 因而，从甘地的经济思想可以看出，他认为印度应该利用本国的人力、物力和技术资源发展经济，可有效避免大规模迁移到城市中心而产生的失业、流离失所和犯罪等问题。他理想的工业政策是发展小规模工业，本着自给自足的原则解决基本生存问题，但其经济思想在实践上最终未能如愿。

二、尼赫鲁发展战略模式，也称之为马哈拉诺比斯发展模式

第二个五年计划由P·C·马哈拉诺比斯教授负责提出一项明确以苏联经验为基础的发展战略。第一，该战略强调对重工业投资以实现工业化，而工业化被认为是经济迅速发展的基本条件。尼赫鲁认为发展小规模工业实现经济自给自足耗时太长（Nanda，1995年），他希望尽快促进经济发展，大力发展教育和科学技术来振兴印度（Planning Commission，1952年）。尼赫鲁认为："我们需要重工业，因为没有它，我们就不能成为真正独立的国家。""工业化的进展在国家防务中将是个重大因素。""世界上的强大国家都是自身实现了工业化，因而获得了进行战争或争取和平进步力量的国家……真正力量的标准在于你生产了多少钢、你生产和使用了多少动力。"[②] 因而，尼赫鲁强调生产基本机器和基本金属的重工业，即强调生产性（资本货物）的生产方针。尼赫鲁认为，尽管印度的农村工业和家庭手工业在印度经济结构中发挥着重要作用，但其经济战略的核心是优先发展重工业和基础工业。他认为只有将以生产消费资料为主的工业结构转变为以生产生产资料为主的工业结构，经济才能高速发展。第二，1954年尼赫鲁推行新的经济发展战略，该战略强调发展国营的重

---

① 中国社会科学院南亚研究所、云南社会科学院东南亚研究所南亚室《南亚译丛》编辑部：《南亚译丛》，1984年第3期，第13页；第4期，第36页。

② ［印］《经济时报》1998年3月20日，第3版。

工业和基础工业，以迅速建立完整的工业体系。为了保证重工业的发展，政府加强了对经济的管理和控制，通过计划把私营和公营都纳入优先发展重工业的发展轨道，但忽视轻工业特别是消费品工业的发展。第三，当然，对消费品工业、小型工业和农业也给予了应有的重视，而且尼赫鲁也想在农村和城市之间寻求一个平衡，他认为两者应该是相辅相成的，可以齐头并进。尼赫鲁充分利用印度的自然资源，他把水电作为突破口建造了许多水坝，大坝不仅提供能源，而且还将支持灌溉。尼赫鲁认为水坝是印度集体成长的象征。第四，在对私营部门的作用上，强调以公营为主体实行混合经济体制。尼赫鲁说："在'工业政策决议'中提出了一项重大的方针，即实行把公营企业和私营企业结合起来的所谓'混合经济'。我们把工业企业分为三类：第一类是保留给国家经营的公营企业；第二类大体上包括私营企业的工业企业，或者包括那些既可以允许公营又可以允许私营的企业；第三类包括那些以私营企业为主的工业。"第五，在利用外援外资上严重依赖外援来满足对资本货物的进口需求，却忽视出口。尼赫鲁的外国投资政策即激励工业刺激印度的经济。不过，他对外国投资的问题持严格保留态度，警惕外国投资。他强调对外国投资的部门要进行严格的规范。实践证明，以重工业投资优先的工业化战略指导的印度经济发展模式在20世纪50、60年代是印度唯一适合的模式，而且取得了巨大的成就。

三、尼赫鲁发展战略与甘地发展战略的相互协调

尼赫鲁发展战略强调重工业，而忽视农业和手工业；甘地发展战略强调农业和家庭手工业，而忽视重工业。总体上来看，两者各有偏差，而且从印度历史与现实来看，甘地模式有利于农业、农村的发展和增加就业。比如印度实施的"六五"计划、"七五"计划均强调重点发展农业，增加就业机会，鼓励家庭手工业和小型工业生产，提出以"粮食、就业和生产"为中心的发展模式，都取得了惊人的成就。有人把印度整个20世纪80年代称之为经济发展的"黄金年代"，这就是尼赫鲁发展战略与甘地发展战略相互协调的必然结果，甚至有人认为中国遵循了甘地的道路比印度

更好地解决了人民的温饱问题。①

但从实践的具体情况来看，从“二五”计划到“五五”计划（1974—1979年），印度经济计划的发展战略基本上都沿袭了这一通过对重工业、基础工业和机器制造工业的大量投资来迅速实现工业化的发展战略。其间英·甘地第一次执政时期（1966—1977年）针对严峻的经济形势，虽然对经济政策做了某些调整，特别是加强了对农业的重视，但总的来说还是继承了重工业投资的工业化发展战略。进入20世纪80年代后，英·甘地和拉·甘地母子俩先后执政，② 尽管他们十分注意与甘地发展模式有机地结合起来，③ 但仍以继续坚持尼赫鲁发展模式为前提条件。因而，从独立到20世纪90年代以前，尼赫鲁的重工业投资优先的工业化战略为独立后的印度历届政府［人民党执政时期（1977—1980年）除外］

---

① ［印］鲁达尔·达特、K·P·M·桑达拉姆著，雷启淮等译：《印度经济》（上册），四川大学出版社1994年版，第270页。

② 到20世纪70年代，尼赫鲁模式的弊端逐步显露，印度经济陷入困境。印度政府审时度势地对经济体制和政策进行了调整和改革，英·甘地和拉·甘地对经济政策做了某些调整，特别是加强了对农业的重视。其特征是：国家主导与市场调节相结合；公营经济和私营经济的发展相结合；生产工业和消费工业的发展相结合；进口替代和促进出口相结合。该模式使印度经济摆脱了持续低速增长的状态，促进了印度经济的进一步发展。具体地讲：第一，放宽或取消许可证制度。尼赫鲁模式的许可证制度对印度经济发展产生了负面影响，英·甘地政府宣布取消42种工业生产许可证，放宽了工业许可证的限制，并允许其自动扩大生产能力25%。英·甘地鼓励私人垄断资本发展，主张面向出口的工业生产主要由私人部门完成。为此，采取一系列政策鼓励私人投资，规定棉布、基础药材、工业机器等21种工业免于申请许可证，15种机械工业允许每年自动增加5%的生产能力，在计划时期内增加75%的能力免于申请许可证等措施，以此来刺激生产。第二，对国营企业进行改革。据印度储备银行对病态企业的一项调查显示，66%的病态企业归因于管理不当。拉·甘地努力提高国营企业效益，主张减少国家干预，放松政府对经济活动过严过细的管制，主要发挥市场的作用，扩大企业自主权，明确企业的权责利，加强商品和劳动市场的竞争，提高国企管理水平和竞争能力。第三，改革财政税收政策。印度政府削减了财政开支，降低税收负担，大幅度降低个人和企业纳税的税率以增加个人储蓄能力，提高企业的投资能力和积极性。拉·甘地制定的1985—1986年度预算的显著特征是全面系统地减税。公司税率由55%降低到50%；个人所得税从1.5万卢比提高到1.8万卢比；财产税的起征点从原来的15万卢比提高到25万卢比。第四，改革外贸政策。由于原来的进口替代政策的弊端日益显现，英·甘地在“六五”计划中规定执行进口替代和促进出口相结合的战略。调整进口政策，审批大型进口项目时优先考虑工业化和出口工业的需要，特别是给予出口商以进口原料设备和技术上的方便，对于初具规模的工业则不再一味地采取保护政策，而是放宽进口，让国内外商品进行竞争。拉·甘地上台伊始提出了一套旨在对内放宽和对外开放的经济改革方案，采取各种措施放松经济管制，通过放松进口管制把竞争机制引进国内市场。

③ 戴永红：“试论印度经济计划发展战略”，《南亚研究季刊》1991年第3期，第10页。

不同程度地采用，并对印度经济的发展产生了巨大的影响。因此，从广义上讲，尼赫鲁的重工业投资优先的工业化战略成为尼赫鲁经济发展模式的战略指引。

四、印度市场经济发展模式

20世纪80年代末90年代初，印度根据国际国内环境，积极融入全球化进程中，进行经济体制改革，经济发展战略逐步实现根本转变，采取市场经济发展模式。其中包括：取消大部分工业许可证制度，为企业提供平等的竞争条件和机会；修改垄断法，缩小公营企业的经营范围，并引进自由竞争机制，扩大私营企业的经营天地；加大对外开放的力度，将内向型经济转为外向型经济；调整外贸政策，改革外贸体制，促进印度经济的国际化等等。这种经济模式的运行机制是：以政府调节市场，市场引导企业，政府适当地直接指导企业；以市场作为经济运行和发展的基础性调节机制，企业主要面向市场获取信息，进行决策。因而总体上来看，印度市场经济发展模式主要包括：

第一，调整公营经济投资结构，侧重发展私营经济。首先是降低对工矿企业的投资比重，改变对传统公营企业特殊的保护政策，引入自由竞争的市场机制，大幅度减少为公营经济保留的领域，扩大私营企业经营范围，并鼓励公私企业在同一领域进行竞争。其次是对病态公营企业实行整顿或关闭，出售公营企业股份，组成合营企业或工人合作企业，对国企实行重组或私有化。在外贸方面，基本取消进出口许可证，鼓励私营企业扩大出口，从而使印度的经济体制发生根本的转变。①

第二，促进经济市场化，充分发挥市场机制的作用。这方面主要是减少政府对经济生活的干预，措施是逐步废除价格管制，削减列入政府对其价格进行监控的商品种类，减少为小型工业保留的生产领域，同时尽量减少政府对经济发展过程的干预。在财政金融方面，减弱政府对银行系统的干预，促进其合理竞争。

第三，推行经济自由化，融入经济全球化进程。1990年以来，印度

① 文富德：《印度经济——发展、改革与前景》，巴蜀书社2003年版，第62页。

实行了对外开放政策，逐步扩大国际商品和资本的市场准入，把印度经济纳入世界经济体系之中，融入世界市场。为此，印度政府从中央到地方对其政策进行了重大调整：逐步消除外资进入的障碍，扩大外商投资领域，提高外资在投资中的比例，取消对进口商品数量的限制；进一步降低关税，提高外国在私人银行中投资的最高限额，废除外国对私营部门进行投资的限制。这一系列措施旨在进一步实现印度经济自由化，加快印度经济全球化的进程。

总之，拉奥政府被迫实施经济改革后，便推出了以“自由化、市场化、全球化和私有化”为特色的新经济政策，即放松对私有经济发展的限制、加快国有经济改革、由计划向市场转变、实施市场经济发展模式。该模式实现了有印度特色的经济增长，使印度经济逐渐走出困境，搭上了飞速发展的快车，引起了国际社会的广泛关注。

第二节　印度经济发展模式演化的必然性与可能性

一、印度经济发展模式演化的必然性

印度从独立到20世纪90年代初，一直实行以公营经济为主的混合经济发展模式，但在其政策实施过程中出现了一些战略性的失误，致使国民经济发展遭受严重挫折。20世纪70年代，两次石油提价使西方国家经济形势恶化，发生经济滞胀，各国都对经济指导方针和指导思想进行了调整。20世纪80年代末90年代初，印度国内经济形势恶化，财政赤字相当严重，出现了收支危机，通货膨胀率居高不下，经济增长缓慢，失业人数有增无减。另外，国际环境的风云变幻也使印度经济的发展面临巨大挑战。苏联、东欧社会主义的解体，以及包括中国在内的东亚经济的迅速发展，促使印度领导人开始重新思考印度现代化的发展道路与模式。中国加大改革开放步伐，走中国特色的现代化道路，无疑也迫使印度重新思考其原来带有社会主义色彩的印度发展模式，印度模式的转型是印度现代化进程的历史必然结果。具体地讲：

首先，印度经济发展一波三折，经济增长缓慢。从20世纪50年代到

80 年代初的 30 年时间里，印度经历了多次经济衰退，经济发展的波动幅度很大。在每个年度之间，其经济增长差异也较大，其间年均经济增长率仅为 3.5%，大大低于同期世界其他国家的经济增长率。1991—1992 年度国内生产总产值增长率仅为 1.2%，为 1965—1966 年度以来的最低记录，工业生产和农业生产均出现负增长。

其次，印度经济结构长期失衡。（1）工业和农业的比例失调。由于尼赫鲁模式过分强调工业化而忽视了农业的发展，农业占国内生产总值的 40%，而农业投资仅占各五年计划的 20% 左右，结果 20 世纪 60 年代农业生产大幅度下降，特别是粮食生产落后，造成粮食长期匮乏，并日益丧失抗灾能力。特别是英·甘地上台时，其面临的是各个经济部门的严重失败，经济停滞迹象十分明显，本来就十分低的国民收入增长率又受到人口增长率的抵消，食品价格增长了 30% 多，粮食危机继续恶化。农业的落后又反过来影响了工业的进一步发展。大量进口粮食消耗了外汇，外汇紧缺使工业的发展缺少充足的资金。国内工业原料缺乏，再加上需求水平低下，工业生产总的增长速度减缓，年平均增长率从第三个五年计划最初几年的 8%—10% 下降到 1965—1966 年的 4%。因此，像印度这样“欠发达国家面临的问题不是在第一和第二产业之间选择哪一个的问题，而是确保国民经济部门的平衡发展”。[①]（2）重工业和轻工业的比例失调。尼赫鲁模式过分强调重工业的发展，使得消费品工业的发展受到极大限制，发展缓慢。由于工业投资的 80% 用于重工业，棉麻、纺织等传统工业长期处于停滞状态，轻工业的停滞严重影响了资金的积累，同时也使重工业市场萎缩，开工严重不足。在整个 20 世纪 60 年代，印度基础工业和资本货物工业的年增长率为 14.2% 和 13.6%。同期消费品工业和中间产品工业的年增长率仅为 5.2% 和 5.8%。（3）与此同时，在重工业内部，加工工业与燃料动力工业以及建材、交通运输等部门之间的矛盾也异常尖锐，这一切都影响了国民经济的正常发展。

第三，财政赤字居高不下，通货膨胀日趋严重。1990—1991 年度印度中央政府财政赤字占国内生产总值的比值高达 8.4%，通货膨胀率达

---

① ［印］鲁达尔·达特、K·P·M·桑达拉姆著，雷启淮等译：《印度经济》（上册），四川大学出版社 1994 年版，第 245 页。

17%，严重威胁着印度经济的安全，危及社会的稳定。降低财政赤字，稳定经济局势，印度进行经济改革刻不容缓。

第四，国际收支出现危机，外汇储备严重不足。20 世纪 80 年代末 90 年代初，印度政局混乱，政权更迭频繁，严重影响了印度经济的发展。1991 年，印度爆发了严重的经济危机，使印度的国际商业性贷款信用直线下降，丧失了国际商业贷款信用地位。① 其外汇严重短缺，1991 年 5 月外汇储备仅为 12.13 亿美元，无力支付国际债务。

第五，20 世纪 80 年代西方各国采取的能源转换和节能措施极大地促进了经济的发展，科技立国的思想在工业发达国家和苏联确立，各国纷纷进行以尖端技术为核心的技术革命，这对拉·甘地来说无疑是加强了其改革的紧迫性。拉·甘地是技术人员出身，表示要用现代技术把印度带入 21 世纪，然而事与愿违，他良好的愿望并没有真正如期实现。

最后，20 世纪 90 年代初苏联解体，开始由原来的计划经济向市场经济转变，印度传统的尼赫鲁经济发展模式受到了前所未有的挑战。而且，随着国内外经济形势的变化，尼赫鲁模式的弊端不断暴露，为使印度经济摆脱低速增长的状态，促进经济进一步发展，印度政府审时度势地对经济体制和政策进行了调整和改革，尼赫鲁经济发展模式向市场经济发展模式转换成为历史的必然。

由此可见，20 世纪 90 年代以来，随着经济全球化的进一步加深，世界上许多发展中国家为了促进本国经济的快速发展，开始重新调整国内经济政策，逐步开放国内市场，积极推行市场经济发展战略。印度政府不得不根据国际国内环境的变化，审时度势，积极融入全球化进程中，进行经济体制改革，逐步实现经济发展战略根本上的转变，采取市场经济发展模式，以实现印度特色的经济增长，使印度经济逐渐走出困境，搭上飞速发展的快车。因而，市场经济模式成为印度经济发展必然的历史选择。

---

① 陈继东：《独立后印度经济社会发展研究》，四川大学出版社 1997 年版，第 200 页。

二、印度经济发展模式演化的可能性

自独立到20世纪90年代初，作为世界文明古国之一的印度主要奉行尼赫鲁经济发展模式，但是随着国际国内形势的变化，该模式向市场经济模式转换已成为一种可能。看似这两种不同的经济发展模式的演绎是一种偶然现象，其实不然，除外力作用外，任何一种经济发展模式的形成均是其独特的自然、政治、经济、文化与社会等内在各种因素综合作用的结果，印度当然也不例外。因此，印度经济发展模式演绎进程也离不开其经济政治、社会文化、自然历史甚至特殊的区情等基础性条件。尼赫鲁经济发展模式向市场经济发展模式演化的可能性主要基于以下几个方面的基础条件：

（一）印度经济发展模式演化的经济基础

大家知道，沿着“重点发展服务业—利用金融市场的发达刺激国际资本进入本国资本市场—刺激消费—拉动制造业—推进基础设施建设—实现经济全面发展”演绎路径的印度经济发展模式是由其受内外冲击且相对落后的“经济基础”所决定的。这种“经济基础”的基本事实主要体现在三个方面：第一，印度经济增长始终难以摆脱能源短缺、基础设施落后、资金短缺、人均收入水平不高、劳动效率低下以及生产力水平不高等因素的制约；第二，正是由于20世纪80年代末90年代初印度对外经济已经走入死胡同，尤其是苏联解体后其主要依靠的国际援助以及出口市场不复存在，经济受到严重冲击，特别是国际收支严重失衡导致印度经济严重受挫；第三，受“市场化、自由化、私有化”的市场经济体制全球化趋势的深刻影响。如此等等，均促使印度经济体制不得不由传统的以计划经济为主的尼赫鲁式模式向市场经济发展模式演进。

（二）印度经济发展模式演化的政治基础

1947年8月15日获得政治独立的印度仿照英国模式，实行议会民主制，建立了联邦制国家，实行立法、行政和司法“三权分立”的政治制度。因此，在一个政治民主自由先于经济民主自由的国度里沿着尼赫鲁模式向市场经济发展模式演变，成为印度自由民主政治反作用于计划经济体制变革的必然要求。

当然，“印度的民主制度不是建立在资本主义工业化及其发展的基础之上，而是先于后者出现的”；“民主制度在印度的存在，既不是反对专制主义的结果，也不是承认个人主义的这一社会价值的结果”；“印度的民主制度是少数政治精英送给民众的礼物，而不是民众自身争取到的胜利成果”。① 正是由于过于薄弱的经济基础，没有经济自由根基的民主政治反而使印度经济发展模式背负着沉重的政治桎梏。例如频繁的政权更迭，代表不同地区、不同民族、不同宗教、不同种姓的政党数目众多，以及政局长期动荡不安，这些均对印度经济的增长与发展造成了不利的影响。

20 世纪 80 年代末 90 年代初，印度经济已经走入死胡同、不进行战略性的调整和改革就没有出路、国内各种矛盾日益突出、以公营经济为主导的混合经济发展模式面临危机及大力发展私营经济的呼声越来越高，印度政治舞台的主导力量发生结构性变化，一直扮演印度政治舞台主角的国大党已如强弩之末，不仅权威式领导人物纷纷消失，而且自身也“年迈多病、风采不再”，人民逐渐把目光投向能将他们带入新世纪的新生政党身上，而印度人民党的崛起恰恰满足了印度人民渴望变革、追求新生的愿望。印度人民党利用印度宗教力量，效仿老甘地的谋略和手法，掀起印度教民族主义，从而一改印度政治版图。

（三）印度经济发展模式演化的历史与文化基础

根据经济文化学派与历史学派“经济增长的文化动因论”，② 印度经济发展模式的逻辑形成与演绎进程表现为：一方面，在一定程度上受其“通过非暴力斗争道路获得独立的（即通过英国和平移交权力方式实现”③）路径的影响，正是这一历史背景决定了独立后的印度独特的经济

---

① 王华：“政治民主与经济绩效——印度发展模式考察”，《华东师范大学学报（哲学社会科学版）》2007 年第 2 期。

② 例如，美国经济文化学家彼得·伯格的“在经济发展（模式）过程中，文化作为‘比较利益’而运作”的论点，以及拉尔夫·林顿的“影响经济增长的因素无疑包含文化因素与人格因素”的论点。

③ 赵鸣歧：“印度正在崛起——关于印度经济现代化模式的评价”，《上海财经大学学报（哲学社会科学版）》2006 年第 6 期。

发展模式的自发形成；另一方面，印度发展模式还受其“印度传统的多元文化、复杂的宗教信仰、根深蒂固的种姓制度、民主制度中不完善的地方和商业精神的匮乏”[①] 等印度文化模式[②]或特质的深刻影响。所以，有人认为印度经济发展模式深深地烙上了“印度教徒式”的增长特质，或者说印度经济增长更多地表现为一种“自然而然”的增长过程[③]及其均衡发展路径。正如1994年2月印度拉奥总理在瑞士达沃斯举行的世界经济论坛上说的那样，印度经济的发展要走“中间道路”，印度要“均衡地实行自己的经济模式”，而这种模式就像20世纪50年代圣雄甘地曾经描述过的那样，即“上帝禁止印度如同西方那样的工业化……如果我们的国家进行类似的经济开发，它就会像蝗虫一样把世界扫光”。[④]

然而，也正是基于其历史与文化根源，印度经济发展模式也表现得像新加坡国立大学社会学副教授哈比卜·哈克·孔达卡尔描述的那样：“印度崇尚民族主义，而这种民族主义常常体现在排外上，导致游客和投资商纷纷远离这个国家。”中国前驻印度大使程瑞声同样认为，印度的民族主义情绪较中国强烈，其相当保守的文化传统、价值观也在一定程度上影响对外开放。[⑤]

除此之外，印度“种姓、经济力量和政治态度之间有着非常紧密的联系”。正如1980年在印度发表的曼德尔调查团报告所指出的那样：印度种姓制度虽然应该已经被废除了，但实际上印度的各界精英还是种姓“好”的人，种姓制度的残余影响在某种程度上也削弱了印度市场经济发展模式运行所应有的动力与活力，而且在一定程度上阻碍了印度生产力（例如，由于就业机会与种姓制度存在刚性联系，低种姓阶层人力资本投资的积极性被削弱了）发展水平的进一步提高。

---

① http：//www. cenet. org. cn/article. asp？ articleid =25848.

② 北京大学陈峰君教授将印度文化模式概括为“发扬印度教传统文明和甘地主义+世俗非教派主义（取消种姓制度、政教分离、照顾部族利益）+西方先进教育与科技”模式。

③ 权衡：“中印经济增长模式之比较”，《党政干部文摘》2006年第11期，第38页。

④ 王廷琦：“印度经济的增长模式及启示”，《理论学习》2005年第4期，第39页。

⑤ 刘建辉：“印度：在另一条跑道上特立独行的大象”，《经济》2005年第3期，第33页。

第三节　印度市场经济发展模式演化的战略指引

1991 年 6 月拉奥政府上台，“面临重建被破坏的经济的令人畏惧的任务”，加之“经济处于危机之中”，“已经没有时间可以浪费了”，所以执政仅一个月便在 7 月 24 日颁布了新的“工业政策协议”，开始了突破尼赫鲁经济发展模式的深刻的经济改革，人们将其归纳和称之为自由化、市场化、全球化和私有化的“四化新经济政策”，① 其制定与实施标志着印度自由市场经济发展模式逐渐与独立以来实行了 40 多年半管制的尼赫鲁经济发展模式决裂了。而到 1998 年 3 月，印度第十二届人民院选举了阿塔尔·比哈里·瓦杰帕伊担任内阁总理并组成新政府，新政府上台伊始便提出一系列经济发展政策和措施，第二次担任财政部长的亚希曼特·辛哈称之为“反冲式启动经济”发展战略，以有别于前任财政部长曼莫汉·辛格的“自由化”和比·契达巴拉姆的“自动启动经济”发展战略。②2004 年 5 月国大党议会党团领袖曼莫汉·辛格担任印度总理并组建新政府，他表示新政府将继续推行前总理瓦杰帕伊的经济改革，但将加入“人性化”因素的发展战略，着力强调国家基础设施现代化、吸引外商投资和创造更多就业机会，以消除长期以来困扰印度的贫困问题。2006 年 10 月 18 日，印度政府的计划委员会公布了其第十一个五年计划草案，从“十一五”计划可以看出，基于社会不平等现象的出现和社会鸿沟的不断扩大，为把“社会公平”目标进一步提升到新的战略高度，印度政府作出了非常明确的政策说明，并在“十一五”期间明确提出“包容性增长战略”。

具体地讲，这种被称之为印度崭新的“包容性增长战略”意味着：第一，它改变了过去尼赫鲁经济发展模式重工业投资优先的工业化战略，采取以农业和包括农村基础设施在内的社会基础设施建设为主导的发展战

---

① 李德昌：“印度经济改革新进展”，《南亚研究季刊》1995 年第 1 期，第 11 页。

② 杨文武：“印度新政府反冲式启动经济发展战略背景”，《南亚研究季刊》1998 年第 3 期，第 27 页。

略。例如，在“八五”计划6个优先发展的部门中，其中有2个是发展农业生产多样化，发展电力、交通运输等基础设施的。印度第九个五年计划明确提出以农业为主导的经济增长战略。[①] 印度第十个五年计划报告认为，“发展战略必须特别注意农业的发展，农业没有从经济自由化政策中受惠很多，农业仍然受到很多限制和障碍……农业的发展也需要大量的基础设施建设投资，特别是灌溉、农村道路和农贸市场”。[②] 印度第十一个五年计划报告同样强调“农业仍然是超过半数以上的印度劳动力以此作为基本职业就业和谋生手段的占居主导地位的部门，并对出口盈余有着重要贡献，也是许多工业原材料需求的重要来源”。

第二，它强调了实施更加“人性化”的发展战略。事实上，印度经济的发展不仅没有提高广大民众的生活质量，反而继续呈现出贫穷、饥荒、营养不良、失业、不平等、疾病肆虐、死亡率高、环境破坏、农村发展停滞不前等现象，因而民众呼吁实施更加人性化的发展战略，以帮助缩小收入水平上的差距，实现分配上的平等。更重要的是，传统的发展观已经遭到了批评，因为它相信并且强调以利润为中心的政策，而不是以人为中心的发展计划。为此，在“八五”计划6个优先发展的部门中，与“人性化”发展相关的就占4个（其中包括增加就业、控制人口增长率、普及初等教育和扫除15—35岁年龄段中的文盲，为农村广大民众提供清洁饮水、基本医疗卫生设施、公路、能源等）。同时，“尽管宏观经济在‘八五’期间运行良好，但也表现出一些主要的弊端，尤其是增长方式并没有使穷人和社会下层的人民受益……‘九五’计划的首要任务将是，宣告一个面向民众计划的新纪元的来临，不仅中央和各邦政府，而且大部分人民特别是穷人，都能参与。一个共同参与的计划过程是确保公平和提高经济增长率的必要前提”。[③] 印度第十个五年计划报告认为“经过过去50年的计划，还有很多人生活在贫穷当中，并且出现了惊人的社会差距，这个事实让我们难以接受。为了正视这个挑战，我们必须吸取以前的经验

---

① 杨文武、江东：“印度经济发展战略”，《南亚研究季刊》1998年第4期，第8页。

② 印度计划委员会：《第十个五年计划报告》（1997—2002），2002年12月。

③ 王益谦：“印度的第九个五年计划（1997—2002）”，《南亚研究季刊》1999年第2期，第22页。

教训，必须继续加强那些行之有效的措施，同时避免过去出现的错误”。[1]印度第十一个五年计划报告也特别强调增加收入、减少失业、减少消费贫穷比、重视教育发展和健康保障水平、保护妇女儿童权利等。

第三，高度重视包容性与可持续性发展的制度环境建设。包容性增长战略不仅是一种常规的或传统的增加一些以包容性为目标要素的增长战略；相反，这种战略还是一种以获取能满足包容性和可持续性为目标的特殊的增长过程。这种战略必须建立在合理的建构快速增长的宏观经济先决条件和支持关键增长动力的宏观经济政策基础之上，同时还须包括制定确保结构性增长的产业政策和培育各方面的包容性增长目标实现的制度环境。

第四，强调经济发展的均衡性，尤其注重地区经济的均衡发展。例如，印度第九个五年计划强调包括锡金在内的东北部地区的发展，为了加速贯彻执行东北地区兴修重要基础设施计划，政府决定重建东北地区管理委员会，同时起草必要的法规，经议会审批，将10%以上的计划支出投资于该地区。1995年成立的东北金融发展有限公司对本地区的经济发展将起着重要作用。为了强调确保各邦均衡发展的重要性，印度第十个五计划含有各邦各自的广泛的发展目标，包括增长率和社会发展目标，这些都与国家目标一致。

第五，重新界定与审视（无论是中央还是邦）经济发展进程中政府所要扮演的角色及定位。过去印度政府强制实行严厉的限制措施，并以其有限的财政和行政能力承担了太多的责任，扼杀了私营部门或私营企业的积极性。而目前印度政府应在私营部门能力所不及的方面充分发挥作用，以利于激发私营部门的增长活力，而且印度未来的工业增长在很大程度上将取决于政府（软、硬）环境建设成就以及私营部门的增长业绩。因此，政府在促进经济发展方面，有着与过去不同的重要作用。例如，在社会发展领域，政府的作用要扩大；在其他如基础设施建设方面，不可能完全指望私营部门起到特别显著的作用，政府的作用可能要扩大和加强。尤其是，在一些地方（比如农村基础设施和道路，是不可能吸引私人投资的）的基础设施建设方面必须扩大政府投资；但在电信、电力、港口公共基础

---

① 印度计划委员会：《第十个五年计划报告》（1997—2002），2002年12月。

设施建设方面，需转换印度政府角色，制定切实可行的政策制度框架，促进私营部门投资，以发挥私营部门更大的作用。同时，在相当长一段时间里，政府作为调节者，在所有这些领域均需确保消费者交易公平、透明性和问责制度，培育公平的竞争环境，此外提高公共服务水平和公平的待遇也是非常重要的。

由此可见，印度“包容性增长战略”是20世纪90年代初，印度政府为适应国内外经济政治形势剧烈变化，克服国际收支严重失衡、财政赤字空前巨大等经济萧条、财政危机的严峻困难，对40年来的经济发展战略进行大幅度修改，历经“四化新经济政策”策略—“自动启动经济”发展战略—“反冲式启动经济”发展战略—“人性化”发展战略之过程，并随着印度经济改革与发展的不断深入而最终演化的必然结果。与此同时，在全球一体化进程中，在国内消费的推动和富有革命精神的企业家阶层的主导下，为商贸往来提供助力，辅之以增加收入导向（或刺激）需求的有针对性的政府（改革）规制下的“包容性增长战略”，印度社会经济的繁荣与发展必将稳步推进。

第四节　印度市场经济发展模式的基本特征①

自独立到20世纪90年代初，随着国际国内形势的变化，印度成功地实现了由尼赫鲁经济发展模式向市场经济模式的转变。印度在没有发生基础广泛的制造业革命的背景之下，靠服务业的发展来推动经济增长，其服务业在国内生产总值中的比重超过50%，从而使印度形成比较特殊的经济发展模式。印度经济发展模式不仅使印度经济增长比较稳定，而且在一定程度上使印度经济具有持续性，并对印度经济增长与运行产生了重大影响，使印度经济保持较好效益。印度经济发展模式在其运行过程中表现出如下系列特质。

---

① 杨文武：“20世纪90年代以来印度经济发展模式的特性分析”，《南亚研究季刊》2007年第4期，第46—50页。

一、伴随经济增速的平稳运行，印度经济规模不断扩大

第一，1990 年到 2009 年期间，印度经济总量的年均增长率达 13% 以上，印度经济总量呈加速扩大态势。印度国内生产总值从 1990 年的 5150.3 亿卢比，到 1995 年的 10832.9 亿卢比，2009 年已达 58683.3 亿卢比（如表 2—1 所示）。1990 年到 2009 年期间印度经济总量的年均增长率达 13.66%。在此期间，巴基斯坦经济总量的年均增长率为 15.67%、孟加拉为 10.01%、尼泊尔为 12.22%、斯里兰卡为 15.39%、不丹（1990—2003 年）为 14.81% 和马尔代夫为（1995—2009 年）10.44%。

同时，如果我们以 2009 财政年度末南亚各国本币兑换美元汇率[①]来分别计算南亚国家当年的国民生产总值的话，那么印度 GDP 为 12571.4 亿美元、巴基斯坦为 1434.0 亿美元、孟加拉国为 887.6 亿美元、尼泊尔为 132.795 亿美元、斯里兰卡为 421.83 亿美元、不丹为 64.43 亿美元和马尔代夫为 147.30 亿美元（2003 年）。因而，印度经济总量居南亚国家首位。

表 2—1　印度与南亚其他国家国内生产总值

年份	1990	1995	2001	2002	2003	2008	2009
印度（亿卢比）	5150.3	10832.9	20977.3	22614.1	25381.7	52286.5	58683.3
巴基斯坦（亿卢比）	759.9	1672.0	3923.2	4146.2	4534.2	9921.6	12082.0
孟加拉国（亿塔卡）	1003.3	1525.3	2535.5	2732.0	3005.8	5458.2	6147.9
尼泊尔（亿卢比）	1109.73	2352.38	4415.19	4594.43	4922.31	8156.63	9913.16
斯里兰卡（亿卢比）	3179.04	6623.84	14342.57	16360.37	18224.68	44106.82	48250.85
不丹（亿努扎姆）	48.791	95.501	228.948	264.223	293.855	…	…
马尔代夫（亿卢比）	…	46.961	76.508	82.010	88.630	161.309	188.539

资料来源：亚洲开发银行，http：//www.adb.org，按生产要素成本计算的南亚国家相关财政年度 GDP 的当前市值。

① 按 2005 财政年度末，南亚各国本币兑美元汇率为：1 美元等于 46.68 印度卢比、84.26 巴基斯坦卢比、69.27 孟加拉国塔卡、74.605 尼泊尔卢比、114.384 斯里兰卡卢比、45.61 不丹努扎姆和 12.8 马尔代夫卢比。

第二，1990年到2009年期间，印度人均GDP保持着持续快速的增长态势。印度人均GDP从1990年的6789卢比和1995年的1.2843万卢比，上升到2009年的5.3258万卢比（如表2—2所示）。在此期间印度人均GDP的年均增长率为11.45%，巴基斯坦为12.72%、孟加拉为8.40%、尼泊尔为9.85%、斯里兰卡为14.01%、不丹（1990—2003年）为13.34%和马尔代夫（1995—2009年）为8.48%。由此可见，20世纪90年代以来印度人均GDP保持了持续快速增长势头。

同时，如果我们按2009财政年度末南亚各国本币兑换美元汇率来分别计算2009年南亚国家人均国内生产总值的话，那么2009年度印度人均GDP为1140.92美元、巴基斯坦为923.25美元、孟加拉国为615.52美元、尼泊尔为487.76美元、斯里兰卡为2062.75美元、不丹为644.28美元（2003年）和马尔代夫为4682.89美元。由此可见，按GDP排名印度居南亚国家第一位，但按人均GDP排名印度则位居南亚国家的第三位，这说明庞大的人口规模以及快速的人口增长直接抵消了印度经济的增长率。

表2—2　南亚国家人均国内生产总值

年份	1990	1995	2001	2002	2003	2008	2009
印度（卢比）	6789	12843	21913	23244	25696	48305	53258
巴基斯坦（卢比）	8001	15436	29993	31101	33225	63632	77793
孟加拉国（塔卡）	9205	12839	19519	20760	22532	38330	42635
尼泊尔（卢比）	6108	11681	19376	19719	20662	30633	36411
斯里兰卡（卢比）	19543	38332	76567	86075	94664	218167	235945
不丹（努扎姆）	9327	17114	37968	43255	47489	…	…
马尔代夫（卢比）	…	19183	27722	29232	31091	52107	59941

资料来源：亚洲开发银行，http：//www.adb.org，按生产要素成本计算的南亚国家相关财政年度人均GDP的当前市值。

第三，1990年到2009年期间，印度GDP的年增长率基本保持在1.4%—9.7%的中低增速发展态势。印度GDP的年增长率1990年为

5.3%、1995年为7.3%、2008年为6.7%和2009年为7.4%（如图2—1所示）。①

由此可见，印度经济发展模式条件下的经济发展速率基本上处于中低增速态势，尤其是21世纪以来（特别是在1990年至2009年间），印度GDP年增长率的平均值为6.47%。这种增长速度与印度20世纪40年代末期到70年代末期30年里3.5%的“印度速度”和20世纪80年代的5.8%相比，有较大的提升，且使印度成为中国之后发展中国家经济增长的又一典范。而同期南亚其他国家GDP年增长率的平均值基本保持在5%—6%。

但无论如何，笔者认为自20世纪90年代特别是进入21世纪初以来，不断自成雏形的印度式经济发展模式已初显成效，并且随着近年来经济发展速度不断加快，印度经济发展获得了长足进展。

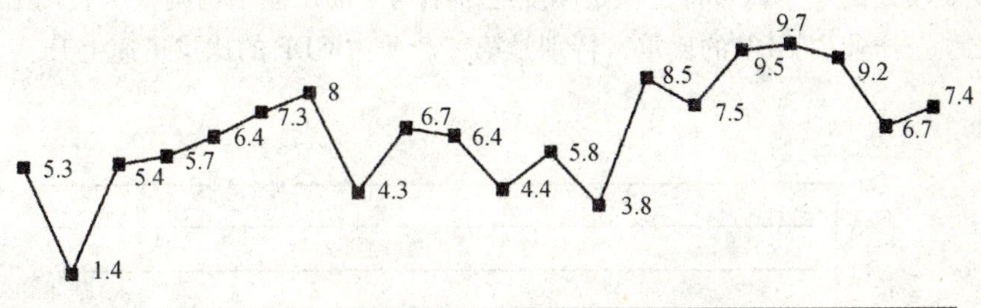

图2—1　1990—2009年印度GDP增长率（%）

当然，我们也不能不明白，印度式经济发展模式条件下的经济增长与发展也将受到诸如能源短缺、基础设施落后、资金短缺、气候条件恶劣、生产力水平不高以及劳动效率低下等不利因素的长期制约。虽然印度是全球经济增长最快的国家之一，但因电力供应不足，新德里大部分居民每天要忍受高温达10小时，全国只有半数居民的电力供应正常。② 因此，“印

① 亚洲开发银行，http：//www.adb.org。

② http：//www.dygtsc.com/bbs/showpost.asp？threadid＝145.

度经济现代化还须进一步解决基础设施落后……种种问题和困难”。①

二、印度产业结构不断升级调整，相对发达的第三产业致使其经济发展潜力日渐显现

第一，印度经济结构不断调整升级，第三产业占 GDP 的比重上升迅速成为印度经济发展模式的显著特性。自 20 世纪 90 年代以来，印度经济发展模式条件下的经济结构，尤其是印度产业结构调整迅速，印度第一产业占 GDP 的比重迅速下降，第二、三产业占 GDP 的比重迅速上升。例如，印度第一产业占 GDP 的比重从 1990 年的 29.3% 下降到 2009 年的 17.1%；第二、三产业占 GDP 的比重分别从 1990 年的 26.9%、43.8% 上升到 2009 年的 28.2%、54.6%（如图 2—2 所示）。由此可见，印度经济发展模式的一个显著特性就是印度经济结构中的产业结构调整所表现出第二、三产业占 GDP 的比重，特别是第三产业占 GDP 的比重迅速上升。

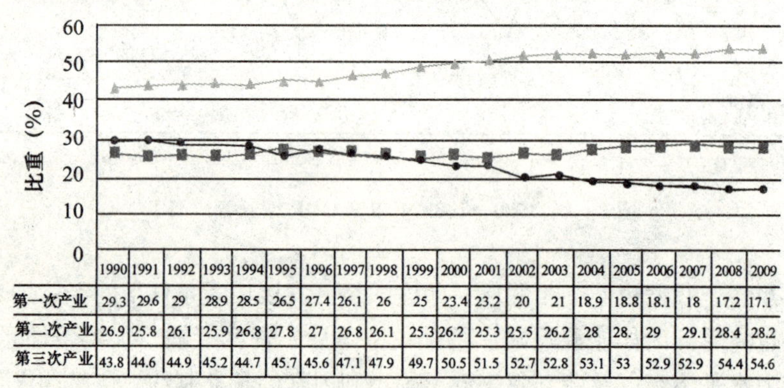

	1990	1991	1992	1993	1994	1995	1996	1997	1998	1999	2000	2001	2002	2003	2004	2005	2006	2007	2008	2009
第一次产业	29.3	29.6	29	28.9	28.5	26.5	27.4	26.1	26	25	23.4	23.2	20	21	18.9	18.8	18.1	18	17.2	17.1
第二次产业	26.9	25.8	26.1	25.9	26.8	27.8	27	26.8	26.1	25.3	26.2	25.3	25.5	26.2	28	28.	29	29.1	28.4	28.2
第三次产业	43.8	44.6	44.9	45.2	44.7	45.7	45.6	47.1	47.9	49.7	50.5	51.5	52.7	52.8	53.1	53	52.9	52.9	54.4	54.6

图 2—2 1990—2009 年印度第一、二、三产业所占 GDP 的比重（%）

然而，令人不解的是，印度经济发展模式所表现出的这种特性却不约

---

① 赵鸣歧：“印度正在崛起——关于印度经济现代化模式的评价”，《上海财经大学学报（哲学社会科学版）》2006 年第 3 期，第 20 页。

而同地在南亚区域其他国别经济发展进程得到同样的体现。例如，巴基斯坦第一产业占GDP的比重从1990年的26.0%下降到2009年的21.6%，第二、三产业占GDP的比重分别从1990年的25.2%、48.68%上升到2009年的24.3%、54.2%。孟加拉国第一产业占GDP的比重从1990年的30.2%下降到2009年的18.7%，第二、三产业占GDP的比重分别从1990年的21.5%和48.3%上升到2009年的28.7%和52.6%。尼泊尔第一产业占GDP的比重从1990年的48.4%下降到2009年的32.6%，第二、三产业占GDP的比重分别从1990年的12.3%和39.3%上升到2009年的15.8%和51.6%。斯里兰卡第一产业占GDP的比重从1990年的24.2%下降到2009年的12.6%，第二、三产业占GDP的比重分别从1990年的28.9%和46.9%上升到2009年的29.7%和57.7%。不丹第一产业占GDP的比重从1990年的39.0%下降到2009年的19.2%，第二、三产业占GDP的比重分别从1990年的28.0%和33.0%上升到2007年的46.5%和34.3%。

那么，印度经济发展模式所表现出的这种特性不仅具有强烈的印度国别个性，而且具有南亚区域经济发展模式的共性。因而，是不是我们就可以机械地或者简单地对印度经济发展模式作出好与坏的评价呢？其实，印度经济发展模式不仅是印度独特的自然、政治、经济、文化与社会等各种因素综合作用的结果，而且是南亚区域具体区情所决定的必然选择。但无论如何，一个欠发达且经济发展相对落后的“南亚区域式”的“印度经济发展模式”的成功与否完全取决于包括印度在内的南亚国家是否能够成功地绕过第一、二和三产业依次升级更替的路径依赖。至于这个问题，笔者认为应引起研究印度或南亚的学者的关注与深思。

第二，印度与其他南亚国家产业结构的演进模式具有同质化或同构性特质。尽管南亚各国经济结构战略性调整的步伐不断加快，经济实力不断增强，经济发展潜力也不断展现，但是包括印度在内的南亚国家经济结构尤其是产业结构演进速度的不断加快，却导致第一产业占GDP的比重迅速下降，第二、第三产业特别是第三产业占GDP的比重迅速上升，甚至印度、巴基斯坦、孟加拉国和斯里兰卡等国第三产业增加值占国民生产总值的比重不约而同地超过了50%。由此可见，这种建立在经济的不发达或收入水准不高的基础之上的同质化或同构性的经济结构演进形态，不仅是印度经济发展模式的个性，而且是南亚区域国家的共性。因此，与其他南亚国家产业结构的演进模式具有同质化或同构性的印度经济结构演化，不利于印度与南亚区域其他国家展开进一步的经济合作。那么，印度经济发展模式成功的外在条件可能就取决于其区域外的国际经贸合作绩效。

三、相对保守或封闭的经济发展形态成为印度经济发展模式的又一特质

第一，在对外改革开放进程中，印度总体开放度不大。自20世纪90年代以来，随着印度经济不断增长与发展，印度对外贸易额和利用外资量也在不同程度地增加，印度对外经济改革开放的政策取向日益明确，对外开放度大为提升。例如，印度对外开放度从1990年的13.16（外贸依存度为13.1和外资依存度为0.06）上升到2000年的20.59（外贸依存度为19.6和外资依存度为0.99），2004年进一步上升到25.67（外贸依存度为25.2和外资依存度为0.47），2009年上升到48.14（外贸依存度为35.5和外资依存度为12.64）。

然而，南亚其他国家经济发展模式却表现出更为开放的经济形态。例如，巴基斯坦对外开放度从1990年的32.86（外贸依存度为32.5和外资依存度为0.36）上升到2001年的33.59（外贸依存度为33.1和外资依存度为0.49），2004年再次上升到35.04（外贸依存度为34.1和外资依存度为0.94），2009年上升到59.47（外贸依存度为33.7和外资依存度为25.77）。马尔代夫对外开放度从2001年的78.28（外贸依存度为78.2和外资依存度为0.05）上升到2004年的109.46（外贸依存度为109.4和外资依存度为0.06）和2009年的68.0806（外贸依存度为68.8和外资依存度为0.0065）。其他南亚国家对外开放度均较大。由此可见，与南亚其他国家相比，相对保守与封闭的经济发展形态成为印度经济发展模式的又一特性。

第二，印度对外资的依存度不高。尽管印度对外开放度逐年提高，但同其他南亚国家一样，印度对外资的依存度特别低。这种对外资依存度相对更低的发展态势也成为包括印度在内的南亚国家经济发展模式的又一特性。即便是对外开放度已超过50%的斯里兰卡、不丹和马尔代夫等国，

其对外资的依存度（除了斯里兰卡少数年份超过1%）部分年份几乎都为零。这说明包括印度在内的南亚国家在其经济改革开放进程中，对外资（主要指吸引外国直接投资）的依存度都偏低。这种现象在很大程度上应归结于包括印度在内的南亚国家吸引外国直接投资的环境还未从根本上得到优化，或者说包括印度在内的南亚国家目前还未真正进入经济发展的起飞阶段，或者说包括印度在内的南亚国家仍然处于资源密集型工业发展阶段而非资金、技术密集型工业发展阶段。因而，我们需要对包括印度在内的南亚国家的对外开放政策进行反思。

四、印度营商环境较差而且呈现下滑态势，这将在很大程度上影响印度经济发展模式绩效的发挥

第一，与南亚其他国家相比，2011年以来印度的营商环境不仅没有得到改善反而呈现恶化态势。世界银行及其下属的国际金融公司联合发表的《2011全球营商环境报告》显示，在全球183个经济体的营商环境便利程度排名中，2011年印度排名为第134位（2010年第135位）、巴基斯坦排名为第83位（2010年第75位）、孟加拉国排名为第107位（2010年第111位）、尼泊尔排名为第116位（2010年第112位）、马尔代夫排名为第85位（2010年第96位）、斯里兰卡排名为第102位（2010年第102位）、不丹排名为第142位（2010年第140位）。而中国排名为第79位（2010年第78位）。因而在南亚区域经济发展中，印度的营商环境仅好于不丹；与2010年相比，印度的营商环境不仅没有改善反而呈现出了一步恶化的趋势。

第二，印度营商环境中最为糟糕的是合同执行效率差。印度营商环境中除获得信贷（2011年排名为32位）、投资者保护（2011年排名为44位）和注册财产（2011年排名为94位）表现相对较好外，开办企业（2011年排名为165位）、申请许可（2011年排名为177位）、合同执行（2011年排名为182位）、缴纳税款（2006年排名为164位）、跨境贸易（2011年排名为100位）、企业破产（2011年排名为134位）等，特别是合同执行效率问题表现最为糟糕。例如，通过追踪一起支付争议案件发现，从原告表现较差向法院提交诉讼到最终获得赔付要历经56个步骤、

需1420天时间和花费35.7%的债务成本。再者，就缴纳税款问题而言，印度一家中型企业所需支付或提存的税负，加之对缴付税款过程中的行政负担进行评估得知，其纳税数达59次、花费264个小时，且税负总额为其毛利的81.1%。再如，在印度建造一座仓库，其中包括申请规定的许可证和批文、办理规定的公示和查验，以及接通水电通讯设施的整个过程的申请许可，需完成20个步骤、270天时间和成本费用为印度人均收入的606.0%。总而言之，印度营商环境相对较差，不仅表现为成本费用高、所需时间长，而且表现为各种程序繁琐、效率低下、合同执行力度较差。

由此，印度经济发展与经济运行态势表明，这种既具有印度个性化特征又具有南亚区域国家共性特征的印度经济发展模式，不仅在一定程度上影响了印度经济增长的（内在经济结构的）质与（外在经济规模的）量，也在一定程度上影响着印度经济发展（对内对外改革与开放）的行为方式。我们在评价“独立后，为了发展民族经济，印度实行了公私并存的混合经济管理模式”① 的发展绩效时，更应全面地、系统地加以分析与研究。因此，“认真研究作为中国的邻居、南亚大国以及发展中大国的印度的经济发展轨迹，分析其经济发展战略（或模式），具有重要的历史和现实意义”。②

由此可见，在1991年拉奥出任总理和被誉为“印度经济改革之父”的曼莫汉·辛格担任拉奥政府财政部长期间，印度政府明确提出经济实现自由化、市场化、私有化和全球化的政策目标，而且迄今历届政府继续奉行其改革举措并形成了独特的印度经济发展模式体态。印度经过前所未有的经济改革，打破了束缚印度经济增长的种种枷锁，政府对经济活动的干预大为减少，市场竞争机制得以引入，闭关自守的经济政策被逐步消除，印度经济增长突破了老牛式的缓慢增长速度并步入高速发展的轨道，经济状况得到明显改善，财政赤字逐年下降，通货膨胀得到有效控制，外贸收支状况有所好转，外汇储备持续增加，投资环境逐步得到改善，外商投资

---

① 文富德：“印度经济管理模式浅析”，《南亚研究》2006年第1期，第12页。

② 谢代刚、李文贵：“试论印度经济发展模式的演绎进程”，《南亚研究季刊》2005年第2期，第16页。

逐步增多，国民经济稳步发展。

因而，作为金砖五国之一的印度，自独立以来经历了由尼赫鲁经济发展模式向市场经济发展模式的成功演变，在印度社会的变革和发展方面产生了重要的影响。印度成功地实现了由传统经济发展模式向市场经济的转变，使印度经济处于独立以来最好的发展时期，极大地改变了印度在国际上的形象，提高并扩大了印度在国际中的地位和影响。印度人终于找回了自信，为实现其梦寐以求的大国梦进一步推进各项改革，调整其发展战略。可以断言，随着印度市场经济运行机制的进一步调整和完善，印度政府将采取更加务实的政治经济政策，积极融入经济全球化进程中，其经济发展将有更加辉煌的未来。

第三章　印度经济增长模式[①]

印度经济增长模式是指在一定时期内印度国民经济发展战略及其生产力要素增长机制、运行原则的特殊类型，是实现印度国民财富增长（即产出增加）的相对特殊范式或途径。普遍认为，印度经济增长模式更多地表现出一种“非政府主导的体制安排、增长动力和结构以及增长的高绩效等，这决定了它只能够保持‘印度教徒式’的不冷不热的‘自然增长’状态”。[②] 而且，印度形成了一种与中国等东亚国家不同的增长模式，主要依赖国内市场而非出口，依赖消费而非投资，依赖服务业而非工业，依赖高技术而非低技能制造业。[③] 甚至，被称之为“知识型经济”增长模式的印度经济在很大程度上是依靠“以知识为基础的制造部门的扩张驱动的，在印度的GDP增长率中，‘知识经济’提供了51%的巨大贡献”。[④] 就连印度国家发展委员会批准的印度2007—2012年第十一个五年计划中也提出，要在现有增长势头基础上到2012年将经济增长率进一步提高到10%。当然，印度经济增长速度不是规划的唯一目标，印度经济增长的真正目标是人人受益的包容性经济增长模式。[⑤] 为此，分析印度经济增长的基本运行态势、动力源泉或各种要素的特殊组合方式以及印度经济增长的特殊类型模式，寻求印度经济增长的一般路径，揭示其内在的、本质的、必然的规律性，并以此反映印度经济增长基础之上的经济发展模式属性，

---

① 杨文武、邹毅：“印度经济增长模式研究”，《南亚研究季刊》2010年第3期，第90—96页。

② 权衡：“中印经济增长模式之比较”，《党政干部文摘》2006年第11期，第17页。

③ 刘秀莲：“印度经济增长模式的喜与忧”，《学习月刊》2007年第8期，第49页。

④ 王廷琦：“印度经济的增长模式及启示”，《理论学习》2005年第4期，第38页。

⑤ 杨文武、雷鸣：“试论印度经济增长模式的形成基础、架构体态及其启示”，《南亚研究季刊》2008年第1期，第46—47页。

为近邻中国的经济增长与发展提供经验启迪等，具有十分重要的理论与现实意义。

第一节 南亚特色的“印度式”适度增速模式

一、独立后近40年的时间里，印度经济呈现缓慢而又起伏不定的增长态势

独立60多年的印度迭换了十多届政府，而各届政府总是把经济发展中的重要指标——经济增长作为政策取向的核心目标。然而，独立后，自1951年到1989年的40多年里，由于诸多因素的影响，印度经济一直呈现出缓慢的、起伏不定的增长态势。特别是1951—1952年度到1979—1980年度近30年的时间里，印度不同年度的经济增长率变化很大，许多年度的高增长率被其他年度的低增长率甚至负增长率抵消。在此期间，印度经济增长率出现了4次波峰，其中最高点为1975—1976年度的9.0%，同时也出现了3次波谷，有4个年度的增长率为负值，最低点为1979—1980年度的-5.2%，其次是1965—1966年度的-3.7%，最高点与最低点相差14.2个百分点。[①] 因此，总体上来看，这一阶段印度经济增长缓慢、起伏不定，其平均增长率仅为3.4%。第二阶段从1980—1981年度到1989—1990年度。在这10来年里，印度经济增长仍然波动较大，年度增长率最高为1988—1989年度的10.5%。由此可见，相对于第一阶段来说，这一阶段印度经济增长的波动幅度相对缓和，其平均增长率为5.3%。[②]

---

① 印度驻华大使馆：“2004—2005年度经济概览”，《今日印度》2005年第2期，第13页。

② [印] 鲁达尔·达特、K·P·M·桑达拉姆著，雷启淮等译：《印度经济》（上册），四川大学出版社1994年版，第6页。

二、20世纪90年代以来，印度经济呈现出相对稳定的适度增速的运行轨迹

自20世纪90年代以来，在多种因素的综合作用下，尤其是最近几年，印度经济呈现出相对稳定的持续快速增长态势。

（一）1990—2008年期间，印度经济总量呈加速上升态势

按时价计算，印度国内生产总值从1990年的56962亿卢比上升到2000年的210231亿卢比、2008年的532175亿卢比（如图3—1和表3—1所示）。1990年到2008年期间，印度GDP年均增长率达6.41%，印度GDP呈现出一种加速上升的运行态势。

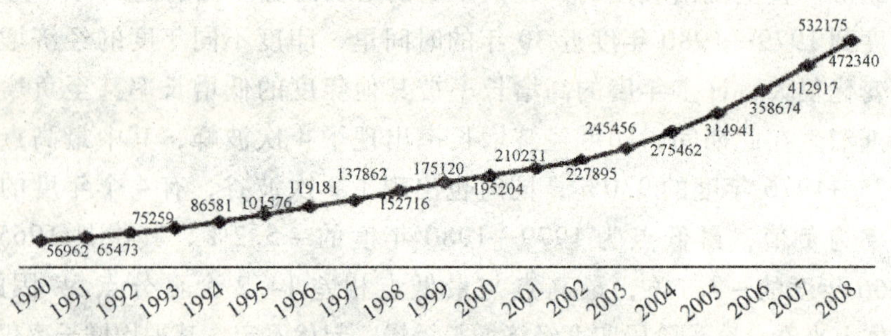

图3—1　按时价表示的印度国内生产总值（单位：亿卢比）

而且，如果我们以2008财政年度末南亚各国本币兑换美元汇率①来分别计算，那么2008年印度GDP总规模达到12146.23亿美元，② 高于南亚其他国家（例如，巴基斯坦1298.5227亿美元、孟加拉国796.1899亿美元、斯里兰卡119.4747亿美元、尼泊尔106.76亿美元、马尔代夫

① 按2008年财政年度末，南亚各国本币兑美元汇率为：1美元等于43.814印度卢比、79.2巴基斯坦卢比、68.554孟加拉达卡、68.50尼泊尔卢比、114.0300斯里兰卡卢比、45.745不丹努扎姆（2007年）和12.79422马尔代夫卢比。

② 亚洲开发银行，http：//www.adb.org，按时价表示的南亚国家财政年度GDP市值计算。

12.6079亿美元和不丹约11.2628亿美元）的经济总量，位居南亚国家第一位。但是，印度GDP年均增长速度仅高于孟加拉国、巴基斯坦、斯里兰卡、尼泊尔等国GDP的年均增长率，却低于马尔代夫的7.7%的增长率和不丹的6.6%，这说明与其他南亚国家相比，印度GDP的增长速率仅处于中低增速状态。

表3—1　按时价计算的南亚国家国内生产总值

国别 年份	印度 （亿卢比）	巴基斯坦 （亿卢比）	孟加拉国 （亿塔卡）	尼泊尔 （亿卢比）	斯里兰卡 （亿卢比）	不丹 （亿努扎姆）	马尔代夫 （亿卢比）
1990	56962	8559	10033	1034.16	3179.04	48.791	…
1991	65473	10206	11052	1203.7	3332.3	54.015	…
1992	75259	12052	11954	1494.87	3478.22	61.964	…
1993	86581	13330	12537	1714.92	3718.76	68.602	…
1994	101576	15611	13541	1992.72	3928.84	82.944	…
1995	119181	18659	15252	2191.75	4146.08	95.501	46.961
1996	137862	21202	16632	2489.13	4301.86	110.315	53.01
1997	152716	24283	18070	2805.13	4579.05	131.805	59.818
1998	175120	26777	20018	3008.45	10456.65	151.459	63.569
1999	195204	29384	21970	3420.36	10903.58	176.221	69.354
2000	210231	38261	23709	3794.88	11555.52	201.117	73.484
2001	227895	42099	25355	4415.19	11397.28	228.948	76.508
2002	245456	44527	27320	4594.43	16360.37	264.223	82.01
2003	275462	48756	30058	4922.31	17332.22	293.855	88.63
2004	314941	56407	33297	5367.49	18275.97	323.203	99.39
2005	358674	64997	37071	5894.12	19416.71	364.626	95.969
2006	412917	76231	41573	6540.84	20905.48	404.48	117.17
2007	472340	86729	47248	7281.78	22326.56	515.216	134.93
2008	532175	102843	54582	8184.01	23655	…	161.309

资料来源：亚洲开发银行，http：//www.adb.org，按生产要素成本计算的南亚国家相关财政年度人均GDP的当前市值。

（二）1990—2008 年期间，印度人均 GDP 同样保持着持续快速的增长态势

印度人均 GDP 从 1990 年的 6789. 325 卢比、2000 年的 2. 0631 万卢比上升到 2008 年的 4. 6116 万卢比（如图 3—2 和表 3—2 所示）。1990 年至 2000 年期间，印度人均 GDP 年均增长率保持了 11. 27% 以上的持续快速增长势头，高于同期尼泊尔的 9. 36%、马尔代夫的 8. 17% 和孟加拉国的 8. 28%，低于斯里兰卡的 14. 41%、不丹的 13. 40%（2007 年）和巴基斯坦的 12. 35%。

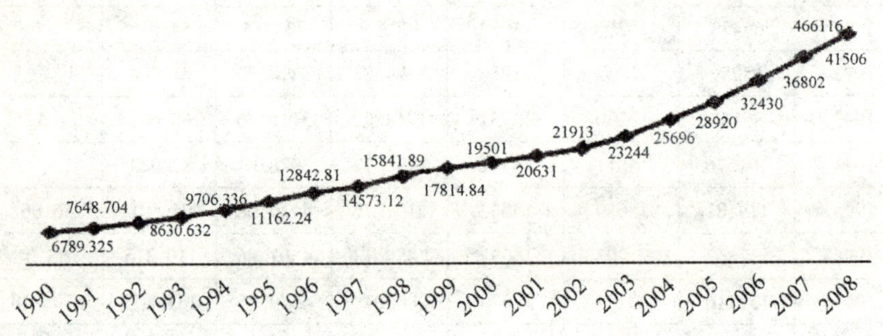

图 3—2 按时价表示的印度人均 GDP（单位：卢比）

同时，如果我们按 2008 财政年度末南亚各国本币兑换美元汇率来分别计算 2008 年南亚国家人均国内生产总值的话，那么 2008 年度印度人均 GDP 为 1052. 54 美元，高于巴基斯坦的 806. 69 美元、孟加拉国的 559. 12 美元和尼泊尔的 441. 93 美元，却远远低于斯里兰卡的 1914. 80 美元、不丹的 1709. 36 美元（2007 年）和马尔代夫的 4072. 66 美元。由此可见，尽管印度 GDP 总规模在南亚国家中排名第一位，但如果按人均 GDP 排名印度则位居南亚国家的第四位。尽管作为世界仅次于中国的最大新兴经济体——印度近年来保持了持续快速的增长速度，但由于印度是世界上第二个人口大国，在面积不及中国 1/3 的土地上，却拥有近 11 亿人口，而且据美国人口普查局公布的最新报告显示，到 2025 年印度人口将超过中国，成为世界第一，其庞大的人口规模以及快速的人口增长直接抵消了印度经济的增长速率，印度人口问题与经济发展的矛盾

须引起本国和世界的关注。

表3—2　按时价计算的南亚国家人均国内生产总值

年份	国别						
	印度（卢比）	巴基斯坦（卢比）	孟加拉国（塔卡）	尼泊尔（卢比）	斯里兰卡（卢比）	不丹（努扎姆）	马尔代夫（卢比）
1990	6789.325	8001	9204.477	6127.737	19542.88	9326.511	…
1991	7648.704	9292	9956.586	7002.009	22478.17	10192.59	…
1992	8630.632	10741	10578.97	8496.444	25359.57	11542.5	…
1993	9706.336	11585	10911.18	9515.679	29656.26	12615.02	…
1994	11162.24	13237	11583.6	10810.38	33890.75	15056.59	…
1995	12842.81	15436	12838.2	11732.57	38332.41	17113.55	19182.63
1996	14573.12	17117	13768.54	13043.96	44106	19514.5	21204
1997	15841.89	19135	14739.07	14307.58	50337.08	23016.82	23412.1
1998	17814.84	20602	16078.44	15024.45	58303.04	26109.53	24356.07
1999	19501	22091	17394.7	16746.06	62513.73	29989	26072.75
2000	20631	27820	18507.85	18060.14	69707.37	33785.77	27206.4
2001	21913	29993	19518.55	19070.92	76567.21	37967.54	27722.34
2002	23244	31101	20759.88	19410.36	86075.5	43255.05	29231.87
2003	25696	33225	22532.23	20339.95	94663.8	47488.65	31090.61
2004	28920	37692	24627.96	21693.59	107432	51561.48	34332.94
2005	32430	42613	27059.12	23300.11	124709.3	57423.28	32667.99
2006	36802	49065	29951.73	25290.19	147776.3	62530.7	39058.15
2007	41506	54833	33604.55	27538.18	178845	78194.54	44259.33
2008	46116	63890	38330.06	30272.15	218344.9	…	52106.56

资料来源：亚洲开发银行，http：//www.adb.org，按生产要素成本计算的南亚国家相关财政年度人均GDP的当前市值。

（三）1990—2008年期间，印度GDP年增长率保持在4%—10%之间的适度平稳增长阶段

印度GDP的年增长率1990年为5.3%、1995年为7.3%、2000年为

4.4%、2005年为9.5%、2007年为9.7%、2008年为6.7%,[①] 其年增长率的平均值达到6.4%，高于同期南亚国家5.8%的平均值[②]（如表3—3所示）。这说明：第一，随着印度经济发展速度不断加快，不断自成雏形的印度式经济发展模式已取得明显成效。在印度经济发展模式条件下的经济发展速率总体上保持在4%—10%的中低增长阶段。特别是2002年以后（除2008年受美国次贷危机演变导致的全球性金融危机影响外），印度经济呈现加速上升态势（如图3—3所示）。第二，如果将印度经济增长模式置身于南亚区域来考察，我们发现印度经济增长模式深深地烙上了南亚经济发展模式的特质：（1）20世纪90年代以来，印度GDP增长率的平均值为6.4%，与南亚所有国家GDP增长率的均值5.8%相差不大，这说明印度与南亚其他国家［如巴基斯坦年增长率的均值为4.8%、孟加拉国为5.3%、尼泊尔为4.5%、斯里兰卡为5.2%（2007年）、不丹为6.6%、马尔代夫为7.7%］均保持了中低增速运行态势；（2）尽管印度经济增长率大多年份高于南亚其他国家，但是自20世纪90年代特别是1991年以来，印度经济增长运行态势却与巴基斯坦的经济增长走势出现了惊人的一致；（3）孟加拉国的经济增长运行态势几乎界于印巴二者之间。因而，我们认为，印度经济增长模式实际上具有明显的南亚发展模式的特质。

表3—3 按时价表示的南亚国家GDP增长率（%）

年份	印度	巴基斯坦	孟加拉国	尼泊尔	斯里兰卡	不丹	马尔代夫
1990	5.3	4.6	5.9	4.7	6.2	2.4	16.9
1991	1.4	5.6	3.3	6.9	4.8	1.8	6.9
1992	5.4	7.1	5	4.3	4.4	4.4	6.5
1993	5.7	2.1	4.6	3.6	6.9	2.9	5.4
1994	6.4	4.4	4.1	8.6	5.6	2.9	7.5
1995	7.3	5.1	4.9	3.4	5.5	7.3	7.4

① 亚洲开发银行，http://www.adb.org。

② 其他南亚国家如巴基斯坦年增长率的均值为4.8%、孟加拉国为5.3%、尼泊尔为4.5%、斯里兰卡为5.2%（2007年）、不丹为6.6%、马尔代夫为7.7%。

续表

年份	印度	巴基斯坦	孟加拉国	尼泊尔	斯里兰卡	不丹	马尔代夫
1996	8	6.6	4.6	5.2	3.8	5.8	9.1
1997	4.3	1.7	5.4	5.1	6.4	4.2	10.4
1998	6.7	3.5	5.2	3.2	4.8	5.8	9.8
1999	6.4	4.2	4.9	4.3	4.3	7.7	7.2
2000	4.4	3.9	6	6	6	7.2	4.8
2001	5.8	2	5.3	5.4	-1.4	6.8	3.5
2002	3.8	3.1	4.4	0.1	4	10.9	6.5
2003	8.5	4.7	5.3	3.9	5.9	7.2	8.5
2004	7.5	7.5	6.3	4.7	5.4	6.8	9.5
2005	9.5	9	6	3.5	6.2	6.5	-4.6
2006	9.7	5.8	6.6	3.4	7.7	6.3	18
2007	9	6.8	6.4	3.3	6.8	21.4	7.2
2008	6.7	4.1	6.2	5.3	6	…	5.8

资料来源：亚洲开发银行，http：//www.adb.org，按生产要素成本计算的南亚国家相关财政年度 GDP 的增长率。

第三，在印度经济发展模式条件下的经济增长与发展，其实在很大程度上已受到诸如能源短缺、基础设施落后、资金短缺、气候条件恶劣、生产力水平不高以及劳动效率低下等不利因素的长期制约。“印度经济现代化还须进一步解决基础设施落后……等种种问题和困难。”[①] 同样，这些制约因素在其他南亚国家同时存在，也制约其经济发展而使经济增长处于中低速运行态势。因此，我们有理由认为，印度经济增长模式实际可以称之为具有南亚特色的“印度式”适度增速模式。

① 赵鸣歧：“印度正在崛起——关于印度经济现代化模式的评价”，《上海财经大学学报（哲学社会科学版）》2006 年第 3 期，第 20 页。

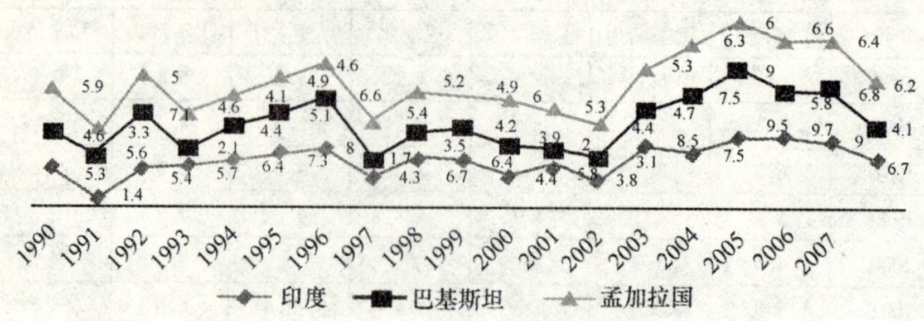

图 3—3　1999—2008 年印度、巴基斯坦和孟加拉国 GDP 增长率（%）

第二节　制度变迁、要素投入与经济结构演化助推型增长模式

经济增长是一个多种因素综合作用的动态过程，在不同国家的不同历史发展时期，各因素对其经济增长产生的作用也各不相同。就印度经济增长来看，历史上出现了几次负增长，自然条件、国际因素是重要原因；20 世纪 90 年代以来，制度变革推动印度经济持续快速增长；最近几年，印度遵循了依靠低储蓄率、低投资率实现具有印度特色的经济增长的模式。尽管“印度经济持续快速增长的成因，既有内部因素，又有外部因素；既有微观基础，又有宏观条件；既有经济原因，又有政治支持”① 等相当复杂的影响因素，但按照马克思历史唯物主义“生产力和生产关系之间、经济基础和上层建筑（或经济制度）之间的人类社会的基本矛盾”运动规律来看，这两对矛盾存在于一切社会形态之中，贯穿于每一个社会形态的始终，决定着其他各种社会矛盾，是推动印度社会经济发展的基本动力，决定着其社会经济发展的一般进程。因而，印度经济增长的动力源于生产力、生产关系和上层建筑之间作用与反作用的矛盾运动，尤其是 20 世纪 90 年代以来，印度经济体制（或经济制度）变革解放和发展了生产力，生产力要素投入与经构结构转换的相互作用也促进了印度经济的进一

① 张环：“印度经济增长因素实证分析”，《亚太经济》2007 年第 2 期，第 57 页。

步增长。

一、经济制度变迁与印度经济增长

从20世纪80年代起，印度政府就开始有意识地进行一系列的政策调整，并渐进地推动经济体制变革。直到进入20世纪90年代，印度进行了更加全面、彻底、深入的经济自由化改革。印度所进行的经济改革在很大程度上不仅仅是停留于简单的经济政策（如外贸外资政策、工业政策、劳工政策等）变化之上，而是要对既有的复杂的经济体制架构（如政府与市场的关系、不同所有制主体的经济地位和经济关系等）作出重大调整和重新部署等。①

事实已经表明，改革以来的印度经济绩效正在朝着好的方向发展。在1990年至2008年的近20年间，印度GDP增长率的平均值达到6.4%，不仅超过1951—1952年度到1979—1980年度近30年里的3.4%，而且超过20世纪80年代的5.3%。印度的社会指标在改革过程中也在不断改善。据2010年《联合国人类发展报告》统计显示，印度的识字率从1991年的52%上升到2008年的62.8%。由此可见，20世纪八九十年代以来，印度实施的包括放松产业规制、减少垄断、鼓励竞争及贸易、投资自由化等市场导向的经济自由化改革举措解放和发展了生产力，培育出来的具有国际竞争力的企业以及大量的中小企业为印度的经济发展提供了坚实的微观基础，在很大程度上提升了印度经济增长绩效。②

二、生产要素投入与印度经济增长③

根据美国著名经济史学家沃尔特·罗斯托（Walt Whitman Rostow）

① 王学人："中国和印度经济成长模式的比较"，《南亚研究季刊》2008年第1期，第38—39页。

② 丁一兵："2004年印度经济：崛起中的机遇与挑战"，《世界经济》2005年第3期，第30项。

③ 杨文武："试析印度经济增长"，《南亚研究季刊》2005年第3期，第9页。

的“经济增长阶段论”，我们认为作为发展中国家的印度最多处于准备起飞阶段或起飞阶段。即使自20世纪90年代以来，制度变迁解放和发展了生产力，并为印度经济发展创造了前提条件，但是印度经济仍处于要素投入推动阶段，或者说在相当长时期内，印度经济增长还需要将要素投入来作为经济增长的主要动力源。因而，资本形成、人力资源以及技术进步等要素投入成为印度经济持续快速增长的重要推动力。

（一）资本形成是印度经济持续增长的主要动力

正如纳克斯（Nurkse，R.）所认为的，在经济落后国家，资本形成是发展中国家经济发展的主要源泉，是影响经济发展的最重要因素，因而发展问题的核心就是资本形成。因而，在很大程度上讲，在印度经济发展的各要素投入中，资本形成是印度经济持续增长的重要动力。印度要摆脱贫穷落后走向繁荣富强，在落后阶段向先进阶段的过渡时期除了要进行经济改革外，还需不断增加资本投入，通过现代化来增强国力并改善人民生活。

第一，印度所遵循的依靠低储蓄率、低投资率实现其具有印度特色的经济增长模式的路径有所改变。长期以来，印度遵循着依靠低储蓄率、低投资率实现具有印度特色的经济增长模式。据统计，印度的固定资本总形成率从1950—1951年度的8.9%上升到1955—1956年度的11.9%，1960—1961年度的12.7%，1965—1966年度的15.1%，1970—1971年度下降为14.0%，1975—1976年度又上升到16.2%，1980—1981年度再升为18.5%，1985—1986年度达到20.6%。① 独立初期，印度的投资率还不到10%，为了促进国民经济增长，印度政府努力提高投资率，但是与储蓄率变化情况一样，印度的投资率不仅持续不高，而且起伏波动。② 但是，20世纪90年代以来印度所遵循的依靠低储蓄率、低投资率实现其具有印度特色的经济增长模式的路径有所改变，而且从动态上分析，资本形成（或者说资本追加）成为其经济持续增长的主要动力。印度国内资本

---

① Ministry of Finance, Government of India, Economic Survey 2005 - 2006, New Delhi, 2006, p. 8.

② 文富德：“印度经济增长方式的特色”，《南亚研究季刊》2008年第2期，第48页。

形成率从1990—1991年度的26.0%上升到2004—2005年度的35.5%，进一步上升到2008—2009年度的39.7%（如表3—4所示）。[①] 因而，印度经济增长中资本投入要素呈现加速增长态势。

表3—4　印度国内资本形成率（%）、国内储蓄率（%）和GDP增长率（%）

年份	GDP增长率（%）	国内资本形成率（%）	投资对拉动经济增长的百分点	国内储蓄率（%）
1990	5.3	26.0	…	22.8
1991	1.4	22.1	…	21.5
1992	5.4	23.1	1.59	21.2
1993	5.7	22.5	1.07	21.9
1994	6.4	25.5	2.76	24.4
1995	7.3	26.2	2.17	24.4
1996	8.0	24.0	0.81	22.7
1997	4.3	25.3	1.59	23.8
1998	6.7	23.3	0.67	22.3
1999	6.4	25.9	3.15	24.8
2000	4.4	24.3	0.16	23.7
2001	5.8	22.8	0.29	23.5
2002	3.8	25.2	2.11	26.3
2003	8.5	27.6	4.00	29.8
2004	7.5	32.1	4.79	31.7
2005	9.5	35.5	5.68	34.2
2006	9.7	36.9	5.68	35.7
2007	9.0	39.1	4.90	37.7
2008	6.7	39.7	2.98	32.5

资料来源：亚洲开发银行，http：//www.adb.org。

第二，如图3—4所示，我们惊奇地发现自20世纪90年代以来，印

① 数据来源：亚洲开发银行，http：//www.adb.org。

度国内资本形成率或投资率与 GDP 增长率都呈上升趋势，而且印度国内资本形成率上升幅度甚至比印度 GDP 增长率上升的幅度还要大。这说明印度资本投入与经济增长之间存在较强的正相关关系，而且伴随着印度以市场为导向的融资机制进一步调整和完善，其投资结构将更趋于合理，这将有助于加速资本的形成，促进印度经济持续快速增长。

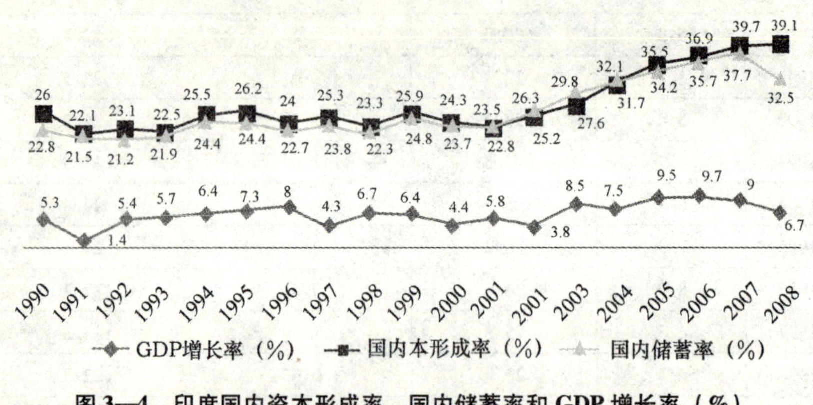

图 3—4　印度国内资本形成率、国内储蓄率和 GDP 增长率（%）

第三，总体上来看，自 20 世纪 90 年代以来，印度投资拉动经济增长的百分点与 GDP 的增长率保持同等的上升态势。如果按照下列公式测算印度投资拉动经济增长的百分点。即：投资拉动经济增长的百分点 =（△I/△GDP）×（△GDP/GDP0）×100%。

其中：△I：固定资本形成总额增量；△GDP：报告期 GDP 增量；GDP0：基期 GDP；△GDP/GDP0：报告期 GDP 增长率。

那么，如图 3—5 所示，印度投资拉动经济增长的百分点由 1992 年 1.59 个百分点，上升到 2005 年的 5.68 个百分点、2007 年的 4.90 个百分点和 2008 年的 2.98 个百分点，这说明印度投资对经济增长的绩效日益显著。

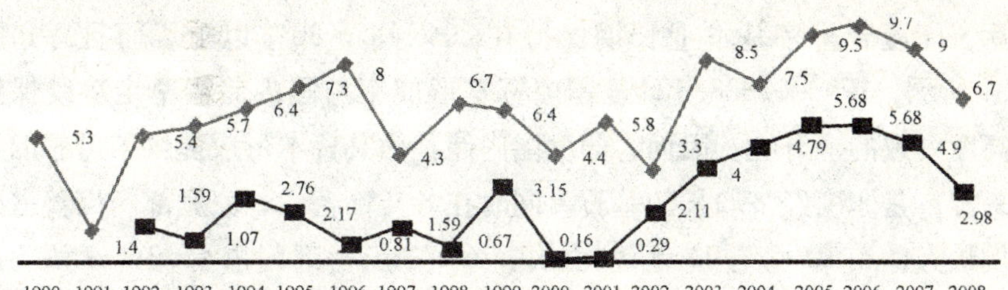

图3—5　印度投资拉动经济增长的百分点（%）

第四，20世纪90年代以来印度国内资本形成率与国内储蓄率走势呈现出高度一致的上升性，这说明随着印度经济不断发展，经济实力逐步增强，居民总体生活水平稳步提高，国内储蓄率基本保持平稳发展态势，并有逐步增长的势头。

资本形成主要来源于国内储蓄及国外储蓄。① 独立初期，印度储蓄率还不到10%。为了促进国民经济增长，独立后印度逐渐提高储蓄率，但是在很长一段时间里，印度总储蓄率不仅持续不高，而且起伏波动。据统计，印度总储蓄率从1950—1951年度的8.9%上升到1955—1956年度的12.6%，1960—1961年度却下降到11.8%，1965—1966年度又上升到14.0%，1970—1971年度升为14.6%，1975—1976年度达到17.2%，1980—1981年度再升为18.9%，1985—1986年度达到19.5%。可见，20世纪90年代以前，印度储蓄率基本上长期保持在20%以下。②

但是，20世纪90年代以来，印度国内储蓄率明显增加，1990—1991年度的22.8%，上升到2000—2001年度的23.7%，再上升到2004—2005年度的31.7%、2005—2006年度的34.2%、2006—2007年度的35.7%、2007—2008年度的37.7%和2008—2009年度的32.5%。20世纪90年代

---

① 储蓄可分为国内储蓄和国外储蓄。国内储蓄可再细分为政府储蓄、企业储蓄和个人储蓄，相应地表现在资本形成上就是政府融资、企业自我融资以及金融市场融资。国外储蓄就是外部融资，包括外国官方储蓄和国外私人储蓄。所以，从外在表现来看，资本形成来源于自身积累、财政注资、金融市场融资和外资。但这只是资本形成的来源，此时只能称其为资金，而非现实资本，只有当储蓄转化成投资时，资本才真正形成。因此，有效率的资本形成机制不单单指资金的来源广泛，还要具备将资金迅速转化成现实资本的能力。

② 文富德："印度经济增长方式的特色"，《南亚研究季刊》2008年第2期，第41—42页。

以后，印度储蓄率基本上长期保持在20%甚至30%以上。而且，如图3—4所示，1990—2008年印度国内资本形成率与国内储蓄率走势线保持着高度一致的上升性。因而，印度国内储蓄为其资本形成提供了可靠的资金来源，是印度经济增长的基石。同时在各类储蓄中，家庭部门储蓄占的比例最大，到20世纪90年代初约占76%，公营部门占15.3%，私营部门约占9%。[①]

（二）人力资源与印度经济增长

印度有庞大的人口基数，劳动力呈无限供给趋势，丰富的人力资源构成了其经济增长的巨大动力。自独立以来，印度逐步加大了对教育的投资力度，加速了人力资本的形成进程。近几年，印度之所以实现了独具特色的经济增长模式，其快速成长且丰富的人力资源是主要原因。对教育的投入是加速人力资源向人力资本转化的重要手段。例如，“一五”期间，印度政府对教育投入额仅为15.3亿卢比，“二五”为27亿卢比、“三五”为58亿卢比、“四五”为78亿卢比、“五五”为91亿卢比、“六五”为250亿卢比、“八五”期间增加到1960亿卢比，再上升到“十一五”期间的2750亿卢比。在加强基础教育的同时，印度还非常重视对高等教育的投入，尤其加大了在科技领域的投资力度，到“十五”计划末期，科技投入提高到GDP的2%。

印度拥有一支强大的科研队伍，目前有200万科技人员，居世界第三位，仅次于美国和俄罗斯，知识分子人数为3.6亿，比法国和日本的总人数还要多。印度对教育的大力投入有助于加速人力资本的形成进程，推动第三产业的发展。印度服务业领域的高新技术产业对拉动其经济增长的作用越来越明显，印度正由一个农业大国向服务业大国迈进。然而，印度劳动力供给仍存在一定的约束性：（1）印度劳动力约为4.41亿个，但绝大多数是农民，整体素质不高，成人识字率仅为54%，适龄儿童失学率也不低。[②] 这种劳动力结构显然难以适应和满足印度现代经济增长的需要，随着其经济自由化、全球化程度的加深，这种状况将更难以适应国际化的

---

① 印度政府：《1990—1991年度经济调查》，新德里，1991年。

② 塔塔咨询公司：《2001—2002年度印度统计概览》，新德里，2002年版。

竞争，从而使印度劳动力的有效供给受到限制。（2）印度技术人员大量外流，人力资源潜力受到挑战。印度丰富、廉价的劳动力使其可以充分利用比较优势，形成后发优势，为印度实施赶超战略提供条件，同时也会造成大量人才的流失，如印度信息技术人员的流失就非常严重。面对人才流失现象，印度政府及相关部门已开始积极采取应对措施，如提高工资、改善工作环境、对归国人员提供各种优惠政策等，这些措施在一定程度上抑制了人才外流，但要从根本上解决这一问题，印度政府仍面临着巨大挑战。（3）近几年，印度人口增长率虽然有所下降，但人口基数大，人口绝对数量呈明显上升趋势，而印度整体经济水平还欠发达，在欠发达的经济条件下存在着的劳动力无限供给无疑加剧了印度本已相当严峻的就业形势，这必然形成大量的剩余劳动力，使人力资源不能得到充分发挥，不可避免地会造成人力资源的极大浪费，进而影响其经济增长。

（三）技术进步在印度经济增长中发挥决定性作用尚需时日

众所周知，现代促进经济增长的主要动力是科学技术进步，主要由技术进步推动的经济增长目前只在一些少数发达国家才得以实现。印度一度科研经费不足，科研机制不健全，自主研发能力受限，因而从国外引进先进技术一直是印度利用外资的核心。在引进外资时，印度曾严格要求国外企业要一并提供技术转让，以充分发挥技术扩散效应。但随着印度外资政策的调整，印度对外国企业在其国内的股权比重及对技术转让的要求有所放宽，这在一定程度上会影响印度的技术进步。另外，国际贸易保护主义的抬头使印度获取国外技术不得不付出高昂的代价。如最大的技术输出国——美国，在绝大多数领域对印度都实行禁止政策，这大大限制了印度获取先进技术的渠道。印度技术进步对其经济增长的贡献主要局限于软件等高新技术产业，其中 IT 软件和服务业出口增势强劲，在整个出口中的比重进一步攀升，软件业出口比重从 1998—1999 年度的 4. 4% 增长到 2000—2001 年度的 7. 89%，软件业对印度整个国民收入增长的贡献率接近 12%。[①] 然而，印度仍是一个相对贫穷落后的发展中国家，要真正形成以技术进步推动经济增长的模式尚需时日。

---

① 刘小雪："软件及服务业对印度经济增长的影响"，《当代亚太》2004 年第 3 期，第 55 页。

三、经济结构演化与印度经济增长

从长期动态上看，印度经济结构尤其是产业结构的演化对其经济增长具有积极的推动作用。

（一）印度产业结构变化有利于资本形成

长期以来，印度第一产业生产率低下，储蓄率偏低，但随着产业结构的调整，进入第二、三产业的人数逐年增加，居民总体收入呈上升趋势，有利于提高储蓄率，扩大资本积累，促进资本形成。同时，印度产业结构变化形成了资本形成的新的载体。产业结构的高级化使服务业在第三产业中的地位逐步上升，第三产业中的人力资源形成印度资本形成新的载体，尤其是在高新技术产业等领域扮演着越来越重要的角色。因此，印度产业结构高级化扩大了其资本积累，有利于资本形成，进而推动了印度经济的增长。

（二）印度产业结构高级化有利于促进其经济持续稳定增长

首先，印度产业结构由低级向高级演进，使其经济发展的内在机制得到进一步强化。高新技术产业的兴起和发展使得生产过程日趋高级化，增长质量得到极大提高。其次，印度产业结构高级化促使其经济增长结构升级。在独立后的相当长时期内，印度经济增长缓慢，增长质量低下，农业是其经济增长的主要贡献部门，经济增长明显受自然条件的影响。随着经济的不断发展，第二、三产业对经济增长的贡献稳步提高，尤其是第三产业中的服务业对经济增长的影响与日俱增，服务业开始成为印度经济重要的增长极。服务业能吸收大量的投资和就业，市场容量大，将为印度经济稳定增长提供保障。

第三节　国内消费驱动的内源性增长模式

一、模型建立与数据选择

20世纪90年代随着经济改革逐渐推进，印度经济增长速度不断加快，印度经济进入快速的增长需求形态。支出法GDP核算是从最终需求（即消费需求、投资需求和净出口需求）角度核算，因而支出法核算的GDP能较为全面地反映最终需求变动情况。[①] 因此，我们将把支出法中印度私人消费总额、政府消费总额、国内资本形成总额、商品服务出口总额和商品服务进口总额设为自变量，国内生产总值设为因变量，运用多元线性回归分析方法和SPSS软件，对1990—2008年各变量[②]进行分析。我们假定印度经济增长模型为：$Y = c + a_1X_1 + a_2X_2 + a_3X_3 + a_4X_4 + a_5X_5 + \varepsilon$。其中，Y表示印度的国内生产总值，$X_1$表示私人消费、$X_2$表示政府消费、$X_3$表示国内资本形成总额、$X_4$为商品和服务的出口总额、$X_5$为商品和服务的进口总额、c为常数项、ε为残差项。

为了保持数据的一致性和完整性，样本数据选自亚洲开发银行统计数据，并且为了消除价格影响，采用1999—2000年度为基期固定价格计算的各项指标值（如表3—5所示）。

表3—5　印度GDP增长回归分析模型数据样本[③]

年份	国内生产总值Y	私人消费X_1	政府消费X_2	国内资本形成总额X_3	商品服务出口总额X_4	商品服务进口总额X_5
1990	11936.5	8218.635	1432.313	2916.109	839.5661	-819.8317

① 支出法国内生产总值是指一个国家（或地区）所有常住单位在一定时期内用于最终消费、资本形成总额，以及商品货物和服务的净出口总额，它反映了本期生产的国内生产总值的使用及构成。支出法国内生产总值=最终消费（私人消费+政府消费）+资本形成总额+净出口（出口-进口）。

② 亚洲开发银行，http://www.adb.org。

③ 同上。

续表

年份	国内生产总值 Y	私人消费 X_1	政府消费 X_2	国内资本形成总额 X_3	商品服务出口总额 X_4	商品服务进口总额 X_5
1991	12063.46	8395.932	1429.919	2460.988	920.6874	-819.9563
1992	12724.57	8612.446	1479.157	2696.474	965.7389	-993.1973
1993	13331.23	8986.823	1566.767	2863.049	1098.814	-1184.559
1994	14218.31	9423.593	1588.404	3492.656	1242.139	-1452.288
1995	15294.53	9997.29	1712.123	3758.882	1632.122	-1860.757
1996	16450.37	10774.45	1791.419	3740.058	1734.778	-1815.355
1997	17117.35	11096.56	1992.643	4193.777	1694.39	-2054.994
1998	18177.52	11817.97	2235.212	4198.851	1929.644	-2483.37
1999	19520.36	12536.43	2527.44	5062.44	2276.97	-2657.02
2000	20307.11	12967.63	2550.87	4886.58	2690.32	-2777.1
2001	21366.51	13739.58	2608.79	4744.492	2806.26	-2854.44
2002	22171.33	14133.97	2599.6	5540.435	3397.96	-3205.35
2003	24027.27	14971.46	2665.99	6513.457	3723.56	-3648.24
2004	26020.65	15745.65	2761.25	7935.455	4735.49	-4458.7
2005	28449.42	16871.18	2932.65	9484.8	5568.93	-6289.83
2006	31200.29	17936.91	3092.93	10737.83	6746.7	-7829.76
2007	34027.16	19456.68	3320.33	12312.44	6890.03	-8370.15
2008	36094.3	20014.9	3992.6	13221	7773.8	-9864.4

二、印度经济增长因素回归拟合

（一）参数估计

应用 SPSS 统计分析软件，对变量用逐步回归法进行模型拟合，得出印度经济增长的模型为：$Y = -855.7 + 1.422X_1 + 0.283X_3 - 0.458X_5$

（二）模型检验

第一，模型概述。

表 3—6　模型回归统计模要

模型	R	R_2	校正的决定系数	标准误差
3	0.999869857	0.99974	0.999688	132.1286

在模型 3 中相关系数 R 为 1.000，而决定系数 R_2 为 1.000，校正的决定系数为 1.000，标准误差 132.1286。拟合程度 Adjusted R_2 越接近 1（如表 3—6 所示），说明拟合程度越好，因而该回归方程拟合程度较好。

第二，方差分析。

表 3—7　方差分析表

模型	总离差	自由度	平均离差	模型 F 值	F 值的显著水平
回归分析	1005888896	3	335296298.57	19205.93	0.00
残差	261869.3623	15	17457.95748		
总计	1006150765	18			

回归平方和为 1005888896，残差平方和为 261869.3623，F 统计量值为 19205.93，sig. <0.05（如表 3—7 所示），可以认为所建立的回归方程有效。

第三，回归模型系数分析。

表 3—8　回归模型系数表

模型	非标准化系数		标准化系		
	系数 b	系数标准误	系数 β	t 值	t 值的显著水平
常数	-855.6998	255.3351	…	-3.3513	0.0044
X_1	1.4222	0.0319	0.7157	44.5727	0.0000
X_3	0.2833	0.0967	0.1262	2.9290	0.0104
X_5	-0.4578	0.1094	-0.1659	-4.1843	0.0008

因变量国内生产总值 Y 对私人消费 X_1、国内资本形成总额 X_3 和商品服务进口总额 X_5 的回归的非标准化回归系数分别为 1.4222、0.2833 和 -0.4578；对应的显著性检验 t 值分别为 44.5727、2.9290 和 -4.1843，三个回归系数 β 的显著水平 Sig. 分别为 0.0000、0.0104 和 0.0008，均小

0.05（如表3-8所示），可以认为自变量 X_1、X_3和 X_5对因变量Y均有显著性影响。因而，回归分析得到的回归方程为：$Y = -855.7 + 1.422X_1 + 0.283X_3 - 0.458X_5$

三、结论分析

以上回归方程表明，从需求角度来研究印度经济增长模式，我们就可称之为内需拉动型，这是因为印度经济增长模型为：$Y = -855.7 + 1.422X_1 + 0.283X_3 - 0.458X_5$

由此可见，印度国内生产总值主要受到私人消费 X_1、国内资本形成或总投资 X_3以及商品服务进口总额 X_5的影响。模型显示，在模型设定的影响印度经济增长的5个因素中，通过逐步回归法删除对模型解释不强的变量后，最后有私人消费 X_1、国内资本形成总额或总投资 X_3以及商品服务进口总额 X_5进入模型。尤其是私人消费对印度GDP增长的影响比较大，其边际产出为1.422个单位。由此可见，从最终需求的理论视角来看，印度的经济增长主要是靠内需来拉动的。印度是世界上第二人口大国，到2004年总人口达到10.8亿，占全世界人口的16%，且仍以每年1.4%的速度递增。[①] 庞大的人口基数带来了巨大的商品购买潜力，而且在印度仅中产阶级就达2.5亿人，这部分居民购买力极强。另外，随着印度农村经济的发展，印度人数众多的农村居民也形成一个巨大的商品市场，大大刺激了印度的内需。[②]

印度中央统计组织发表的一份研究报告认为，庞大的国民消费支出是推动印度经济全面增长的重要因素之一。而且更有人认为，印度经济的85%是国内经济，内需是印度经济发展的最大动力，而出口只占其国内生产总值的15%。此外，印度金融业基本上由国家控制，外汇受到严格管制，外国投资的合资企业中印资必须占51%以上。[③] 印度经济观察中心的资深专家辛格在接受记者采访时表示，印度政府非常重视内需在经济增长

① 杨文武："试析印度经济增长"，《南亚研究季刊》2005年第3期，第10页。

② 张环："印度经济增长因素实证分析"，《亚太经济》2007年第2期，第59页。

③ http://news.workercn.cn/contentfile/2009/08/13/142122453737746.html.

中的作用。

事实上，早在瓦杰帕伊政府执政期间，刺激国内消费便被看作整个经济改革进程中的一个重要环节。现任印度总理曼莫汉·辛格在国家计划委员会的例行会议上曾表示：“我们还是需要想尽各种办法来拉动内需。”印度政府通常采用以下途径促进国内的消费支出：一是通过宣传改变国民消费观念；二是放宽银行管制，增加消费信贷服务；三是通过各种途径增加普通民众收入，培养中产阶级购买力。例如，印度政府通过了《农村劳动就业保障法案》，让广大农村家庭每人每天至少可以获得60卢比的工资（1美元约合45卢比），用以改善生活条件，提高消费水平。与此同时，在政府的支持下，印度银行曾在全国近400个城市开展了消费信贷业务，利率和几年前相比降低了近一半。再如，以电信业为例，印度几年前就有4500万手机用户，并且以平均每月250万的数字迅速增加。年轻人一年之内换几部手机已经非常普遍。①

第四节 加速服务业向传统工业和农业的渗透与反向刺激的增长模式

自20世纪90年代以来，印度通过深化内部改革和扩大对外开放，摆脱了长期以来缓慢发展的局面，一跃进入高增长国家行列。要说印度经济崛起中的最大亮点，当属其蓬勃发展的服务业。尤其是与另一个亚洲新兴经济大国——中国相比，印度在工业或制造业方面的相对落后，使其以信息产业为核心的服务业上取得的成就和比较优势显得更为突出。② 正如印度储备银行曾指出的那样，“……当工业和农业的表现都相对不佳的时候，正是服务业使GDP在20世纪90年代保持了6%左右的增长”，因而“服务部门已经成为印度经济中最有活力的部门，特别是在过去10年时间里更是如此”。③ 印度服务业取得令人赞叹不已的成就，既体现于其推

① http: //world. people. com. cn/GB/41217/3827725. html.

② 张立、王学人：“印度服务业增长的绩效、原因与问题”，《四川大学学报（哲学社会科学版）》2008年第2期，第80—86页。

③ The Reserve Bank. Report on Currency and Finance, 2000 - 2001, pp. iii - 44.

动印度经济增长以及国际收支平衡上，也体现在其引发的积极的产业结构调整效应等方面，并逐渐形成了加速服务业向传统工业和农业渗透与反向刺激的独特的印度增长模式。

综上所述，在过去近20年间印度经济取得了明显的增长业绩，尤其是进入21世纪以来印度年均经济增长达到7.2%，而且印度政府报告认为，在全球经济几乎同时下滑、发达经济体普遍陷入衰退时，印度经济表现较好。报告预计，印度经济将呈现"U"型复苏。但与中国"赶超式"增长模式相比，印度经济的实际增长率并不高。相反，印度经济增长模式更多地表现出"一种'自然而然'的增长过程"；"一种以稳定的内资经济和消费需求拉动为主导的发展模式，而不是依靠投资和FDI为主导的发展模式"；"一种投入产出效率较高的集约式增长方式，低经济增长产生了比较好的经济运行质量"模式。

第四章　印度经济结构模式

一个国家和地区的经济结构演化模式是长期形成的，是一国经济发展模式的重要标志与内核。而经济结构是各种生产要素的配置比例及其运动过程，是国民经济各部门、各地区、各经济单位、各种经济成分以及经济运行各个环节之间及其内部质和量变动关系的总和。它体现了各个产业部门在国民经济中相互之间质的联系和比例关系，反映了多种生产关系的状态。因此，经济结构是一个由许多系统构成的多层次、多因素的经济系统的复合体，该系统中各个要素之间互相关联、互相结合，并存在着一定数量的对比关系。为此，研究印度经济结构演化模式，不但要重视它的要素特性及其结合形式，同时要重视它的比例关系。因此，本章主要围绕印度经济产业结构、经济关系结构等经济结构模式展开分析与研究，以揭示印度经济发展模式演化内在的、本质的规律性。

第一节　印度经济结构演化的三维模式分析框架

按照马克思主义的观点，生产力决定生产关系，生产关系总和构成经济基础并决定上层建筑，同时上层建筑对经济基础、生产关系对生产力又具有反作用。而且只有在这三者动态均衡地相互协调、相互适应的基础上，整个国家社会经济的可持续发展才得以促进。因而，一个国家的经济结构，从宏观的理论视角来看，应当由属于生产力范畴的经济产业结构、属于生产关系范畴的经济关系结构和属于上层建筑范畴的经济制度结构组成（如图 4—1 所示）。[①]

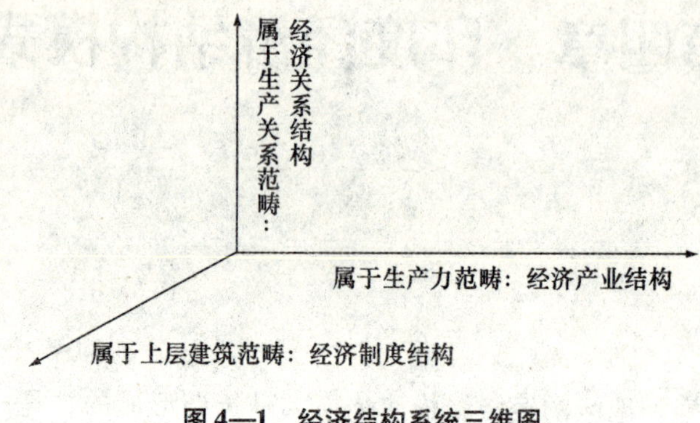

图 4—1　经济结构系统三维图

由此，要深刻揭示印度经济结构演化模式，就必须从生产力、生产关系和上层建筑三大范畴出发，分别对印度经济产业结构、经济关系结构和经济制度结构等方面予以研究，但笔者侧重从经济产业结构和经济关系结构两个方面探索印度经济结构模式内在的、本质的属性。

第二节　印度经济产业结构[②]

就产业分类而言，在经济研究和经济管理中，经常使用的分类方法主要有：[③] 两大领域、两大部类分类法，[④] 三次产业分类法[⑤]和资源密集度分

---

① 沈宏达：《经济结构三维模式》，经济管理出版社 2002 年版，第 8 页。

② 张雨涛、杨文武："印度经济产业结构的特性分析"，《南亚研究季刊》2012 年第 2 期，第 50—56 页。

③ http：//baike. baidu. com/view/61661. htm#sub61661.

④ 这种分类法就是按生产活动的性质及其产品属性对产业进行分类。按生产活动性质，把产业部门分为物质资料生产部门和非物质资料生产部门两大领域。前者指从事物质资料生产并创造物质产品的部门，包括农业、工业、建筑业、运输邮电业、商业等；后者指不从事物质资料生产而只提供非物质性服务的部门，包括科学、文化、教育、卫生、金融、保险、咨询等部门。

⑤ 这种分类法是根据社会生产活动历史发展的顺序对产业结构进行的划分。产品直接取自自然界的部门称为第一产业，对初级产品进行再加工的部门称为第二产业，为生产和消费提供各种服务的部门称为第三产业。这种分类方法成为世界上较为通用的产业结构分类方法。

类法。[①] 那么，如果按照三次产业分类法来观察印度产业结构演化状况，从总体上讲，印度经过50多年的经济发展，其三次产业结构呈现出第一产业比重下降，第二产业、第三产业比重逐渐上升的趋势。[②] 尤其是自20世纪90年代以来，印度经济产业结构调整迅速，第三产业一直保持9%左右的高速度增长态势，特别是旅游、餐饮、金融、软件产业等发展迅速，并且在印度经济发展的每一个时期，制造业和服务业的增长率都比同时期农业的增长率高出2—3个百分点（如表4—1所示）。

表4—1 印度产业部门增加值的平均增长率（单位:%）

产业	时期				
	1961—1971	1972—1981	1982—1991	1991—2000	2001—2008
农业	2.0	2.2	2.6	3.5	4.0
制造业	5.0	4.5	6.4	8.0	9.5
服务业	3.8	4.7	6.7	8.9	10

而且作为金砖五国的成员之一，印度第三产业的比重已经超过50%，逐渐实现了以服务业为主导的产业结构转变。如果按照传统产业结构理论的观点：第一产业是国民经济的基础，第二产业是国民经济的支柱，第三产业的发展水平则是一国经济兴旺发达的标志。因而，从这个角度来看，我们可以认为现代印度经济已经实现了产业结构的升级替代，产业结构水平逐渐向中等发达国家水平靠近。

由此可见，印度并非按照传统国家"农业—工业—服务业"的次序逐渐升级递进的经济结构演进模式演进的，而是呈现出错位式或跳跃式的产业结构演进过程，印度经济似乎是"工业革命模式的一个例外"，[③] 并

① 这种产业分类方法是按照各产业所投入的、占主要地位的资源的不同为标准来划分的。根据劳动力、资本和技术三种生产要素在各产业中的相对密集度，把产业划分为劳动密集型、资本密集型和技术密集型产业。

② 刘庆林、廉凯："服务业外包对印度产业结构影响的分析"，《亚太经济》2006年第6期，第38页。

③ 杨文武、雷鸣："试论印度经济发展模式的形成基础、构架体态及其启示"，《南亚研究季刊》2008年第1期，第47页。

且最为引人注目的印度服务业是面向全球的外包业务，这使印度成为“世界后方办公室”。这与中国所选择的发展出口导向的劳动密集型加工工业并迅速成长为“世界工厂”的经济结构模式相比，印度经济结构模式似乎更能吸引世人的眼球，且这种经济结构似乎也能摆脱其能源、原材料短缺的束缚以及基础设施落后的困境，并充分地运用了其“高质而廉价的劳动力”优势。因而，印度经济结构模式体现出一种主要依赖国内市场而非出口、依赖消费而非投资、依赖服务业而非工业、依赖高技术而非低技能制造业的独特的发展路径。

然而，对于印度的经济产业结构模式，不仅印度人反思其产业结构，而且对印度以服务业为龙头带动经济发展的模式，国外有不少专家也是有疑问的。① 研究也进一步表明：首先，印度经济结构中的产业结构演进模式并不只是印度的个别现象，在欠发达的南亚区域其他国别的经济结构演化进程均表现出较大的共性特征，而且南亚大多数国家也是世界上最不发达国家之一。其次，印度经济发展经历告诉我们，在低收入发展中国家中，由于第一产业和第二产业在国民经济中还占有较大比重，哪怕服务业的比重高一些，但仅靠服务业的推动，经济最多只能获得较快增长，不能获得高速增长。要实现经济高速增长，除第三产业获得高速增长外，第一产业需要实现较快增长，第二产业则需要实现高速增长。1991—2002 年，由于第一产业增长率低，第二产业增长率不够高，虽然第三产业年均增长率达到 8% 左右，但印度总体的经济增长率只达到年均约 6% 的水平。2003 年以来，印度经济实现高速增长，除服务业高速增长外，制造业的年均增长率达到 9.5%，建筑业达到 13.5%，第一产业超过 4%。由于许多服务行业的发展是建立在第一产业和第二产业的基础上的，所以服务业要想获得高速增长，必须有第一产业和第二产业的较快、高速增长做支撑。同样，许多第二产业行业是建立在第一产业的基础上的，第二产业要实现较快增长，也离不开第一产业的支撑。第三，从国际经验来看，第三产业的服务对象有很大一部分来源于第二产业，而第二产业相对落后的印度如果只能通过寻求海外市场来支撑其第三产业的发展，那么优先发展服务业就不能创造出预期那么多的新的就业机会。因而，印度第三产业中的

① 朱晓刚：“印度产业结构的亮点”，《科学决策》2006 年第 12 期，第 39 页。

许多服务部门靠承接大量的跨国外包业务来运作，不仅提供的岗位有限，而且对从业人员的教育和专业训练要求较高，导致印度相对发达的第三产业不可能从根本上解决以农村剩余劳动力为主体的社会就业压力。事实上，目前印度人口中60%仍滞留在农村。印度政府也认识到，无论是出于缓解就业压力的考虑，还是为了达到出口多样化的目标，都需要尽快提高制造业在整个经济中所占份额及其国际竞争力，没有制造业基础的第三产业根本无法推动国内经济长期全面的发展。要吸收大量的农村人口就业，必须发展加工制造业。第四，客观地讲，近年来印度政府出于产业平衡、扩大就业等考虑，已经采取大力发展制造业的一系列改革措施，仿效中国设立了许多经济开发区和特区，减少了对外资进入产业和股权比例的限制，鼓励国内外企业投资于传统的加工制造业，以提高制造业在国民经济中的比重，并于2005年9月公布了《印度制造业国家战略》报告，郑重宣示了向制造业进军的决心。2006年1月访问日本的印度财政部长奇丹巴拉姆也表示，印度决定大力发展制造业。印度政府最近所吸引的外资，主要是为了调整产业结构，大力发展制造业。2006年，印度吸引外资的2/3流入制造业，而不是服务业。①

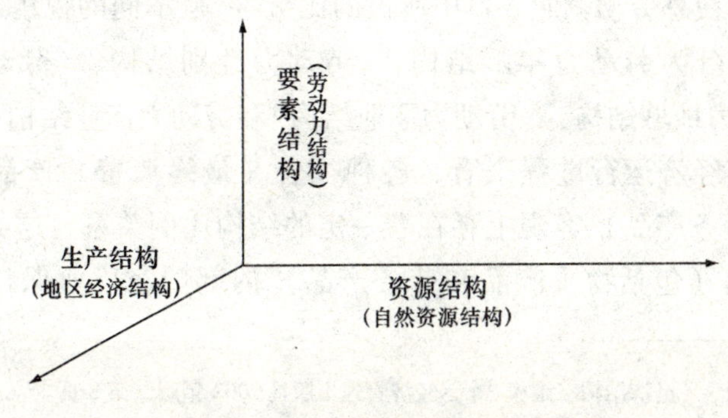

图4—2　印度经济产业结构三维图

因而，如果仅以产业结构中服务业比重的增加为依据，从而片面地下印度经济结构模式具有其存在的合理性及科学性，甚至印度会因此而超过

① 朱晓刚："印度产业结构的亮点"，《科学决策》2006年第12期，第39页。

中国的论断还为时过早。如果只是做“世界后方办公室”，仅有软件和服务外包业的快速发展而制造业、传统服务业长期跟不上，那样的发展决不等于印度实现了现代化。

与此同时，我们在考察一国经济模式运行的质与量的功能性时，还必须就其要素结构、资源结构和生产结构等维度进行综合考虑。因而，除了解印度三次产业结构演化的基本状况外，还需要进一步就印度经济产业结构中有关要素结构（主要包括劳动力结构、资本结构、技术结构和信息结构）、资源结构（主要包括自然资源结构、人口结构、环境）和生产结构（主要包括地区结构、行业结构、企业结构）等维度（如图 4—2 所示）[①] 进行综合评析。限于篇幅，本部分着力对印度经济产业结构体系中具有一定代表性的劳动力（或就业）结构、人口结构和地区经济结构演化系统进行深入的分析与研究。

一、印度劳动力就业结构特征

劳动力[②]结构是指劳动就业人口在不同产业的分布，即不同产业的劳动就业人口在总劳动就业人口中所占的比重。[③] 从不同的视角来看，劳动力结构又可分为劳动力年龄结构、[④] 劳动力性别结构、[⑤] 劳动力质量结构、[⑥] 劳动力地域结构、[⑦] 劳动力职业结构[⑧]和劳动力产业结构[⑨]等。

从现实经济运行过程来看，各种社会（最终消费）产品（包括物质产品和劳务产品）客观上存在着一定的结构比例关系，这必然要求生产各种产品（包括物质产品和劳务产品）的部门、行业保持一定的结

---

① 沈宏达：《经济结构三维模式》，经济管理出版社 2002 年版，第 8 页。

② 劳动力通常有两种用法：一是严格意义的用法，即劳动能力；二是把劳动力等同于正在从事社会劳动的人口，即就业人口。

③ http：//baike. baidu. com/view/560157. htm#sub560157.

④ 指劳动力人口中各年龄组人口所占的比重。

⑤ 指劳动力人口中男性、女性劳动力各自占的比重。

⑥ 指以不同文化水平和不同技术等级为主要内容的、不同复杂程度的劳动力人口构成。

⑦ 指劳动力在不同地域间的分布。

⑧ 指从事不同职业的各类劳动者在就业人口中所占的比重。

⑨ 指社会劳动力在各产业间的分布。

构比例关系，从而要求向这些部门、行业（包括劳动力和生产资料在内的）投入也保持一定比例。按一定的结构比例关系分配社会劳动（包括活劳动和物化劳动）规律，决定着各个国家在各个时期的劳动力（或就业）结构。因此，劳动力（或就业）结构是综合反映社会经济面貌的重要指标之一，劳动力结构的合理化是国民经济健康发展的必要条件，也是决定一国经济发展模式良性运行的一个重要因素。

从历史发展来看，劳动力（或就业）结构不是一成不变的，是受一国生产力发展水平、经济类型、人口与劳动力人口的再生产活动、经济发展目标及投资方向、自然资源及地理因素，以及劳动力政策及劳动力管理制度等变动因素影响的，具有动态的演化特质。因而，研究经济产业结构中的劳动力或就业结构需要从动态的理论视角对其进行分析与评价。

（一）从劳动力总量来看，印度劳动力供给充足

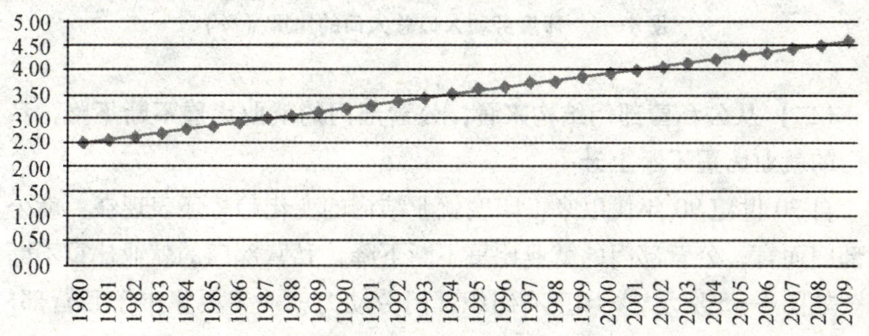

图4—3　印度劳动力数（亿人）

从劳动力总量来看，根据世界银行的人口估计值，印度劳动力①人数从1980年的2.53亿上升到2009年的4.57亿（如图4—3所示），其年均增长2.07%，印度劳动力（15—64岁）人口占总人口的比重也从1960年

① 包括所有年满15周岁、符合国际劳工组织对从事经济活动人口所做定义的群体：所有在特定阶段为货物和服务的生产提供劳力的人员，既包括就业者，也包括失业者。虽然各国对待武装部队、季节工或兼职工的做法有所不同，但一般而言劳动力包括武装部队、失业者、首次求职者，但是不包括料理家务者和非正规部门的其他无偿看护和工人。

的 56.24% 上升到 2009 年的 63.89%，相反印度抚养比[①]却从 1960 年的 77.81% 下降到 2009 年的 56.52%[②]（如图 4—4 所示），这说明印度人口抚养比较低、劳动力供给充足，这样的人口结构将有利于带动印度经济增长。

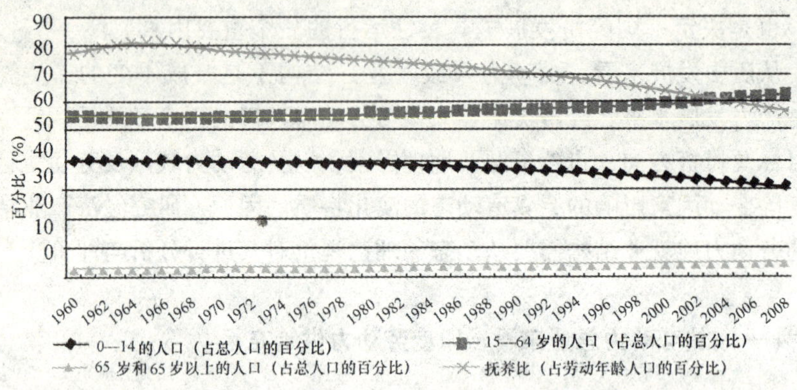

图 4—4　印度劳动人口总人口的比重（%）

（二）从公私营部门结构来看，公营部门的就业比重不断下降，私营部门的就业比重不断上升

自 20 世纪 90 年代以来，印度就业结构的变化趋势还表现在：就公私营部门而言，公营部门的就业比重不断下降，私营部门的就业比重不断上升。如图 4—5 所示，[③] 印度有组织部门劳动力就业主要集中于私营部门，而且私营部门劳动力就业还呈上升趋势，公营部门劳动力就业呈下降趋势。

① 抚养比是被抚养人口（15 岁以下或 64 岁以上）与劳动年龄人口（15—64 岁）之比。数据体现为每百名劳动年龄人口中被抚养人口所占的比例。

② 印度政府：《2009—2010 年度经济调查》，http：//www.domain－b.com/economy/ecosurvey2010/2010。

③ 同上。

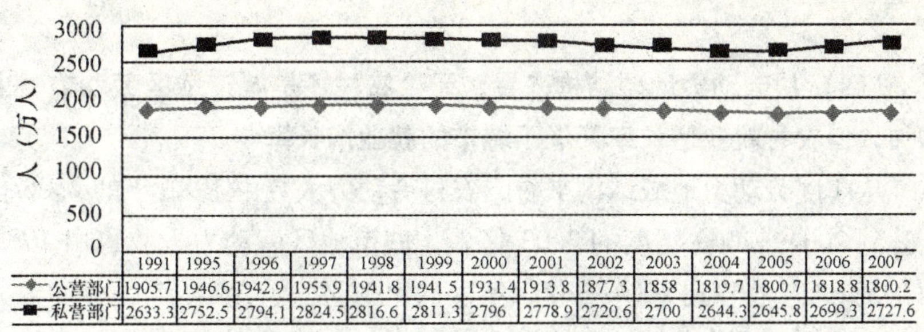

图 4—5　印度（有组织部门）劳动力就业情况（万人）

（三）从有无组织部门而言，印度劳动力就业主要集中于无组织部门

就有无组织部门而言，印度劳动力就业主要集中于无组织部门。1999—2000 年度印度无组织部门劳动力就业人数达 34264 万人，有组织部门劳动力就业人数仅有 5412 万人；2004—2005 年度印度无组织部门劳动力就业人数达 39490 万人，有组织部门劳动力就业人数仅有 6257 万人（如表 4—2 所示），这说明大约 86% 的印度劳动力就业人员主要集中于无组织部门，仅有 14% 左右的劳动力就业人员集中于有组织部门。其中，99% 以上的无组织就业人员又主要集中于非正式部门，一半以上的有组织就业人员集中于正式部门。而且近年来，印度无组织非正式部门的就业人员所占比例不断上升，有组织正式部门的就业人员所占比例不断下降。

表 4—2　印度不同部门劳动力就业人数及其所占就业总人数的百分比（%）

年份	1999—2000 年度			2004—2005 年度		
部门结构	非正式	正式	总计	非正式	正式	总计
无组织部门（万） （所占百分比%）	34128 （99. 60%）	136 （0. 40%）	34264 （100%）	39347 （99. 64%）	143 （0. 36%）	39490 （100%）
有组织部门（万） （所占百分比%）	2046 （37. 80%）	3367 （62. 20%）	5412 （100%）	2914 （46. 58%）	3343 （53. 42%）	6257 （100%）
总计	36174 （91. 17%）	3502 （8. 83%）	39676 （100%）	42260 1（92. 38%）	3485 （7. 46%）	45746 （100%）

资源来源：印度计划委员会：《第十一五计划（2007—2012）报告》，第 1 集。

（四）从劳动力地域结构来看，无论农村还是城市地区劳动力就业均增加，但农村就业增长率又低于城市的就业增长率

从印度劳动力地域结构来看，农村劳动力人数由1983年的2.06亿人上升到2004—2005年度的3.03亿人，城市地区劳动力人数也由1983年的0.58亿人上升到2004—2005年度的1.16亿人；农村地区劳动力人数占劳动力总人数的比重由1983年的78.14%下降到2004—2005年度的72.24%，而城市地区劳动力人数占劳动力总人数的比重由1983年的27.98%上升到2004—2005年度的38.42%。而且1993—1994年度至1999—2000年度农村地区劳动力年增长率为1.13%，城市地区则为2.52%；1999—2000年度至2004—2005年度农村地区劳动力年增长率为2.3%，城市地区则为4.32%（如表4—3所示）。[①] 这一方面说明无论印度农村还是城市地区劳动力总数均呈上升趋势，但是城市地区劳动力增长幅度明显快于农村地区劳动力增长幅度。

表4—3　印度劳动力地区分布状况

地区	1983年（万人）	1993—1994年度（万人）	1999—2000年度（万人）	2004—2005年度（万人）	1993—1994年度至1999—2000年度年增长率（%）	1999—2000年度至2004—2005年度年增长率（%）	1983至1993—1994年度年增长率（%）	1993—1994年度至2004—2005年度年增长率（%）
劳动力总人数	26382.4	33419.7	36487.8	419647	1.47	2.84	2.28	2.09
农村地区	20615.2	25295.5	27060.6	303172	1.13	2.3	1.97	1.66
城市地区	5767.2	8124.2	9427.2	116474	2.52	4.32	3.32	3.33

资源来源：印度计划委员会：《第十一五计划（2007—2012）报告》，第1集。

① 印度计划委员会：《第十一五计划（2007—2012）报告》，第1集。

（五）从劳动力就业的行业结构来看，印度劳动力就业仍以农业为主，但第三产业就业人数增长迅速

从劳动力就业的产业或行业结构来看，印度劳动力就业仍以农业为主（一半以上的劳动力仍从事农业），但第三产业就业人数增长迅速。印度农业经济向工业化和商业化转型带来了劳动力就业流向的转变，其中农业劳动就业人数不断减少，农业劳动力就业人数占总就业人数的比重从1983年的65.42%下降到2006—2007年度的50.19%；工业劳动就业人数尤其是建筑业的劳动力比重呈较快增长趋势，工业劳动力就业人数占总就业人数的比重从1983年的14.83%上升到2006—2007年度的20.37%；第三产业劳动就业人数增长迅速，第三产业劳动力就业人数占总就业人数的比重从1983年的19.74%上升到2006—2007年度的29.43%（如表4—4所示），[①] 尤其是贸易、饭店及餐饮业、交通、仓储及通信、财政、保险、房地产及商业服务中的劳动力比重呈急剧增长趋势。

表4—4 印度不同行业劳动力就业人数占就业总人数的百分比（%）

类别	1983年	1993—1994年度	1999—2000年度	2004—2005年度	2006—2007年度
农业	65.42	61.03	56.64	52.06	50.19
采矿业	0.66	0.78	0.67	0.63	0.61
制造业	11.27	11.10	13.13	12.90	13.33
电子、天然气及供水	0.34	0.41	0.34	0.35	0.33
建筑业	2.56	3.63	4.44	5.57	6.10
贸易、餐饮业	6.98	8.26	11.20	12.63	13.18
交通、通信	2.88	3.22	4.06	4.61	5.06
金融等	0.78	1.08	1.36	2.00	2.22
社区服务	9.10	10.50	9.16	9.24	8.97
总计	100.00	100.00	100.00	100.00	100.00

资源来源：印度计划委员会：《第十一五计划（2007—2012）报告》，第1集。

① 印度计划委员会：《第十一五计划（2007—2012）报告》，第1集。

另据2009—2010年度印度经济调查显示，农业（公、私营）有组织部门劳动力就业占总就业人数的比重由2000—2001年度的5.16%上升到2006—2007年度的5.31%，工业（公、私营）有组织部门劳动力就业占总就业人数的比重由2000—2001年度的34.25%下降到2006—2007年度的33.2%，服务业（公、私营）有组织部门劳动力就业占总就业人数的比重由2000—2001年度的60.13%上升到2006—2007年度的61.53%。由此可见，进入21世纪以来，印度（有组织公、私营部门）劳动力就业主要集中于第三产业，而第一产业（有组织公、私营部门）劳动力就业人数呈上升趋势，第二产业（有组织公、私营部门）劳动力就业人数呈下降趋势。

（六）从劳动力参与率的性别结构来看，印度女性的就业率明显低于男性，但印度女性参与率愈益增强

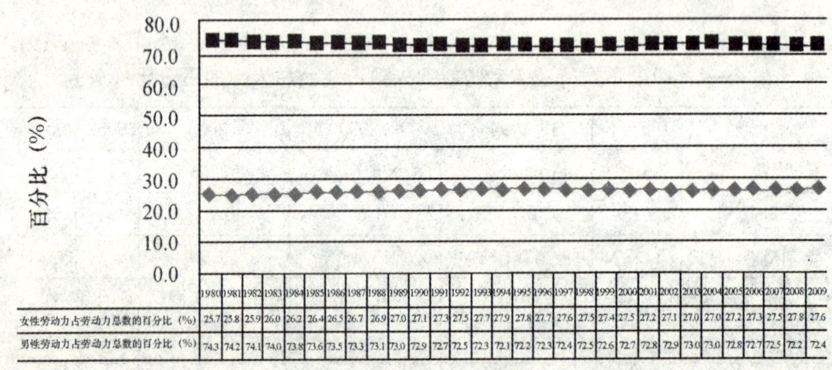

	1980	1981	1982	1983	1984	1985	1986	1987	1988	1989	1990	1991	1992	1993	1994
女性劳动力占劳动力总数的百分比（%）	25.7	25.8	25.9	26.0	26.2	26.4	26.5	26.7	26.9	27.0	27.1	27.3	27.5	27.7	27.9
男性劳动力占劳动力总数的百分比（%）	74.3	74.2	74.1	74.0	73.8	73.6	73.5	73.3	73.1	73.0	72.9	72.7	72.5	72.3	72.1

	1995	1996	1997	1998	1999	2000	2001	2002	2003	2004	2005	2006	2007	2008	2009
女性劳动力占劳动力总数的百分比（%）	27.8	27.7	27.6	27.5	27.4	27.5	27.2	27.1	27.0	27.0	27.2	27.3	27.5	27.8	27.6
男性劳动力占劳动力总数的百分比（%）	72.2	72.3	72.4	72.5	72.6	72.7	72.8	72.9	73.0	73.0	72.8	72.7	72.5	72.2	72.4

图4—6　印度劳动力就业性别比例

从劳动力参与率的性别结构来看，根据世界银行的人口估计值，如图4—6所示，女性劳动力人数占劳动力总数的比重[①]呈上升趋势，由1980年的25.73%上升到2009年的27.65%；而男性劳动力占劳动力就业总数的比重呈下降趋势，由1980年的74.27%下降到2009年的72.35%。这

① 女性在劳动力中所占的比例表明妇女在劳动力中的参与程度。劳动力包括所有年满15周岁、符合国际劳工组织对从事经济活动人口所作定义的群体。

说明印度女性的就业率仍相对偏低并明显低于男性，但同时印度女性参与率愈益增强。

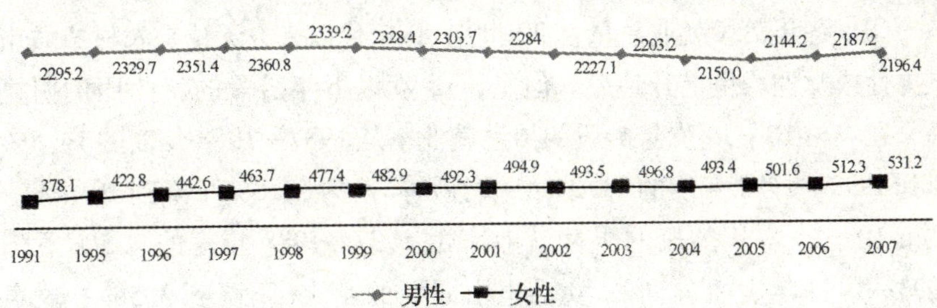

图4—7　印度有组织（公、私营）部门不同性别的劳动力就业人数

同时，据2009—2010年度印度的经济调查显示，如图4—7所示，在有组织的（公、私营）部门劳动力就业总人数中，尽管近年来印度女性劳动力就业人数有所增加，女性劳动力就业人数占总就业人数的比重也呈上升趋势，男性劳动力就业人数所占总就业人数的比重呈下降趋势，然而从总体上看，女性劳动力就业人数远远低于男性就业人数，其所占比重均低于20%，而男性劳动力就业人数明显高于女性，其所占比重也明显高于女性，均不低于80%（如表4—5所示）。①

表4—5　（公、私营）有组织部门劳动力就业状况（单位：万人；%）

项目		1991	1995	1996	1997	1998	1999	2000	2001	2002	2003	2004	2005	2006	2007
男性	人数	2295. 2	2329. 7	2351. 4	2360. 8	2339. 2	2328. 4	2303. 7	2284	2227. 1	2203. 2	2150. 9	2144. 2	2187. 2	2196. 4
	比重	85. 86%	84. 64%	84. 16%	83. 58%	83. 05%	82. 82%	82. 39%	82. 19%	81. 86%	81. 60%	81. 34%	81. 04%	81. 03%	80. 53%
女性	人数	378. 1	422. 8	442. 6	463. 7	477. 4	482. 9	492. 3	494. 9	493. 5	496. 8	493. 4	501. 6	512. 1	531. 2
	比重	14. 14%	15. 36%	15. 84%	16. 42%	16. 95%	17. 18%	17. 61%	17. 81%	18. 14%	18. 40%	18. 66%	18. 96%	18. 97%	19. 47%

资源来源：Economic Survey 2009 - 2010，http：//www. domain - b. com/economy/ecosurvey2010/2010.

① 印度政府：《2009—2010年度经济调查》，http：//www. domain - b. com/economy/ecosurvey2010/2010。

（七）个体就业趋向大龄化，技术性劳动者与非技术性劳动者的就业机会均呈上升趋势[①]

印度各年龄段就业总量自20世纪90年代以来，无论是农村或城市还是男性或女性均呈上升趋势。但是，15岁以下年龄段的就业比例明显下降，在农村10—14岁年龄段的男性就业率从1987—1988年度的14.5%下降到1993—1994年度的11.2%，女性从同期的12.6%下降到10.4%；在城市10—14岁年龄段的男性就业率由1987—1988年度的7.5%下降到1993—1994年度的5.9%，女性也由同期的4.5%下降到3.5%。这主要是印度政府实施重视教育、限制使用童工、防止学生流失等政策措施的结果。20世纪90年代以来，印度农村60岁以上男性和45—59岁之间女性的就业率有所增加，城市45—59岁之间男性和女性的就业率都增加了，这些都说明印度就业年龄趋向大龄化。

同时，我们也发现，近年来无论是技术性劳动者还是非技术性劳动者的就业率均呈上升趋势。比如农村男性文盲就业率从1987—1988年度的90.2%上升到1993—1994年度的91.3%，女性也由同期的41.4%上升到49.1%；男性小学文化程度的就业率从1987—1988年度的82.0%上升到1993—1999年度的88.9%，女性从同期的27.4%上升到28.6%。城市也是如此，大学毕业及以上的就业者除城市女性以外都表现出同样的趋势。这主要是由于印度近年来吸收外资，引进技术，其对知识性技术人才的需求必然增大。此外，印度的经济发展战略从技术密集型的进口替代战略向劳动密集型出口替代战略转变，这必然增加非技术性劳动者的需求。为此，印度人才市场上才出现技术性劳动者和非技术性劳动者同时增加的双重趋势。

（八）传统的职业结构渐次被现代职业结构所取代[②]

印度劳动者就业的职业结构的变化趋势主要有以下几个方面：

---

① 杨文武、王万江："90年代印度就业结构的变化趋势"，《南亚研究季刊》1999年第4期，第7页。

② 同上。

(1) 现代白领工人的就业率全面上升。例如，在印度农村现代男性白领工人的就业率从1983年的4.7%上升到1993—1994年度的5.5%，女性也由同期的1.6%上升到2.8%；在城市男性白领工人的就业率由1983年的22.7%上升到1993—1994年度的24.3%，女性也由同期的18.4%上升到25.4%。(2) 除1987—1988年度外，全印手工业者的就业率呈全面下降趋势。比如，农村女性手工业者就业率从1987—1988年度的15.3%下降到1993—1994年度的8.3%，城市男性手工业者的就业率也从1987—1988年度的41.1%下降到1993—1994年度的40.5%。(3) 全印服务业的就业率从1987—1988年度到1993—1994年度呈全面下降趋势。(4) 全印农业经营者的就业率也开始下降。比如，农村男性农业经营者的就业率由1983年的77.0%下降到1993—1994年度的73.5%，女性由86.9%下降到84.7%；城市男性农业经营者的就业率由1983年的9.9%下降到1993—1994年度的8.8%，女性也由25.5%下降到19.5%。这说明印度以农业为主的经济结构的状况开始得以改善，并逐渐升级替代。

二、印度自然资源结构特征

一般来讲，自然资源泛指存在于自然界、能为人类利用的自然条件（自然环境要素）。它同人类社会生产活动有着密切联系，既是人类赖以生存的重要基础，又是社会生产的原、燃料来源和生产布局的必要条件与场所。而联合国环境规划署也认为自然资源是指在一定的时间、地点条件下，能够产生经济价值，以提高人类当前和未来福利的自然环境因素和条件。自然资源结构是指在某一特定的地域范围内自然资源的组成及空间组合状况，往往包括矿物资源、土地资源、水资源、气候资源与生物资源等。因而有必要分析印度的矿物资源、土地资源、水资源、气候资源与生物资源组成及其空间组合状况，以反映印度自然资源结构的基本特征，揭示印度经济产业结构中具有代表性的资源结构属性。

（一）印度有着丰富的矿藏资源，但现有矿产资源种类不齐全、内需巨大及资源储备并不富足

尽管印度的矿产资源中已开采的矿产有 84 种，其中燃料矿 4 种、金属矿 11 种、非金属矿 49 种、其他小量矿藏 20 种。① 例如，印度煤炭资源丰富，2000 年探明储量为 844 亿吨，约占世界总量的 8.6%，其中主要为烟煤和无烟煤。印度铁矿资源丰富，可采藏量为 224 亿吨，居世界第四，且多为优质铁矿；铁金属储量为 28 亿吨，基础储量为 62 亿吨，其中品位在 65% 以上的富矿储量约 11.5 亿吨，主要为赤铁矿和磁铁矿；赤铁矿矿石品位均在 58% 以上，磁铁矿矿石品位较低，一般为 30%—40% ②等等。尽管印度矿产资源十分丰富，一些矿产的储量和产量在世界市场上占有重要位置，但是除了煤、铁矿石、锰、铝土矿、铬、白云岩和石灰岩等矿产资源比较丰富且具有一定的比较优势外，印度其他矿产如石油、焦煤、铜、铅、锌、镍、钨、钼、金、磷、钾、硫、石棉和金刚石等都相对不足，而且印度国内需求巨大，再加上现有矿产资源种类不齐全、资源储备不富足。

（二）印度土地资源相对丰富，但人均占有量却大大低于世界平均水平

印度 2005 年约有可耕地 1.7 亿公顷，居世界第二，仅次于美国。③ 据世界银行统计数据显示：2008 年印度农业用地面积④有 179.708 万平方公

---

① 孙培均、华碧云：《印度国情与综合国力》，中国城市出版社 2001 年版，第 15 页。

② http：//wangside. blog. 163. com/blog/static/5897460820082271364984O/.

③ 欧盟报告："印度已成为农产品净出口国"，新华网，2008 年 1 月 14 日，http//：news. xinhuanet. com。

④ 农业用地指耕地、永久性作物和永久性牧场用地的比例。联合国粮农组织定义的耕地包括短期作物用地（种植双季作物的土地只计算一次）、供割草或放牧的短期草场、供应市场的菜园和自用菜园，以及暂时休闲的土地。因转换耕作方式而休闲的土地不包括在内。多年生作物用地是种有长期生长作物而无需在每次收割后再进行种植的土地，此类作物包括可可树、咖啡树和橡胶树。此类土地包括生长开花灌木、果树、坚果树和葡萄树的土地，但不包括木材林用地。多年生牧场是 5 年以上生长饲草（包括野生饲草和人工种植饲草）的土地。

里，占土地面积的60.44%；印度现在耕地[1]面积有1.58145亿公顷，占土地面积的53.19%，谷物耕地面积有1.007028亿公顷，占耕地面积的64%。2009年印度森林面积68.434万平方公里，占土地面积的23.02%。[2] 此外还有大量的荒地、休耕地和实际上并非不能耕种的所谓“不适于耕种的土地”。[3] 印度土地资源相对丰富，在肥沃的土地上盛产着大米、小麦等粮食作物和棉花、黄麻、甘蔗、茶叶、烟叶、油籽油料等经济作物。所有这些都为印度的经济发展提供了极为有利的资源条件。印度的土地资源总量虽位居世界前列，但（由于人口众多）人均占有量却大大低于世界平均水平。目前印度1.41亿公顷的耕地已达到开发极限，人均耕地面积从20世纪90年代的0.16公顷降到2000年的0.14公顷和2011年的0.12公顷。[4] 2003年印度农业灌溉用地仅占农业用地总量的30.56%，[5] 2008年印度永久性作物用地也仅占土地面积的3.76%。[6] 因而，印度是一个人口众多，劳动力极其丰富，而土地资源相对不足的国家。[7]

（三）印度水利资源比较充足，但水资源时空变化大，正面临水资源供应不足的危机

2008年印度平均降水量为1083毫米。[8] 在时间上，印度降水量主要集中在每年的6—9月，占全年降水的80%以上。[9] 在空间上，全国36%的地区年均降水量在1500毫米以上，其中有8%的地区降水超过2500毫

① 联合国粮农组织定义的耕地（以公顷计）包括短期作物用地（双季作物土地仅计算一次）、供割草或放牧的短期草场、供应市场的菜园和自用菜园，以及暂时闲置的土地。因转换耕作方式而休闲的土地不包括在内。

② http://data.worldbank.org.cn/indicator.

③ 刘芬：《印度》，世界知识出版社1956年版，第4页。

④ 孙士海主编：《南亚的政治、国际关系及安全》，中国社会科学出版社1998年版，第4页。

⑤ http://data.worldbank.org.cn/indicator.

⑥ Ibid.

⑦ 黄正多、李燕：“印度农业现代化的技术性选择——基于‘绿色革命’基础上的分析”，《南亚研究季刊》2008年第4期，第70页。

⑧ http://data.worldbank.org.cn/indicator.

⑨ Chatter Jeek, “Water Resources of India”, 2010-07-09, http://climatechangecentre.net/pdf/WaterResources.pdf.

米，喜马拉雅山东部和西海岸的山脉年降水量最大可达4000毫米；33.5%的地区为750毫米以下，其中约有12%的地区年平均降水小于610毫米；中部和南部的东西高止山脉背风坡面不到600毫米；最干旱的是西北部的拉贾斯坦和塔尔沙漠以及孟买以北的古吉拉特，年降水量不足100毫米。蒸发量约占降水量的1/3。①

印度主要有喜马拉雅山水系、② 德干水系、③ 沿海河流④和内陆河流⑤等四大水系。⑥ 印度多年平均径流量为18694亿立方米，布拉马普特拉河（含梅克纳河）水资源量最多，其次是恒河等水资源量占印度水资源总量的59.4%。印度水资源可利用量为11220亿立方米，约占水资源总量的60.0%。其中地表水可利用量为6900亿立方米，约占36.9%；可更新的地下水资源量为4320亿立方米，约占23.1%。⑦ 但是印度水资源只占全球的4%，却需要养活占全球17%的人口。根据印度中央水源委员会的数据，到2050年印度常年的总耗水量预计将倍增，从6340亿增加到1.18万亿立方米。水源部则预测，40年后印度可供应饮用的人均水量将不到2001年的一半。⑧ 另据联合国IPCC（政府间气候变化专门委员会）第四次评估报告显示，到2025年印度人均可获得水量将下降到目前水平的一半，即从1900立方米减至1000立方米。IPCC的数据还表明，人口发展与水资源匮乏的矛盾将对印度10亿多人口构成巨大的负面影响。因而，

---

① 王光谦、欧阳琪、张远东：《世界调水工程》，科学出版社2009年版，第218页。

② 主要由印度河和恒河—布拉马普特拉—孟加拉水系组成。印度河发源于西藏，流经印度，然后穿过巴基斯坦注入阿拉伯海。恒河—布拉马普特拉—孟加拉水系是印度最大的水系，其汇流面积占本国总面积的1/3，其中布拉马普特拉流域的面积占全国面积的5.9%，人口占全国的3.2%，年可利用水资源占全国的2.9%。

③ 纳尔默达和达比河向西流入阿拉伯海，婆罗门、默哈纳迪、戈达瓦里、克里希纳、本内尔和高韦里等河向东流入孟加拉湾。

④ 少数河流分布在东海岸，而西海岸则分布有大小600余条。西海岸河流的水资源量约占全国的14%，而汇流面积只占国土面积的3%。

⑤ 在拉贾斯坦地区有几条内陆河，它们流入盐湖或消失在沙漠中。印度河、恒河、布拉马普特拉河为印度水量最大的河流，但都不完全位于印度境内。其中，印度河的大部分流域位于巴基斯坦，只是印度河的上游及其左岸支流萨特莱杰河（拉维河、比阿斯河）位于印度境内。

⑥ 王光谦、欧阳琪、张远东：《世界调水工程》，科学出版社2009年版，第218页。

⑦ National Institute of Hydrology，“Water Resources of India”，2010－07－13，http：//www.nih.ernet.in/water.htm.

⑧ http：//www.chinanews.com/gj/gj－yt/news/2010/03－12/2165385.shtml.

一方面印度水资源时空分布不均；另一方面随着人口激增、工业化经济飞速发展，再加上农业区大量用水，印度正面临水资源供应不足的危机。

（四）印度气候资源相当良好，但受热带季风气候的不利影响大

印度全境分为德干高原和中央高原、平原及喜马拉雅山区三个自然地理区。印度大部分地区属热带季风气候，一年分热季（3—5月）、雨季（6—9月）和旱季（10月至次年2月）。印度气候资源（包括农业气候资源和气候能源）也相当丰富，全年几乎都是无霜期，均可生长农作物，气候多样以及地形的差异性有利于多种作物种植。其中，印度花生、棉花、甘蔗、芝麻、高粱、黄麻、红麻等的种植面积均居世界首位，茶叶、稻谷、油菜等的种植面积居世界第二位。但是，印度大多数农作物的单产不高。在印度的主要农作物中，除茶叶之外，其他全部低于世界平均单产水平，其中棉花仅为世界平均单产的2/5，玉米不足1/3，牛的产奶量只有世界平均产量的1/4。[①]

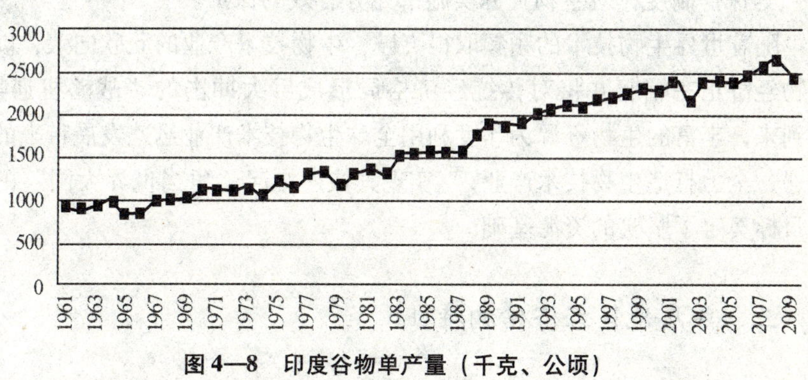

图4—8 印度谷物单产量（千克、公顷）

另外，如图4—8所示，印度谷物单产虽呈上升趋势，由1961年的947.2千克/公顷上升到2009年的2470.7千克/公顷（中国同期为5460千克/公顷），[②] 但谷物单产量并不高，这主要是印度农业生产效率不高所

① 翁鸣：《迷局背后的博弈：WTO新一轮农业谈判问题剖析》，社会科学文献出版社2009年版，第164页。

② ht.p：//data. worldbank. org. cn/indicator.

致。虽然印度农业生产效率不高的原因多种多样，[①] 但是热带季风气候的不利影响不能不是其中重要的原因之一。例如，若是夏季季风来得早退得迟，则会产生洪涝灾害；若是夏季季风来得晚退得早，就会产生干旱。因而，常年降水年际变化大又给印度农业生产造成不同程度的损害。

（五）印度拥有丰富的生物资源，为其全力打造生物技术产业奠定了坚实的资源基础

印度是世界上拥有丰富生物资源和自然多样性的少数几个国家之一，在世界上拥有最丰富生物资源的 10 个国家中排名第八位，其拥有的生物种类占世界物种总数的 8%。印度领土的海拔、雨量和地质条件等方面存在巨大的差异，形成了森林、湿地、海岸、草地、海洋、沙漠等多种多样的生态系统，且各种生态系统内存在着千差万别的内部多样性，从而为丰富的生物基因资源提供了良好的生境。[②] 而且，印度还构建了诸如生物资源保护的基本法律制度的《生物多样性法案》、关于来源披露的《专利法》等保护制度，对生物资源实施了充分有效的保护。

随着世界生物技术的频频取得突破，生物技术产业的欣欣向荣，以及生物经济正在崛起并将对传统经济格局形成巨大冲击的“战略机遇期”的到来，丰富的生物资源为印度利用全球生物技术产业迅速发展带来的新机遇，全力打造生物技术产业，[③] 实现其快速崛起“争当世界大国”的战略目标奠定了坚实的资源基础。

三、印度地区经济结构特征

印度人口众多，地域辽阔。由于种种原因，各地区之间经济发展极不平衡，尽管独立后印度政府采取了一系列政策措施，努力缩小各地区之间

---

① 例如，生产技术落后、资源性投入不足、土地利用不合理和垦殖指数高而复种指数低、政府对农业支持力度不足等等。

② 曾豫湘：“印度生物资源的管理”，《全球科技经济瞭望》1998 年第 5 期，第 8 页。

③ 陈利君：“印度——正在崛起的生物技术大国”，《南亚研究》2006 年第 2 期，第 21 页。

经济发展不平衡的问题，[①] 但是地区经济发展的不平衡性仍然成为印度地区经济结构的基本特征。

（一）全印各邦内生产总值增长及其邦际间的经济实力差异明显

无论是从“八五”、“九五”、“十五”计划期间的实际增长率，还是“十一五”计划期间的增长目标来看，古吉拉特、马哈拉施特拉、那加兰、果阿、拉贾斯坦、泰米尔纳杜、特里普拉、喀拉拉邦、喜马偕尔邦、中央邦、西孟加拉和卡纳塔克等邦经济增长速度较快，而其他如梅加拉亚、阿萨姆、比哈尔、奥里萨等邦的经济增长相对较缓慢（如表4—6所示）。[②]

表4—6 印度各邦内生产总值增长率（%）

各邦名称	“八五”计划期间实际增长率	“九五”计划期间实际增长率	“十五”计划期间实际增长率	“十一五”计划目标值	2004—2005年度人均各邦内生产总值（卢比）
安得拉	5.4	4.6	6.7	9.5	26655
比哈尔	2.2	4.0	4.7	7.6	7486
果阿	8.9	5.5	7.8	12.1	80392
古吉拉特	12.4	4.0	10.6	11.2	34223
哈里亚纳	5.2	4.1	7.6	11.0	35893
卡纳塔克	6.2	7.2	7.0	11.2	28774
喀拉拉邦	6.5	5.7	7.2	9.5	32818
中央邦	6.3	4.0	4.3	6.7	16597
马哈拉施特拉	8.9	4.7	7.9	9.1	37235
奥里萨	2.1	5.1	9.1	8.8	18440
旁遮普	4.7	4.4	4.5	5.9	36576
拉贾斯坦	7.5	3.5	5.0	7.4	18909
泰米尔纳杜	7.0	6.3	8.0	8.5	31603
北方邦	4.9	4.0	4.6	6.1	13842

① 文富德：“印度地区经济发展不平衡问题初探”，《南亚研究季刊》1998年第4期，第1页。

② 资料来源：印度计划委员会：《第十一五计划（2007—2012）报告》。

续表

各邦名称	“八五”计划期间实际增长率	“九五”计划期间实际增长率	“十五”计划期间实际增长率	“十一五”计划目标值	2004—2005 年度人均各邦内生产总值（卢比）
西孟加拉	6.3	6.9	6.1	9.7	23145
恰蒂斯加尔邦	…	…	9.2	8.6	20336
贾坎德	…	…	11.1	9.8	19908
阿萨姆	2.8	2.1	6.1	6.5	18172
喜马偕尔邦	6.5	5.9	7.3	9.5	36785
查谟和克什米尔	5.0	5.2	5.2	6.4	22430
曼尼普尔	4.6	6.4	11.6	5.9	22457
梅加拉亚	3.8	6.2	5.6	7.3	24978
米佐拉姆	…	…	5.9	7.1	27663
那加兰	8.9	2.6	8.3	9.3	22021
锡金	5.3	8.3	7.7	6.7	28332
特里普拉	6.6	7.4	8.7	6.9	26693
乌塔兰契尔	…	…	8.8	9.9	25276

资源来源：印度计划委员会：《第十一五计划（2007—2012）报告》。

“八五”计划期间最低（比哈尔）邦内生产总值的增长率与最高（古吉拉特）邦内生产总值的增长率相差10.3个百分点，“九五”计划期间最低（阿萨姆）邦内生产总值的增长率与最高（锡金）邦内生产总值的增长率相差6.2个百分点，“十五”计划期间最低（中央邦）邦内生产总值的增长率与最高（曼尼普尔）邦内生产总值的增长率相差7.3个百分点，以及“十一五”计划目标中的最低（曼尼普尔）邦内生产总值的增长率与最高（果阿）邦内生产总值的增长率相差6.2个百分点。

而且，印度人均最低的邦内生产总值占人均最高的邦内生产总值的比重从1993—1994年度的30.53%、1999—2000年度的28.9%下降到2004—2005年度的20.1%。也就是说，印度人均最低的邦内生产总值占人均最高的邦内生产总值的比重从1993—1994年度的1/3进一步减少到

2004—2005 年度的 1/5①（如表 4—7 所示）。这不仅说明全印各邦经济增长差距较大，而且说明印度各邦内生产总值（或者说各邦际间经济实力）差异明显。

表 4—7　印度人均最低的邦内生产总值占人均最高的邦内生产总值的比重（%）

年度	人均最低的邦内生产总值	人均最高的邦内生产总值	人均最低的邦内生产总值占人均最高的邦内生产总值的比重（%）
1993—1994	比哈尔	旁遮普	30.527
1996—1997	比哈尔	马哈拉施特拉	27.586
1999—2000	比哈尔	马哈拉施特拉	28.899
2001—2002	比哈尔	旁遮普	21.556
2002—2003	比哈尔	旁遮普	21.608
2003—2004	比哈尔	旁遮普	22.705
2004—2005	比哈尔	马哈拉施特拉	20.105

资源来源：印度计划委员会：《第十一五计划（2007—2012）报告》。

（二）全印各邦三次产业增长速率的差异性较大

印度地区经济结构的不平衡性，不仅体现在全印各邦经济增长及其邦际间经济实力的差异性上，而且体现在全印各邦三次产业增速的差异性方面。我们通过“十一五”计划期间印度各邦三次产业增长目标（如表 4—8 所示）② 可以看出，印度工业增长较快的邦主要有古吉拉特、哈里亚纳、卡纳塔克、果阿、贾坎德、安得拉、奥里萨、乌塔兰契尔、恰蒂斯加尔邦和西孟加拉邦；印度服务业快速发展的邦主要集中于哈里亚纳、卡纳塔克、乌塔兰契尔、西孟加拉、喀拉拉邦、古吉拉特、安得拉和马哈拉施特拉邦；印度农业增长较快的邦主要有那加兰、果阿、比哈尔、喜马偕尔邦、贾坎德、古吉拉特、卡纳塔克和哈里亚纳。

① 资料来源：印度计划委员会：《第十一五计划（2007—2012）报告》。

② 同上。

表 4—8　“十一五”计划期间各邦三次产业年均增长目标（%）

各邦名称	三次产业年均增长计划目标（%）			邦内年均经济增长计划目标（%）
	农业	工业	服务业	
安得拉	4.0	12.0	10.4	9.5
比哈尔	7.0	8.0	8.0	7.6
果阿	7.7	12.0	8.0	12.1
古吉拉特	5.5	14.0	10.5	11.2
哈里亚纳	5.3	14.0	12.0	11.0
卡纳塔克	5.4	12.5	12.0	11.2
喀拉拉邦	0.3	9.0	11.0	9.5
中央邦	4.4	8.0	7.0	6.7
马哈拉施特拉	4.4	8.0	10.2	9.1
奥里萨	3.0	12.0	9.6	8.8
旁遮普	2.4	8.0	7.4	5.9
拉贾斯坦	3.5	8.0	8.9	7.4
泰米尔纳杜	4.7	8.0	9.4	8.5
北方邦	3.0	8.0	7.1	6.1
西孟加拉	4.0	11.0	11.0	9.7
恰蒂斯加尔邦	1.7	12.0	8.0	8.6
贾坎德	6.3	12.0	8.0	9.8
阿萨姆	2.0	8.0	8.0	6.5
喜马偕尔邦	6.5	5.9	7.3	9.5
查谟和克什米尔	4.3	9.8	6.4	6.4
曼尼普尔	1.2	8.0	7.0	5.9
梅加拉亚	4.7	8.0	7.9	7.3
米佐拉姆	1.6	8.0	8.0	7.1
那加兰	8.4	8.0	10.0	9.3
锡金	3.3	8.0	8.0	6.7
特里普拉	1.4	8.0	8.0	6.9
乌塔兰契尔	3.0	12.0	11.0	9.9

资源来源：印度计划委员会：《第十一五计划（2007—2012）报告》。

（三）全印各邦人均邦内生产总值的差距显著

由于改革前印度各邦经济基础设施以及改革后资本形成、自然资源、人力资源增长率存在差异，特别是改革后，有些邦的邦内生产总值的增长率显著增长，有些邦却没有得到相应的增长，再加上人口基数差异性等原因，各邦人均邦内生产总值的差距更加明显。例如，2004—2005 年度印度最低邦（比哈尔）人均邦内生产总值仅占最高邦（果阿）人均邦内生产总值的 9.31%。这说明，持续快速的经济增长导致的财富的增加并没有使全体印度人共享（或者说各阶层人得到公平的分享）。

（四）全印各邦际之间及其邦内不同区域之间的经济社会发展水平差异明显

一般来说，发达地区的发展是全面的，落后地区的落后也是全面的，这种发达与落后地区差距的全面性可以通过人类发展指数值的高低加以说明。首先，我们从表 4—9 可以看出，印度被选各邦人类发展指数差别也较大，其中经济社会发展水平较高的邦主要有喀拉拉（0.773）、泰米尔纳杜（0.657）、卡纳塔克（0.633）、那加兰（0.62）和西孟加拉（0.61），而经济社会发展水平较差的邦主要有喜马偕尔邦（0.433）、拉贾斯坦（0.424）、恰蒂斯加尔邦（0.407）、阿萨姆（0.407）、奥里萨（0.404）和中央邦（0.394）。人类发展指数最高值的邦与最低值的邦相差 0.379（如表 4—9 所示），[①] 这说明印度各邦社会经济发展水平存在较大的差异性。

其次，我们的研究还发现印度经济社会发展水平与其各邦内生产总值的增长率之间存在一定的正相关关系。例如，经济社会发展水平较高的邦喀拉拉（0.773）、泰米尔纳杜（0.657）、卡纳塔克（0.633）、那加兰（0.62）和西孟加拉（0.61），它们在“八五”至“十五”计划期间平均邦内生产总值的增长率分别为 6.47%、7.1%、6.8%、6.6% 和 6.43%。而人类发展指数较低的阿萨姆（0.407）、奥里萨（0.404）和中央邦

① 资料来源：印度计划委员会：《第十一五计划（2007—2012）报告》。

(0.394)，在“八五”至“十五”计划期间平均邦内生产总值的增长率分别仅为3.67%、5.43%和4.87%。这说明印度各邦内经济增长快慢与其人类发展指数间存在着一定的正向关系。

表4—9　印度邦内人类发展指数状况

被选邦名称	印度各邦生产总值增长率（%）				“八五”至“十五”计划期间平均邦内生产总值的增长率（%）	邦内人类发展指数状况			
	“八五”计划期间实际增长值	“九五”计划期间实际增长值	“十五”计划期间实际增长值	“十一五”计划目标		城市或地区数（个）	邦内人类发展指数值	邦内最高人类发展指数值	邦内最低人类发展指数值
古吉拉特	12.4	4	10.6	11.2	9.00	25	0.471	0.650	0.214
卡纳塔克	6.2	7.2	7	11.2	6.80	27	0.633	0.753	0.547
西孟加拉	6.3	6.9	6.1	9.7	6.43	18	0.610	0.780	0.440
喀拉拉邦	6.5	5.7	7.2	9.5	6.47	14	0.773	0.801	0.749
喜马偕尔邦	6.5	5.9	7.3	9.5	6.57	12	0.433	0.534	0.390
那加兰	8.9	2.6	8.3	9.3	6.60	8	0.620	0.733	0.450
马哈拉施特拉	8.9	4.7	7.9	9.1	7.17	34	0.580	1.000	0.210
奥里萨	2.1	5.1	9.1	8.8	5.43	30	0.404	0.736	0.450
恰蒂斯加尔邦	…	…	9.2	8.6	…	16	0.407	0.650	0.214
泰米尔纳杜	7	6.3	8	8.5	7.10	29	0.657	0.757	0.548
拉贾斯坦	7.5	3.5	5	7.4	5.33	32	0.424	0.656	0.456
中央邦	6.3	4	4.3	6.7	4.87	45	0.394	0.694	0.372
锡金	5.3	8.3	7.7	6.7	7.10	4	0.454	0.501	0.391
阿萨姆	2.8	2.1	6.1	6.5	3.67	23	0.407	0.660	0.362
北方邦	4.9	4	4.6	6.1	4.50	70	0.532	0.710	0.366
旁遮普	4.7	4.4	4.5	5.9	4.53	17	0.537	0.761	0.633

资源来源：印度计划委员会：《第十一五计划（2007—2012）报告》。

再者，全印各邦内各区域或各城市之间经济社会发展水平差距也较大，比如马哈拉施特拉的孟买市人类发展指数值为最高值（1.000），其次是塞恩（Thane district）地区（为0.82），而最低的是马哈拉施特拉邦东北部的加德契罗利（Gadchiroli）地区（仅有0.210）。因而，在过去一段时期，这种经济发展差距导致各邦以及邦内经济社会发展水平差异也较为明显。

由此可见，印度各邦之间在社会经济发展方面存在着严重的不平衡。同时，即使一个邦内也存在类似情况，先进邦内有较落后的地区，落后邦内也有较先进的地区。在全印各邦特别是先进邦内，其工业大都集中在少数发达地区和城市地区。如西孟加拉邦，70%的工业能力都集中在胡格利县，马哈拉施特拉86%的注册工厂都集中在孟买等少数城区，旁遮普邦的这个比例更是高达95%。①

除全印各邦内生产总值增长及其各邦际间的经济实力、各邦三次产业增长速率、各邦人均邦内生产总值以及邦际之间及其邦内各区域之间的经济社会发展水平存在明显差异之外，印度经济行业或部门间的经济增长也存在着较大的不平衡性，特别是服务业如通信技术部门在世界市场具有较强的竞争性，这些行业与部门的雇员或业主均获得了较高回报率，但是印度制造部门的增长与发展却相对滞后。

另外，那些制度安排较合理的地区与部门具有较强的竞争性，而那些管制较严的地区或部门的竞争性则表现较差。这种差异在很大程度上均是遗余的许可证制度所致，而要废除这些制度付出的政治成本较大，尤其是针对制造业部门的许可证制度改革往往要比改革服务业部门许可证制度困难得多。因而，需要在印度中央与地方各级政府间着力奉行制度改革，尤其是须集中于产品与劳工市场的进一步的制度改革。②

总之，有人将印度经济发展模式称之为“劳动密集型的经济增长方式”、“资源环境约束下的抵御风险能力弱的经济发展模式”、“一个不平衡的经济发展模式”以及“制度绩效差的经济发展模式”。因而，针对劳动密集型的、资源环境约束下的、不平衡的印度经济产业结构特质，必须在增加对落后地区的资金投入、加速落后地区的基础设施建设以及加速落后地区的工业发展的基础之上，重视落后地区社会经济的均衡发展，这样

---

① ［印］鲁达尔·达特、K·P·M·桑达拉姆著，雷启淮等译：《印度经济》（上册），四川大学出版社1994年版，第289页。

② India Economic Survey of India 2007：India’s growth pattern and obstacles to higher growth.

才能使印度经济真正走上可的持续发展道路。

第三节 印度经济关系结构分析[①]

经济关系结构是经济结构的核心组成部分和本质表现形式，处在经济结构的中间层。[②] B·切尔尼亚克（苏）[③] 分别根据所有制关系、再生产阶段（区别生产关系、分配关系、交换关系、消费关系）、关系的主体以及关系的客体（社会产品运动的阶段）分析经济关系结构。马克思也从社会经济关系的角度来研究社会经济结构，认为社会的经济结构是社会生产关系的总和。[④] 而马克思主义的社会生产关系是人们在社会生产过程中形成的人与人的关系，本身就是一个十分复杂的经济结构，包括生产资料的所有制形式、各种社会集团在生产过程中的地位和交换关系、产品的分配形式以及其所直接决定的消费关系三个方面。由此，我们根据马克思主义生产关系基本原理，建立一个（如图4—9所示[⑤]）财产所有关系结构、收入分配与消费关系结构和交换关系结构的印度经济关系结构三维模式分析框架。其中，生产资料的所有结构形式是印度生产关系结构中最基本的方面，是全部生产关系的基础，决定着印度生产关系的其他内容。

---

① 邹毅、杨文武：“印度经济关系结构的特性分析”，《南亚研究季刊》2012年第1期，第26—31页。

② 经济结构是一个包括生产力范畴的经济产业结构、生产关系范畴的经济关系结构和上层建筑范畴的经济制度结构的三维结构关系组合体，而经济关系结构则处于经济结构关系组合体的中间层。

③ B·切尔尼亚克、东林：“经济关系的结构”，《国外社会科学》1980年第10期，第43页。

④ 黄刚、高祥玉：“邓小平经济结构理论的创新及其现实意义”，《才智》2008年第18期，第127页。

⑤ 沈宏达：《经济结构三维模式》，经济管理出版社2002年版，第9页。

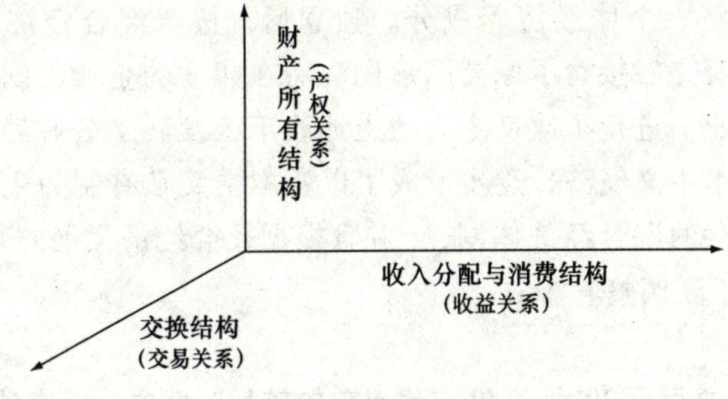

图 4—9 印度经济关系结构三维图

一、印度财产所有制结构[①]特征

（一）印度在不同时期的所有制结构形成和调整，是为了适应印度社会生产力水平及社会经济发展变化的客观需要

马克思、恩格斯在《共产党宣言》中指出："一切所有制关系都经历了经常的历史更替，经常的历史变更。"[②] 这主要是因为任何社会所有制结构都离不开社会的生产力水平，离不开社会经济发展的客观要求，而且不同时期所有制结构的形成和演变也必须与当时经济运行和资源配置优化的客观要求相适应。[③]

同样，印度在不同时期所有制结构的形成和调整，同样是其适应社会生产力水平及其社会经济发展变化的客观要求。印度经历了200多年的殖民统治，独立前的印度具有帝国主义经济、民族资本主义经

① 所有制结构是指各种不同所有制形式在一定社会形态中的地位、作用及其相互关系。它所反映的是各种所有制的外部关系。它是不同性质所有制经济在国民经济中的比重关系，不同所有者占有的生产资料间的数量比例及其相互关系，构成了一个社会或一个区域的所有制结构。经济结构是通过生产资料所有制结构表现的社会生产过程中各种经济关系的总合，它作为人类社会财产权利体系集中体现的所有制，是社会经济关系结构的核心，是生产关系和经济体制的决定因素，也是社会制度的基础，决定着一个国家或地区经济的性质，从而在很大程度上决定着产业结构的变化。

② 《马克思恩格斯选集》卷一，人民出版社 1995 年版，第 286 页。

③ 陈甲优："所有制结构的演变逻辑"，《中共中央党校学报》1998 年第 3 期，第 30—35 页。

济、封建经济、个体经济等成分。独立后，按照混合经济体制的要求，印度政府先后接管了原英国殖民政府在印度的企业，国有化了一部分私有企业，进行了改良主义的土地改革，发展了公有经济，积极扶持私人资本主义经济，逐步形成了以资本主义私有制为主体的多种经济成分并存的混合经济体制，[①] 并且根据社会经济发展的具体情况，对其进行了不断调整。

（二）独立后到20世纪80年代以前的较长时期内，印度私营部门在国内净产值中的比重不断下降

独立后到20世纪80年代以前的较长时期内，印度主要集中于发展公营经济，同时在允许私营经济存在和发展的前提下限制私人大企业的膨胀，这就使得印度私营部门在国内净产值中的份额由1960—1961年度的89.3%下降到1970—1971年度的85%、1982—1983年度的75.9%和1984—1985年度的75.5%。[②]

（三）进入20世纪80年代以后，尽管对私营部门的限制依然存在，但鼓励公私营经济共同发展

进入20世纪80年代后，印度虽然坚持发展公营经济，但对其进行了某些整顿，以提高其经济效益。尽管对私营部门的限制依然存在，但这种限制明显减少，甚至辅之以鼓励共发展的做法。[③]

（四）20世纪90年代以来，强化了以资本主义私有经济为主体，多种经济成分并存的混合经济所有制结构模式

---

① 宋涛：《印度经济和发展战略研究》，福建师范大学2003年博士学位论文，第10—16页。

② ［印］鲁达尔·达特、K·P·M·桑达拉姆著，雷启淮等译：《印度经济》（上册），四川大学出版社1994年版，第370—372页。

③ 文富德：“论印度的经济计划与市场调节相结合”，《南亚研究》1991年第3期，第32—34页。

表 4—10　20 世纪 90 年代印度公有经济与私有经济所有制结构

<table>
<tr><td colspan="2">各种经济成分</td><td>占国内生产总值的百分比</td></tr>
<tr><td colspan="2">公有经济</td><td>25%</td></tr>
<tr><td colspan="2">私人经济</td><td>75%</td></tr>
<tr><td rowspan="2">部门</td><td>公司部分≤40%（私有企业产值）
（主要集中于制造业、建筑业、服务业等）</td><td rowspan="2">40%</td></tr>
<tr><td>非公司部分≥60%（私有企业产值）
（主要集中于农业、不动产、商业和部分制造业等）</td></tr>
<tr><td colspan="2">家庭部分（个体经济，包括封建经济）</td><td>≥20%</td></tr>
<tr><td colspan="2">混合经济（联合经济和合作经济等）</td><td>≤15%</td></tr>
</table>

资源来源：宋涛：《印度经济和发展战略研究》，福建师范大学 2003 年博士学位论文，第 10—16 页。

从 20 世纪 90 年代初期开始进行经济改革，印度政府调整混合经济结构，修改垄断法，减少公营企业的投资，缩小公营经济的垄断领域，对经营不善的国有企业进行改组；放松对私营经济（包括外国投资）的限制或者说基本上取消对私营经济经营领域的限制，鼓励公私部门的公平竞争，同时鼓励城乡合作经济。20 世纪 90 年代以来，印度私营部门占 GDP 的比重仍然保持在 75% 左右。因而，在印度的国民经济中，私营经济成分始终占据着主导地位。而印度国家资本主义经济成分或者印度公有经济成分占国内生产总值的比重基本上保持在 25% 左右（如表 4—10 和表 4—11 所示）。这主要是因为有些（如基础设施、重工业、国防工业等）经济活动私人无力或不愿经营，只能由国家经营，这样才能促进私人资本主义以至整个国民经济的发展，这是印度经济发展的客观需要。

表 4—11　当代印度的社会经济结构

各种经济成分	占国内生产总值的百分比
资本主义所有制经济	65%
（其中）国家资本主义经济	25%
私人资本主义经济	40%
其他所有制经济	35%

续表

各种经济成分	占国内生产总值的百分比
（其中）个体经济	20%
封建经济	10%
混合经济	5%

资源来源：宋涛：《印度经济和发展战略研究》，福建师范大学 2003 年博士学位论文，第 10 页。

同时，印度所有制结构的转变或调整，不仅提高了公营企业的经济效益①（如表 4—12 所示），而且促进了私营经济的迅速发展，改变了过度依赖低效的公营企业带动经济发展的不符合市场经济发展规律的政策误区，并从公营企业中撤走政府资金逐渐实行私有化，向私营部门开放公营经济垄断经营的领域，从而把公营企业推向市场，参与市场竞争，② 以致各种经济成分的绝对规模有明显增长，改善和促进了印度的宏观经济环境和基础设施的发展。

表 4—12　公营企业 1980—1997 年度税前税后利润额（单位：亿卢比）

项目	1980—1981 年度	1990—1991 年度	1996—1997 年度
公营企业税前利润	4.0	350.0	1547.0
公营企业税后利润	-18.0	227.0	1026.0
公营企业税前利润率	0.2%	3.4%	7.7%
公营企业税后利润率	-1.6%	3%	9.4%

资源来源：印度政府：《1998—1999 年度经济调查》，第 104 页。

由此可见，自上而下的混合经济所有制的改革调整，使得印度在国有经济私有化，私有经济扩大化，并且全面发展自由的资本主义市场经济③过程中，呈现出“公退私进”的状况（即公营经济的活动领域有所缩

① 印度政府：《1998—1999 年度经济调查》，第 104 页。

② 文富德：“印度经济模式的特色”，《领导之友》2004 年第 5 期，第 39—40 页。

③ 江勇、王磊：“中国印度经济发展比较”，《山西财经大学学报》2005 年第 27 期，第 69—72 页。

小，私营经济的活动领域逐渐扩大的趋势），同时强化了以资本主义私营经济为主体，多种经济成分并存的混合经济所有制结构模式。

二、印度收入分配[1]与消费结构特征

（一）收入分配结构特征——收入分配差距较大，财富分配不均，贫困人口所占的比例大

如果按不同收入人口定量分配结构[2]来研究可发现，印度收入分配结构的基本特征为收入分配差距较大，贫困人口所占的比例大。

1. 国民收入分配差距较大，资产高度集中在少数富人手中

表 4—13　1953—1954 年度至 1956—1957 年度不同收入人口定量分配结构

类别	1953—1954 年度		1955—1956 年度		1956—1957 年度	
	占印度人口总数比例	占国民收入比重	占印度人口总数比例	占国民收入比重	占印度人口总数比例	占国民收入比重
最上层富人	5%	17%	10%	34%	10%	25%
最下层穷人	20%	9%	25%	9.6%	24%	10%

资源来源：何道隆："印度政府减少收入分配不平等的政策措施"，《南亚研究季刊》1990 年第 2 期，第 9 页。

占印度人口总数 20% 的最穷阶层所占国民收入的份额由 1953—1954 年度的 9% 下降到 2005 年的 8.08%，占印度人口总数 10% 的最富阶层所占国民收入的份额却从 1955—1956 年度的 34% 下降到 1956—1957 年度的 25%，之后再上升到 2005 年的 31.3%。这说明印度穷者愈穷，富者更富，国民收入分配差距较大，财富资产分配不均。特别是自 20 世纪 80 年代以来，由于放松了对私营经济的限制，私人资本急剧膨胀，仅 1981 年至 1987—1988 年度 20 家财团的总资产就增加了两倍多，其中 5 家就占 20

---

① 收入分配结构是指不同经济主体在一定时期得到的劳动报酬、财产收益和转移支付等的流量比例。

② 指的是按收入差距从低到高将人群定量分成几个不同等级，这些等级在总收入中所占的比例。

家总资产的59%。印度经济改革开放以来还出现了一批暴发户，如科塔里仅以1.2万卢比投资，到20世纪80年代末其公司销售额高达4.2亿卢比[①]（如表4—13和表4—14所示）。

表4—14　2005年印度不同收入人口定量分配结构

最高10%　占有的收入份额	31.13
最高20%　占有的收入份额	45.34
第四档 20%的收入份额	20.37
第三个20%　占有的收入份额	14.94
第二个20%　占有的收入份额	11.27
最低20%　占有的收入份额	8.08
最低10%　占有的收入份额	3.64
基尼（GINI）系数	36.8

资源来源：http：//data.worldbank.org.cn/indicator.

与此同时，印度财富资产分配不均，资产高度集中在少数富人手中。例如，在工业方面，资产始终高度集中在大财团手中，印度20家大财团每家资产都在10亿卢比以上，而比尔拉和塔塔两家的资产就占20家总资产的41%。而根据印度储蓄银行关于农村家庭资产调查的数据（如表4—15所示）表明，拥有资产少于1000卢比的近20%农户家庭仅占有资产总值的0.7%，而拥有资产50000至2220000卢比的11%农户家庭仅占有资产总值的29.6%。很显然，资产分配不平等是印度城乡收入分配不均的重要原因。

表4—15　印度农村家庭的资产状况

按资产数量分类	在总户数中所占的比例（%）	在资产总值中所占的比例（%）
少于1000卢比	20	0.7
5000至111000卢比	31	7.5
20000至555000卢比	34	31.7
50000至2220000卢比	11	29.6
5550000卢比以上	4	31.4

资源来源：印度储蓄银行关于农村家庭资产调查的数据。

---

①　印度驻华大使馆：《今日印度》1990年1月15日，第29—33页。

2. 印度生活在贫困线以下的贫困人口规模庞大，近年来呈现上升态势

印度20世纪90年代以来，年收入高于7.8万卢比的富裕阶层占总人口的比例为2.3%，而年收入低于1.8万卢比的的贫困阶层占总人口的比例则为58.8%（如表4—16所示），这说明印度具有庞大规模的人口处于贫困状态。

表4—16　印度20世纪90年代各阶层年收入情况

类别	富裕阶层	中产阶层	贫困阶层
占总人口比例（%）	2.3%	39.2%	58.8%
年收入（万卢比）	≥7.8	1.8—7.8	≤1.8

资源来源：陈峰君：《东亚与印度：亚洲两种现代化模式》，经济科学出版社2000年版，第357页。

进入21世纪以来，印度生活在贫困线以下人口的比例虽有所下降，但贫穷人口的规模依然是相当庞大的。如果按每天2美元衡量，那么2005年印度贫困人口比例高达75.62%；如果以国家贫困线衡量，2005年印度贫困人口比例也高达27.5%，同样有高达2亿多人生活在官方公布的贫困线以下（如表4—17所示）。①

表4—17　印度贫困人口所占比例

贫困比例（%）	1974年	1978年	1983年	1988年	1994年	2005年
贫困人口比例，按每天2美元衡量的（PPP）（占人口的百分比）	…	88.94	84.79	83.75	81.73	75.62
贫困人口比例，按每天1.25美元衡量的（PPP）（占人口的百分比）	…	65.84	55.51	53.57	49.4	41.64
贫困差距，按每天2美元衡量的（PPP）（百分比）	…	44.56	38.19	36.72	34.1	29.48
贫困差距，按每天1.25美元衡量的（PPP）（百分比）	…	23.2	17.24	15.81	13.56	10.52

① 印度计划委员会：《第七个五年计划（1985—1990）》第1卷，第32页。

续表

贫困比例（%）	1974 年	1978 年	1983 年	1988 年	1994 年	2005 年
贫困人口比例，按国家贫困线衡量的（占人口的百分比）	54.9	51.3	44.5	38.9	36	27.5
贫困人口比例，按农村贫困线衡量的（占人口的百分比）	56.4	53.1	45.7	39.1	37.3	28.3
贫困人口比例，按城市贫困线衡量的（占人口的百分比）	49	45.2	40.8	38.2	32.4	25.7

资源来源：http：//data. worldbank. org. cn/indicator.

但是，近年来印度贫困现象出现了不降反增的发展态势。据 2010 年 4 月 19 日印度政府最新统计数字显示，目前印度贫困人口总数达 3.72 亿，比上次（1994 年人口普查的印度贫困人口为 2.75 亿）统计多出将近 1 亿。①

（二）消费结构②特征——无论是私人消费还是政府消费支出均呈上升趋势，但私人消费增长落后于政府消费支出的增长速度

1. 无论是私人消费还是政府消费支出均呈上升趋势，但是印度私人消费年增长率低于政府消费年增长率

根据亚行统计数据显示，如图 4—10 所示，20 世纪 90 年代以来印度无论是私人消费还是政府消费支出均呈上升趋势。例如，印度私人消费从 1990 年的 3.7694 万亿卢比增加到 2009 年的 62.3117 万亿卢比，政府消费也由 1990 年的 0.6645 万亿卢比增加到 2009 年的 7.6741 万亿卢比。③

---

① http：//news. xinhuanet. com/world/2010 -04/21/c_ 1245971. htm.

② 消费结构是指在一定的社会经济条件下，人们（包括各种不同类型的消费者和社会集团）在消费过程中所消费的各种不同类型的消费资料（包括劳务）的比例关系，有实物和价值两种表现形式。实物形式是指人们在消费中，消费了一些什么样的消费资料，以及它们各自的数量。价值形式是指以货币表示的人们在消费过程中消费的各种不同类型的消费资料的比例关系。在现实生活中具体的表现为各项生活支出。

③ http：//www. adb. org/Economics/default. asp.

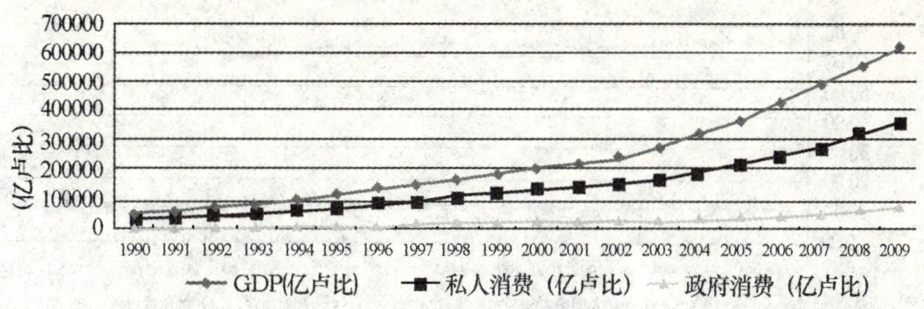

图4—10　按支出法现价计算印度私人消费额与政府消费额（亿卢比）

同时，如图4—11所示，尽管20世纪90年代以来，无论是私人消费还是政府消费年增长率均呈现出波动增长态势，但是印度私人消费增长率低于政府消费年增长率。例如，从1991年到2009年印度私人消费年平均增长率为12.6%，而同期印度政府消费年平均增长率却为13.9%，这说明印度私人消费的增长速度落后于政府消费支出的增长速度。

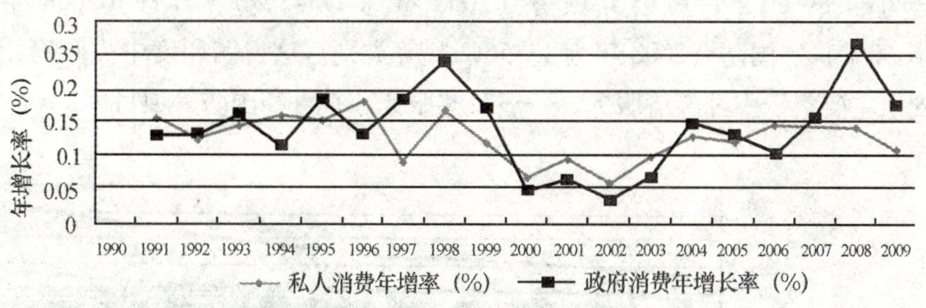

图4—11　按支出法现价计算印度私人消费与政府消费年增长率（%）

而且，如图4—12所示，自20世纪90年代印度实施经济改革开放政策以来，印度经济保持了持速快速的增长势头，但是印度私人消费占GDP的比重呈下降趋势，而政府消费占GDP的比重呈上升趋势。例如，印度私人消费支出占GDP的比重由1990年的66.17%下降到2009年的57.3%，而政府消费支出占GDP的比重由1990年的11.67%上升到2009年的12.32%。

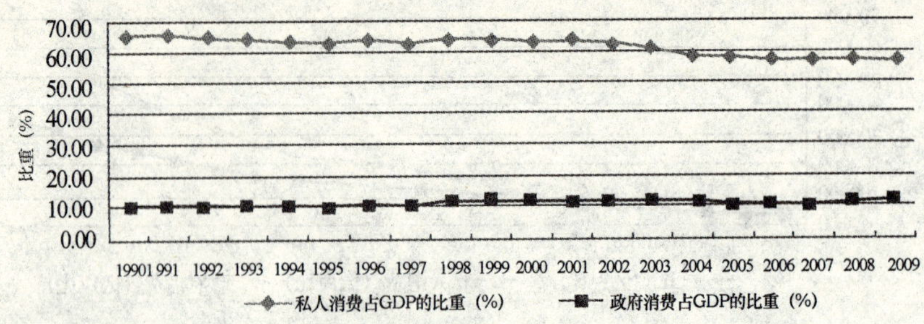

图 4—12　印度私人消费与政府消费支出占 GDP 的比重（%）

2. 印度中央政府消费结构——主要集中于经济服务、一般公共服务、教育和国防等项目，尤其是近年来印度社会安全与社会福利、一般公共服务及住房和社区配套设施等消费支出增长较快

由图 4—13 得知，按功能划分，印度中央政府消费支出主要包括一般公共服务、国防、教育、健康、社会安全与社会福利、住房和社区配套设施、经济服务和其他等类别，[①] 其中所占比重最大的主要有经济服务（2008 年为 34.89%）、一般公共服务（2008 年为 17.42%）、教育（2008 年为 16.50%）和国防（2008 年为 13.56%）等类别。这说明印度中央政府消费支出主要集于中经经济服务、一般公共服务、教育和国防等项目。

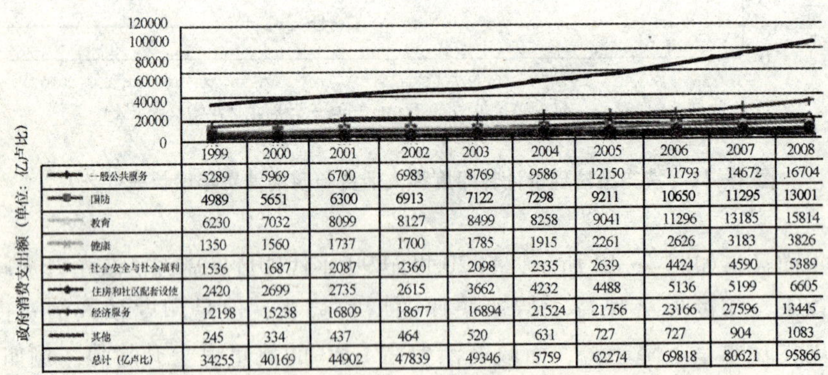

	1999	2000	2001	2002	2003	2004	2005	2006	2007	2008
一般公共服务	5289	5969	6700	6983	8769	9586	12150	11793	14672	16704
国防	4989	5651	6300	6913	7122	7298	9211	10650	11295	13001
教育	6230	7032	8099	8127	8499	8258	9041	11296	13185	15814
健康	1350	1560	1737	1700	1785	1915	2261	2626	3183	3826
社会安全与社会福利	1536	1687	2087	2360	2098	2335	2639	4424	4590	5389
住房和社区配套设施	2420	2699	2735	2615	3662	4232	4488	5136	5199	6605
经济服务	12198	15238	16809	18677	16894	21524	21756	23166	27596	13445
其他	245	334	437	464	520	631	727	727	904	1083
总计（亿卢比）	34255	40169	44902	47839	49346	5759	62274	69818	80621	95866

图 4—13　按功能划分印度中央政府消费支出结构（亿卢比）

① http://www.adb.org/Economics/default.asp.

而且，从2000年以来印度中央政府消费支出保持着12.21%的年均增长率。其中，社会安全与社会福利年均增长率为16.52%、一般公共服务为14.03%、住房和社区配套设施为12.54%、健康为12.52%、经济服务为12.45%、国防为11.44%、教育为11.25%和其他为18.46%。这说明近年来印度尤其是在社会安全与社会福利、一般公共服务、[①]住房和社区配套设施等方面中央政府消费支出增长较快。

3. 印度私人消费结构——满足日常生活的基本消费向服务类消费方向发展

印度的个人消费分为食物服装等日常生活消费和服务类消费，包括食品、饮料和烟草；衣服和鞋类；租金、燃料和电力；家具、装潢、电器服务；医疗护理和健康；运输和通讯；娱乐教育和文化服务；其余各种商品和服务等八大类别。随着印度经济的持速快速增长与发展，私人消费商品和服务各自占私人消费总额的比重（如表4—18所示）也发生了相应的变化。具体地讲，主要包括以下几个方面：

表4—18　印度私人消费商品和服务额占私人消费总额的比重（%）

<table>
<tr><th>人个消费的主要类别</th><th>1950—1951</th><th>2003—2004</th><th>2004—2005</th><th>2005—2006</th><th>2006—2007</th><th>2007—2008</th><th>2008—2009</th></tr>
<tr><td>食品、饮料和烟草</td><td>66.65</td><td>45.17</td><td>39.6</td><td>39.2</td><td>37.6</td><td>36.8</td><td>35.3</td></tr>
<tr><td>衣服和鞋类</td><td rowspan="8">33.35</td><td rowspan="8">54.83</td><td>6.6</td><td>7.6</td><td>8.6</td><td>8.5</td><td>7.9</td></tr>
<tr><td>租金、燃料和电力</td><td>13</td><td>12.4</td><td>11.9</td><td>11.4</td><td>11</td></tr>
<tr><td>家具、装潢、电器服务</td><td>3.4</td><td>3.5</td><td>3.8</td><td>4</td><td>3.9</td></tr>
<tr><td>医疗护理和健康</td><td>5</td><td>4.8</td><td>4.7</td><td>4.4</td><td>4.4</td></tr>
<tr><td>运输和通讯</td><td>19.6</td><td>19</td><td>18.9</td><td>18.7</td><td>19.7</td></tr>
<tr><td>娱乐教育和文化服务</td><td>3.4</td><td>3.4</td><td>3.4</td><td>3.5</td><td>3.4</td></tr>
<tr><td>其余各种货物和服务</td><td>9.4</td><td>10</td><td>11.2</td><td>12.8</td><td>14.4</td></tr>
</table>

资源来源：《2009—2010年度印度经济调查》。

---

① 据印度政府《2009—2010年度印度经济调查》显示，印度中央政府用于社会服务、农村发展、PMGY和PMGSY计划等一般公共服务类的中央政府支出占中央总支出的比例由2003—2004年度的10.46上升到2004—2005年度的10.81%、2005—2006年度的13.75%，下降到2006—2007年度的13.38%之后再上升到2007—2008年度的15.48%、2008—2009年度的19.44%和2009—2010年度的19.46%。这也说明印度政府用于社会服务与农村发展等一般公共服务支出呈上升趋势。

其一，随着人均收入水平的提高，印度私人消费符合消费结构变化的一般规律，即满足日常生活的基本消费向服务类消费方向发展，或者说民众日常基本生活消费支出所占比重不断减少，服务类消费支出所占比重不断增加。例如，基本生活消费支出中食品类所占比重由1950—1951年度的66.65%下降到2008—2009年度的35.3%，其他消费支出所占比重由1950—1951年度的33.35%上升到2008—2009年度的64.7%。因此，印度食品消费比例下降，交通通讯及其他服务业的消费支出比重，尤其是耐用消费品、医疗保健等支出比例增长迅速，化肥消费量也不断增加，而且石油、煤炭、核能和天然气等能源消费不断增加。

其二，印度私人消费结构与层次水平不高。尽管印度恩格尔系数[①]由1980年的57.88%下降到1985的54.97%、1991的54.08%，但是2004年印度恩格尔系数仍然维持在50%以上。这说明：一方面印度私人消费中吃、穿、用等基本物质消费支出占全部支出的一大半，消费质量并不高，且印度消费结构仍以实物消费为主，服务需求相对滞后；[②] 另一方面，恩格尔系数仍然偏高，这说明印度属于低收入国家，收入水平低，消费结构层次也不高。

其三，消费主体结构呈现两极化态势。据抽样调查，1959—1960年度，占总人口20%的底层穷人只占总消费支出的8%，而20%的上层富人却占去了总消费支出的42%。另据印度国家应用经济委员会的调查，1964—1965年度，下层30%的穷人只占消费总支出的18%，而上层20%的富人却占消费总支出的35%；1977—1978年度，在农村30%的底层穷人只占总消费支出的15%，而上层30%的富人却占总消费支出的51.9%；在城市更为突出，30%的底层穷人只占总消费支出的13.6%，

① 19世纪中叶德国统计学家恩斯特·恩格尔提出，从食品开支在家庭总支出中所占的比例可以大致推知家庭生活水平的高低。食品支出占家庭总支出的比重被称为恩格尔系数。恩格尔系数过大，必然影响其他消费支出，特别是影响发展资料、享受资料的增加，限制消费层次和消费质量的提高。恩格尔系数减小，通常表明人民生活水平提高，消费结构改善。

② 杜莉、谢皓："中国与印度服务贸易国际竞争力的比较研究"，《国际商务——对外经济贸易大学学报》2006年第6期，第35—41页。

而上层30%的富人却占总消费支出的54%。[①] 另据1994年印度国家应用经济研究委员会（The National Council of App lied Economic Research, NCAER）开展题为“消费者阶级”的研究结果显示：印度非常有钱的有600万个人或100万个家庭，构成印度的上等社会。其下是两个中产阶级，上中产有3000万个家庭或1.5亿人，他们可以批量购买各种耐用消费品。下中产是向上爬的一批，有5000万个家庭或2.75亿人，他们是先消费商品，进而消费品牌，[②] 其余则为穷人。这说明印度消费主体结构两极分化很严重。

三、印度交换关系结构中的进出口商品结构[③]特征

从理论上讲，交换关系结构又称交易关系，是指经济主体之间发生的以商品或劳务为客体的一种买卖关系，它与经济增长、产业结构之间关系紧密，主要包括商品流转结构、价格结构和进出口结构等。对印度进出口商品结构演变的研究，有助于我们加深对开放条件下国际市场与国内市场相互作用的认识，加深对印度经济发展模式特质的把握。因此，我们期望通过对印度进出口商品结构关系特征的研究来认知印度交换关系结构的属性。

事实上，印度独立60多年来，随着对外经济发展的加快，特别是工业化的进步，进出口商品结构发生了很大变化。如图4—14所示，独立以后，尤其是20世纪90年代印度实行改革开放政策以来，印度对外贸易发展迅速。例如2008—2009年度出口额和进口额分别较1950—1951年度增长了14501.65%和23756.72%、较1990—1991年度增长了921.30%和1161.46%、较2000—2001年度增长了315.83%和500.95%。[④]

---

① 何道隆：“印度政府减少收入分配不平等的政策措施”，《南亚研究季刊》1990年第12期，第9页。

② Pavan K. Varma, The Great Indian Middle Class, penguin Books, 2007, p. 171.

③ 交换结构又称交易关系，是指经济主体之间发生的以商品或劳务为客体的一种买卖关系，与经济增长、产业结构之间关系紧密。交换结构主要指社会消费构成，包括商品流转结构、价格结构和进出口结构等，本节主要研究印度的进出口商品结构的基本特征。

④ 印度政府：《2009—2010年度经济调查》，第A—81页。

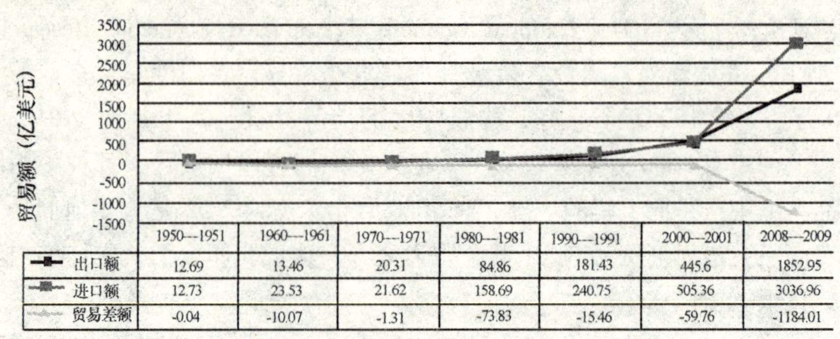

	1950---1951	1960---1961	1970---1971	1980---1981	1990---1991	2000---2001	2008---2009
出口额	12.69	13.46	20.31	84.86	181.43	445.6	1852.95
进口额	12.73	23.53	21.62	158.69	240.75	505.36	3036.96
贸易差额	-0.04	-10.07	-1.31	-73.83	-15.46	-59.76	-1184.01

图 4—14　独立以来印度对外贸易额（亿美元）

而且，印度进出口贸易结构也发生了较大变化，其具体表现在以下几个方面：

（一）印度出口商品结构——制成品、矿物燃料和润滑油类增速较快

印度出口商品结构一般分为四大类：农产品及其相关产品（主要包括咖啡、茶叶、油饼、烟草、腰果、香料等）；矿产品（主要包括云母、铁矿等）；制成品（主要包括棉布、棉纱及制成品、成衣、椰皮及其制成品、黄麻制品、皮革和皮革制品等）；矿物燃料（含煤）和润滑油。如图 4—15 所示，印度出口商品中尤其是制成品、矿物燃料和润滑油类商品出口额增长最快，矿产品类近年来呈下降趋势。

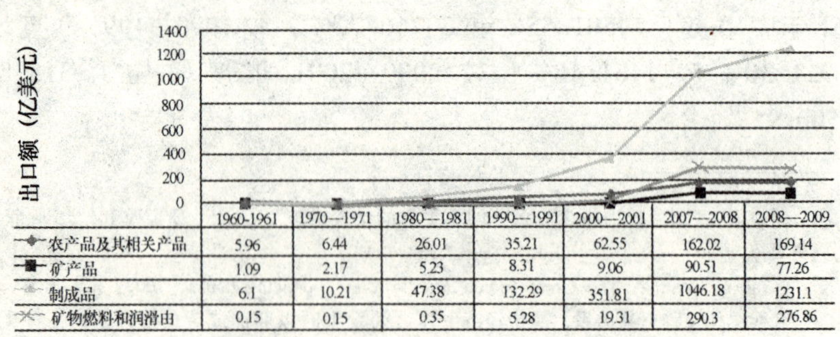

	1960-1961	1970---1971	1980---1981	1990---1991	2000---2001	2007---2008	2008---2009
农产品及其相关产品	5.96	6.44	26.01	35.21	62.55	162.02	169.14
矿产品	1.09	2.17	5.23	8.31	9.06	90.51	77.26
制成品	6.1	10.21	47.38	132.29	351.81	1046.18	1231.1
矿物燃料和润滑由	0.15	0.15	0.35	5.28	19.31	290.3	276.86

图 4—15　印度出口商品结构（亿美元）

这是因为独立初期，印度出口的产品种类少，农产品和初级产品成为主要的出口品。进入 20 世纪 60 年代后，印度出口商品种类增加，到 70 年代初农产品和矿产品占到出口总额的 40% 以上，重工业和基础工业产品的出口额上升，茶叶、黄麻制品和棉纺织品等主要出口商品占出口总额的比重下降，矿产品成为除黄麻制品外的第二大出口品，制成品的比重上升到 50% 以上。而且，如图 4—16 所示，20 世纪 90 年代以来印度制成品出口所占比重逐渐增加，到 2008—2009 年度制成品出口占其出口总额的比重达 70% 以上，其次是矿物燃料和润滑油类产品出口占出口总额的比重达 15% 以上，而农产品及其相关产品出口所占比重呈现下降趋势。

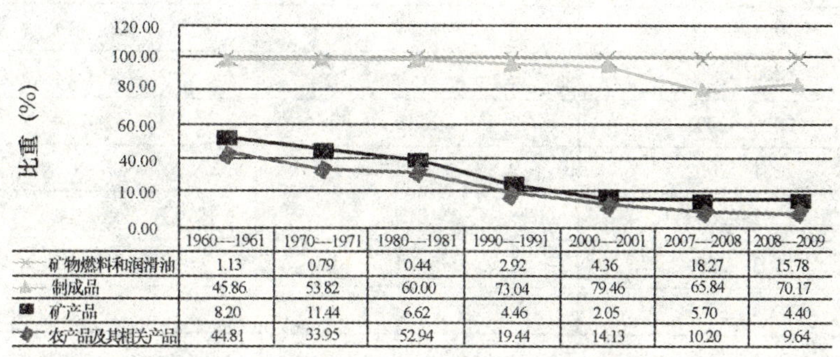

	1960--1961	1970--1971	1980--1981	1990--1991	2000--2001	2007--2008	2008--2009
矿物燃料和润滑油	1.13	0.79	0.44	2.92	4.36	18.27	15.78
制成品	45.86	53.82	60.00	73.04	79.46	65.84	70.17
矿产品	8.20	11.44	6.62	4.46	2.05	5.70	4.40
农产品及其相关产品	44.81	33.95	52.94	19.44	14.13	10.20	9.64

图 4—16　印度各类出口商品占出口总额的比重（%）

在印度各种制成品中，珠宝等成为出口创汇最多的商品。例如在 1997—1998 年度，包括珠宝首饰在内的手工艺品、成衣、棉纺织品、皮革制品出口值共计 155.7 亿，约占全部制成品出口总额的 60%；此外，机械钢铁运输设备（机器、机械货物、金属制品）和化工品等的出口额只有 86.2 亿美元，仅占制成品出口额的 32%。[①] 由此可知，印度的制成品及矿物燃料和润滑油出口值的比重显著上升，而农产品出口下降。这说明加工层次较多、工艺水平较高和附加值较大的制成品已取代初级产品，成为印度主要出口的产品类别。

---

① 周世婷：《中国与印度双边贸易问题研究》，浙江工商大学 2006 年硕士学位论文，第 28—29 页。

需要特别指出的是，近年来印度软件业的出口发展迅速，软件出口产值占所有电子产品产值的52.99%；[①] 在软件服务业中，2004—2005年度印度IT行业出口增长速度为36%，其中软件出口增长37%，业务流程外包市场增长38%[②]（如表4—19所示）。

表4—19 印度软件出口额

年度	出口额（亿卢比）	出口额（亿美元）
1995—1996	252	7.34
1996—1997	390	10.85
1997—1998	653	17.50
1998—1999	1094	26.50
1999—2000	1715	40.00
2000—2001	2835	62.00
2001—2002	3650	77.6
2002—2003	4610	96.1
2003—2004	5824	136
2004—2005	7823	185

资料来源：Electronics& Information Technology，Annual Report 2004 - 2005，India.

（二）印度进口商品结构——资本货物进口量逐年增加

印度进口贸易结构一般为大宗进口和非大宗进口。大宗进口主要包括原油、石油、润滑油和非油类商品、肥料和钢铁；非大宗进口主要包括资本货物（如金属制品、非电机械仪器和设备、电器机械、运输设备等）以及珍珠、宝石等其他类别。印度各类进口商品逐年增加，尤其是资本货物近年来进口量增加较快（如表4—20所示）。[③]

① Indira Candhi Institute of Development Research：India Development Report，p. 278.

② 印度驻华大使馆：《今日印度》2005年第7期，第28页。

③ 印度政府：《2009—2010年度经济调查》，第A—82至A—89页。

表 4—20　印度进口贸易结构（亿美元）

<table>
<tr><th>类别</th><th>1960—1961</th><th>1970—1971</th><th>1980—981</th><th>1990—1991</th><th>2000—2001</th><th>2007—2008</th><th>2008—2009</th></tr>
<tr><td>食品与活动物</td><td>4.49</td><td>3.21</td><td>4.81</td><td rowspan="2">182.42</td><td rowspan="2">450.02</td><td rowspan="2">2026.47</td><td rowspan="2">2566.16</td></tr>
<tr><td>原料与半成品</td><td>11.05</td><td>11.76</td><td>123.41</td></tr>
<tr><td>资本货物</td><td>7.47</td><td>5.34</td><td>24.16</td><td>58.33</td><td>55.34</td><td>490.07</td><td>470.8</td></tr>
</table>

资料来源：印度政府：《2009—2010 年度经济调查》，第 A—82 至 A—89 页。

具体地讲，20 世纪 70 年代末以前，粮食一直是印度的主要进口商品之一。由于印度原油自给率也仅有 30%，所以 20 世纪 70 年代中期以后，石油和石油产品就逐渐成为印度最大的进口项目；而且在 20 世纪 80 年代，印度石油和石油产品进口额大量增长。20 世纪 90 年代以后，印度进口商品的进口总量都成倍增长，其中资本货物、原料和中间产品成为印度最主要的进口商品，在进口总额中的比重达 80% 以上。相反粮食和消费品的进口费用已由“一五”计划时占进口总额的 40% 下降到“七五”计划期间的 2.5%，大大减少了。而且近年来，食品与活动物、原料及半成品进口额占印度进口总额的比重也逐渐下降，资本货物所占比重进一步上升。

与此同时，随着印度经济持续快速发展和工业化进程加快，印度进口自由化政策的影响将进一步促进印度进口，尤其是资本货物品进口的成倍增长；由于持续快速的经济发展以及原油价格的上涨，其严重依赖进口石油等能源产品的局面短期内不会得到改变，进口需求量将居高不下。印度的工业化完成了由劳动、资源密集型出口为主向知识、技术密集型出口为主的转变，进口替代取得成效，因而印度出口商品结构将会呈现出多样化发展趋势，劳动密集型、加工性质的和非高新技术的产品在出口总额中的比重将会进一步下降，制成品所占比重将会不断增长。印度软件产业以出口为主，这使得印度的软件与国内市场不契合，出口市场过于集中，软件外包的高独立性很少能与国内工业、农业以及第三产业相结合，缺少国内经济的支撑，这无疑会增加印度软件业持续发展的风险。

第五章　印度对外开放模式

在经济全球化背景下，从20世纪90年代开始印度从长期半封闭的内向型发展战略向对外开放的战略转变，走出了尼赫鲁时代旧模式的困境，朝着市场经济模式演化，走上了对内改革对外开放并通过对外开放促进市场化改革之路。虽然印度走上了一条与中国完全不同的对外开放之路，形成以鼓励出口为核心的贸易自由化，积极合理有效地利用外资与“主动走出国门，参与全球竞争与合作”的对外投资活动并行化，以及以解除对汇率的控制以促进印度与世界经济融合为基本特征的对外开放模式，却与中国一样实现了经济的快速发展，持续快速的印度经济增长与发展显然受益于其对外开放模式的成功演化。印度对外开放模式既是印度经济崛起的重要条件之一，也是印度经济发展模式的一大特质。因而，就（包括外贸发展模式、外资经济发展模式和汇率制度改革模式在内的）印度对外开放模式的研究，对于深入理解印度经济发展模式的丰富内涵，以及为那些希望探寻经济腾飞之路的发展中国家而言，均具有十分重要的理论意义与实践价值。

第一节　印度对外贸易发展模式[①]

独立后，印度在较长的时期内实行进口替代政策，直到进入20世纪90年代前后，为了扭转因长期片面推行“进口替代”的外贸战略而造成

① 李好、刘晓华：“印度对外贸易自由化模式改革的启示”，《南亚研究季刊》2011年第3期，第103—108页。

的入超日趋严重的局面，以求国民经济在严峻的世界经济形势下得以迅速发展，印度政府在着手调整国内经济的同时，实施进口替代和出口导向相结合的外贸发展战略模式。[①] 自20世纪90年代以来，在经济全球化背景下，拉奥政府从本国实际发展条件出发，通过对外开放促进市场化改革，探索出适合自身经济发展的以出口为导向的贸易自由化发展模式。因而，印度对外贸易发展模式历经了封闭的进口替代模式、进口替代与出口促进并存模式、鼓励出口与放松进口并存模式到出口导向的贸易自由化模式的演绎路径。

一、印度对外贸易发展模式的演绎路径

（一）封闭的进口替代战略模式

1. 封闭的进口替代战略模式的提出

独立以前，“印度作为英国的一个殖民地，对外贸易是典型的殖民地模式”。[②] 英国通过实行贸易政策将印度变成了自己的粮食和原料出口国以及制成品进口国。这样一种特殊的贸易模式成为殖民剥削印度的主要手段。独立后印度经济学家通过研究英国殖民时期印度的经济发展，充分意识到“无论何时只要印度一方在对外贸易和外资流入方面中断它与外界的殖民经济联系，它的工业经济就会得到大踏步发展。……换言之，对外贸易和外国资本的自由流动对印度意味着经济停滞”。[③] 这样的认识在印度取得独立以后迅速成为一种普遍的反殖民主义思潮，而且受这种思潮的影响，印度政府认为当时的国际贸易仍然是由发达资本主义国家所主导，其实质就是一种新殖民主义。因此，印度只有排除外来资本的控制和外来商品的垄断，依靠国内资源自力更生，才能真正地独立起来。

与此同时，苏联在建国后很短的时间内通过自力更生，迅速崛起并在第二次世界大战结束时成为世界上唯一能与美国抗衡的超级大国，其成功

---

① 周圣葵：“印度外贸战略的调整”，《世界经济》1985年第10期，第65页。

② ［印］鲁达尔·达特、K·P·M·桑达拉姆著，雷启淮等译：《印度经济》（下册），四川大学出版社1994年版，第466页。

③ ［印］鲁达尔·达特、K·P·M·桑达拉姆著，雷启淮等译：《印度经济》（上册），四川大学出版社1994年版，第57—58页。

的经验给了印度莫大的鼓舞和启示。印度政府接受了内阁首席经济学家马哈拉诺比斯提出的以苏联经济发展模式为蓝本的“马哈拉诺比斯计划”，优先发展重工业和基础工业，快速实现工业化，并为印度产品的出口争取有利的贸易条件。在苏联的经济发展战略中，对外贸易政策只是一种弥补国内短缺的手段和工具，即只是通过易货交易的方式用自给自足或生产过剩的产品去同国外交换国内急需生产或生产不足的产品，因而具有强烈的进口替代性质。苏联的经济模式和贸易政策对印度“二五”、“三五”计划期间制定的贸易政策起到了直接示范作用。以苏联为模板的印度对外贸易政策取向自然而然地形成一种非常封闭的进口替代战略模式。

2. 封闭的进口替代战略模式的基本内容

印度实行较为封闭的进口替代战略集中在前3个五年计划发展时期(1951—1966年)。在这一阶段，印度把进口替代作为工业化途径，对非必需消费品进行严格限制，仅仅将出口作为补充手段。但同时印度由于迫切需要在马哈拉诺比斯模式下大力发展重工业，又不得不大量进口本国不能生产的机器设备等资本密集型产品。封闭的进口替代战略模式主要包括以下三方面内容：

第一，明确限定商品的进口。为了发展重工业而对资本密集型商品，如机器、设备、零部件等实行自由进口；对缓解粮食危机和维持农业发展必需的粮食和化肥等商品实行自由进口；对于除了粮食以外的消费品和国内小型企业有能力生产的商品则通过高关税、进口配额、许可证等多种形式禁止进口或将其保持在最低限度。例如，印度政府对非重工业必需品征收了极高的进口税率，平均保持在100%以上，最高进口关税甚至达到500%。[①]

第二，实行严格的外汇管制，规定所有单位和个人获得的外汇，必须按外汇牌价卖给国家指定的银行，而在其需要外汇时，又必须向国家外汇管理部门提出用汇申请，并且只能获得国家批准数量的外汇。[②]

第三，消极地对待出口。印度政府过于强调外援对平衡国际收支发挥的作用，从而对出口采取了消极的态度，不但不鼓励出口，反而对出口通

① 文富德：《印度经济全球化研究》，巴蜀书社2008年版，第277页。

② 同上。

过许可证制度以及普遍征收出口关税等政策进行限制。在“一五”、“二五”计划期间，印度出口贸易基本处于停滞状态。虽然“三五”计划后出口限制有所放松，但其本质上只是印度政府缓解外汇危机、增强进口能力的应急措施而已。因此，此阶段印度出口贸易处于下降的趋势，出口贸易额由1951—1952年度的71.6亿卢比下降到1959—1960年度的60.9亿卢比。①

（二）进口替代与促进出口并存模式

1. 进口替代与促进出口并存模式的提出

20世纪50年代到60年代中期印度对外贸易采取的是完全封闭的进口替代战略，政策重点放在了进口替代上，以国内消费品生产替代消费品进口为主要内容，其目的是确保本国幼稚产业的健康发展，早日通过工业化实现自力更生，从而忽略了出口对经济的促进作用。但是马哈拉诺比斯模式下重工业化计划的推进使得印度对资本品进口产生了极大的需求，加上1965—1966年度印度爆发了粮食危机，印度在扩大出口并未实现的情况下进口额急速增加，贸易收支急剧恶化。印度的贸易收支由1950—1951年度0.3亿卢比的轻微赤字剧增到1964—1965年度的62亿卢比，② 外汇短缺问题更加尖锐，最终爆发了1966年严重的外汇危机。

此时的英·甘地政府将印度国际收支逆差的扩大和外汇危机的爆发主要归因于贸易赤字，因而建议“一方面应把进口压低到最低限度，一方面要尽最大努力扩大出口”。③ 20世纪70年代中期以后，印度政府受到国际货币基金贷款计划的压力，接受了坦登委员会的建议，放松了进口限制，一方面通过增加必需品的工业来平抑国内较为严重的通货膨胀，另一方面通过放宽进口限制来刺激经济增长和促进出口。因此，这一阶段印度外贸发展战略由完全封闭的进口替代模式转为进口替代与促进出口并存模式。

① 赵建军：“论印度对外贸易政策及其缺陷”，《湖南广播电视大学学报》2003年第2期，第23页。

② 印度储备银行：《印度储备银行公报》1974年3月。

③ ［印］鲁达尔·达特、K·P·M·桑达拉姆著，雷启淮等译：《印度经济》（下册），四川大学出版社1994年版，第515页。

2. 进口替代与促进出口并存模式的基本内容

进口替代与促进出口并存的模式主要集中在印度自1966年起连续3年的年度计划（1966—1968年）以及第四、第五、第六个3个五年计划（1969—1985年）期间。这一阶段印度对外贸易发展模式的调整是为扭转前阶段因片面执行进口替代而造成的严重国际收支失衡局面的一种有益尝试。在这样的政策下，印度进出口贸易都有所松动，表明印度内向型政策已经开始向外向型政策的方向作出调整。其基本内容主要包括：

第一，依然坚持对非必需品的进口替代，但进口替代的内容已经发生变化，从前一阶段消费品的替代转向资本货物的替代，并发展和鼓励国外技术的替代。这种变化表明印度政府的进口替代政策的重点已经由消费品的进口替代转向国内短缺的资本或技术的有效的进口替代。

第二，放宽了为促进出口的进口。印度政府放松进口限制的主要目的并不是放弃前一阶段的进口替代战略，而是其迫于贸易赤字不断扩大的严峻形势，为了刺激资本货物的出口增长以维持工业发展，提高生产力利用率，促进有效的进口替代的权宜之计。其主要措施包括：大量的原料、半成品和消费品被列入一般公开许可证管理项目名单；对为促进出口而进口的原材料和半成品实行关税豁免计划，并逐渐将关税豁免范围扩大到“那些为完全出口企业提供的中间产品”；①允许面向出口导向型的皮革、电子、汽车和纺织等企业所需要产品的自由进口等等。

第三，把促进出口的重要性提升到与限制进口同等的地位。在此期间印度采取了卢比贬值、建立出口加工区、制定出口退税制度、培养和发展出口导向型企业、提供出口现金支持、扩大和放宽出口导向型企业与出口业绩优良企业生产能力的限制、将出口导向型企业进口需要的技术列入一般公开进口许可证范围、建立提供长期出口信贷的进出口银行等一系列重大的促进出口措施，在一定程度上缓解了长期

① ［印］鲁达尔·达特、K·P·M·桑达拉姆著，雷启淮等译：《印度经济》（上册），四川大学出版社1994年版，第530页。

以来的贸易逆差。

（三）鼓励出口与放松进口并存模式

1. 鼓励出口与放松进口并存模式的提出

印度在“六五”计划期间，出口年均增长达到14.8%，大大超出了同期计划预期9%的指标；同期进口年均增长为6.4%，低于同期计划的指标。贸易赤字从1980—1981年度占国内生产总值的4.7%下降到1984—1985年度的3.1%。前阶段印度对外贸易战略模式的调整促进了印度出口的快速增长，严重的贸易赤字问题得以缓解。吸取了之前两种贸易模式的经验和教训，20世纪80年代中期拉吉夫·甘地上台后，认为印度对外贸易整体表现孱弱的根源在于政府进口替代下的过度干预，进而提出要通过自由化改革引入竞争机制。此外，他意识到正是进口替代拖累了印度经济的增长，“进口替代在30年或35年前很重要，那时印度有某些困难，但是在条件变化了很多的情况下，就没必要自己生产一切去替代一切了，那样成本就太高了”。[①] 在这样的思想指导下，他新的进出口政策呈现出比较开放的态势：一方面减少贸易壁垒，降低政府对商品进口的垄断，尤其是放松了对高新技术的进口；另一方面则为大力推动出口增长采取一系列刺激措施，包括更容易得到进口和金融特权。这一阶段的贸易模式呈现出鼓励出口与放松进口并重的特点，有学者把这一时期的贸易战略评价为“以进口为导向的出口，以出口为导向的增长”。[②]

2. 鼓励出口与放松进口并存模式的基本内容

鼓励出口与放松进口并存的贸易战略模式集中体现在印度商工部1985年、1988年、1990年连续出台的3套前后衔接、贯彻始终的进出口政策中。其基本内容包括：第一，基本放弃了进口替代模式下的进口限制，转而通过不断扩大一般公开许可证名单来不加区别地对资本品和消费品实行自由进口。例如1990年一般公开许可证管理进口的项目名单已经扩展到包括所有国内无法得到的产品以及一些国内有能力生产的产品，进

① Rajiv Gandhi, Selected Speeches and Writings, Publications Division Ministry of Information and Broadcasting Government of India, 1987, p. 91.

② 张四齐、林承节：“试析拉吉夫的经济思想”，《南亚研究季刊》2000年第4期，第10页。

口种类已经增加到 1343 个。[1] 第二，进一步为促进出口提供便利化以及刺激性措施。例如，对国内大量消费品基本取消了出口限制；对出口企业扩大生产能力免除了许可证；简化了工程部门技术更新的审批程序；免除了设立在出口加工区企业的许可证申领手续等。

这一时期拉吉夫政府放宽进口限制，鼓励贸易自由化无疑是一种积极的进步，印度经济因为竞争机制的刺激效应而达到年均 5.5% 的左右经济增长率。[2] 但是该模式在具体执行过程中所采用的不加区别的进口自由化政策，一方面导致经济严重畸形，例如在国内生产力闲置的情况下也允许进口资本货物和非必需品，给国内小型企业的生存造成了巨大压力；另一方面过于放开技术进口限制不但没有让技术流向需要的产业和部门，反而让外资抢占了大量消费品市场而造成经济外流，加剧了外汇储备的紧张。

（四）出口导向的贸易自由化模式

1. 出口导向的贸易自由化模式的提出

独立以来，印度长期采用的以进口替代为核心的外贸发展战略模式，一方面通过高关税、严格进口限制和外汇管制等手段对贸易进行了过度管制，严重制约了印度对外贸易的发展；另一方面忽视了经济结构的协调发展，忽视了现有比较优势的发挥利用和技术管理的更新升级，从而导致产业结构失调和竞争力低下。拉吉夫执政时期突然不加限制地放开进口，印度的工业则迅速陷入生存艰难的境地，也就谈不上出口竞争的问题了。在进口迅速增长而出口相对缓慢的双重作用下，拉吉夫执政后期贸易赤字大大增加，1985—1990 年间经常项目逆差达到 2000 亿卢比，[3] 政府不得不通过外援和从国际货币基金组织、世界银行、国际开发协会等国际金融机构及其他国家借款来平衡，结果进一步加深了对外汇的严重依赖，并引发

---

① ［印］鲁达尔·达特、K·P·M·桑达拉姆著，雷启淮等译：《印度经济》（下册），四川大学出版社 1994 年版，第 532 页。

② 沈开艳、权衡等：《经济发展方式比较研究——中国与印度经济发展比较》，上海社会科学院出版社 2008 年版，第 107 页。

③ ［印］鲁达尔·达特、K·P·M·桑达拉姆著，雷启淮等译：《印度经济》（下册），四川大学出版社 1994 年版，第 512 页。

了1991年严重的国际收支危机的，点燃了印度对外贸易政策改革的导火线。

国际收支危机爆发后，印度国际信用地位急剧下降，筹集借款的难度迅速加大。印度当时急需至少70亿美元的贷款才能缓解已经十分严重的危机，而这只有IMF和WB等国际经济组织才能全额提供。[①] IMF等机构在向印度提供贷款时，将印度政府必须接受“华盛顿共识”方案，实现经济自由化改革作为前提条件。迫于极为严峻的国际收支形势，拉奥政府不得不进行贸易自由化改革，迫使印度实现对外开放。与此同时，为了避免被世界经济边缘化的危险，印度对外贸易政策又不得不向刚刚成立的WTO自由贸易化规则靠拢。20世纪90年代后，以WTO为载体的多边贸易体制的强化对成员国之一的印度的对外贸易发展战略模式形成了制约。之后从拉奥政府到20世纪90年代末的瓦杰帕伊政府再到如今的辛格政府，已经形成一种在WTO体制下以鼓励出口为核心的贸易自由化模式。

2. 出口导向的贸易自由化模式的基本内容

自1991年印度辛格政府实施贸易自由化改革以来，后继历届政府都坚持了以鼓励出口为核心的贸易自由化模式。从具体政策措施的层面上来看，不同阶段各有侧重。从1992年、1997年颁布的两套中期进出口政策来看，印度对外贸易政策改革呈现出明显的出口导向特点，这是对1990年前进口替代型贸易政策的彻底颠覆，主要侧重于放宽外汇管制，实现汇率自由化、市场化，促进国内企业海外投资，放松出口限制，增强出口产业竞争力，努力实现出口产品和出口市场多样化等方面。同时迫于WTO的压力，印度在进口方面也采取了降低关税、放松进口限制等措施。

从2002年颁布的《2002—2007进出口政策》和2004年颁布的《2004—2009对外贸易政策》来看，印度更为积极地建立起稳定的出口鼓励机制，并推进了一揽子出口刺激计划，如出口加工区和经济特区计划、焦点产品计划、出口退税计划、农产品出口计划、资本品出口计划、义务权利证书计划、市场开发援助计划等。同时，还通过加大多种形式的间接

① 文富德：《印度经济全球化研究》，巴蜀书社2008年版，第454页。

补贴、简化出口程序、扶持出口导向型企业发展等多种途径，彻底从以前进口替代模式下的消极防御转变为积极发展出口竞争力，拉动经济和就业增长。

此阶段印度进口政策自由化程度也进一步加深，较好地保持了与WTO基本规则的一致，同时又吸取了前阶段发展模式的教训，对进口限制的放松有着明显的渐进性和有限性：首先体现在进口关税的大幅度削减和基本废除了进口数量限制上；其次体现在通过推行特别进口许可证制度(SIL)，放宽了对“进口否决表”中“限制项目”商品的进口，实现了部分消费品进口自由化上；[①] 最后体现在更多地利用贸易救济措施和技术性贸易壁垒来限制进口，保护国内市场方面。

二、印度对外贸易发展模式的基本特征[②]

(一) 印度对外贸易始终坚持适度开放

1. 印度对外贸易规模一直相对偏小，且始终保持较低依存度

自实施自由化改革以来，印度对外贸易取得快速发展，特别是2000—2009年期间年均增长率达到19.1%。但相对于其他发展中国家和自身经济总量，其对外贸易规模仍然相对偏小，保持着较低的贸易依存度。

我们可以发现印度对外贸易在主要新兴经济体中表现并不突出（如表5—1所示）。在金砖四国中无论从出口贸易额还是占世界比重来看，均处于末位，而且与中国和俄罗斯相比还有非常明显的差距；即使与一些经济总量并不大的新兴工业化国家相比，印度的贸易规模也相对偏小，出口贸易还有非常大的发展潜力。

---

① 喻春娇：“WTO对印度贸易政策的评审”，《当代亚太》2000年第6期，第31页。

② 李好、杨文武：“印度对外贸易发展模式的基本特征及启示”，《亚太经济》2010年第5期，第54—57页。

表 5—1 印度与其他新兴经济体出口额占世界出口总额的比重

国别	2008 年出口金额（单位：亿美元）	占世界出口的比重（单位:%）			
		2000	2007	2008	2009
印度	1770	0.7	1.1	1.1	1.2
中国	14290	3.9	8.8	8.9	9.1
马来西亚	2100	1.5	1.3	1.3	1.2
新加坡	3380	2.2	2.2	2.1	2.1
巴西	1980	0.9	1.2	1.2	1.2
墨西哥	2920	2.6	2.0	1.8	1.8
俄罗斯	4720	1.7	2.6	2.9	2.2
韩国	4220	2.7	2.7	2.6	2.9

资料来源：国际货币基金组织：《国际金融统计》，2009 年。

除此以外，由于印度国内私人企业占主导，对 GDP 的贡献保持在 85% 左右，个人消费在印度经济中扮演了至关重要的角色。研究表明，印度的个人消费占 GDP 的近 67%，仅次于美国（70%），远远高于中国（42%）。① 因此，印度经济靠国内消费驱动的内源性增长模式也决定了其对外贸易的依存度不高。

我们不难发现印度对外贸易依存度呈现出较快的增长态势，但比重并不高，最高达到 30.6%，远远低于世界主要新兴经济体贸易依存度为 45% 的平均水平（如表 5—2 所示）。而且印度出口依存度远远低于进口依存度，这说明出口对印度经济增长的拉动作用是有限的。印度更多地是通过进口贸易满足国内生产所需并满足于国内市场的需要，表现出非常明显的内源性增长属性。

① 潘松：《我们向印度学什么》，机械工业出版社 2010 年版，第 3 页。

表 5—2　印度进出口贸易依存度（单位：%）

时期	进口依存度	出口依存度	贸易依存度
1960—1969	5.8	4	9.8
1970—1975	5	4.5	9.5
1976—1984	7.67	6.2	13.8
1985—1990	7.8	6	13.8
1991—1999	11.3	1.4	21.7
2000—2009	20.2	10.4	30.6

资料来源：印度政府：《经济调查》2009 年以来相关数据计算得出。

2. 印度对国内市场的保护力度依然很大

与东亚新兴工业化国家依靠出口驱动的发展模式不同，印度对外贸易在强调对外开放的同时，依然重视对国内市场的保护。当然，印度之所以如此重视对国内的保护，既与印度感到自身经济实力较弱以致不足以应付外来冲击有关系，也与印度国内大财团势力的牵制有关联，[①] 因为对外开放容易给原有的产业主导者造成更大的竞争压力。这正如印度首席经济规划师蒙特克·S. 阿卢瓦利亚在回顾印度自 1991 年经济改革以来的发展状况时指出，“……实际的情况是，印度产业和贸易政策的改革力度都不够”。[②]

以印度关税政策为例，近年来印度进口平均关税和非农产品关税都有大幅度削减，但农产品的关税峰值没有明显的下调，依然保持在 40.8% 以上，最高甚至达到 182%。[③]

而且印度进口关税结构十分复杂，往往还会通过征收 5% 的附加关税和 4% 的特别附加关税来限制外国产品进口，以削弱外国产品在国内市场的竞争力。目前除了平均进口关税外，两种豁免措施依然存在：一是针对以出口为目标的产品的进口；二是针对终端用品的进口。故印度

---

① 张淑兰：“印度的国家发展模式与大资产阶级”，《当代世界社会主义问题》2008 年第 1 期，第 110 页。

② ［印］蒙特克·S. 阿卢瓦利亚，刘英译：“渐进主义的功效如何？——1991 年以来印度经济改革的回顾”，《经济社会体制比较》2005 年第 1 期，第 59 页。

③ 中国商务部：《国别贸易投资环境报告》，人民出版社 2008 年版，第 218 页。

的瀑布式关税结构因豁免措施而变得十分复杂。目前，印度仍然是世界上进口关税较高的国家之一，而且一些消费品进口依然受到限制。①

由此可见，贸易自由化改革以来印度历届政府根据国内外经济形势的变化，灵活地、及时地调整对外贸易政策，不断地追求经济增长与社会公平之间的平衡，在WTO规则允许的前提下始终坚持适度开放，逐渐形成了不同于“东亚模式”的颇具印度特色的对外贸易发展模式。

（二）印度对外贸易靠服务贸易及技术密集型产业驱动

1. 服务贸易是推动印度对外贸易发展的主要力量

根据世界银行2010年的预测，印度和中国在2010—2014年间将继续保持经济增长最快国家的地位。但与依靠制造业增长的中国相比，印度经济的成功是靠其占据54%比重的服务业驱动的，将会为其他发展中国家未来经济的发展提供一种新的模式。② 自1991年经济自由化改革以来，印度经济发展战略发生重大调整，由以前的进口替代工业化转为发展技术密集型服务业。印度对外贸易发展模式也进入以出口导向为核心的贸易自由化阶段，这为服务业的快速发展提供了最根本的制度环境。贸易与生产管制的取消，外资进入的基本自由化，政策、法律的宽松和倾斜以及一大批私营企业的蓬勃发展都推动了印度服务贸易的快速崛起。2000—2009年，印度服务贸易年均增长38.22%，远远高出世界12.84%的平均水平。

若从出口内部结构来考察印度服务业对服务贸易发展的推动作用，其表现则更加明显（如表5—3所示）。

---

① 杜涛：“印度外经贸政策的现状及分析”，《云南财贸学院学报》2002年第2期，第107页。

② Ejaz Ghani . Service Driven Economic Success：The India Model for Developing Countries，http：//community. cengage. com.

表 5—3　印度服务贸易出口内部结构①

行业	2000—2001			2007—2008		
	出口额（亿美元）	贸易差额（亿美元）	服务出口构成（%）	出口额（亿美元）	贸易差额（亿美元）	服务出口构成（%）
旅游	34.97	6.93	21.5	113.49	21.18	12.9
交通运输	20.46	-15.12	12.6	95.03	-21.07	10.8
保险	2.70	0.47	1.7	15.85	5.43	1.8
政府服务	6.51	3.32	4.0	3.31	-0.51	0.4
综合项	98.04	21.32	60.3	649.19	370.47	74.0
其中： 1. 软件	63.41	57.50	39.0	403.00	370.51	46.0
2. 经营服务	…	…	…	166.24	-0.44	19.0
3. 财务服务	…	…	…	30.85	2.38	3.5
4. 通讯服务	…	…	…	24.36	15.99	2.8
合计：	162.68	1692	100	876.87	375.50	100

资料来源：印度储备银行，转引自张力群：《印度经济增长研究》，东南大学出版社 2009 年版，第 231 页。

在服务贸易出口结构构成中，软件服务占据了首位，其次是旅游业，而且带来了大量的贸易顺差。特别是印度软件业所带来的大量收入使印度的外汇储备状况得到显著改善。例如 2003 年印度软件业出口创汇收入超过同年全国进口石油的费用，② 对印度的制造业以及与 IT 业或服务业无关的行业都起到了极大的示范效应，印度国内持“出口悲观主义”的群体比重达到历史最低。③ 相对印度商品贸易常年的逆差来讲，印度服务贸易各部门（交通运输和经营服务除外）都表现不俗，都处于盈余状态，为印度外汇收入的增加作出了贡献。近年来，服务贸易（尤其是电子软件出口）的增长明显快于商品贸易，已经成为推动印度对外贸易发展的主

① 张力群：《印度经济增长研究》，东南大学出版社 2009 年版，第 231 页。

② 印度贸易赤字经常化的一个重要原因就在于印度进口结构中石油占据了 30% 以上。

③ ［英］爱德华·卢斯著，张淑芳译：《不顾诸神：现代印度的奇怪崛起》，中信出版社 2007 年版，第 25 页。

要力量（如表5—4所示）。

表5—4　2006—2008年印度出口结构（单位：亿美元）

类别	2006—2007	2007—2008
1. 整体出口	2203. 6	2650
增长（%）		202. 6
2. 服务出口	900	1100
增长（%）	…	222
其中电子软件出口	366. 5	467. 5
增长（%）	…	275. 6
电子软件出口占总出口（%）	…	176. 1
3. 商品出口	1303. 6	1553. 6
增长（%）	…	191. 8

资料来源：Electronics and Computer Software Export Promotion Council（ESP）.

2. 技术密集型制造业是印度对外贸易新的增长点

近年来印度对外贸易出口增值能力有较快提高，部分应归因于国内信息技术、生物科技、医疗和制药等技术密集型行业的蓬勃发展。2004年印度工业联合会与麦肯锡公司发布的《印度制造业联合研究》报告指出，印度当前正处于技术密集型行业向低成本国家转移的时期。印度在发展技术密集型行业方面具有低工资、先进的工程技术、完善的原材料基础、成熟的供应基础、强大的国内需求等显著优势，拥有制造业出口增长的潜力。如今技术密集型产品已经占到印度制成品总出口额的30%左右，其中最重要的是信息技术产品、汽车零部件、特殊化学制品以及电气电子产品。这与东亚国家大力发展劳动密集型低技术加工制造业的策略也形成鲜明的对照。这种发展路径使得印度经济对全球经济不景气冲击的抵抗力较强，如在1997年东南亚金融危机中印度就几乎未受波及和伤害，[①] 在2008年国际金融危机中也是受冲击最小并最快反弹复苏的国家。

例如印度的生物制药产业在世界一直处于领先水平。印度制药业拥有

① 张立："印度经济发展模式的经验及教训"，《天府新论》2009年第5期，第48页。

2万多个实验室，规模市场为53亿欧元，其中最大的制药企业GlaxoSKB就占有全球5.7%的市场份额。[①] 印度还发展了优秀的GMP（good manufacturing practices）设施，用于不同剂量的生产。[②] 如今，印度已成为世界第四大药品出口国和第五大散装药生产国，2009年药品出口达38亿美元，占全球近10%的市场份额。印度药品由于效果好且成本远低于发达国家的生产商和供应商，因此在近年来向东盟、非洲的一些发展中国家和最不发达国家出口增长强劲。

印度蓬勃发展的技术密集型制造业直接推动了印度技术含量高、附加值高的产品出口贸易的发展，为印度出口商品结构由单纯依靠劳动力要素禀赋向依靠技术进步和创新的竞争优势转变起到了关键作用，成为对外贸易新的增长点，也为今后印度对外贸易模式的可持续发展提供了保证。印度政府利用了其人才优势和技术优势，通过外贸政策和其他产业政策的扶持，较好地促进了本国技术密集型制造业的发展。

（三）印度对外贸易始终沿着相对集约型的方向发展

1. 印度形成以私营企业海外并购带动贸易发展的新模式

印度的私营经济相当成熟、体系庞大，在企业管理能力、经营规模、资本积累和高级人才储备上都有良好的基础。印度对外贸易自由化改革以来，私营企业摆脱了生产规模和生产部门限制的羁绊，顺应了全球化和知识经济的大趋势，不失时机地通过国际化、多元化战略整合全球资源，加大了对外投资和海外并购，在信息技术、电信、石油化工、制药、钢铁、汽车和零件等多个领域涌现出一批跨国企业。与中国企业立足国内低成本制造优势，主要依靠加工贸易出口的模式不同，印度私营企业更加注重内外相结合，通过大规模的海外并购整合全球资源来提升自己在全球的竞争力，这成为近年来印度对外贸易发展模式的又一亮点。

印度以本土私营企业海外并购为增长契机的发展模式为印度对外贸易可持续、精益化发展提供了基本保证。前面已经提到，以塔塔咨询、Infoys、Wipro、Satyam为代表的服务外包企业，以南新、瑞迪、Wockhardt

① 刘建辉："印度：在另一条跑道上特立独行的大象"，《经济》2005年第3期，第33页。

② 邓常春：《南亚次大陆经济发展与区域安全》，四川大学出版社2009年版，第47页。

为代表的制药企业已经具备一流国际竞争力，为印度服务贸易和技术密集型产品贸易都作出了巨大贡献。其实即使在一些劳动密集型和资本密集型的传统行业，印度企业凭借自身先进的公司治理能力，通过海外并购也扩大了出口，创造了巨大效益。例如，塔塔钢铁、塔塔汽车、塔塔电力依靠扎根于海外的收购和出口，实现了占塔塔集团2009年度税后利润3/4的目标，并均达到世界级规模企业水平。其中塔塔汽车集团在全球商用汽车制造商中排名前十强，年营业额高达20亿美元。① 而另外的汽车巨头马亨德拉则通过海外并购获得规模效益，利用原有的品牌效应、营销网络等资源迅速地扩大了出口，在短短几年内成功地打开了美国、欧洲、中国的拖拉机市场。② 华盛顿国际经济研究所的研究指出：中国制造业每投入40美元挣6美元，而印度每投入24美元就能挣6美元。这反映了在以汽车为代表的制造业中，印度的投资效率比中国高。据报道，虽然印度汽车市场只有中国的19%，但印度汽车的出口量已经超过中国，并成功占领了欧洲市场。③ 预计在2016年左右，汽车业对印度的GDP贡献率将达到10%，并再提供2500万个就业机会。④

2. 印度出口具有相对较高的附加值，沿着相对集约型方向发展

20世纪90年代中期中国对外贸易迅猛发展，并在入世后一跃成为贸易大国，并承担了“世界工厂”的角色。中国对外贸易的发展模式一时间成为发展中国家纷纷关注和效仿的范例。然而，印度在对外贸易发展中并没有采纳中国模式，即依靠大量吸引外资发展简单劳动密集型的加工贸易，而是在劳动密集型内更加注重技术引进和改造，注重获得性技术与自创性技术的相互融合和创新，强调走集约化的高档次、高效率的技术密集型产业道路。为此，印度在贸易政策中强调对技术要素的利用，为高新技术产品的出口和先进技术的引进提供了更多的优惠。如今印度出口商品在增值创汇能力上已经具有一定的竞争优势，对外贸易始终沿着集约型方向发展。

以印度的石油加工业为例，印度本身是一个石油资源稀缺的国家，石

---

① 潘松：《我们向印度学什么》，机械工业出版社2010年版，第6页。

② 任彦：“印企业海外并购热火朝天”，《人民日报》2006年12月，第7版。

③ 美国彭博社，2009年9月29日。

④ 丛刚：“印度汽车出口：与中国争食”，《21世纪经济报道》2007年1月15日。

油和原油一直是印度进口的最大中间商品，通常保持在其总进口额的30%左右。但是，近几年印度出口商品结构出现了一个显著的变化，即出口石油加工产品的比重迅速上升，在2009年已经接近20%。究其原因，印度通过石油企业不断提高加工技术，注重对石油等产品附加值的提升，再通过出口达到增值创汇的目的。印度进口初级产品经过技术加工再出口高附加值制成品以换取更多利润的现象还广泛见于其农产品领域。这表明印度在强调集约型现代劳动密集型产业贸易政策上确实有过人之处。印度目前的工业结构虽仍然以资本密集型产业为主，但与资本密集型产业相比，低档次劳动密集产业是属于粗放型的低附加值的生产活动，对劳动力资源素质的要求相对较低，但增值能力有限，其优势基础在于劳动力要素的成本；（印度大力发展的）高档次劳动密集型产业是属于集约型的高附加值的生产活动，对劳动力资源素质的要求相对较高，增值能力较强，其优势基础在于劳动力要素的效率。① 因此，印度在提高对外贸易出口质量上已经具备较大的潜力优势。

第二节　印度外资经济发展模式②

研究印度当代经济演化史况的专家学者大都将独立后的印度经济发展划分为两个不同的阶段，即：从独立到20世纪90年代之前称之为改革前时期，这一时期过度管制、腐败问题和政府能够管理好经济之错误理念束缚或抑制了印度经济的发展；从20世纪90年代以来称之为改革后时期，财政危机、外汇危机和经济信心的动摇迫使印度最终决定作出方向性改变，由拉奥政府开始一直延续至今，进行了大刀阔斧的经济改革与调整。这个阶段的经济改革与调整主要集中在两个领域：一是使外资和资金流通

① 许经勇：“对我国粗放型劳动密集型产业的理性思考”，《福建论坛（人文社科版）》2008年第7期，第32页。

② 周杰：“印度对外直接投资的特点、作用及对中国的启示”，《南亚研究季刊》2012年第1期，第40—45页。

更加自由，二是放松对国内经济的管制。[①] 就外资经济发展模式而言，印度自此走上了加速吸引外资和对外投资并举的发展道路。外国投资对改善印度国内资金不足，增强国力，加速国内生产总值的增长，创造就业机会，提高国内企业管理水平等起到了巨大的积极作用；而对外投资则在促进外贸增长，调整国内产业结构，促进经济技术进步和企业发展，改善印度在全球价值链中的不利地位等方面成绩斐然。

一、印度外资经济发展模式的演绎路径

（一）印度吸引外国直接投资发展模式的演绎路径

由于受国际、国内政治经济形势以及执政者政策变化的影响，印度吸引外资尤其是外国直接投资的发展模式基本上呈现出阶段性特质。

1. 20 世纪 90 年代之前，“利用与限制相结合”的吸引外资经济发展模式

作为英国的殖民地，印度独立以前的经济命脉基本上由外国资本把握与控制，因而鉴于历史背景，独立后印度对外国投资十分谨慎。印度政府对外国直接投资政策也经过了多次演变，实行在保证外国投资者基本权利的基础上，采取吸引与限制相结合的稳健的外资政策，这使得印度吸引外国直接投资量呈现波浪式增长态势。从独立到 20 世纪 90 年代以前，按照对外国投资的利用和限制程度，又可将印度吸引外资的发展概况分为如下四个阶段：

第一，从独立到 20 世纪 50 年代中期，“稳定基础上加以利用”的吸引外资经济发展模式。

总体上来看，印度在这段时期吸引外国直接投资量不大，从 1948 年的 25.58 亿卢比[②]上升到 1956 年的 44.24 亿卢比。[③] 1948—1955 年，印度政府批准同外国合作项目共计 284 项，年均 40.6 项。造成这种现象的原

---

① 刘阿男：“中印对外开放模式的比较与分析”，《辽宁经济管理干部学院学报》2009 年第 4 期，第 40 页。

② 四川大学南亚研究所：“外援外资与印度”，《印度社会性质问题讨论会论文集》1980 年版，第 5 页。

③ 雷启淮：《当代印度》，四川人民出版社 2000 年版，第 298 页。

因，一是独立初期印度经济建设尚处于准备阶段，对外资需求量不大，而且从政策上来讲，利用外资的实际行动也不大；二是独立初期，印度政府还有从英国人留在印度储备银行的硬币和英镑结余以及归还的战争债务等共计345.2亿卢比的外汇，[①] 大致能满足其恢复国民经济、重点发展农业的暂时需要；三是由于独立后尼赫鲁总理在苏联等社会主义国家的影响下，实行社会主义类型的混合经济政策，对本国和外国私人资本实行国有化，对其他资本也根据不同情况采取了利用和限制相结合的政策，因而外国资本惧伯国有化而纷纷抽走资金。虽然后来尼赫鲁政府采取了比较审慎的政策，并宣布国家承认外国资本和企业对印度工业化的有益作用，并作为一种重要的辅助手段“不受歧视”，与本国资本“一视同仁”，但是从总体上看，该段时期印度吸引外国直接投资量不大。

独立前，外国直接投资主要投放在利润较高的种植业、铁路、服务业等部门。独立后，政府运用法律、行政和经济的手段，尤其是对铁路等部门实行国有化，不允许外商投资，逐步把外资引入重点部门，因而外国直接投资领域已经发生较大的变化。比如1948年6月在约26.00亿卢比的外国直接投资总额中服务业[②]为10.79亿卢比，占外国直接投资总额的40.8%；其次是制造业为7.07亿卢比，占26.7%；再次是种植业为5.22亿卢比，占19.7%；最后是石油工业为2.23亿卢比，占8.4%，以及采矿业为1.15亿卢比，占4.4%。而在整个制造业中各自比重依次为纺织业占39.6%，食品、饮料占15.1%，金属及其制品和化学品、药品均为11.3%。到1955年印度外国直接投资领域进一步发生变化，其投资比重依次为制造业、服务业、石油业、种植业和采掘业。这说明印度吸引外国直接投资的领域已由独立前以种植业为主逐步过渡到独立后以服务业为主，进而过渡到以制造业为主的投资格局，并开始由殖民地对宗主国的经济附属关系向独立主权国家建立完整工业经济体系过渡。

印度此期间吸收外资的来源逐渐多元化。独立初期（1948年6月）印度吸引的直接投资中，英国为20.6亿卢比，占所有外国直接投资总额的80.5%；其次是美国为1.12亿卢比，占4.4%；再次是瑞士为0.53亿

---

① ［印］查兰·辛格：《印度经济政策：甘地的蓝图》，新德里，1978年版，第66页。

② 印度服务业包括：销售服务，建筑、公用以及运输服务，金融服务和其他服务。

卢比，占2.1%。而1955年12月在印度44.24亿卢比（其中外国直接投资额为38.65亿卢比）的外资国别构成中英国为36.59亿卢比，占82.71%；美国为3.96亿卢比，占8.95%；瑞士为0.57亿卢比，占1.29%……由此可知，虽然由于历史的原因，英国在印度的外国投资中仍占绝对优势，但是随着战后其他国家特别是美国实力的崛起，其开始与英国争夺印度投资市场，而且后起的发达国家比如瑞士等在印度外国直接投资中的比重也渐渐增加。

第二，从20世纪50年代中期到60年代末，"注重引进"的吸引外资经济发展模式。

这一时期，印度政府制定并实行了大力发展重工业和基础工业的发展战略，这就必然要求进口大量的资本货物和引进先进技术，而独立后结存的外汇早已耗尽，资金短缺日显突出。因此，印度政府在积极谋求外国政府间双边经济援助和国际金融机构优惠贷款的同时，鼓励外国私人资本在印度直接投资建厂。特别是印度政府在1956年制定并实施了"工业政策决议"，决议明确界定了外资投入的部门类别，并在1957年9月同美国签署了"投资保证协定"。为了吸引外资，其在政策上进一步放宽，其中包括减免税收，并先后与瑞士、英国和美国等签订了避免双重税收协定。1958年政府规定外国投资者可持有51.1%至73.9%的股权，1960年6月还设立"印度投资中心"。1968年印度政府专门设立了外国投资委员会，统一负责处理外国直接投资方面的一切事务，有利于外国资本大量投入印度。

在此期间，印度的外国直接投资总量从1955年的38.65亿卢比上升到1970年的73.54亿卢比，增加了0.9倍，并且呈逐年递增趋势。从外国资本在印度直接投资的公司组织形式来看，外国卢比公司在印度外国直接投资总量中所占的比重均高于同期外国分公司。另外印度经济学家兰吉特·萨乌搜集研究了印度储备银行历年发表的有关股份公司的统计数字，认为外国卢比公司在印度私营股份公司资产总额中所占的比重越来越大，即从1958年的20.77%上升到1961年的24.0%和1966年的26.66%。[①]

① ［印］兰吉特·萨乌："印度的战略：危机和冲突"，转引自1980年6月7日《新地》周刊《印度资产阶级性质》一文。

这些都说明印度政府吸引外国直接投资政策的效果是显著的，同时也说明外国投资者对到印度投资的信心开始恢复。

同期，外国在印度直接投资的行业结构变化呈现如下特点：首先，在外国直接投资总额中制造业所占比重上升最快。制造业在外国直接投资总额中的百分比由1955—1956年度的29.1%，到1965—1966年度的43.4%，进一步上升到1970—1971年度的57.7%。其次，除制造业部门外，其余各部门占外国直接投资总额的比重均呈下降趋势，下降幅度最大的是石油工业，由1955—1956年度的19.7%下降到1970—1971年度的7.5%；服务业从1955—1956年度的25.5%下降到1970—1971年度的23.7%；采掘业从1955—1966年度的2.1%下降到1970—1971年度的0.96%。这些都是与印度实行进口替代战略，鼓励外国资金和技术进入印度的时代特征相一致的。

20世纪50年代中期到60年代末，在印度进行直接投资的国别变化呈现出以下特点：首先，在印度外国直接投资中比重最大的仍然是英国和美国，而英国仍占据绝对份额，但是所占比重呈逐渐下降趋势。英国在印度外国直接投资总额中的比重由1955—1956年度的82.7%下降到1961—1962年度的65.6%，1965—1966年度的22.8%，1970—1971年度的36.8%；而美国在印度外国直接投资总额中的比重由1955—1956年度的9.0%，上升到1965—1966年度的22.8%，再上升到1970—1971年度的27.2%。其次，包括意大利、日本、瑞士、法国和加拿大等西方国家在印度的外国直接投资也呈现出从无到有、从少到多的增长趋势。比如意大利从1955—1956年度的0，上升到1965—1966年度的1.8%，1970—1971年度的5.4%。这说明独立后印度政府比较注意消除英国殖民者在经济生活中的统治地位，尽可能地从各友好国家吸引外国直接投资，以避免对某些国家的过分依赖。

第三，20世纪70年代，“有限地或有选择地利用并加强监管”的吸引外资经济发展模式。

这一阶段印度的外资政策是有限利用并加强监管和控制。印度政府在这段时期利用外资的基本目的是有效地吸收符合国家优先发展目标和适合本国资源的外国技术，以此发展本国技术，最大限度地利用本国资源。因此，印度在吸收外资时，特别强调对国内工业的保护，加强对外国公司的干预。从20世纪70年代初到70年代末，经过10年优先发展重工业的工业化道路，印度已建立起初具规模的工业基础，自力更生能力明显增强，外汇短缺问题也一度得到缓解。但由于工农业比例失调，国民经济陷入深刻的结构性危机，同时外资的大量流入虽然在一定程度上促进了经济发展，但却带来一系列问题，又引起部分工业界、科技部门、知识界甚至政府机构的强烈反响。特别是随着跨国公司在其他地区一些丑闻的败露，外国公司也成了印度议会内外论战的议题。因此对外国资本采取某些必要的限制措施已势在必行。1973年底，印度政府制定了《外汇管制法》，1974年1月1日起开始实施，对外国公司的股权实行限制，规定持股率一般不超过40%，只有国家优先发展的项目、出口项目和尖端技术可达51%—74%；外国投资者必须转让技术，并允许在印度做横向转移等。[①] 1977年3月25日人民党执政后，限制外资的政策更加严厉，强制推行所谓“印度化”运动，致使美国可口可乐公司、国际商用机器公司等50多家外国公司撤离印度。因此在这段时期，印度由自由引进的外资政策转向了有限地或有选择地引进外资的政策。但是有限制或有选择地利用外资，并不等于从绝对量上限制外资的流入，而是根据国民经济发展的需要去引进外资，适当限制外资进入的方式和引导外资的流向。据统计，外国跨国公司在印度的子公司1973—1974年度为728家，1978—1979年度减少到483家，但是印度吸引外国直接投资从1970年的73.54亿卢比上升到1974年的91.34亿卢比。1970—1979年，印度政府共批准外国投资协议3698件，年均36.9件。

就投资领域而言，在20世纪70年代，制造业和服务业为其吸引外国投资产业布局的重中之重。而制造业中投资结构的比重从大到小依次为：化学品、药品；金属及其制成品；电器、电机；运输设备；纺织；食品、饮料和机器、机床等。这是与印度政府强调把吸引外资作为引进先进技术的媒介，并有意识地把外国先进技术或外国资金加技术引向国民经济最需要的部门以及面向出口的工业部门的指导思想相一致的，同时其还开始对早年进口的工艺技术进行更新换代。因此，在本身技术力量已经基本上能够自给的领域，印度也有选择地引进外资，所以印度几乎各个领域都与外

① 华碧云：“印度吸引外国投资的措施与实况”，《南亚研究》1996年第Z1期，第35页。

国企业签订有合作协议。

从资金来源上看，在印度的外国企业投资中，由于历史的原因，英国资本的势力一直高居首位，而随着战后其他国家特别是美国实力的崛起，其开始与英国争夺市场，并逐渐扩大在印度的投资。比如1973年美国在印度外国直接投资总额中所占比重为20.2%，1974年为20.7%。到1978年其他西方国家对印度投资逐渐增大的有瑞典、意大利等国，它们在1978年印度全部外资总额中的比重分别为14.4%和12%。此外，加拿大、法国、日本、瑞士、苏联、奥地利、匈牙利等也在印度进行投资，并同印度签订有资金与技术合作协定。

第四，20世纪80年代，“放松限制，积极利用”的吸引外资经济发展模式。

进入20世纪80年代后，外国对印度直接投资量有很大增加，年投资额由1980年5月的93.32亿卢比，增加到1990年5月的270.50亿卢比。这主要是由于在20世纪80年代，印度深受石油危机和西方发达国家深陷经济危机的影响，因而在西方国家保护主义的打击下，印度出口不振，进口递增，贸易条件恶化，外贸逆差急剧扩大，国际收支严重失衡。同时，经过几个五年计划之后，印度大部分工业设备和生产技术早已进入更新换代的时期。1980年1月，英·甘地重新执政之后进行了全面的结构调整，放宽了对外国投资的限制，甚至允许外资直接进入某些过去只能由国家垄断的部门。1984年10月拉·甘地执政后，更重视利用外资，引进外国先进技术。因为拉·甘地积极倡导科技兴国，大力推动电子工业的发展，更重视引进外国直接投资，从而引进了先进技术，更新了国内工业技术，提高了产品质量，扩大了出口创汇能力。1980年印度批准的外国合作项目仅526项，1984年达752项，1985年迅速增加到1024项，1988年为926项。① 而且1980—1990年印度利用外资合作项目年平均达738项，远远高于1959—1966年的297项和1967—1979年的242项。②

就投资领域而言，在整个20世纪80年代，印度吸引外国直接投资

① ［印］塔塔服务公司：《印度统计摘要（1997—1998）》，第148页。

② ［印］《经济与政治周刊》，1988年5月30日至6月5日，第1323页。

进一步集中于制造业部门，打破了20世纪70年代制造业和服务业两大主要吸引外资的产业部门的格局。比如1974年在制造业中，外国直接投资占外资总额的55.2%，到1980年上升到87.0%，1990年为84.7%，总体上呈急剧上升趋势。而服务业由1974年的29%下降到1980年的4.1%，1990年的5.1%；矿业由1974年的0.9%下降到1980年的0.8%，再进一步下降到1990年的0.3%；石油工业由1974年的9%下降到1980年的3.9%，再下降到1990年的0.1%。这三大产业总体上呈直线下降趋势，尤其是服务业；种植业由1974年的5.9%下降到1980年的4.1%，而1990年上升到9.8%（如表5—5所示）。上述说明除制造业外，其他各产业在整个20世纪80年代吸引外国直接投资的比重增长不大且不稳定。

表5—5 在印度外国直接投资总额的产业分布状况

产业分布	1980年5月 外国实际直接投资		1990年5月 外国实际直接投资		1991—1997年 外国实际直接投资	
	总额（亿卢比）	所占百分比（%）	总额（亿卢比）	所占百分比（%）	总额（亿卢比）	所占百分比（%）
种植业	3.85	4.1	26.50	9.8	49.01	0.33
矿业	0.78	0.8	0.80	0.3	155.76	1.06
石油和电力	3.68	3.9	0.30	0.1	4239.05	28.91
制造业（①—⑧）	81.16	87.0	229.80	84.7	5451.35	38.28
①食品和饮料	3.91	4.2	16.20	6.0	757.48	5.17
②纺织品	3.20	3.4	9.20	3.4	237.00	1.62
③机器和机械工具	7.10	7.6	35.40	13.1	328.30	2.24
④运输设备	5.15	5.5	28.20	10.4	710.82	4.84
⑤金属和金属产品	11.87	12.7	14.10	5.2	732.25	6.08
⑥电气和电子产品	9.75	10.4	29.50	10.9	790.72	5.44
⑦化学和附属产品	30.18	32.3	76.90	28.4	1007.59	6.88
⑧其他制成品	10.00	10.7	20.30	7.5	880.89	6.01
服务业（①—⑥）	3.85	4.1	14.00	5.1	4590.86	31.32

续表

产业分布	1980年5月外国实际直接投资		1990年5月外国实际直接投资		1991—1997年外国实际直接投资	
	总额（亿卢比）	所占百分比（%）	总额（亿卢比）	所占百分比（%）	总额（亿卢比）	所占百分比（%）
①通讯	0	0	0	0	2962.71	20.21
②金融和银行	…	…	…	…	630.12	4.30
③旅游和旅馆	…	…	…	…	297.20	2.03
④客运和海运	…	…	…	…	199.54	1.36
⑤咨询服务	…	…	…	…	100.68	0.69
⑥其他服务	…	…	…	…	400.61	2.73
总计	93.32	100.0	271.40	100.0	14662.18	100.00

资料来源：《1985年印度储备银行公报》、《1993年印度储备银行公报》、《印度投资中心新闻通讯》，1997年12月。

在整个20世纪80年代，印度外国直接投资项目主要集中于电气、工业机器、化工、其他机器和机械四大部门（如表5—6所示）。这主要是由于进入20世纪80年代后，拉·甘地总理开始放宽工业政策和外国投资政策，其中吸引外资的主要政策有：25种工业免除许可证制度；对小型和辅助经营单位放宽投资限额，分别由200万卢比、250万卢比增加到350万卢比和450万卢比；允许外国公司和大企业制造电子部件，取消对制造娱乐性和专业性电子设备及计算机的生产能力方面的限制；允许任何印度公司制造个人用计算机之类的小型和微型计算机，把软件的开发和制造归入“工业类”。[①] 而全国联合阵线执政不久也宣称要把引进的技术用在关键部门，“绝不用来爆玉米花”，上述政策导致印度吸引外国直接投资的领域不断扩大。

① 吴仪：《世界各国贸易和投资指南——印度分册》，经济管理出版社1995年版，第38页。

表 5—6　外国直接投资项目按部分分类（单位：项）

部门	1982 年	1983 年	1984 年	1985 年	1986 年	1987 年	1988 年	总计
电气部门	107	129	157	205	175	183	183	1139
工业机器	107	115	138	152	108	132	141	893
化工	53	62	69	69	107	84	96	540
其他机器和机械	23	35	44	45	47	50	68	312
工业仪器	29	37	56	52	20	47	43	284
咨询	5	13	14	23	5	47	39	146
运输	28	39	63	101	53	39	38	361
冶金	49	20	26	53	45	29	27	249
机床	29	44	34	32	13	10	21	183
其他	160	179	151	292	384	232	270	1668
总计	590	673	752	1024	957	853	926	5775

资料来源：印度投资中心。

从资金来源上看，整个 20 世纪 80 年代在印度直接投资的国别构成中，美国远远超过英国跃居首位，而后依次是日本、英国、意大利和法国等。这就是资本主义发达国家政治经济不平衡发展在对外投资领域的变化，以及对外投资尤其是在印度的直接投资的数量变化的表现形式。比如，独立初期的 20 世纪 50 年代，美国资本大量进入印度，到 70 年代末形成英美两国资本占外国资本总额绝对优势的格局，80 年代末美国则占据了主导地位。同时从整体投资的国别构成来看，20 世纪 80 年代中期以来，外国投资出现明显的多元化变化，美英资本所占比重下降，德、日、欧洲其他国家资本的比重上升，形成一种“三分”局面。

2. 90 年代以来，“开放利用和积极鼓励”的吸引外资经济发展模式

虽然在 20 世纪 90 年代初期，政局动荡致使外汇储备急剧下降并引发了严重的危机，但总体上来看，90 年代以来随着世界经济形势的变化，印度实行了开放的经济政策，向外资敞开国门并逐渐放宽了对外资的进入门槛，进而发展到积极鼓励引进外资，因此在开放政策的推动下，流入印度的外国资本也随之迅速增多。

拉奥执政后，根据国际货币基金组织的建议，于 1991 年 7 月宣布实

行新经济政策，进行全面经济改革，积极坚持大力引进外资的方针，因而印度在20世纪90年代吸引外国直接投资无论是在协议额还是实际额上都呈上升趋势。比如吸引外国直接投资协议额由1991年的73.9亿卢比上升到1998年的2510.3亿卢比，增加近34倍；而吸引外国直接投资实际额也从1991年的35.1亿卢比上升到1998年的843.3亿卢比，增加近24倍。1991年政府批准外国直接投资950项，总额为3.25亿美元，实际吸收仅1.55亿美元，占批准数的47.7%；1992年政府批准外国合作项目1520项，批准金额17.81亿美元，实际利用只有2.33亿美元，仅占批准数额的13.1%；1994年政府批准外国直接项目1854项，金额为43.32亿美元，实际利用9.58亿美元，为批准数额的22.1%；1995年批准外国合作项目高达2337项，总金额112.45亿美元，实际使用21亿美元，仅为批准数额的18.7%；1998年政府批准外国直接投资估计61.32亿美元，实际利用20.74亿美元，占批准数额的33.8%。[①] 1991—1998年的8年间，印度政府累计共批准外国直接投资金额542.68亿美元，实际利用为118.07亿美元，实际利用率为21.7%（如表5—7所示）。

表5—7　20世纪90年代印度的外国直接投资状况

年度	协议额		实际投资额		按美元实际投资额占协议额的百分比（%）
	以卢比为单位（亿卢比）	以美元为单位（亿美元）	以卢比为单位（亿卢比）	以美元为单位（亿美元）	
1991	73.9	3.25	35.1	1.55	47.7
1992	525.6	17.81	67.5	2.33	13.1
1993	1118.9	35.39	178.6	5.74	16.1
1994	1359.0	43.32	300.9	9.58	22.1
1995	3748.9	112.45	672.0	21.00	18.7
1996	3945.3	111.42	843.1	23.83	21.4
1997	5714.9	157.52	1208.5	33.30	21.1
1998	2510.3	61.32	843.3	20.74	33.8
总计	18996.8	542.68	4149.0	118.07	21.7

资料来源：《1999年印度储备银行公报》。

① 印度政府：《1998—1999年度经济调查》，第87页。

进入新世纪，在继续保持投资主体多元化的同时，流向印度的外国直接投资增长迅猛。根据亚洲开发银行数据显示，印度吸外国直接投资额由1999年的21.67亿美元，上升到2000年的32.72亿美元、2005年的30.34亿美元以及2009年的197亿美元[①]（如图5—1所示），1999—2009年印度引进外商直接投资的年均增速达到24.71%。目前印度已成为国际公认的新兴市场利用外资的重要国家之一。

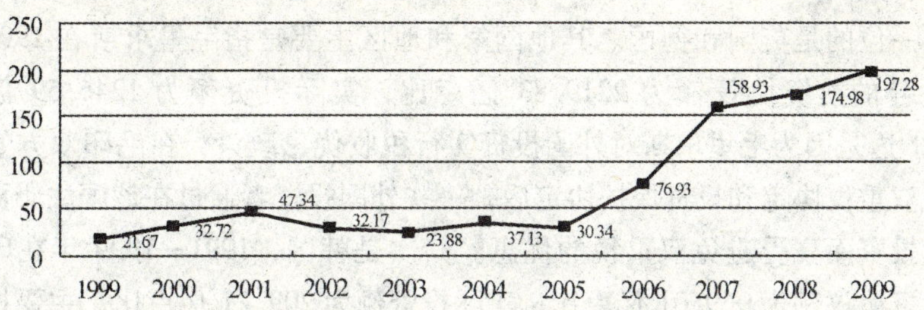

图5—1　1998—2009年印度吸引外国直接投资额（亿美元）

进入20世纪90年代以后，印度政府在大力吸引外国直接投资的同时，注意引导外国直接投资进入优先发展部门，特别是以基础设施和高科技为主的产业部门，并取得了显著成效。我们从表5—6可知，在20世纪90年代印度外国直接投资领域的分布特点为：第一，吸引外国直接投资额在产业部门构成比例上明显改变了过去制造业在整个外国直接投资中占绝对份额的局面，其比重由1980年的86.7%下降到1990年的84.7%，而整个90年代制造业中吸引外国直接投资占协议总额的比重却下降为37.18%。第二，印度吸引外国直接投资协议总额中石油和电力部门所占比重由1990年的0.1%上升到整个90年代的28.91%，服务业中吸引外国直接投资协议额也从1990年的4.2%上升到整个90年代的31.31%，尤其是服务业中通信业占整个90年代吸引外国直接投资协议总额的20.21%。另外，在1991年8月到1999年5月的外国直接投资协议总额中，基础设施部门（包括燃料、电信和交通）占协议总投资额的56.86%。显然，这样的投资部门分布结构是有利于增强印度经济发展后

① 亚洲开发银行，http：//www.adb.org。

劲，挖掘印度经济发展潜力的。

从资金来源上看，印度实行经济改革以来，外国实际直接投资居前10位的依次为美国、英国、日本、德国、荷兰、意大利、法国、瑞士、瑞典以及后来的亚非发展中国家，如毛里求斯、新加坡和泰国。而发展中国家在印度投资的重要性也日益上升。①

在20世纪90年代，欧洲地区在印度外国直接投资协议总额中占18%，美国占27%，日本占4%，其他国家和地区占50%。欧洲国家中居第一位的是英国和德国。其他国家和地区主要是指毛里求斯在1991—1999年的投资协议额为2219.83亿卢比，实际投资额为1246.59亿卢比。② 这是因为毛里求斯对外国投资实行税收优惠政策，在毛印双方签订避免双重税协定和投资保护协定后，一些外国投资者通过在该国注册再向印度投资而享受避免双重税的优惠。其次是韩国，1991—1999年在印度的投资协议额为969.01亿卢比，实际投资额为209.21亿卢比，主要投在汽车制造业。而其他欧盟国家和加拿大的跨国公司都有把印度作为制造基地的打算。另外，自从印度洋经济圈的设想提出后，印度与澳大利亚、南非等国的经济往来日渐加强。1991年—1997年4月，印度与澳大利亚的协议投资额为306.42亿卢比。

冷战后，印度和东盟国家关系有很大改善，东盟中对印度投资最多的是新加坡。此外还有香港地区，1997—1998年度对印度实际投资额达6.244万美元。印度吸引外国直接投资的渠道主要是政府批准的外资，但也有少量的海外印侨投资。因此，20世纪90年代以来外国在印度直接投资形成一个以美国、其他西方发达国家、发展中国家和地区（含海外印侨）各占其一的新的“三分”局面。

总之，独立后外国资本在印度的投资发生了很大变化。这种变化既与战后国际政治经济新格局紧密相关，同时也是印度政府对外国资本投资奉行既利用又限制政策的结果。

---

① 孙培均、华碧云：《印度国情与综合实力》，中国城市出版社2001年版，第161页。

② ［印］《经济时报》2000年5月18日。

（二）印度对外直接投资发展模式的演绎路径[①]

在发展中国家，印度对外直接投资起步较早。印度对外向直接投资政策也经历了一个由控制、管理到鼓励发展的过程，其历史大致可分为三个发展阶段：第一阶段，独立初期到20世纪90年代初，印度对外投资有一定的发展，但规模极小；第二阶段，20世纪90年代，随着经济改革的进行，印度对外投资有较大发展，但主要集中在制造业领域且规模相对较小；第三个阶段，进入21世纪以来，印度对外投资量持续增加，投资方式多样，尤其以跨国并购最为显著，一些具有悠久历史的私营企业逐渐发展成令人瞩目的新型跨国公司。与此相应的是，印度对外向直接投资政策经历了一个由控制、管理到鼓励发展的过程。

1. 20世纪90年代以前，“被动走出去，缓慢增长”的对外直接投资发展模式

20世纪90年代以前，印度非常注重对海外投资的控制与管理。印度政府对外汇实行严格控制，一定数量的对外汇款必须经印度国家中央银行——印度储备银行的批准，印度储备银行负责审查每一宗企业对外投资项目。1978年以前，印度企业对外投资事项具体由主管引进外资工作的印度投资中心（IIC）负责。印度政府对于企业进行对外直接投资活动做了三条原则性规定：一是除非有特殊保证，一律以实物而不得用现汇进行投资；二是入股的机器设备必须是印度国内制造的，而且不得以二手或经过检修的机器设备作为印方的投资；三是印方只能在合资企业中占有少数股权，除非东道国政府及合作伙伴坚持要求印方占多数股。作出这些原则性规定主要还是要促进印度的对外出口。1978年，印度成立了海外合资企业委员会，由商务部、外交部、财政部、工业部、技术发展总局和公司事务部等机构派代表参加，负责批准、管理和审查一切有关海外合资企业的事宜。根据海外合资企业委员会的建议，印度政府对海外投资政策原则做了较大的调整。在一般情况下，印方应以东道国需要的机器设备入股为主，但根据企业的特点，也可以出口技术知识、劳务费、专利费和其他付款转作资本，在国际市场上筹集外汇贷款，印方母公司也可提供贷款等入

① 周杰：《印度跨国公司对外直接投资研究》，四川大学2009年博士学位论文。

股。但是出口的机器设备等应是印度产的，不得转口或把经过修理的设备用去入股。[①]

同时，印度政府对经济发展实行严格的控制，颁布了反垄断法，限制大型企业特别是大型私人财团在国内的扩张，这就间接促使一些大型财团向海外扩展业务。同时，为了避免国内官僚体制的束缚，印度企业也不得不寻求向外发展。因此印度企业更多地是被“推向海外”进行投资，而不是像其他国家的跨国公司那样，是被积极的因素吸引出去的。[②]

独立后初期，印度对外经济联系主要限于从事国际商品交换、引进外国资金、引进国外先进技术以及开展对外经济技术援助等。[③] 20 世纪 50 年代末，印度企业开始跨越国界，到国外举办合营企业，进行对外直接投资，从而使印度的对外经济关系进一步多样化。印度最早的海外企业是比拉财团于 1956 年在埃塞俄比亚投资建立的一个纺织厂，[④] 从此印度企业在海外投资建厂不断增多。但在 20 世纪 60 年代，印度企业对外直接投资仍处于摸索阶段，发展比较缓慢，在海外举办的合资企业数量不多，行业主要集中在纺织等轻工业领域，而且地域上仅限于尼泊尔、马来西亚、肯尼亚等亚非发展中国家。到 20 世纪 60 年代末，印度在海外投产的只有 8 个制造企业，1 个服务行业（饭店），印方总投资 4000 万卢比。印度企业对外直接投资取得较快发展是在 20 世纪 70 年代中期以后。1969 年，印度政府颁布了《垄断及限制性贸易行为法》，限制大型私营企业在国内的扩张，从而迫使这些企业“走出去”开展对外直接投资，间接推动了大型财团向海外发展；1974 年，印度商务部也成立了海外合资企业委员会，鼓励企业对外投资，以促进印度资本货物、技术及咨询服务的出口。从 1976 年到 1983 年，印度海外企业数量的增长超过了 70%，其中投产企业的数量增长了 1 倍。到 1983 年 12 月，印度企业同外国签订合资企业的协议共 228 项，其中已投产 140 项，印方投资 6.255 亿卢比；在建项目 88

① 文富德：“印度企业‘走出去’的政策与做法”，《南亚研究季刊》2003 年第 4 期。

② Paul Streeten, Foreword, in S. Lall (ed.), The New Multinationals: The Spread of Third World Enterprises, John Wiley & Sons, New York, 1983, p. ix.

③ 文富德：“印度企业‘走出去’的政策与做法”，《南亚研究季刊》2003 年第 4 期，第 1 页。

④ Rajiv B. Lall, Multinationals from the Third World: Indian Firms Investing Abroad, Delhi, Oxford University Press, 1986, p. 13.

项，印方投资5.957亿卢比，印度对外投资总计约12.2亿卢比（约合1.22亿美元）。① 同时印度海外合资企业的分布也发生了重要变化，除马来西亚、印度尼西亚、尼日利亚等发展中国家外，印度企业还在美国、西欧、加拿大、澳大利亚等发达国家建立合资企业，领域也逐渐涉及纺织、食品加工、旅馆饭店、造纸、机械制造、咨询服务等众多行业。20世纪七八十年代，众多发展中国家纷纷采取措施，极力引进外国直接投资，但印度的对外直接投资量却远远超过它吸引的外国直接投资量。到1983年，印度的对外直接投资量达到1.22亿美元。造成这种局面的原因与印度政府的相关政策密切相关。

但在整个20世纪80年代，相对于一些新兴发展中国家和地区，印度企业对外直接投资量依然较少（如表5—8所示），与发达国家大型跨国公司相比更是微不足道。

表5—8　1980—1990年，亚洲新兴发展中经济体对外直接投资量（单位：亿美元）

国家（或地区）	1980年	1985年	1990年
韩国	1.42	4.87	21.72
台湾	101	2.15	30.75
香港	18.00	94.41	189.30
新加坡	6.52	13.20	42.77
中国	0.39	1.31	24.88
印度	1.49	1.80	2.90

资料来源：Ministry of Commerce，India.

20世纪90年代之前，印度对外直接投资流向就行业来说，主要集中在造纸、纺织、化工、制药等制造业中。到1980年8月底，印度制造业对外直接投资7.527亿卢比（约合9500万美元），占印度对外直接投资的

① Rajiv B. Lall，Multinationals from the Third World：Indian Firms Investing Abroad，Delhi，Oxford University Press，1986，p. 14.

81.7%。[①] 在制造业中，就海外企业的数量而言，最多的是工程制造，接下来依次是食品加工、纺织及针织；就投资量而言，投资最多的是纺织和针织，其次是造纸、纸浆及工程制造。在印度的海外合资企业中，制造业依然占有绝大多数，到1983年12月制造业投资达9.94亿卢比，占总投资量的81.4%（如表5—9所示）。在1975年到1990年的印度对外直接投资中，投资于制造业的项目共128个，占总投资项目的56%，投资金额1.45亿美元，占总投资额的65%。经济改革前，印度企业对外进行直接投资时，主要集中在制造业。这些行业所需技术相对简单，对产品的差异性要求不高，而且大多是劳动密集型产业，这与印度经济发展水平不高、科技不发达、对外投资多集中在发展中国家的实际情况是相符的。

表5—9 到1983年底，印度海外合资企业行业分布（单位：亿卢比）

行业	印方投资额	占总投资的比重（%）
A：制造业	9.94	81.4
1. 工程、钢铁及商用汽车	2.51	20.6
2. 纺织	2.02	16.5
3. 化工及制药	2.31	18.9
4. 石油提炼	0.86	7.0
5. 纸、纸浆	1.43	11.7
6. 玻璃及玻璃制品	0.35	2.9
7. 食品加工	0.8	0.7
8. 水泥、皮革、橡胶制品	0.38	3.1
B：非制造业	2.27	18.6
总计	12.21	100.0

资料来源：Ministry of Commerce，India，1984.

就投资区位而言，20世纪90年代前，印度对外直接投资区位主要集中在发展中国家，其中以东南亚国家为主，占有近50%的对外直接投资流量。到1980年8月，亚洲、非洲等发展中国家吸引了近90%的印度对

① S. Lall，The New Multinationals：the Spread of Third World Enterprises，John Wiley & Sons，New York，1983，p. 30.

外投资，而欧美等发达国家则只有10%（如表5—10所示）。到1983年，在印度海外合资企业中，已投产项目140项，印度总投资5.58亿卢比，其中在发展中国家投资114项，占总数的81%，投资金额5.43亿卢比，占总量的97%。① 在1975年到1990年的印度对外直接投资中，投资于发展中国家的项目共165个，占总投资项目的72%，投资金额1.92亿美元，占总投资量的86%。②

表5—10　至1980年8月，印度对外直接投资的区位分布

地区	数量（个）	金额（亿卢比）	金额比重（%）
东南亚	86	4.556	49.1
南亚	16	0.888	9.6
西亚	30	0.504	5.4
非洲	42	2.671	28.8
欧洲、北美、澳大利亚	30	0.646	7.0
总计	204	9.265	100.0

资料来源：Indian Investment Center，1981.

20世纪90年代前，由于受到资金及政府政策的限制，印度对外直接投资的方式主要是与东道国企业进行合资。根据印度政府的规定，印度企业尤其是制造业对外投资时，需与东道国举办合资企业，而且在企业中只占有少数股权（印方平均拥有40%的股权），到1978年印度政府都不允许印度企业在海外合资企业中拥有多数股权。印度企业由于普遍资金不雄厚，而且缺乏长期在海外经营的经验，因而在进行对外直接投资时极少采用并购的方式，印度政府也不鼓励企业到海外创办独资公司。因此印度企业大多与东道国企业合资，这样可较容易进入对方市场，而且基于东道国合作伙伴在当地的影响以及与当地政府千丝万缕的联系，其就可能最大限度地减少投资风险，获得当地民众的认同。

---

① Rajiv B. Lal, Multinationals from the Third World: Indian Firms Investing Abroad, Delhi, Oxford University Press, 1986, p. 16.

② Nagesh Kumar, Emerging Multinationals: Trends, Patterns and Determinations of Outward Investment by Indian Enterprises, RIS Discussion Papers, New Delhi, December 2006.

总之，在20世纪90年代以前，印度非常注重对海外投资的控制与管理，印度政府对外汇实行严格的控制，因而这一阶段印度对外直接投资发展较慢。

2. 20世纪90年以来，“主动走出去并迅速增长”的对外直接投资发展模式

20世纪90年以来，随着政策的转变和经济形势的好转，印度对外直接投资有了显著的增长。其发展可分为如下两个阶段：

第一，20世纪90年代，“逐渐加快发展”的对外直接投资发展模式。

20世纪90年代初，随着经济的逐步恢复与发展，外汇储备的不断增加，印度政府逐渐放松了企业对外投资的管制，鼓励企业“走出去”，对外投资政策也进行了一定的改革。在外汇政策方面，逐渐放松外汇管制，允许企业以现金开展对外投资。例如1992—1993年度，拉奥政府取消企业以现金对外直接投资的限制，规定无须批准的现金限额为200万美元；1995年修订的外汇法案规定，对尼泊尔、不丹的直接投资，在自动审批程序之下可达12亿卢比，在其他南盟国家和缅甸可达3000万美元；20世纪90年代末，印度人民党政府又将无须批准的对外直接投资现金限额放宽到400万美元，规定投资额低于400万美元的工程由印度储备银行进行核准，超过400万美元的须经海外合资企业委员会批准。由此可见，印度外汇政策的改革给印度企业开展海外直接投资在资金准备方面带来极大的方便，在一定程度上有力地推动了企业对外直接投资活动。同时，印度政府放宽了海外投资的行业限制，鼓励工业、农业、金融、软件等有能力的公私营企业进行海外投资。

与经济改革前相比，印度对外直接投资无论是从流量还是存量上看，都有了比较大的发展，尽管这种发展在20世纪90年代中期以前并不显著。例如1991—1993年，印度批准的对外直接投资项目344个，协议金额116.5亿卢比，[①] 但是20世纪90年代中后期以来印度对外直接投资总体呈现出持续上升势头。企业在不同的地域开办分支机构，或在不同的领

---

① Nagesh Kumar, Industralization, Liberalization and Two Way Flows of Foreign Direct Investment: the Case of India, Discussion Paper Series, The United Nations University, June 1995, p. 17.

域从事经营活动，公司利润迅速增加，从而形成一批真正意义上的跨国公司。1995 年，印度对外直接投资流量上升为 1.17 亿美元，不足当年 GDP 的 0.01%；到了 2000 年，为 11 亿美元，约为当年 GDP 的 0.1%。就对外直接投资存量而言，1995 年为 4.95 亿美元，占当年 GDP 的 0.1%；到了 2000 年，这一数字上升为 18.59 亿美元，约为当年 GDP 的 0.4%。[①]

在 20 世纪 90 年代，除制造业仍是一大投资领域外，对服务业的投资也发展迅速，约 60% 的对外直接投资流向了服务业，其中对 IT、通讯和软件领域的投资增长迅速。在 1991 年到 2001 年的印度对外直接投资中，投资于制造业的项目共 1236 个，占总投资项目的 48%；投资金额 16.79 亿美元，占总投资量的 39%。而投资于服务业的项目共 1318 个，占总投资项目的 51%；投资金额 25.22 亿美元，占总投资量的 59%。在服务业领域的直接投资中，对 IT、通讯和软件的投资占主导地位，从 1991 年到 2001 年共投资 761 项，占总投资项目的约 30%；投资金额 13.54 亿美元，占总投资量约 32%。在此期间，印度对能源领域的投资也呈现上升势头，其中对石油勘探和精炼的投资项目有 5 个，总投资 6100 多万美元[②]（如表 5—11 所示）。

表 5—11　1991 年—2001 年 3 月，印度对外直接投资行业分布

行业	项目数量（个）	项目比重（%）	金额（亿美元）	金额比重（%）
采掘业	7	0.27	0.6114	1.43
制造业	1236	48.26	16.7892	39.39
服务业	1318	51.46	25.2217	59.17
总计	2561	100	42.6223	100

资料来源：RIS Database，India.

就投资区位而言，实行经济自由化改革以来，印度企业对外直接投资在区位上有了显著的变化。20 世纪 90 年代前，约 86% 的印度对外直接投

① Peter Gammeltoft. Emerging Multinationals：Outward FDI from the BRICS Countries. Jul. 2007，pp. 7 – 10.

② Nagesh Kumar，Emerging Multinationals：Trends，Patterns and Determinations of Outward Investment by Indian Enterprises，RIS Papers，New Delhi，December 2006，p. 4.

资流向了发展中国家和地区；而在90年代，有将近60%流向了发达国家。从1991年到2001年3月的印度对外直接投资中，投资于发展中国家的项目共1176个，占总投资项目的46%；投资金额17.20亿美元，占总投资量的40%。而投资于发达国家的项目共1386个，占总投资项目的54%；投资金额25.43亿美元，占总投资量的60%（如表5—12所示）。

表5—12 1991年—2001年3月，印度对外直接投资的区位分布

地区	项目（个）	项目比重（%）	金额（亿美元）	金额比重（%）
东亚及东南亚	379	14.79	3.9935	9.37
南亚	197	7.69	1.5739	3.69
非洲	254	9.91	5.1394	12.06
西亚	185	7.22	3.7650	8.83
中亚	49	1.91	0.5099	1.20
加勒比及拉美	36	1.41	1.8060	4.24
发展中国家	1176	45.90	17.1982	40.35
西欧	565	22.05	14.5020	34.02
北美	749	29.23	1029.52	24.15
发达国家	1386	54.10	2542.60	59.65
总计	2562	100.00	4262.52	100.00

资料来源：RIS Database，India.

就投资方式而言，20世纪90年代以来，印度跨国公司对外直接投资方式逐渐增多，除举办合资企业外，创建独资公司逐渐成为一大投资方式，设立独资公司可使印度企业在经营上有更大的自主性和灵活性。20世纪90年代末，跨国并购逐渐成为印度跨国公司进入海外市场的一个重要模式，同时也成为印度对外直接投资的主要形式，这种投资形式在服务业尤其明显。据统计，1996—1999年印度企业参与全球跨国并购的案例为60起。

第二，21世纪以来，“主动走出去并积极进行海外并购”的对外直接投资发展模式。

进入新世纪以来，随着国内经济的快速发展，国家外汇储备逐渐增加，印度对外直接投资继续着20世纪90年代中后期的发展势头，在以跨国并购为主导的全球对外直接投资浪潮中也获得了迅猛发展。《2002年外汇管理法》生效后，印度储备银行对境外投资大大放宽，允许印度公司对外股份投资和设立独资子公司的投资额上限可达1亿美元；对尼泊尔、不丹的直接投资，可达35亿卢比；在缅甸、孟加拉国、马尔代夫和斯里兰卡的直接投资则上升到7500万美元。同时，除银行和地产外，印度政府还允许企业对外跨行业投资。2003年7月，印度储备银行宣布简化海外投资手续，并大幅度放宽对外投资限额，允许最高投资额达到公司上一财政年度的纯利润水平。这对于具备海外投资实力的印度企业而言，无疑是巨大的鼓励。储备银行在2004年又规定印度企业对外直接投资额可达公司资产净值的200%，[①] 并可进行对外商业借贷。为此，储备银行还宣布放宽对本国公司对外商业借贷的限制，以支持本国企业在国外设立合资、独资公司和进行海外兼并、收购等活动。[②] 此前印度海外商业借贷金额已达5亿美元。[③] 2007年6月，印度政府又放宽了企业进行海外直接投资的标准，印度储备银行将印度企业能够投资于海外业务的限额从企业净资产的200%提高至300%。印度政府也继续为海外投资企业提供外汇、税收、信贷和技术支持，允许海外企业在国际市场上融资。印度政府还与许多国家签订了多种保护异境投资的协定。

从投资量上看，不论是单个项目的投资还是总的对外直接投资量都有了显著增长。根据联合国贸发会议统计资料，在2001—2002年度，印度批准境外投资905项，协议金额30.256亿美元，实际投资9.749亿美元；2002—2003年度，批准境外投资1029项，协议金额14.703亿美元，实际投资8.472亿美元。[④] 印度对外直接投资总额由1996年的6亿美元增长至2003年的51亿美元，在发展中国家和地区中居第十四位（如表5—13所示）。其中2001—2003年期间年均FDI流出量达到11亿美元，这个数字与东南亚国家马来西亚的对外直接投资额不相上下，是欧洲国家希腊的2

---

① Indian companies can go global in farm sector: PM lifts ceiling on overseas investments, The Hindu, 10 January, 2004.

② 《人民日报》2004年9月1日。

③ ［印］《金融快报》2004年2月24日。

④ 引自联合国贸发会议（UNCTAD）2004年统计报告。

倍。按照印度储备银行公布的数字，2003—2004 年度印度对外直接投资增加到 15 亿美元，使对外投资总额达到 66 亿美元。① 从 2000 年 3 月到 2006 年 3 月，印度批准境外直接投资由 2204 项增加到 8620 项，投资存量由协议金额 41.51 亿美元增加到 163.95 亿美元，实际投资存量由 7.94 亿美元增加到 81.81 亿美元，分别增长了 295% 和 930%。②

表 5—13　位于前十五位的发展中经济体对外直接投资额

（至 2003 年，单位：亿美元）

排名	经济体	投资额
1	中国香港	3361
2	新加坡	909
3	中国台湾	652
4	巴西	546
5	中国	370
6	韩国	345
7	马来西亚	297
8	南非	242
9	阿根廷	213
10	墨西哥	138
11	智利	138
12	委内瑞拉	80
13	伊朗	68
14	印度	51
15	尼日利亚	46

数据来源：UNCTAD（www.unctad.org/fdistatistics），不包括免税国家。

进入 21 世纪的头几年，尽管大部分的印度对外直接投资又主要集中在制造业尤其是制药业上，但流入到非金融服务领域的对外直接投资还是

① ［印］《孟买经济时报》2004 年 10 月 1 日。

② Jaya Prakash Pradhan, Growth of Indian Multinationals in the World Economy: Implications for Development, Institute for Studies in Industrial Development, New Delhi, 2007, p.7.

占到了总量的36%（如表5—14所示）。在服务业领域，印度的信息技术（IT）公司积极向海外扩张，建立分支机构以扩大市场或更好地为海外客户提供服务。印度排名前十五位的软件企业及提供相关服务的企业都已向海外进行直接投资，而且大多投资于发达国家（如表5—15）。到2006年2月，印度协议对外直接投资存量139.29亿美元，其中投资于制造业80.90亿美元，占总投资的58.1%；投资于服务业52.81亿美元，占总投资的37.9%；其中非金融服务业投资49.98亿美元，占总投资的35.9%，投资于其他行业5.58亿美元，占总投资的4%。[①]

表5—14　1999—2003年度印度对外直接投资行业分布图（亿美元；%）

年度	行业类别										总计
	制造业		金融服务业		非金融服务业		商业		其他		
	数额	比重	数额	比重	数额	比重	数额	比重	数额	比重	
1999—2000	5.358	30.9	0.043	0.2	11.307	65.3	0.583	3.4	0.023	0.1	17.315
2000—2001	37.07	26.8	0.166	1.2	8.765	63.4	0.892	6.5	0.291	2.1	13.822
2001—2002	22.109	73.0	0.486	1.6	5.655	18.7	1.392	4.6	0.623	2.1	30.270
2002—2003	10.567	71.8	0.018	0.1	2.802	19.0	0.699	4.7	0.637	4.3	14.722
2003—2004	5.045	55.7	0.351	3.9	2.233	24.6	0.370	4.1	1.063	11.7	9.063
总计 1999—2003	46.787	54.9	1.064	1.2	30.762	36.1	3.935	4.6	2.637	3.1	85.192

资料来源：UNCTAD，based on Ministry of Finance，India.

表5—15　2002—2003年度印度出口量位列前十五位的IT软件与服务企业（亿美元）

排名	公司名称	出口量	分支机构分布地区
1	塔塔咨询服务公司	9.630	比利时、中国、德国、日本、荷兰、新加坡
2	信息系统技术公司	7.507	澳大利亚、加拿大、中国、新加坡、美国
3	维普罗公司	5.905	日本、瑞典、英国、美国
4	Satyam计算机服务公司	4.244	德国、英国
5	HCL技术公司	3.243	百慕大群岛、爱尔兰、荷兰、美国

① Jaya Prakash Pradhan，Growth of Indian Multinationals in the World Economy：Implications for Development，Institute for Studies in Industrial Development，New Delhi，2007，p.15.

续表

排名	公司名称	出口量	分支机构分布地区
6	Patni 计算机系统公司	1.936	英国、美国
7	Mahindra Telecom	1.345	美国
8	iFlex 公司	1.257	美国
9	HCL Perot 系统公司	0.951	新加坡、英国
10	NIIT 公司	0.903	德国、瑞士、美国
11	Polaris 软件公司	0.778	德国、美国
12	Birlasoft 公司	0.734	英国、美国
13	Mphasis BFL 公司	0.711	中国
14	Pentasoft 技术公司	0.628	印度尼西亚、美国
15	Haxaware 技术公司	0.546	德国、新加坡、美国、英国

资料来源：UNCTAD Database，based an Ministry of Finance，India.

从投资区位上看，越来越多的印度跨国公司走出国门，或继续或开始它们的海外直接投资活动。随着经济全球化的发展和深化，更多的印度跨国企业选择进入欧美发达国家市场。就国家而言，美国是印度最重要的海外直接投资目的地。1996—2003 年，流向美国的直接投资占印度同期对外直接投资总量的 19%。[①] 同时，英国、法国、比利时等国也正在成为印度重要的直接投资目的国。至 2004 年，印度企业在英国共有 440 个投资项目，大部分集中在 IT 及相关产业中，印度已经成为英国第八大投资者。就投资项目的数量而言，2003 年印度在法国的投资项目名列第十三位。2005—2006 年间，印度在比利时实际投资 8 亿美元，后比利时成为印度投资者继美国和英国之后的第三大投资目的国。2000—2006 年，印度对发达国家的投资存量持续保持在总量的 30% 以上。在发达经济体中，欧盟和北美是最重要的两大投资区域，而美国和英国则是最重要的两大投资目的国，2006 年美国和英国分别占据印度对外直接投资存量的 15% 和 6%。相比之下，投资于发展中国家的比重则从 1995 年的 54% 逐渐下降到 2006 年的 50.5%。与此同时，印度对英联邦国家（Commonwealth of Independent States，CIS）的直接投资有了显著增加，从 1995 年的 5% 增

① UNCTAD，India's outward FDI：a giant awakening? 20 October 2004，p. 2.

长到2006年的17%[①]（如表5—16所示）。

表5—16　2000年3月—2006年2月印度对外直接投资存量区位分布（%）

地区	至2000年3月	至2006年2月
发达国家和地区	29.62	32.17
欧洲	16.82	13.54
北美	11.85	15.44
其他发达国家	0.95	3.19
发展中国家和地区	68.17	50.50
非洲	9.93	20.39
拉美和加勒比地区	23.39	10.40
亚洲和大洋州	34.85	19.71
东南欧和英联邦国家	2.21	17.33
东南欧	0.02	0.06
英联邦国家	2.19	17.27
投资国家数量	128	127

资料来源：Ministry of Finance，India.

从投资方式上看，印度对外直接投资方式更趋多样化。跨国并购成为近几年印度进入海外市场的一个重要模式，同时成为印度对外直接投资的主要形式，这也符合当今世界对外直接投资潮流。2000—2003年期间，印度参与全球跨国并购案例182起。2003年以来，印度各行各业海外收购出现前所未有的热潮，不管是汽车零部件、制药、运输还是电信业、软件业，印度企业正显示出在世界市场上展开竞争的愿望和能力。2003年，先是软件业巨头信息系统技术公司以2300万美元收购一家澳大利亚公司，接着印度最大的私人财团塔塔集团下属的塔塔汽车公司以1.2亿美元收购韩国大宇公司旗下的卡车子公司，使该公司外国雇员增加了1倍，达到600人。2004年，印度公司在海外的收购数量达

① Jaya Prakash Pradhan，Growth of Indian Multinationals in the World Economy Implications for Development，Institute for Studies in Industrial Development，New Delhi，2007，p. 13.

到316起，收购金额比2003年翻了一番多，达到93亿美元。① 2004年，印度企业前十位的收购项目如表5—17所示。

表5—17 2004年印度企业前十位收购项目

收购公司	收购对象	金额（亿美元）	地点
印度石油天然气公司	萨哈林油气田	17.00	俄罗斯
印度石油天然气公司	英荷壳牌	6.60	安哥拉
塔塔钢铁公司	Natsteel	2.98	新加坡
信实（Reliance）	Flag Telecom	2.11	美国
VSNL	Tyco Global Network	1.33	美国
Reliance Inds	Trevira	1.03	欧洲
Scandent Group	Cambridge Integrated	1.00	美国
兰巴克西（Ranbaxy）	Aventis	0.70	法国
信息系统技术公司	Expert Information	0.23	澳大利亚
维普罗（Wipro）	Nerve Wire Inc	0.187	美国

资料来源：［印］《商业标准》2005年5月20日。

印度企业从2006年开始又大幅加快了海外并购投资的步伐。无论是信息产业还是制造业领域，都曾多次出现大手笔并购，一年当中总共有超过120家海外企业被印度公司收购兼并，总价值超过100亿美元，占据了印度进入新世纪以来海外收购总额的50%以上。

由此可见，独立以来，印度企业逐渐发展对外直接投资，积极扩展海外业务，这与印度国内的经济条件、政策规定、法律体系等密切相关。在经济改革以前，正是印度国内经济增长缓慢、政府限制大企业发展才迫使印度企业走出国门，拓展海外业务。而经济改革以来，印度国内环境发生了根本性的变化，经济增长加快，政府对企业限制放松，鼓励印度跨国公司积极进行对外直接投资活动，以寻求更广泛的市场与更先进的技术设备和管理经验。

---

① ［印］《商业标准》2005年5月20日。

二、印度外资经济发展的基本特征

(一) 印度吸引外资发展的基本特征

1. 20世纪90年代以前，印度吸引外国直接投资的基本特征

独立后到经济改革前，印度外资的引进对其经济增长起到了一定的作用，并在引进外资的过程中呈现出以下几个方面的特点：

第一，立足本国需要，根据形势变化采取适度调整。

印度政府利用外资的政策不仅是其对外经济发展战略的重要组成部分，而且体现了印度以国内市场为主，自力更生地发展国民经济的战略。20世纪80年代前，为了维护民族独立，印度对FDI控制较严，坚持主要利用自有资金振兴国内经济。进入20世纪80年代后，为了满足发展工业技术所需，印度也对FDI政策进行了较大调整，实行对外开放政策，放松对外资的限制，扩大其投资领域。在1980年宣布的新的“工业政策协议”和以后的补充协议中，印度政府表示要积极吸引外资进入，鼓励外国资本与当地资本的合作，鼓励外国投资和技术合作，并将重点放在机械、石油、化工、煤炭和电子工业方面。20世纪90年代初，由于收支危机、外汇短缺，印度对FDI政策有了大的变动，但仍然坚持引进外国直接投资与本国经济发展计划相结合，引进外资的目的是弥补国内建设资金的不足。在这种前提下，FDI的引进要求满足一些限制条件，如为了避免耗尽国内为数不多的外汇积累，要求直接投资用以进口资本货物的外汇需求。20世纪90年代以来，印度经济快速发展，抗风险能力增强，对外汇需求也增加了。为了在竞争日益加剧的国际市场上吸引到外国直接投资，印度进一步放宽引进FDI的政策措施，但仍然坚持以我为主、为我所用的基本准则，其政策制定注重外资使用效率，鼓励通过外资引进先进技术、知识、管理经验和营销方式，促进国内经济结构的优化和推进国内产业结构的升级。

可见，印度引进外国直接投资坚持在控制的基础上，立足本国经济发展的需要，采取适度放宽或从紧的外国直接投资政策，将引进外国直接投资与本国经济的长远发展联系起来。

第二，注意本国经济安全，强调自力更生。

印度经历过殖民统治，深知独立的重要性，因此独立伊始就十分强调自力更生。长期以来，印度政府对关系国民经济命脉和国计民生以及国防安全的部门，都限制或禁止外国直接投资。在1991年新的“工业政策协议”中还明确提出把与国家安全和战略至关重要的领域继续保留给公营部门。直至相当长一段时间，印度在关系国计民生或社会稳定的战略性行业，如博弈业、彩券业、核能以及零售交易（单一品牌产品除外）都不允许FDI进入。不允许外资控股银行、国内航空业、通信业、大型石油产业，也不允许外资控股重要矿业，如金、银、钻石、宝石矿等。经过多年实践摸索和不断得总结失成败，印度现在已制定出一套日趋成熟的既有利于国内经济发展、有利于招商引资，又能规避经济风险、保护国家经济安全的政策；已能较为成熟而又规范地运用反倾销手段，如对可口可乐等饮料企业在印度反倾销起诉获胜就是一个最好的证明。

第三，加强对高新技术产业的引资力度，重视国外先进技术的引进、消化、吸收和创新。

为了引进先进技术，印度政府鼓励外商以技术入股的方式前来投资。允许外国投资采取单独的技术合作方式是印度利用外资的一大特征。早在1948年的“工业政策协议”中印度就强调引导外资流向技术和知识行业，1977年的“工业政策协议”则强调在尖端技术领域作出变通处理，以便吸引外国直接投资。1991年，印度政府声明对雇请外国技术人员和利用外国人进行国内技术开发的合资许可。长期以来，对投资于技术和知识性行业的外国直接投资，印度政府不断提高其投资可占的比例，增加对其的优惠措施和减少对其的限制条件。

与此同时，印度还高度重视发展科学技术，不断扩大对科技研究开发的投资力度，并重视国外先进技术的引进、消化、吸收和创新。印度的科研经费与国内生产总值之比一直在世界平均水平之上，约占国内生产总值的0.9%。英语的普遍使用使得印度易于与国际接轨，其英语背景使很多人才能够顺利地进入国际组织和国际机构，给印度带来很多机会，也使印度的市场、人才能迅速国际化；还使印度能够直接接触世界上最先进的科技，而不需要翻译的过程。印度所拥有的高素质人力资本不但正在转化为一些产业和IT业的基础优势，而且为印度经济的发展提供了巨大的生产力，因此印度在现代高新领域已显示出超前的发展迹象。据世界银行调查显示，印度软件出口规模、质量和成本等综合指标名列世界第一，在计算机软件开发方面仅次于美国，居世界第二位，这不能不说与印度重视国外先进技术的引进、消化、吸收和创新存在着必然的联系。

第四，将外资政策与国内产业政策有机结合。

印度根据国民经济发展需要吸引外资，明确规定外国投资应该遵循的基本原则是“允许发展新的生产线，或需要特殊的技术和经验，或国内生产满足要求量小，且难以很快发展的优先领域”。印度政府采取税收减免、扩大外资所占股权等措施鼓励外资进入国家优先发展或重点发展的部门或行业。外国投资产业结构较为合理，而且以资金密集型和技术密集型产业领域吸引外资为主。

首先，在优先发展的基础设施领域，为外资的进入提供了大量优惠条件。1991 年，印度就宣布在高度优先发展的产业部门中，股本在 51% 以内的外国直接投资可以得到批准；对优先部门的外国技术合同，如果签约之日起 10 年内，其总支付占销售额 8% 的项目无需经过审批。政府后来又讲一步声明，如果产品全部供出口，那么允许外资占股本的 100%。在常规电站方面，外资的比例可达 100%；对项目成本和外国投资数量没有限制；对于道路、公路、港口等的建设、维护，允许外资进入并可以 100% 持股；在建筑开发行业外国直接投资可达 100%，项目可经自动生效程序获得批准；石油部门向外国的私营部分开放，外国可以合资形式投资，也可以战略伙伴形式投资；在某些电信服务领域将外国直接投资的比例限额由原来的 49% 提高到 74%。

其次，在印度具有相对优势的部门或行业，政府则采取更具优惠性的措施。众所周知，IT 业作为印度经济发展的引擎，是吸引外国直接投资最多的行业。近年来印度一直保持强劲的增长势头，一跃成为世界第二大软件出口国，仅次于美国。印度在全国先后建立了 17 个软件技术园区，对进入这些高科技园区的国内外公司实行优惠政策，如免除进出口软件的双重赋税，放宽中小企业引进计算机技术的限制等。麦肯锡的报告指出，到 2008 年印度国内生产总值的 7% 将来自 IT 服务和后勤办公室业务。印度政府吸引 IT 巨头在印建立 R&D（研发中心），在班加罗尔等大城市建立大型科技园区，使得印度本土的软件业既享有科技创新带来的知识聚集和技术溢出效应，又在与跨国 IT 巨头的竞争中不断壮大。另外，总营业额位居世界第五位的制药工业也是印度政府重点扶植的行业之一。为了激励该行业快速发展，政府对于在经济特区建厂的外国制药机构给予免除进口许可证的待遇，并实施税收减免政策，再加上印度本身所拥有的医药原材料开发的巨大潜力，众多跨国制药巨头纷纷以独资或合资的形式进入印度市场，加重了印度医药行业在国际市场上的分量。

因此，印度的外资政策对外国直接投资的流向做了两个方向的引导：一是引向国家发展战略中优先发展的领域；二是引向本身就具有相对比较优势的行业，以进一步增强其实力。

第五，将外资政策与国内地区政策相结合。

由于历史、地理等方面的原因，印度各邦的发展水平存在着相当大的差距。独立后，印度政府一直致力于改善地区的不平衡发展状况，几乎在每个重要的经济政策中都提到落后地区的发展问题和相应的政策措施。印度政府颁布措施鼓励 FDI 流向落后地区，以实现落后地区的跨越式发展，促进地区经济均衡发展，缩小地区差距。在制定引资政策时，印度政府常常给予投资于落后地区的外国公司相当程度的优惠。如对企业收入的20% 免税 10 年，给予相当于投资额 15%、总额在 150 万卢比以内的现金补贴等。另外，在实际的操作过程中，邦政府对这些企业提供较之其他地区更稳定的电力、通讯保障和其他相关服务。

2. 20 世纪 90 年代以来，印度吸引外国直接投资的基本特征

印度实行经济自由化后，尤其是近年来吸引外国直接投资呈现出新特征：

第一，从 FDI 数量上看，印度吸收外国直接投资额呈现出跳跃式的增长态势。

改革初期印度由于吸引外商投资政策相对偏严，投资额较低。随着吸引外资政策放宽，印度制定了较多优惠政策和鼓励措施，并在政府支持下先后制定了《外商投资鼓励法》、《外资企业管理法》、《外国投资法》、《合资经营企业法》、《外汇管理法》和有关知识产权保护方面的一系列法律法规，因此跨世纪以来外商直接投资额呈现出跳跃式增长态势。尤其是进入 21 世纪以来，外国直接投资在印度投资规模扩大，发展速度加快。根据亚洲开发银行的数据显示，印度吸外国直接投资额由 1990 年的 0. 96 亿美元上升到 2000 年的 21. 67 亿美元，再增加到 2009 年的 197 亿美元。

第二，从FDI来源国结构上看，外资市场主要由欧美国家构成向趋向地区或国别多元化转变。

从表5—18[1]可以看出，1991年8月至2005年12月，对印度进行直接投资居第一位的是毛里求斯。毛里求斯从20世纪90年代中期开始成为印度重要的外商直接投资来源，其主要原因：一是印度同毛里求斯的税收协定，一些外国公司以在毛里求斯注册公司的名义对印度投资；二是毛里求斯的印度侨民最多，很大一部分投资是当地的侨民回国投资。

表5—18　印度吸引外国直接投资前十位国家

位次	国别	2003年4月—2004年3月	2004年4月—2005年3月	2005年4月—2005年12月	1991年8月—2005年12月	比重
1	毛里求斯	5.67	11.29	19	111.15	37.25
2	美国	3.6	6.69	3.77	49.13	15.8
3	日本	0.78	1.26	1.44	20.59	6.79
4	荷兰	4.89	2.67	0.7	19.87	6.65
5	英国	1.67	1.01	1.98	19.12	6.26
6	德国	0.81	1.45	0.6	13.39	4.27
7	新加坡	0.37	1.84	1.87	9.62	3.14
8	法国	0.38	1.17	0.13	7.73	2.55
9	韩国	0.24	0.35	0.57	7.49	2.28
10	瑞士	0.45	0.77	0.74	6.14	1.98
	总量	26.34	37.54	36.95	370.51	

此外，除了第一位的自由港毛里求斯外，美国、日本、荷兰、英国是印度排名前五位的FDI来源国，其中美国、荷兰、英国、德国、法国、瑞士等欧美国家对印度的直接投资约占印度吸收FDI总额的37.8%。印度的商业英语这一优势也成为较多欧美国家对印度进行投资的原因之一。由此可知，发达国家是印度的主要投资者。

不过近几年来随着生产国际化、世界市场多元化，亚洲的许多国家如

① http://www.indiaonestop.com/.

日本、韩国、新加坡、中国也纷沓而至，成为印度的主要投资国。从图5—2所示①2005年印度吸收FDI实际投资额前十名来源地可以看出，新加坡、日本是印度第四大和第六大外资来源地。

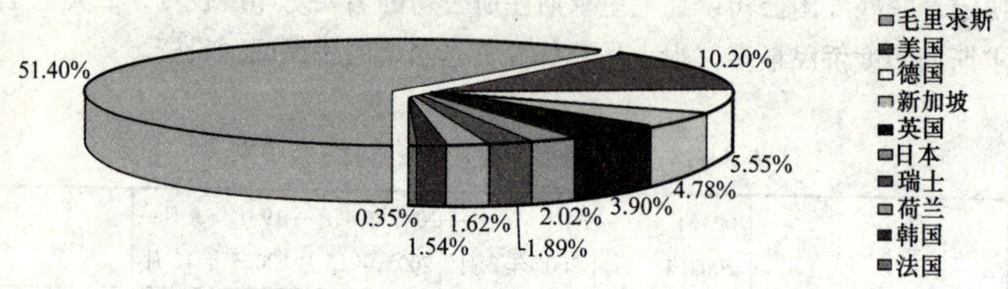

图5—2　2005年印度吸收FDI实际投资额前十名来源地

第三，从FDI流入的产业结构来看，FDI主要集中在高科技产业和服务业。

印度一直把利用外资作为引进技术的媒介，这种外资政策促使外国直接投资主要流向技术密集型产业。尤其是进入21世纪以来，计算机、工程、电子及电器设备产业占印度外国直接投资产业的40%左右，这些科技含量高的产业对印度国内产业升级和经济可持续发展大有裨益。《2004年世界投资报告》指出，当前外国直接投资的一个重要趋势是转向服务业。一直以来，印度服务业在国民经济中的比例较高，再加上印度政府进一步开放服务市场，服务贸易越来越成为新的投资增长点。在外国直接投资产业分布中，仅2002—2003年度服务业就达5.95万亿美元，2003年美国转让给印度涉及服务业的外包装、设计等达125亿美元。显然印度外国直接投资正转向服务业，并呈不断上升趋势。印度的外资投向行业结构变化趋势顺应时代潮流，与世界同步，大大促进了印度的产业结构升级，有利于经济可持续发展。

第四，从FDI流入动机来看，FDI关注的是印度的国内市场，而非出口导向。

① 2005年3月—2006年4月的数据来源：www.indiaonestop.com。

印度的 FDI 主要面向国内市场，而非出口导向。在印度，FDI 企业的发展战略是以进口为主，适当扩大出口，即主要实行进口替代政策。其原因是外国直接投资企业之所以在印度进行直接投资，在很大程度上是看好印度巨大的消费市场，因而 FDI 企业的大部分产品是在印度国内市场进行销售。FDI 企业的这一发展战略与印度的总体贸易发展虽存在一定的目标冲突，但印度 FDI 企业的进口替代战略在一定程度上却有利于减少印度的外汇支出，平衡其国际收支。同时，印度 FDI 企业的出口侧重于第二产业中的某些制成品和服务行业产品，某些初级产品的出口增长明显下降，这一发展战略完全吻合印度的出口导向政策，有利于升级出口商品结构。

（二）印度对外投资发展的基本特征

独立以来，特别是 20 世纪 90 年代实行经济改革以来，印度外向直接投资发展呈现以下几个方面的基本特征：

1. 对外直接投资量随经济发展而逐步增长，但总体规模较小

尽管印度对外直接投资随着经济发展而不断增长，地域也十分广泛，并且涉及到众多行业，但其投资量相对于发达国家来讲却是很小的，甚至不能和韩国、巴西、香港、台湾等新兴工业化国家或地区相提并论。到 20 世纪 60 年代末，印度在海外企业的总投资只有 4000 万卢比。到 1983 年，在已投产的项目中，印方平均投资只有 450 万卢比（按当时汇率计算，不到 50 万美元）。20 世纪 90 年代中后期，随着国内经济形势好转以及政策环境逐步宽松，印度对外直接投资得到进一步发展，投资量逐渐增大。1996 年，印度对外直接投资量达到 6 亿美元，到 2000 年，这一数字上升为 11.0 亿美元，约为当年 GDP 的 0.1%。新世纪以来，就印度对外直接投资量而言，不论是单个项目的投资还是总的对外直接投资量都有了显著增长。总体而言，尽管印度企业对外直接投资量逐步增加，但仍然无法与发达国家跨国公司相提并论，在世界上的地位也并不显著。

2. 对外直接投资方式多样化，以跨国并购为主

一般来说，跨国公司进行对外直接投资，在方式上主要有与东道国企业举办合资企业、单独投资建厂、利润再投资以及对东道国企业进行兼并与收购等几种。20 世纪 90 年代前，印度企业进行对外直接投资时，由于

受到资金及政策的限制，在方式上以举办合资企业为主。20 世纪 90 年代以来，对外直接投资方式逐渐增多，除举办合资企业外，创建独资公司逐渐成为一大投资方式。进入 21 世纪以来，印度跨国公司对外直接投资方式更趋多样化，跨国并购成为近几年印度企业进入海外市场的一个重要模式，同时成为印度跨国公司对外直接投资的主要形式，这也符合当今世界对外直接投资潮流。据统计，1996—2003 年印度企业跨国并购案例共计 242 起，其中第二产业并购案例占 48%，第三产业并购案例占 49.6%；2000—2003 年为 182 宗；2006 年达到 266 宗，并购金额达 153 亿美元，名列世界境外收购排行榜第五名，其中信息产业、天然资源和制药业为重点并购行业。到 2007 年，印度企业的海外并购势头丝毫不减，堪称“印度海外并购年”。这一年印度公司海外并购案 1070 起，并购额达到 722 亿美元，与前一年同比增长 156%。2007 年印度企业的海外并购大动作包括：铝业巨头欣达尔科有意以 60 亿美元整体收购美国一家公司；苏司兰能源公司出价 13 亿美元收购德国一家公司；信实集团（Reliance）有意斥资 50 亿美元收购通用电气旗下的塑料生产业务等。在印度海外并购大军中，不仅有塔塔、信实等大公司，还有很多中等企业，甚至身价只有百万美元的小公司也参与其中。

3. 区位选择遵循发展中国家对外直接投资发展的地理分布规律

英国经济学家坎特威尔和托兰惕诺（1990 年）在技术创新产业升级理论中提出，发展中国家对外直接投资的地理分布是随着时间的推移而逐渐变化的，一般遵循以下发展顺序：周边国家—其他发展中国家—发达国家。[①] 印度对外直接投资区位分布变化情况正是遵循了这一理论。

20 世纪 90 年代前，印度对外直接投资区位主要集中在发展中国家，约 86% 的对外直接投资流向了发展中国家和地区。尽管在 20 世纪 90 年代有将近 60% 的对外直接投资流向了发达国家，但目前仍然主要集中在周边（如越南、泰国、马来西亚等）发展中国家和地区。与此同时，印度企业对韩国、中国、马来西亚等国家直接投资不断增加。凭借高新技术

---

① J. Cantwell and P. E. Tolentino, Technological Accumulation and Third World Multinationals, Unirersity of Reading Discussion Paper in International Investment and Business Studies, No. 139, p. 24.

产业发展所积累的技术知识优势以及独特的英语语言优势，近年来印度对欧美等发达国家的直接投资也日益活跃。根据印度财政部的数据显示，印度1996—2006年间对外投资的最大目的国是美国，占总额的18.8%，在发达国家的投资占投资总额的30%左右。

4. 对外直接投资行业的选择以制造业为主，并逐渐向高科技行业和现代服务业转移

印度对外直接投资主要是为其制造业及其成熟行业的产品在发达国家寻求市场，因而主要集中在医疗设备、教育、自动化、纺织、制药业等行业。近年来，印度服务业、高新技术产业对外直接投资迅速发展。据统计资料显示，2006年制药业在印度对外投资行业比重中居首位，投资额达15.8亿美元，其后依次是银行业和IT业，投资额分别为11.8亿美元和7.86亿美元。与之相对应的是，印度的大型跨国公司大多分布在此类行业，形成以金融业、信息服务业为主导的鲜明的投资格局，特别是软件和信息服务业也因此成为印度对外投资经济中最有活力的成分。

近年来，印度经济的高速增长，使得其对能源的需求急剧增加，采矿业等能源开发业对外投资的发展也十分迅速，例如，印度已分别与俄罗斯和伊朗签订了开采天然气、石油等协议。目前，印度对俄罗斯的能源投资已经超过45亿美元，印度石油天然气公司有意将对俄罗斯的能源投资扩大到250亿美元。

5. 对外直接投资主体以私营企业为主，中小企业对外投资作用也较为明显

虽然印度国营企业在能源等对外直接投资领域中占据主导地位，但印度对外直接投资主体则多是私营企业。这一方面是因为印度私营经济较为成熟，私营企业实力较强；另一方面印度对外投资多为私人企业，这使得它们在跨国经营时更易于被西方接受，它们也更多地是以企业本身的发展来规划自己的全球经营行为的。有西方舆论在评价印度跨国企业时如是说：印度企业虽是一些“草根阶层”，但却受到蓬勃发展的企业家精神的鼓励。①

印度在国际上有名的跨国公司，如塔塔、比拉、信实等无一不是具有

① ［美］《国际先驱论坛报》2005年9月1日。

悠久历史的私人企业。近年来，对外投资中颇具影响的印度软件企业、医药企业，也几乎全是私营企业，如信息系统技术公司、维普罗公司、兰巴克西公司等。除了造就出一批可与欧美发达国家相竞争的大型跨国公司以外，中小企业也在对外直接投资中扮演着日益重要的角色，这一点在软件服务业上体现得尤为淋漓尽致。据统计，2006 年印度软件业的中小企业对外直接投资额占其对外直接投资存量的 47%，足见其高度的国际化水平和较强的竞争力。

第三节　印度汇率制度改革模式[①]

印度自从改革汇率制度以来，成功应对了 20 世纪 90 年代墨西哥金融危机和东南亚金融危机的冲击，这不仅引起学者们对印度汇率制度改革模式的广泛关注，而且其改革模式曾被 IMF 视为发展中国家汇率制度改革模式的成功典范。

一、印度汇率制度改革的概况

1992 年 3 月，为了配合对外贸易、产业结构和外国投资领域的改革，印度开始实行双重汇率，但很快便在 1993 年 3 月 1 日实现了汇率并轨，同时放弃了盯住汇率制度，进入由市场供求决定卢比汇率的管理浮动汇率制度时代。通过 20 年的改革与发展，印度的管理浮动汇率制度日益完善，这主要体现在以下几方面：

（一）资本账户日益开放

印度最初的管理浮动汇率制度实质上是在对外汇进行管制前提下的有管理浮动汇率制度，即虽然从其汇率制度安排上看卢比的汇率由市场供求决定，但其市场供求本身是受到有关当局严格控制的。比如在引入

① 马先仙、龚坚：“印度汇率制度改革的成效与启示”，《南亚研究季刊》2009 年第 2 期，第 56—74 页。

浮动汇率制度初期，印度不仅严格限制短期资本流动，而且其经常项目也没有做到全面的自由兑换，这显然不利于市场基础性作用的发挥。因此，放松外汇管制成为印度完善其汇率制度的必要步骤。

印度在放松外汇管制方面采取了一种渐进策略。它首先放松的是相对稳定的经常项目，并于 1994 年 8 月实现了经常项目可兑换。对于易变的资本项目的开放则采取积极而又审慎的态度。1997 年 2 月，印度成立了由塔拉坡领导的“资本项目充分可自由兑换委员会”，以此来研究资本项目可兑换的途径和办法。该委员会于 1997 年 5 月发表了专题报告，报告不仅提出了印度进行资本项目开放必须满足的初始经济条件，还建议来一个彻底改革，设计了双向可自由兑换的 3 年时间表。该时间表虽因政府部门的人事变动和亚洲金融危机的影响而延缓，但改革的总方向未变。2000 年 6 月，印度通过“外汇管理法案”，同时废止《1973 年外汇管制方案》。新法案将印度外汇管理的理念由原先的积累外汇储备，转变为在发展金融市场的同时为贸易和支付提供便利。进入新世纪以来，印度的国际收支有了进一步好转。在此背景下，政府加快了放松资本管制的步伐。2006 年，印度政府甚至提出实现卢比完全可自由兑换的目标（据印度央行 2006 年 7 月 31 日向印度政府提交的一份研究报告称，应该进一步放松外汇管制，卢比将分为三个阶段实现完全可自由兑换，时间跨度为 5 年）。

到目前为止，在资本账户开放方面，就商业和个人目的所涉及的大多数交易而言，卢比已经做到了可自由兑换。但出于防止金融危机的需要，印度不仅限制短期海外商业借款和国内居民将其国内银行存款和闲置资产（比如房地产）转换成外部资产，而且对一些投机倾向较强的国际资本进行了一些特殊的制度安排。

（二）外汇市场的发展

印度在 1993 年实行浮动汇率制后，十分重视外汇市场的培育。1994 年，RBI 成立了 Sodhani 委员会，为外汇市场的发展提供指导。在 Sodhani 委员会的建议下，印度引入了外汇做市商制度，推出了一系列外汇衍生产品，极大地促进了外汇市场的发展。

表 5—19　印度外汇市场发展（单位：亿美元）

年份	1998	2001	2004	2007
传统外汇市场日均交易量	20	30	70	340
OTC 衍生品市场日均交易量	…	20	40	270
外汇衍生品	…	20	30	240
利率衍生品	…	0	10	30

资料来源：根据国际清算银行“Foreign exchange and derivatives market activity in 2007”数据整理得到。

目前，无论是从交易规模还是产品结构看，印度外汇市场的发展都已达到比较高的水平。从交易规模看，如表 5—19 所示，到 2007 年印度传统外汇市场的日均交易量就达到 340 亿美元，占世界外汇日交易量的 0.9%。从产品结构看，不仅有现汇交易，衍生品也发展迅速。“目前，印度的经济实体已经有一系列可供选择的 OTC 产品来对冲其货币风险，产品包括远期、掉期和期权。对于涉及卢比的外汇衍生产品，居民已可以进行外汇远期、外汇掉期和货币期权交易。在只涉及外汇的情况下，利率互换、远期利率协议和期权都是允许的。外汇指定银行还可以与居民进行以外汇标价但以卢比结算的远期合约交易，外汇指定银行还能代理从事外贸的居民在国际商品交易所进行交易以对冲风险，黄金、白银和石油除外。国内生产者用户可以在国际商品交易所进行铝、铜、铅、镍、锌和航空燃料的交易以对冲其存在的风险。”①

随着印度资本项目的开放、外汇市场的培育，市场在汇率决定中的基础性作用日益显现，为印度有管理的浮动汇率制度日益完善奠定了坚实的基础。

（三）货币当局汇率管理方式的转变

货币当局对汇率的管理是汇率制度一个十分重要的方面，随着印度整个改革开放进程的推进、外汇市场的发展，印度货币当局的汇率

① 沙马拉·戈平纳斯，卢向前编译：“印度衍生品市场——市场环境和监管的视角”，《中国货币市场》2007 年第 12 期，第 53—54 页。

管理方式正在逐步发生变化，其基本方向是市场在印度卢比汇率形成中的基础性作用日益增大。到目前为止，印度不仅基本实现了货币当局由原来的汇率决定者身份向汇率管理者身份的转变，而且汇率管理的方式、手段更加灵活。这已从印度有管理浮动汇率制度的实际运行中得到体现。

10 多年来，印度央行分别在四个时期对外汇市场有过较大力度的干预，即 1995—1996 年、1998—1999 年和 2003—2008 年及 2008 年 7 月以来的汇率干预。1995—1996 年度，受 1994 年爆发的墨西哥金融危机和美联储多次升息的影响，印度卢比面临着巨大的贬值压力。为稳定局势，"1995 年 8 月，RBI 向市场投放大量美元以稳定汇率，从商业银行回笼了 27.8 亿卢比",① 与此同时还运用行政手段干预外汇市场。其运用的行政手段主要有：对进口支付进行严格审核，对进口信贷征收利率附加，对出口商货物装船 6 个月仍不结汇的行为进行处罚，同时停止对出口货物装船后的外汇信贷以防止出口商获取套汇收益。② 通过这些措施，稳定汇率的目的达到了。

1998—1999 年度，由于受 1997 年亚洲金融危机和 1998 年国际社会对印度核试验制裁的双重影响，印度出口下滑，资本外流加速。1998 年 5—6 月，政府面临印度卢比贬值和 GDP 增速下降的双重压力。为稳定局势，"RBI 将主导利率——关键政策利率下调 1.5%，回购利率也接连 3 次共调低了 100 个基点，以避免国内资金的短缺。RBI 允许外国机构投资者对 1998 年 7 月以后的新增投资进行套期保值以规避汇率风险，银行和授权外汇交易商也被许可直接从 RBI 购买外汇，这些措施稳定了市场信心，卢比汇率逐渐稳定下来。1998 年 8 月，由于亚洲金融危机的蔓延，印度卢比再次面临贬值压力。为了防范投机资本，RBI 把现金准备率从 10% 提高到 11%，回购利率从 5% 提高到 8%。为了抵消核试验后遭受的国际制裁的负面影响，印度政府通过发行"重振印度债券"吸引了 42.3 亿美

① 曹勇："印度资本账户开放：经验与启示"，《世界经济与政治论坛》2005 年第 4 期，第 82 页。

② Gopalaraman Padmanabhan, Operationalising Capital Account Liberalization: the Indian Experience, BIS Papers, 2003 (15): 123 - 140.

元的外汇资金”。[①] 这些措施达到了稳定汇率的目的。与1995—1996年度的干预方式相比较，我们不仅看到RBI此次没有过多地使用行政手段，而且可以看到对外汇市场的正确引导成为此次汇率干预成功的关键。此后，印度还经历了2003—2008年间的本币升值压力和2008年7月之后的贬值压力，印度货币当局都主要是通过经济手段来实现汇率管理目标的。

二、印度汇率制度改革的特点

印度汇率制度改革的目标是市场化，但作为转型中的发展中国家，其市场发育存在先天不足，因此在汇率制度改革过程中不仅存在放松管制的问题，还有一个市场培育的问题，以及通过货币当局的汇率管理协调二者之间关系的问题。纵观当今世界主要发展中大国，这都是它们在汇率制度改革过程中必须面对的问题，只有处理好了这些关系，才可能顺利推进汇率制度改革的进程。但不同的国家在处理这些关系时采取了不同的策略，从而形成了不同的特点。下面就以此为视角分析印度汇率制度改革的主要特点：

（一）在处理汇率管制与外汇市场培育方面的特点

政府对汇率管理程度与外汇市场的发育存在着紧密联系。一般来说，一方面，外汇市场越成熟，汇率就越能反映和调节市场供求，政府对汇率干预的必要性及其程度就越低，反之就越高；另一方面，汇率的管制会扭曲市场信号，不利于市场的培育。因此，在汇率制度改革过程中，到底是先放开汇率管制还是先培育市场成为一个两难的选择：在外汇市场还很不健全的情况下，放开汇率管制担心汇率出现异常波动；不放开汇率管制，外汇市场的培育又缺乏条件（因为在汇率固定的情况下，市场缺乏外汇衍生品的需求）。因此，在推进汇率制度改革的过程中难免犹豫，从而阻碍汇率制度改革的进程。

而印度政府在20世纪90年代初确定了市场化的改革方向之后，在汇

---

① 曹勇：“印度资本账户开放：经验与启示”，《世界经济与政治论坛》2005年第4期，第83页。

率制度改革的过程中果断地采取了首先放开汇率管制，然后跟进外汇市场培育和资本账户开放的策略。印度货币当局在 1993 年 3 月 1 日实现了汇率并轨，同时放弃了盯住汇率制度，进入由市场供求决定卢比汇率的管理浮动汇率制度时代。目前，在 IMF 汇率制度分类中，印度的汇率制度被归入第六类，即没有预先确定汇率路径的管理浮动。这种汇率制度的特征是政府根据需要积极干预汇市以熨平汇率的过度波动，但并不事先承诺干预的轨迹，也不设定特定的中心汇率。汇率管制的放开为印度外汇市场的培育创造了必要条件。

汇率管制的放松是外汇市场健康发展的必要条件，但并不是充分条件。因此，在放松汇率管制之后，印度货币当局立即跟进了外汇市场的培育，并在 1994 年成立了 Sodhani 委员会，专门指导外汇市场的发展。在 Sodhani 委员会的建议下，印度引入了外汇做市商制度，推出了一系列外汇衍生产品，极大地促进了印度外汇市场的发展。根据国际清算银行（BIS）每三年的全球调查报告，按地域划分，2007 年印度外汇市场的交易额的市场份额已经占到 0.9%（日均 340 亿美元），OTC 衍生品市场（OTC derivatives market）日均交易量达到 270 亿美元，其中外汇衍生品为 240 亿美元，利率衍生品为 30 亿美元。

相比较而言，中国在处理汇率管制的放松与外汇市场培育问题上则经历了曲折。一般认为，中国在 1994 年汇率并轨之后，汇率管制明显放松，汇率随市场供求波动，但在东南亚金融危机之后，人民币名义汇率就基本稳定，回到了事实上的盯住制度，直到 2005 年的外汇制度改革后又才重新回到有管理的浮动汇率制度。从外汇市场的培育看，在 1994 年人民币汇率制度改革之后，中国在外汇市场的建设方面迅速实现了由原来的外汇调剂市场向全国统一外汇市场的转变。中国的外汇市场由两部分构成，即外汇指定银行与企业之间的结售汇市场和银行间市场。后者以中国外汇交易中心负责管理的全国联网的外汇交易系统为载体，是汇率形成机制的核心，这无疑是中国外汇市场发展的一大进步。但由于中国当时实行强制性结售汇、商业银行周转头寸限额管理制度，再加上外汇市场发展定位不准确等原因，在 2005 年汇率制度改革之前，中国外汇市场发展十分缓慢，因此中国外汇市场难以在人民币汇率决定中发挥基础性作用。2005 年人民币汇率制度改革极大地推动了中国外汇市场的发展，不仅交易主体、交易产品多元化进程加快，而且交易效率迅速提高，交易量成倍上升，但毕竟时间还太短，目前中国外汇市场的交易规模还不及印度。若再考虑到中国的对外经济交易规模约为印度的3倍，中国外汇市场的发展就显得更加滞后了。

印度货币当局首先放松汇率管制，然后迅速跟进外汇市场培育的策略，有利于汇率制度改革过程中汇率管制放松与外汇市场的发展之间的良性循环。而中国在放松汇率管制上的曲折和外汇市场培育上的滞后，则在一定程度上延缓了中国有管理浮动汇率制度完善的进程。

（二）在处理资本账户开放与汇率稳定关系方面的特点

资本账户开放与汇率稳定之间的关系也是转型国家汇率制度改革过程中必须面对的、棘手的一对关系。一方面，资本账户开放不仅是一国利用国际资本促进本国经济发展的必要条件，也是一国外汇市场持续发展，从而实现市场化汇率的必要条件；另一方面，由于转型国家的外汇市场发展滞缓，资本账户的过度、不当开放必然会导致汇率的异常波动，将对本国经济的可持续发展构成威胁。因此，转型国家在汇率制度改革中，必须根据本国的实际情况协调好资本账户开放与汇率稳定之间的关系。与中国相比，印度在处理这对关系上具有鲜明的特点，这主要体现在：

第一，印度在资本账户的开放上显得更加激进，但中印两国资本账户实际开放程度相近。自印度推行浮动汇率制度之后，资本账户的开放就成为其汇率制度改革的重要组成部分，其不仅成立指导资本账户开放的专门机构，而且设定实现卢比完全可自由兑换目标的时间表。中国在资本账户的开放方面相对低调，政府没有成立专门的研究资本帐户开放的机构，也没有正式公布资本账户开放的时间表。从图5—3① 可见，无论是从资本项目总流量（贷方+借方）还是分别从贷方、借方来看，自20世纪90年代初以来，中国和印度的资本账户流量与GDP的比重不仅变化趋势相同，而且水平相当。这种情况在整个20世纪90年代都相对稳定，自2001年以后则呈现出明显的上升趋势。这说明中印两国资本账户开放的

---

① 资料来源：印度数据根据印度储备银行网站的资本项目数据和IMF网站的GDP数据整理而得，中国数据根据中国外汇管理局网站的资本项目数据和IMF网站的GDP数据整理而得。

进程基本一致，没有表面上差距那么大。

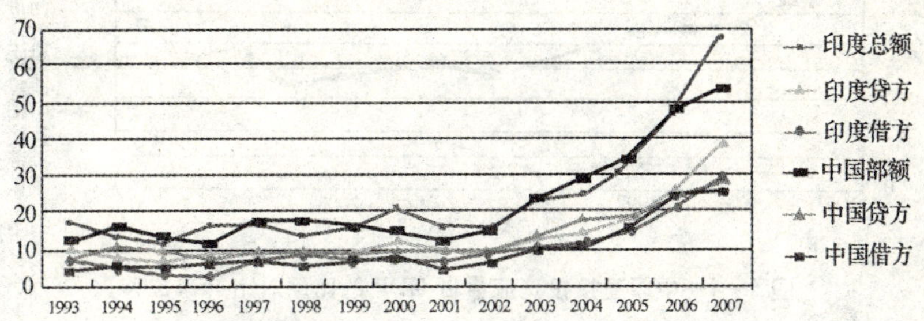

图 5—3　中印资本项目流量与 GDP 的百分比（单位%）

第二，中印两国都十分关注资本账户开放可能对汇率稳定构成的冲击，但印度在资本账户开放的路径选择上与中国存在差异。即在资本账户开放的初期，中国外商直接投资项目的开放程度远高于印度（如图 5—4 所示），而印度在其他资本项目的开放程度上远高于中国。比如印度在 20 世纪 90 年代初就开始在证券组合投资、国际借贷等项目开放上进行尝试。1991 年以来，印度调整了对国际商业借款的管理，根据国家的融资要求适当提高了此类借款总量的最高限额。从 1992 年 2 月起，印度公司经财政部批准，可以全球存托凭证形式在境外发行股票。从 1992 年 9 月起，外国机构投资者被允许投资一级市场和二级市场的上市证券，外国经纪公司也得到在印度运营的批准。1996 年和 1997 年，允许授权外汇经纪商从事利率互换、货币互换、期权、远期等衍生交易。而中国在这些方面的开放是在 2001 年加入 WTO 之后才真正起步的，2005 年汇率制度改革后才加快了速度。比如，中国在 2001 年 11 月才允许 QFII 投资国内证券市场。但随着时间的推移，这种差异在不断缩小，直到 2005 年，印度外商直接投资迅速增加，外商直接投资流量占 GDP 的比重达到与中国相近的水平（如图 5—4[①] 所示）。

① 资料来源：印度数据根据印度储备银行网站的资本项目数据和 IMF 网站的 GDP 数据整理而得，中国数据根据中国外汇管理局网站的资本项目数据和 IMF 网站的 GDP 数据整理而得。

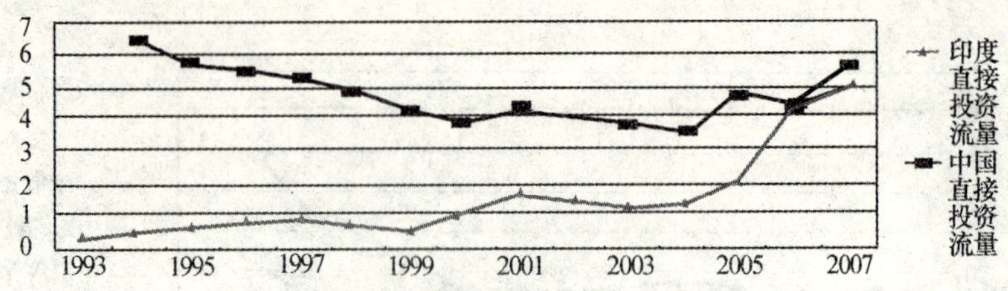

图 5—4 中印直接投资流量占 GDP 的比重对比（单位%）

两国之所以在资本账户开放的路径选择上存在差异，主要源于两国在不同项目开放的收益、风险的看法上存在差异。中国看重外国直接投资的相对稳定性和伴随的技术流入，选择优先开放外商直接投资；而印度更看重外国直接投资对本国产业、企业发展的威胁，优先开放证券组合投资等资本项目以满足对外资的需求。不过印度政府在开放证券组合投资等资本项目的时候，仍然高度重视这些项目资本稳定性差可能带来的风险，并通过一些特有的制度设计降低其风险。比如印度对合格外国机构投资者（QFIIs）投资本息的汇出金额和时间没有严格规定，但对股息和利息征收20%的所得税，对1年内汇出的外资征收30%的资本增值税，从而形成对短期投机资本的制度性排斥。

（三）印度央行汇率理念与目标方面的特点

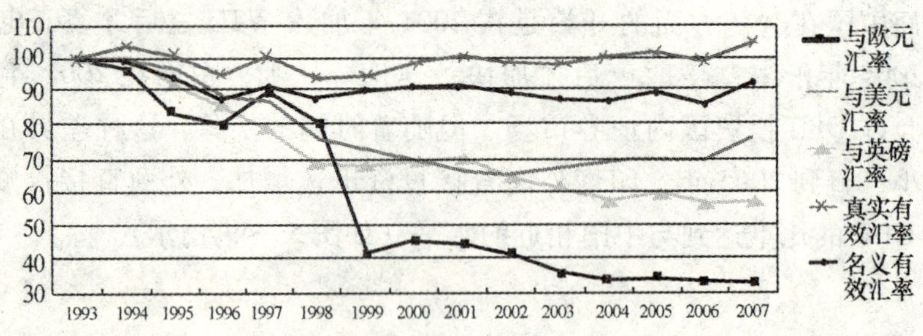

图 5—5 印度卢比汇率变化

从印度实行浮动汇率制度以来，印度卢比无论是与美元、欧元或是英镑等国际主要货币的双边汇率都是浮动的（如图5—5[①]所示）。那么到底印度货币当局汇率管理的目标、依据是什么呢？印度央行行长Y. V. Reddy曾表示，央行管理汇率的目标是使卢比的对外价值反映印度的经济基本面，即将汇率水平保持在能使经常项目赤字可持续的水平上，在这个总目标下，央行有义务抑制不稳定的市场投机因素，避免汇率的过度波动（reddy，2001年）。从印度汇率的实际运行看（如图5—5所示），自印度实行有管理的浮动汇率制度以来，尽管印度卢比与主要国际货币的双边汇率都处于波动中，但印度卢比的有效汇率却相对稳定，尤其是其真实有效汇率仅在上下5%的狭窄范围内波动。从印度经常项目差额的变化看，虽然自印度实行有管理浮动汇率制度以来，大多数年份是逆差，少数年份（2002—2004年度）为顺差，但无论是顺差还是逆差，其差额规模都很小，一般都在其出口额的5%以内，仅1995—1996和1997—1998财政年度，其经常项目逆差达到10%左右（这两个年度都是印度政府采取强有力措施干预汇率的年份），由此可见印度的经常项目是基本平衡的。综合上述几方面的情况，我们可以推断，印度货币当局大致是以维护印度卢比真实有效汇率稳定为汇率管理目标的，其根本目的在于使其经常项目赤字保持在可持续的水平上。

相比较而言，中国货币当局的汇率管理理念和依据却不如印度那么具有一致性。自1994年汇率制度改革至2005年汇率制度改革之前，中国货币当局虽没有明确表示其汇率管理的目标或依据，但从人民币汇率的实际运行看（如图5—6[②]所示），一般认为在这期间，中国货币当局管理人民币汇率的目标和依据发生过变化。“在1994年1月至亚洲金融危机爆发期间是以贸易导向为依据的，人民币汇率也是浮动的（主要表现为升值）；在1997年亚洲金融危机爆发—2005年7月期间则是以人民币与美元双边

---

① 资料来源：印度储备银行网站。另外，（真实、名义）有效汇率以1993—1994财政年度100（基期），与美元、欧元、英镑的双边汇率以1993年为100，其中在欧元产生以前的欧元数据用德国马克数据替代。

② 资料来源：人民币与美元双边名义汇率指数是根据中国人民银行网站数据处理转化为间接标价且以2000为基期而得，有效汇率数据来自国际清算银行网站，2000年=100。另外，人民币与美元双边名义汇率1994—1996年为年度数据（年平均汇率），1997—2001年1月至2008—2012年12月为月度数据（月平均汇率）。

汇率稳定为管理汇率依据的，其结果是导致事实上的单一盯住美元。”在2005年人民币汇率制度改革时，中国明确宣布开始实行以市场供求为基础、参考一篮子货币进行调节、有管理的浮动汇率制度，这是中国汇率形成机制改革中的一个重大变化。其中参考一篮子货币进行调节表明央行追求有效汇率的稳定，这在一定程度上可以反映管理当局的贸易导向。以市场供求为基础，又表明其目标不局限于此，需要考虑国际收支以及内外均衡的总体情况。从总体上看这一时期人民币对美元的名义汇率更具弹性，但单向升值的趋势明显。

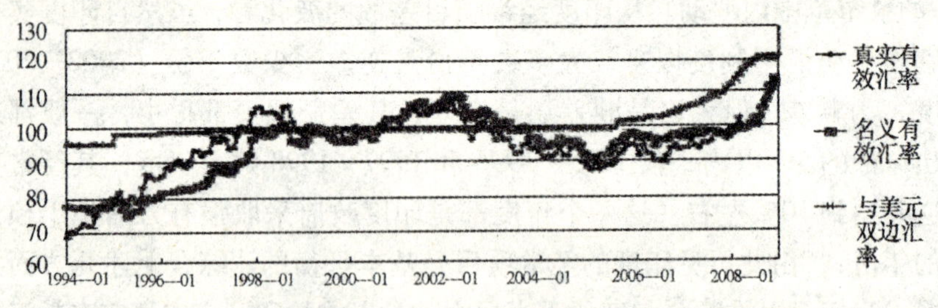

图5—6　1994—2008年人民币汇率变化

三、印度管理浮动汇率制度的运行效果

评价一国汇率制度运行效果，主要看其是否有利于该国汇率相对稳定、是否能够有效调节国际收支平衡、是否有利于对外经济的发展和是否冲击其货币政策自以主性等。下面便从这几个方面来考察印度汇率制度的运行效果。

（一）汇率稳定目标的实现程度

这里的汇率稳定是指汇率的相对稳定。虽然波动来是市场汇率的基本特征，市场也正是通过汇率的波动来调节外汇供求的，但对于任何国家而言，汇率的相对稳定都是必要的。过度波动的汇率不仅不能有效调节外汇供求，而且还会扰乱微观经济活动者的决策，不利于该国对外经济的正常发展。对于发展中国家而言，由于其微观经济活动者规避汇率风险的意识和风险承受都很差，市场上对冲外汇风险的金融工具有限，以及不能用本币进行对外借贷活动等原因，汇率的相对稳定就显得更为重要。因此，在发展中国家的汇率制度由固定转向浮动的过程中，能否使其汇率在波动中保持相对稳定是衡量其汇率制度改革成功与否的重要标准。

如图 5—5 所示，自从印度 1993 年实行有管理浮动汇率制度以来，印度真实有效汇率仅在上下 5% 的狭窄范围内波动，据此我们可以比较肯定地说，在印度汇率制度改革过程中，有关当局实现了印度卢比汇率稳定的目标。

从图 5—6 可见，相对于印度而言，人民币与美元的名义双边汇率相对稳定，而有效汇率存在较大幅度的波动。尽管如此，无论是人民币双边汇率还是有效汇率的年度波动幅度都不是很大，自从 1994 年人民币汇率制度改革以来，人民币汇率没有出现过被迫的大幅度贬值或升值，因此我们可以说，中国货币当局同样较好地实现了人民币汇率稳定的目标。

（二）国际收支调节的效果

从印度的国际收支状况看（如表 5—20 所示），自印度实行浮动汇率制度以来，其国际收支状况良好。从经常项目看，虽然大多数年份（除 2001—2004 年以外）都存在逆差，但逆差规模不大，都控制在几十亿美元的范围内；在其顺差年份，顺差规模也不大。因此，可以说其经常项目保持了基本平衡，实现了可持续目标。

从其资本项目看（如表 5—20 所示），自从印度实行有管理浮动汇率制度以来，其资本项目始终保持顺差，且顺差规模均大于其经常项目逆差。因此，从年度数据看，印度总的国际收支为顺差状况。正是由于资本项目长期顺差，其国际储备不断累积，到 2000 年其国际储备已增长到 422.81 亿美元，进入本世纪以来其国际储备更是迅猛增长，到 2007 年末已达到 3097 亿美元之巨。虽然 2008 年金融危机爆发后，其国际储备一度有所下降，但很快又开始回升，到 2010 年末达到 2790 亿美元。

表 5--20　1996—2006 年间印度主要经济变量的变化趋势

年份	1996	1997	1998	1999	2000	2001	2002	2003	2004	2005	2006	2007
经常项目平衡（亿美元）	−46.19	−54.99	−4038	−32.28	−26.66	34.00	63.45	140.83	−24.07	−99.02	−97.66	−174.03
资本项目平衡（亿美元）	120.07	98.44	84.37	104.44	88.4	85.51	108.4	167.36	280.22	254.7	457.79	1080.31
国际储备（亿美元）	264.23	293.67	324.9	380.36	422.81	541.06	761	1129.59	1415.14	15616.22	1991.79	3097.23
消费价格指数（%）	8.977	7.164	13.23	4.67	4.009	3.779	4.297	3.806	3.767	4.246	6.177	6.372
银行存示利率（%）	12	9	9	8	8	6.5	6.25	6	6	6	6	…

资料来源：银行存款利率是作者根据 International Monetary Fund：International Financial Statistics 各期整理。其他数据来自印度储备银行网站。

2002 年以前的印度资本项目顺差是合理的。这一方面是基于弥补其经常项目逆差的需要，另一方面是基于其累积国际储备的需要。因为对于发展中国家而言，适量的国际储备是维护其汇率相对稳定所必需的。2002—2008 年，印度的资本项目顺差较大，而且由此导致其国际储备快速增加，在一定程度上威胁到了印度货币政策的自主性，这主要体现在这一时期印度过高的通胀率与国际储备的快速增长相对应（见表 5—21 中的消费价格指数与国际储备数据变化）。

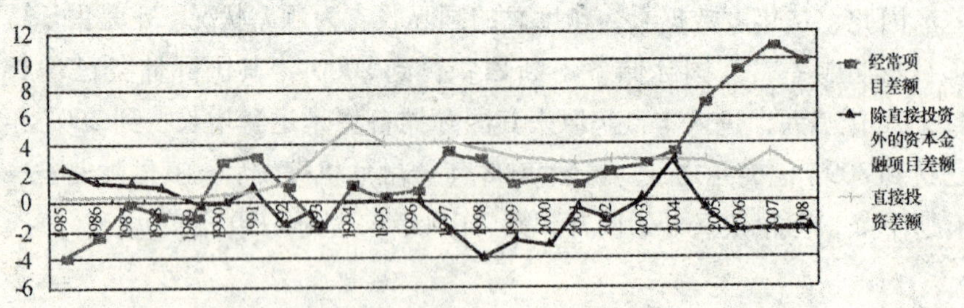

图 5—7　中国国际收支平衡表中主要项目差额变化（占 GDP 的比重）

相对印度而言，中国的国际收支平衡受到了挑战。自1994年汇率制度改革以来，中国国际收支从总体上看保持了顺差状态，进入21世纪以来中国国际收支顺差急剧膨胀，使得国际储备迅速增长，导致我国国际收支处于顺差失衡状态。从我国国际收支的各分项目看（如图5—7所示），自1994年以来，我国经常项目一直处于顺差状态，在2003年以前顺差规模还一般维持在占GDP的2%左右，但在此之后顺差规模急剧膨胀，到2007年超过了GDP的10%。[①] 从资本项目看，中国直接投资项目一直存在较大规模的顺差，资本项目中的其他分项目在大多数年份为逆差。所以，在2000年以前，资本金融项目总体表现为小规模逆差或者基本平衡；但自2000年之后，资本金融项目基本维持了顺差格局，在少数年份甚至存在大规模的顺差。这种经常项目与资本金融项目的上顺差导致我国官方国际储备急剧增长。

（三）对印度对外经济发展的影响

自从印度实行管理浮动汇率制度以后，印度保证了经常项目和资本项目的自由化进程的稳步推进，这极大地促进了印度对外经济发展。在1993—1994年度，印度经常项目和资本项目贷方分别为340.03亿美元、289.53亿美元，借方分别为351.61亿美元、200.59亿美元；到2007—2008年度，印度经常项目和资本项目贷方分别为3037.18亿美元、4287.4亿美元，借方分别为3211.21亿美元、3207.09亿美元。由此可见，在这15年间，印度经常项目交往规模增长了9倍左右，资本项目规模增加了15倍左右。[②]

相对于印度而言，中国的对外经济发展也很快。在1994年，中国经常项目和资本项目贷方分别为1264.35亿美元、617.93亿美元，借方分别为1187.77亿美元、291.49亿美元；到2008年，中国经常项目和资本项目贷方分别为17258.93亿美元、7698.76亿美元，借方分别为12997.85亿美元、7509.11亿美元。由此可见，在这15年间，中国经常

---

① 资料来源：根据中国外汇管理局网站数据整理。

② 此段落中的数据均来自于印度储备银行网站。

项目交往规模增长了12倍左右，资本项目规模增加了16倍多,① 增速均超过了印度，其中经常项目的增长更加突出。

（四）对印度货币政策自主性的影响

由于汇率本身就是一国货币的外在价值表现，这决定了货币政策与汇率政策的相关性，因此为实现特定的汇率目标而要求货币政策在一定程度上的配合是合乎情理的。这里所谓货币政策的独立性是就汇率政策与货币政策之间的冲突而言的，即货币当局为保持汇率的稳定或国际收支的平衡而被迫实行与国内经济要求相冲突的货币政策。

对于一国货币政策独立性情况，可以从外汇储备变化与货币供给的关系、本外币利率差异等多个方面考察。但出于数据可得性考虑，本章主要从外汇储备变化与货币供给的关系方面考察货币政策独立性，因为外汇储备本身是央行资产的一部分，影响国内货币供给总量和结构。虽然从理论上讲，央行可以通过冲销方式消除其对货币供给总量的影响，但却难以消除对货币供给结构的影响，而且在外汇储备快速变化的时期，即便是央行试图通过冲销完全消除对货币供给量的影响也是困难的。因此，国际储备的相对规模（用国际储备/GDP表示）、国际储备的增长率与GDP增长率的关系（如图5—8所示）能够较好地反映一国货币政策的独立性程度。②

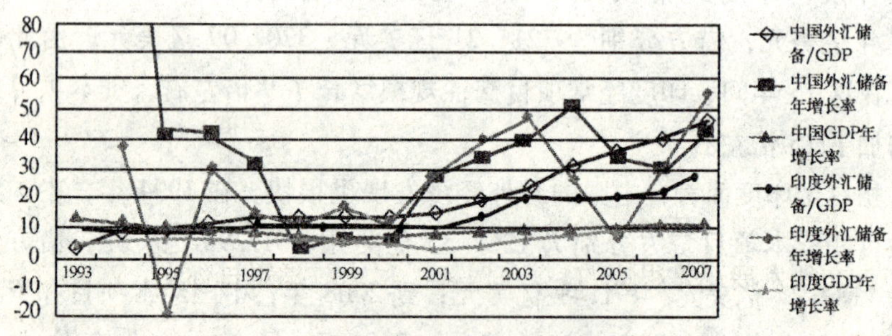

图5—8　中印外汇储备相对规模、增长率与GDP增长率

---

① 此段落中的数据均来自于中国外汇管理局网站。

② 根据中国外汇管理局网站的中国外汇储备数据、印度储备银行网站的印度外汇储备数据和IMF网站的中印两国GDP数据整理而得。

从外汇储备相对规模看，在两国汇率制度市场化改革的初期，即20世纪90年代初，两国都很低（约5%），此后两国都经历了一个上升的过程，其变化趋势是相似的。但中国相对于印度而言，上升速率更快，自20世纪90年代中期以来始终比印度高出约10个百分点，2004年以后这一差距更进一步扩大到15个百分点左右。这说明虽然两国都试图通过浮动汇率制度化解国际资本流动对货币独立性的冲击，但事实上这种冲击不仅没有缩小，而是在不断增强。相比较而言，中国比印度严重得多。事实上自20世纪90年代中期以来，外汇占款成为人民币发行的主渠道。

从外汇储备增长率与GDP增长率的关系看，自1993年以来，中国出现了几次对国内货币政策独立性的明显冲击，即1994—1996年、2002—2008年上半年外汇储备迅速增加和抑制经济过热的货币政策之间的冲突，以及1998—2000年外汇储备增幅迅速下降和抑制经济增速放缓的货币政策之间的冲突。由于印度外汇储备的规模相对中国小，名义汇率弹性较强，在2002年以前一般认为其货币政策的自主性没有受到明显冲击，但自2002年以后印度央行仍然依据经常项目差额可持续原则管理汇率，难以适应快速变化的国际资本流入，导致外汇储备增长与抑制国内经济过热的货币政策之间冲突明显。

由此可见，中印两国货币政策的独立性都在一定程度上受到冲击，但相比较而言，中国货币政策自主性所受到的冲击更加强烈，印度所受到的冲击相对微弱。

综合上述四个方面，相对中国而言，从印度有管理的浮动汇率制度的运行绩效看，有表现更好的一面，也有相对较差的一面。更好的一面主要表现在它更好地保持了国际收支的相对平衡和货币政策的自主性，较差的一面则主要表现在其对外经济交往的促进作用相对弱于中国（虽然其对外经济交往发展还是很快的）。在保持汇率相对稳定目标上，两国表现都不错，但值得注意的是：第一，虽然中印两国在汇率制度改革过程中都保持了汇率的相对稳定，但印度货币当局是在更大限度地放松汇率管制的前提下实现的汇率稳定目标，相比较而言更难能可贵；第二，尽管印度在保持国际收支相对平衡和货币政策自主性方面的表现更好一些，但在2002年之后，随着国际资本大规模流入，其国际收支平衡和货币政策自主性所受到的挑战日益突出。

第六章　印度经济管理模式

在1991年印度爆发了国际收支危机，且外汇储备仅够维持两个星期进口支付的困境条件下，刚刚上台的拉奥政府采取"私有化、自由化、市场化和全球化"为主基调的行为方式，对印度经济体制及其运行机制进行了相应的变革与调整，从而使传统的"尼赫鲁模式"逐渐向"市场经济模式"演化，形成了独特的印度经济管理模式，[①] 并促进印度经济迅速增长与发展。印度政府运用国家权力对其经济发展进行有效的干预与调整，进而形成了印度经济现代化的管理模式。[②] 它不仅成为印度经济发展模式的重要组成部分，而且成为有效识别印度特有的经济发展模式的重要标志。因而，印度经济管理模式研究对于探索印度经济发展模式具有十分重要的理论与实践意义。

---

① 由于各国的历史特点、经济条件、社会环境以及所面临的具体矛盾不同，各国的经济管理模式必然有所差异，而且都形成了自己所独具的特征。尽管这些模式从质上看都是资本主义生产关系的具体体现，其内容都是国家通过发挥经济职能为资本主义的发展服务，但是模式的不同反映了资本主义国家政府经济管理方式的多样化和干预调节手段的多重性，同时也表明，一个国家经济管理模式的形成与发展、其政府经济管理职能的具体实施，是由社会经济制度、生产发展水平、历史和文化特点诸因素决定的。

② 经济管理模式是指对一个国家在一定时期内对其社会经济资源进行特定方式的决策、组织和调控的理论抽象和概括。相对于其他模式的概念，它突出了总体性、宏观性和操作性的特征。或者说经济管理模式指国家确立的经济运行方式，政府相应地采取经济管理组织体系和调控方式以及经济监督和现代管理制度等。不同经济状况的不同国家所选择的经济管理模式是不同的，经济管理模式的核心是政府对经济干预程度和方式。国民经济管理模式，如果按照比较经济学的认识，经济体制分类所涉及到的最基础的特征或属性有两个，即财产所有制和资源配置方式。这样也就形成对模式进行分类的所有制标准和资源配置方式标准。

第一节　管理目标——注重经济目标和社会目标有机结合

独立后，印度政府始终把计划作为促经济发展的重要途径，因而印度经济计划目标成为印度宏观经济管理的重要目标。印度经济计划的目标即："实现迅速的经济增长以提高国家的生产能力；使经济现代化，即改变经济结构和经济体制，以把落后的殖民地经济变为进步的独立经济；实现经济自力更生以减少并最终摆脱对外援的依赖；强调社会公正，实现充分就业，减少收入和财富的不平等，防止经济权力的集中，建立一个平等、公正和没有剥削的社会主义类型的社会。"① 因而，印度宏观经济管理目标也主要包括两个方面：一方面是经济目标，即通过经济增长以最大限度地增加生产，从而使国民收入和人均收入达到较高水平，以及实现充分就业；另一方面是社会目标，即不断缩小收入和财富的不平等，以及建立一个以平等、公正和没有剥削为基础的社会主义的社会。而且印度宏观经济管理目标更注重经济目标和社会目标的有机结合，正如第一个五年计划清楚地表达了印度经济计划的长远目标："最大限度地增加生产，充分就业，实现经济平等和社会公正，这些都是目前条件下为人们所接受的计划目标。它们实际上并不是不同的概念，而是国家须致力于实现的一系列相互联系的目标，这些目标没有哪一个能在排除其他目标的情况下实现，发展计划必须对所有目标给予均等的重视。"②

自从1951年的第一个五年计划以"最大限度地增加生产、充分就业、达到经济平等和社会公正"作为计划目标，在以后的经济发展战略和五年计划中，印度一直保持了经济目标和社会目标（至少在理论上）的有机结合。尽管计划的完成情况与计划目标相距甚远，但这种综合性的宏观管理与调控模式是符合商品经济发展的内在要求的，因为经济发展不仅是

---

① 戴永红："试论印度经济计划的发展战略"，《南亚研究季刊》1991年第3期，第9页。

② 印度计划委员会：《第一个五年计划》，第28页。

一个经济增长的过程，而且是一个社会进步的过程。① 因而，从印度社会制度、经济体制和基本国情出发，印度宏观经济管理在努力实现印度经济计划“充分就业、价格稳定、经济增长和国际收支平衡”② 等经济目标的同时，也注重以尼赫鲁社会主义思想为基础的努力“缩小收入和财富的不平等，以及建立一个以平等、公正和没有剥削为基础的社会主义的社会”的目标。

第二节　管理对象——选择了“公退私进”的“混合所有制”模式③

独立以后的印度，在当时特定的政治经济背景下，为尽快发展民族经济，实现国民经济高速增长和社会公正两个目标，试图通过“允许私营企业能够同公营企业④同时并存，私营企业应当使个人利益与社会利益相一致，并在某种情况下，私营企业的生存应当以服务于广大的公众为条件，而且不允许私营部门在经济的每个部门占据突出的位置”⑤ 的尼赫鲁“混合经济”模式的建构，来充分发挥政府在经济活动领域的积极干预作

---

① 靳晓黎、金乐琴：《外国宏观经济管理概论》，中国物价出版社 1999 年版，第 376 页。

② 何道隆：“对印度宏观经济控制与调节的评价”，《南亚研究季刊》1994 年第 2 期，第 1 页。

③ 根据所有制标准，国民经济管理的微观基础可分为建立在私人所有制和公有制基础上两极对立的所有制形式，以致形成以私有制为基础的国民经济管理模式和以公有制为基础的国民经济管理模式。不过，现实也表明情况是十分错综复杂的，从对立的两极向中间衍生出各种程度不等的所有制，当两者到达某个平衡点时形成了某种混合所有制形式。因而从国民经济管理角度考虑，在这种模式中要解决的主要问题集中于国家在国有企业中的权益保障和实现、国家对私有企业权益的公平保护以及有效调控所有进入市场的企业行为等方面。

④ 公营企业在印度有存在必要是基于这样的事实，即由政府计划的经济发展速度远比仅由私营部门所能实现的速度快。换句话说，公营部门对于实现政府精心规划的高增长指标是不可缺少的。而且用拉马纳达姆教授的话来说，“当积聚了财力资源以后，政府和诸如计划委员会之类的其他重要政策制定机构就会受到人类通常受到的诱惑，将资金用在政府主办的企业，这样就可以避免先将钱提供给私营企业，然后为了资金的安全和合理使用而煞费苦心地建立各种必要的规章制度进行控制和平衡。因此，不管是对议会来说，还是对行政部门来说开办公营部门的工业企业都是可取的。”

⑤ ［印］鲁达尔·达特、K·P·M 桑达拉姆著，雷启淮等译：《印度经济》（上册），四川大学出版社 1994 年版，第 244 页。

用。尤其是为确保更好地分配所有权和控制社会物质财富，防止财富集中在少数人手中和对劳动群众的剥削，于是在所有制经济结构上，国家侧重于发展公营经济或公营企业，[①] 特别是重工业部门以及交通、灌溉、电力、卫生与教育等社会和经济基础设施部门，以促进印度迅速走上工业化和自力更生的发展道路。事实上，通过短短几十年的发展，印度公营部门的范围逐步扩大，公营企业在改变本国不合理的经济结构、建立良好的经济基础尤其是重工业和基础设施建设、提高工业技术水平、促进进口替代战略的实施、增加就业机会、积累资金、改变落后地区不合理的经济结构等方面起到了举世公认且不可替代的作用。然而，20 世纪 90 年代以来，印度政府在内困外压的窘迫中，自觉不自觉地选择了“公退私进”的“私有化”行动与政策调整的国民经济管理之路。[②]

一、独立初印度私营经济存在的客观必然性[③]

第二次世界大战结束后，许多殖民地、半殖民地附属国都获得了政治、经济的独立，由于具体国情以及国家领导者所属阶级不同，一小部分国家走上了社会主义道路，借鉴苏联经济建设的模式与经验，确立了社会

---

① 印度独立以后，首先通过继承英国殖民当局的遗产，如英国殖民当局占有的铁路、通讯工具、大型灌溉工程、发电站、兵工厂、工业企业、某些民用航空线和码头等，在其失去在印的国家政权后，为印度国家所有，组成印度的公营企业；其次通过国有化措施，赎买本国私人企业和外国在印的私人企业（印度政府通过立法规定其有权用支付补偿金的办法收买本国私人企业和外国私人企业股权的全部或部分，收买后的企业为公营企业，例如 1969 年 14 家私人银行国有化等）；再次通过经济建设的五年计划，利用国家财政支出，由政府直接投资创办新的公营企业。

印度的公营企业分为部属公营企业和非部属公营企业。前者是指由政府当局拥有、控制或直接管理的非公司企业，它们构成政府财政体系的一部分，建立独立的收支账户，比如邮电部门的盈亏都显示在政府部门的收支账户上，铁路部门实行独立的预算。出版、路政建设和保养、灌溉、住房、卫生与教育服务等都包括在部属企业内。后者是指与政府相分离而独立进行营运的法人实体，它们有各自的经济往来账户，实行独立经济核算。

印度的公营企业与印度行政管理部门统称为印度公营部门，在印度整个国民经济生活中除公营部门以外的领域称之为私营部门。

② 杨文武：“论印度公营企业私有化问题”，《南亚研究季刊》1998 年第 1 期，第 6 页。

③ 杨文武、胡树林：“印度独立初私营经济存在的客观必然性”，《南亚研究季刊》2000 年第 3 期，第 33—37 页。

主义经济制度，并大力消除私有经济，发展公有经济，但大部分新生国家在获得民族解放斗争的胜利后，却选择了资本主义道路。这些国家在增强国家对宏观经济调控能力发展公营经济的同时，仍然实行市场经济体制，保留了独立前国内业已存在的庞大的私营经济，印度就是其中之一。印度独立之后，私营经济仍扎根在印度经济中并发挥了重大作用，这是由当时印度国内的各种特定因素所决定的。

（一）在英殖民统治时期，印度私营经济经历了从产生到成熟的过程，因而私营经济在混合经济中得以生存有着深厚的历史基础

众所周知，从1757年英属东印度公司进驻印度至1947年7月通过《印度独立法》取得主权独立的190年时间里，印度处于英国殖民统治之下。在殖民统治下的殖民经济只是以宗主国附属品的形式而存在，不对等的经济关系必然会形成不平等的垂直分工，正如印度民族主义者纳拉德（J·Ranade）所指出的，印度被当作“一个生产初级产品原料的种植园，这些原材料由英国组织商船运走，再利用英国的资本和技术生产成制成品，然后再由英国商人将它们输出到其他附属国”，[①] 英印通过这种不平等的国际分工在生产和贸易上建立的相互间经济关系具有强烈的剥削性，导致了印度经济的不发达状态和对宗主国的严重依附，造就了印度单一的经济形态与贫困滋生的现象。

印度在被英国征服之后，出现了一种新的政治经济制度，这种以加速榨干印度经济为最高目标的制度，是通过经济手段、行政手段和法律手段对印度原有社会经济进行符合宗主国利益的殖民改造与重塑而得以贯彻，英国资本主义生产方式的强行介入打碎了印度的自然经济，并进而形成了商品经济条件下的各种私营经济成分。

在殖民统治时期，英国人通过“柴明达尔制”使收税人的地位提高，成为私人地主或村社的主人。在19世纪30—50年代，殖民政权为使农业发展符合宗主国对原料的要求，进行了税制改革，其主要内容是：把税率降低到地主所得地租或农民净产量的50%；把地租修订周期延长到每30年一次；部分地区按土质好坏划分等级分别征税，税额固定到每块土地；

① ［印］《主流》1985年12月28日，第5页。

土地所有者有权抵押转卖土地。[①] 地税改革使经营农业变得有利可图和土地买卖合法化，激励了商人购买土地，使土地私有权得到真正确立，商人对农业的经营加速了印度封建农业经济向资本主义农业经济的转化。由于英殖民政权采用立法手段，实行差别关税，捣毁了印度的手工业，手工业者大规模失业，部分失业的工匠和手工业者转移到农业生产中去，使印度经济逐步乡村化。至此，印度农业经济中的经济成分划分为小农经济、封建地主经济和资本主义农场经济形态。

英国力图摧毁印度的封建制度并将资本主义生产方式置根于印度的同时，也为印度近代资本主义工业的发展创造了有利条件；对印度传统自然经济结构的破坏使大批手工业者和工匠破产，不少农民失去土地，为资本主义工业的发展提供了大量的廉价劳动力。在英国近代资本主义企业到印度大举抢滩的过程中，印商上层阶层完成了资本积累，并形成了印度民族工业资本。19 世纪，印度本土企业在英殖民统治下依靠自身努力而缓慢发展，但在 20 世纪发生的两次世界大战却给印度企业带来了发展机遇，原有企业稳步发展，新企业也得以建立，民族工业发展迅速，致使外国企业所占比例下降。第一次世界大战开始时，英国人至少控制了印度主要工业部门产量的一半，但这种控制由于世界局势的变化进一步减弱。据估计，英国人控制印度的资产在 1914 年占 43%，1935 年占 10%，到 1948 年仅占 3.6%。[②]印度本土企业经过 100 年左右的发展，在 21 世纪初站稳了脚跟，世界大战的刺激和民族运动的推动使其不但进一步发展了已有相当基础的棉纺织业，而且逐步进入钢铁、水泥、制糖、造纸等新领域。在此过程中，印度的商人、买办、高利贷者、地主和其他一些阶层不断分化，其中一部分人或自己创办或购进工矿企业，逐步演变为工业资本家。随着工业生产的进一步发展，印度资本家队伍扩大了，企业规模也得以扩张，一些大资本家纷纷仿效英国向印度输出资本和控制印度经济的工具——经理行制度，开始建立并扩大自己的企业网，从而形成带有垄断性的财团（如早期的塔塔财团、比拉财团等）。第二次世界大战期间印度的

---

① ［印］罗梅什·杜特著，陈洪进译：《英属印度经济史》（下册），生活·读书·新知三联书店 1965 年版，第 38 页。

② ［印］鲁达尔·达特、K·P·M·桑达拉姆著，雷启淮等译：《印度经济》（下册），四川大学出版社 1994 年版，第 44 页。

大财团实力急剧膨胀，其控制的企业从相当于英国垄断组织控制企业数的1/3上升到与英国资本较为接近的水平，在某些行业甚至可与英国资本平分秋色，[①] 这标志着印度垄断资本主义经济的成熟。

让我们再来分析印度1948—1949年度国民收入的构成，农业所占比重为48.1%，如果从国民收入总额中扣除那些并不创造物质财富的部门，农业在国民收人总额中所占比例则高达63.3%，工厂工业占国民收入的8.3%，小手工业和家庭手工业占11.5%，铁路、采矿共占2.7%。[②] 从中可见，在独立初期的印度经济中，包括乡村经济在内的小规模经济在国民收入中占绝对优势，构成印度经济的主体，虽然工业控制着国民经济命脉，但所占比重并不高，而且绝大部分是由大型垄断财团所把持。因此，独立之初，印度经济中事实上几乎没有“公营经济”，仅有从英殖民政府接管的铁路、邮电、港口、军械、飞机厂和诸如政府的盐厂、奎宁药厂等一些国营企业，私营经济完全占据了统治地位。

经过对商品经济条件下印度私营经济成分形成过程的分析，我们不难发现，英殖民政府对印度长达190年的统治打碎了印度封建社会的自然经济结构，为印度带来了较为先进的资本主义生产方式，使私营经济在印度独立之后有着存在与发展的深厚土壤。

（二）私营经济的存在与发展是印度实现经济独立必不可少的前提，同时也是其社会经济发展的客观需要

1947年7月，印度获得政治上的独立。但在独立初期，印度的经济成分十分复杂，存在帝国主义经济（外国资本）、民族资本主义经济、封建地主经济和小生产者经济等。其中，民族资本尽管在第二次世界大战期间发展较快，占到当时各类企业投资额的45%，但主要掌握在私人垄断财团手中。至于涉及国民经济主体的关键工业部门，如在石油、橡胶生产、铁路和火柴生产这四大行业中，外国资本拥有绝对垄断权，在这些行业的全部资本中所占比例达90%以上；在黄麻、茶叶、采矿、采煤和橡胶种植行业中，外资占全部资本的比重超过50%，拥有明显的支配权；

---

① 孙培钧、华碧云、张敏秋、高鲲：《印度垄断财团》，时事出版社1984年版，第40页。

② 陈继东：《独立后印度经济社会发展研究》，四川大学出版社1997年版，第23页。

在造纸、制糖和棉纺织品行业，外资也有一定的影响力，其比重在20%以上。[①] 除了生产部门外，印度的财政金融业、基础设施方面也被外资控制，这使印度经济发展受到外资的严峻桎梏。针对来之不易的政治独立，国大党领袖尼赫鲁认为，如果没有经济上的独立，那么政治独立也是不充分的。因此，要巩固政治独立，就必须获得经济独立，因而如何发展民族经济来抵消外国资本的影响并真正获得经济独立成为迫切需要。故此，在不触及现有社会制度的前提下，将殖民政府经济国有化，建立公营经济以增强国家干预经济能力，并在此基础上划分公、私营经济各自的活动空间，就成为保证经济独立的先决条件。

私营经济的存在和发展不仅是印度实现经济独立的前提，而且还是印度当时经济发展和实现工业化以求强国之梦的需要。本已十分脆弱的经济再加上印巴分治带来的一系列问题，促使印度政府不得不考虑其首要的任务是恢复并发展经济。而古印度的辉煌又诱起了印度的强国梦，可要圆此梦的有效途径就是实行工业化，加快印度农业经济向工业经济的转变。尽管尼赫鲁受到甘地分散化的乡村工业思想的影响，但他认为唯一“能建设经济基础的万应药是工业化，乡村工业化仅仅是在有限范围内作为国民经济的补充部分”。[②] 尼赫鲁指出，“在现代世界里，除非一个国家高度工业化，并已最大限度地发展了它的动力资源，否则它也不能在政治上和经济上完全独立”，“一个工业落后的国家即使它获得政治独立，这也只是名义上而已”。[③] 正因为如此，尼赫鲁决心将印度建设成为一个高度工业化的国家。而就当时印度的国力而言，除为数甚少的私人垄断财团（如塔塔钢铁公司等）涉及重工业外，就只有通过政府的介入与对私营经济特别是对私人垄断财团的大力扶持才可能兴建起来，这在客观上就要求政府控制的公营经济与私营经济并存共举。此外，私营经济在轻工业、消费品工业、服务业和农业方面的发展，既可减轻印巴分治带来的经济阵痛，扩大就业，增长财富，又可保持社会经济稳定，进而为稳定经济与实现工

---

① 陈继东：《独立后印度经济社会发展研究》，四川大学出版社1997年版，第23页。

② ［印］P·P·凯普尔：《贾瓦哈拉尔·尼赫鲁的经济思想》（英文版），新德里，1985年版，第77页。

③ 转引文富德：“略论尼赫鲁的经济思想”，《南亚研究季刊》1989年第4期，原出［印］贾瓦哈拉尔·尼赫鲁著，齐文译：《印度的发现》，世界知识出版社1956年版，第517页。

业化创造一个较好的外围条件。

（三）尼赫鲁的经济思想以及资产阶级的力量，使独立后的印度走上资本主义道路，选择了混合经济体制，使私营经济扎根于印度混合经济中成为现实

如果说二战后西方资本主义国家均在不同程度上实施混合经济体制，是出于在新的历史条件下对其先前推崇的自由放任市场经济进行改造与重塑，进而使资本主义发展焕发活力的话，那么印度在独立后采取以计划经济为主的混合经济体制，则是在以尼赫鲁为首的国大党领导人的经济思想及当时国内外环境下，力图迅速摆脱贫困落后面貌以实现现代化的理智决策。

在印度现代史上，圣雄甘地和尼赫鲁的经济思想的发展，是印度独立后采取混合经济体制从而使私营经济获得生存空间的重要原因。然而甘地与尼赫鲁在印度独立后的经济发展道路上有重叠也有分歧，但最终主导印度经济体制走向的在是代表民族资产阶级利益的尼赫鲁经济思想。甘地主张建立公有社会，反对社会主义，同时又清楚地认识到印度问题太复杂，不可能用任何泾渭分明的模型与政策加以解决，但他相信丹尼尔·汉弥尔顿所说，真正的钱是劳动而不是金属，用纸币表示的劳动如果说不比以黄金支撑的纸币好，至少也一样。在社会生产方面，甘地认为大工业固然能导致大量的商品生产，但失业与分配不公问题将依然存在，因此有必要大、小工业同时发展，为印度经济打下一个健康的基础，① 并着重主张乡村工业化。

而作为英式教育培养起来的新一代国大党领导人尼赫鲁，其既受到甘地社会平等观和英国费边社会改良主义思想的熏陶，也受到苏联计划经济的影响。他目睹当时资本主义社会的处境，在厌恶资本主义社会两极分化和残酷剥削的不道德因素的同时，又赞赏西方国家的工业化先进技术。1926—1927 年尼赫鲁访问苏联，这次欧洲之旅给他的经济思想带来了深远影响，他写道：苏联尽管有一些不愉快方面强烈地吸引着他，但似乎提

① ［印］P·P·凯普尔：《贾瓦哈拉尔·尼赫鲁的经济思想》（英文版），新德里，1985 年版，72 页。

供了一条希望的信息。他在《印度的发现》中写道："进步的热情给予他一个希翼———仿效其他在各方面都走在很前面的国家。"[①] 通过后来数次访苏，苏联实施"社会主义计划"对其影响进一步加深，他发现"自由平等是反对帝国主义和资本主义的重要依据，而且同样是反对贫困、无知和疾病的重要武器"，"社会主义能成为取得一个无阶级社会的方式方法，在这个社会中，财富、机会、社会公正能强制性取得平等"。[②] 这表明他十分赞同社会主义所倡导的社会平等和计划经济思想，并找到了落后殖民地国家摆脱对宗主国帝国主义的依附与实现工业化的有效途径。这使他成为社会主义的忠实信奉者，但他憎恨武力，也不准备容忍任何独裁，无论是资产阶级还是无产阶级。正如纳拉德（J·Ranade）和莫汉·罗伊（Raja RamMohan Roy）早先观察到的：尼赫鲁的方法是马克思主义和甘地主义的一道桥梁，从而复合成一个"特殊主义"。如果用数学公式表示则为：尼赫鲁经济学=建设计划和阶级合作+计划/控制经济与民主范围内的平等分配。因此，他认为要实现印度政治与经济的独立，应该采取"民主社会主义"方式。同时，他深知资本主义在印度根深蒂固，要彻底改变非常困难，并且也清楚地认识到个体经济是不能够消灭的。相反，如果给予各个个体经济自由并辅之缓和的限制，社会是会发展的；如果允许个体的自私动机存在并给予适当的刺激，经济就会得到自然增长。由此，他提出由公、私营经济相互补充的混合经济来唤起国家与公民的认识与责任，并且认为如果生产乐观，在一定时间以后私营经济就不会规避社会责任，社会化进程就会很自然地进行。

而独立初期，资本短缺、技术人员匮乏、结构严重失衡、农业落后、举国贫困和劳动力大量过剩已成为社会进步与经济增长的障碍，这使尼赫鲁不得不以现实主义态度来审视国内经济局势。从某种角度上讲，我们似乎可以称其为"唯生产力论者"。尼赫鲁从客观现实出发，强调生产就是财富，强调促进生产来创造财富，增加就业机会和扩充资本。他认为如果每个人都意识到劳动的价值并有适当正确的良知的话，生产这种财富会因

① ［印］P·P·凯普尔：《贾瓦哈拉尔·尼赫鲁的经济思想》（英文版），新德里，1985年版，第63页。

② 同上书，第66页。

有大量的劳动潜力而非常丰富。相反，缺乏“目的”与“利益”，就会没有劳动的需要。他告诉私营经济经营者，“生产是唯一能解决所有经济问题的灵丹妙药，如果只有一半人从事工作，资本就不是问题，分配因公正和平等而吸引了人们的注意力，这时候只可能是贫困的平均分配”。[①] 由此，我们可以看出，尼赫鲁希望利用个体或者说私营经济“自私利益”动机的策动力来发展经济，并不打算实行贫困的平等分配，允许了分配不公，从而也就默认了当时按所有制分配的制度不会予以改变，也即允许私营经济存在并鼓励其大力发展。

当1948年的“工业政策决议”宣布时，尼赫鲁的崇拜者与反对者同样感到吃惊，听到尼赫鲁从社会主义撤退，商业团体喜气洋洋，而激进主义者则垂头丧气。是什么原因迫使尼赫鲁这样一个社会主义忠实崇拜者对私营经济作出彻底让步呢？从当时的印度状况而言，首先，代表民族资产阶级利益的统治阶层在国家独立后经济制度取向方面疑虑重重。在这种特定情况下，国大党另一重要领导人S·V·巴特尔利用其在党内外的广泛影响来阻止任何左倾思想，当然也就成了尼赫鲁略带激进思想的重大阻力，这点我们可以从尼赫鲁的一位老朋友哈米德博士的言论中得到佐证。哈米德博士曾在一次会议上提出这样一个问题：“私营企业加国有化等同于民主，那么极权主义加国有化也就相同了……”[②] 从这个问题上似乎可看到哈米德博士的内心世界，即既不愿意坚决拥护绝对的自由企业也不极力支持百分之百的国有经济。其次，独立前夕的印度由于遭到英殖民主义者长达近两个世纪的血腥掠夺和残酷压榨，国民经济基础十分孱弱，农业凋蔽，工业停滞，印巴分治造成工厂和原料生产剥离，印度次大陆经济联系与平衡遭到极大破坏，使独立时的印度国民经济处于极端贫困的状态，[③] 从而导致印度的生产危机达到了警戒比例，充分利用各种经济资源从而增加生产已成为十分紧迫的任务。最后，社会骚乱要求有一个谨慎的政策，而尼赫鲁的态度和方法又被冠为费边主义。由于印巴分治，印度教徒、种姓间的冲突严重，社会矛盾尖锐，激进的共产党和左派组织在全国

---

① ［印］P·P·凯普尔：《贾瓦哈拉尔·尼赫鲁的经济思想》（英文版），新德里，1985年版，第136页。

② 同上书，第133页。

③ 印永辉：《印度的种姓制度》，四川大学出版社1996年版，第60页。

尤其是农村地区影响很大。为了确保国大党对新生印度的领导权，采取一个谨慎的政策，提出并实施一套使各方都能接受且具有吸引力的发展纲领与经济体制是绝对必要的，因为只有这样才既可以安抚统治阶层内部纷争，又能将广大的农民、工人和知识分子吸引并团结在国大党周围，才有利于巩固政权。此外，第二次世界大战结束的同时又形成了社会主义和资本主义两大阵营，东西方冷战发端，苏美两大集团在全球性的角逐中，印度独立后的走向无疑是两大阵营关注和拉拢的对象。面对纷繁复杂的国际形势，处于夹缝中求生存的印度为了能左右逢源，选择了“不结盟”的中间道路，而实行混合经济体制似乎是其最佳选择。内外因素的合力迫使尼赫鲁作出了艰难的抉择，他不得不通过混合经济来找到一条中间道路，以实现其“民主社会主义”之目标。

事实也正如尼赫鲁之后多次在其演讲中指出的那样，印度是一个不发达国家，贫困是其直面之敌，无论公、私营经济的资本、技术都十分有限，如果要使民众达到较高生活水平这一目标得以实现，生产的稳定增长是首要前提，唯有公、私营经济同时发挥重大作用，促进生产，才能减缓直至根除贫困。尼赫鲁认为，用国有资金对私营工业进行国有化，既是短视行为又是莽撞的，印度必须考虑眼前以外的需要并应有远见利用资源，否则就会造成资源浪费。因为对私营工业国有化既不会增加 GNP，又会分散经济核心部门增长所需的资本。[①] 显然，就印度当时情况而言，对私营工业国有化是不现实的，它的主要问题是增长而不是对经济权力高度集中加以控制，况且在不实行国有化的情况下，控制私营企业也是可能的，西方国家在第二次世界大战结束前已开先例。因此，印度政府的首要功能应是突出增加生产，而不是着手所有制的调整。从对尼赫鲁经济思想分析中可以得知，尼赫鲁采取务实态度选择了费边改良主义方式，通过混合经济走上了既与西方资本主义又与东方社会主义相互分别的中间道路，1948 年“工业政策决议”的出台，宣布了私营经济在混合经济中的合法地位。

① ［印］P·P·凯普尔：《贾瓦哈拉尔·尼赫鲁的经济思想》（英文版），新德里，1985 年版，136 页。

二、印度“私有化”行动与政策调整的历史选择

事实上，印度早就孕育了私有化的思想。比如1962年尼赫鲁向印商业联合会年会作报告时说：“私营企业是一件好事”，“压制私营企业是一个坏事”；1963年印度最大的资本家G·D·比拉说：“印度的公营企业将成为私营企业的动力”，“私人工商界，在尼赫鲁政府内和国大党内，从来都有相当的代表性，不管人们口头上如何称呼他们。”[①] 20世纪70年代，人民党在执政时更强调发展农业、私营企业和小工业；1980年东山再起的英·甘地开始重视市场功能，放松对私营企业和外国资本的控制，并将私营部门在计划投资中所占的比重从“五五”计划的45%提高到“六五”计划的47%；20世纪80年代中期，拉·甘地也强调：“公营部门不应扩展到不应进入的领域”，“我们给予公营企业的任务应是私营企业力所能及的，但要向私营企业开放更多的门类，使之能自行扩大，使经济更自由化”。拉·甘地推行的私有化政策并不像世界许多国家那么强烈，但印度通过把北方邦水泥公司的所有权转让给桑贾伊·达尔朱工业公司的方式对私有化进行了初步尝试。[②]

(一) 扭转公营企业持续多年亏损的局面

根据尼赫鲁建设“社会主义类型社会”的方针建立和发展起来的“混合经济”模式，印度公营企业长期以来控制着国民经济制高点，扩大公营部门成了1956年的工业政策及其以后相关工业政策中不可分割的一部分，印度中央和各邦政府都在许多生产、贸易和金融部门建立了一些公营部门的企业。印度公营企业肩负着既讲社会效益、又讲经济效益的双重任务，结果却事与愿违地导致公营企业日趋严重而且自身无法克服的致命弱点——亏损严重，效率效益低下的情形。

由于缺乏效率，投入—产出率低下，加上官僚腐败现象严重等问题的

---

① ［英］迪利普·希罗著，裴匡丽、戴可景译：《今日印度内幕》，天津人民出版社1980年版，第139页。

② 杨文武：“论印度公营企业私有化问题”，《南亚研究季刊》1998年第1期。

存在，公营企业出现了严重亏损。印度庞大的国家垄断企业不仅长期亏损，而且亏损不断增加；不仅部属公营企业亏损而且非部属公营企业亏损更为严重。正如印度经济监测中心的下列评论十分精辟地总结道："一般来说，中央政府企业的亏损受到广泛的注目，人们并不了解亏损最严重的却在邦政府企业中。"[①]

20世纪60年代后半期，印度中央政府所属公营企业的利润率逐渐下降，到1967—1968年度仅为2.2%，比当时4.5%—5.25%的借款利率还低。20世纪70年代，印度中央政府所属公营企业更全面亏损，到1980—1981年度，其税后利润甚至为-20.3亿卢。[②] 从1960年到1980年的21年中，整个公营企业竟有11年全部亏损，80年代亏损企业多盈利企业少。[③] 巨额亏损不仅使中央财政不堪重负，而且严重影响了国内外投资者的积极性。在1980—1981年度获净利润206.0亿卢比，而亏损国有企业亏损20.3亿卢比。[④] 据印度财政部的一项研究，从1985—1986年度到2000—2001年度的10多年内，印度国有企业的亏损达到2800亿卢比。在1997—1998年度获净利润1371.99亿卢比，而当年国有亏损企业亏损额达655.94亿卢比，在236家国营企业中盈利企业只有134家，而亏损企业高达100家，占国有企业总数42.4%，不亏不盈企业2家；在1998—1999年度印度国有企业的净利润为1323.46亿卢比，而亏损国有企业的亏损额高达927.42亿卢比，在235家国有企业中盈利企业有127家，亏损企业有106家，占国有企业总数的45.1%，不亏不盈企业有2家。由此可见，印度国有企业亏损状况呈恶化趋势。

仅1997年印度国有企业亏损额就相当于政府用于农业的全部费用，两倍于投资教育事业的费用。印度国营企业1998—1999年度的亏损额比1989—1990年度上升340%，达846.12亿卢比。2000—2001年度一年就达到1400亿卢比，这相当于政府用于农业的全部费用。2007—2008年度

---

① 王德华："中印两国发展市场经济比较研究——学习邓小平社会主义市场经济理论的一些体会"，《南亚研究季刊》1996年第2期。

② ［印］《公营企业调查（1990—1991年度）》，第1卷有关部分。

③ 杨治：《产业经济学导论》，中国人民大学出版社1985年版，第21页。

④ ［印］鲁达尔·达特、K·P·M·桑达拉姆著，雷启淮等译：《印度经济》（上册），四川大学出版社1994年版，第353页。

印度中央政府企业亏损额就高达 1025.7 亿卢比，2008—2009 年度更高达 1442.4 亿卢比。[①] 这些数字说明，如何改善或处理国有企业的问题对印度今后的经济发展具有非常重要的意义。

再从投资与储蓄占国民收入的百分比来看，1994—1995 年度印度公营部门投资与储蓄占国民收入的百分比分别为 9.4% 和 1.6%，差额为 -7.8%，私营部门的比率分别为 14.21% 和 20.2%，余额为 +5.99%。2000—2001 年度公营部门投资与储蓄占国民收入的百分比分别为 6.9% 和 -1.8%，差额为 -8.7%，私营部门的比率分别为 17.4% 和 25.3%，余额为 +7.9%。2004—2005 年度公共部门投资与储蓄占国民收入的百分比分别为 7.2% 和 2.2%，差额为 -5.0%，私营部门的比率分别为 21.2% 和 28.8%，余额为 +7.6%。[②] 2007—2008 年度公共部门投资与储蓄占国民收入的百分比分别为 8.99% 和 5.0%，差额为 -3.99%，私营部门的比率分别为 27.6% 和 31.4%，余额为 +3.8%；2008—2009 年度公共部门投资与储蓄占国民收入的百分比分别为 9.4% 和 1.4%，差额为 -8.0%，私营部门的比率分别为 24.9% 和 31.1%，余额为 +6.2%。[③] 可以想象，即使在 20 世纪 90 年代印度公营企业经济效率与效益仍然令人担忧，并且远不如私营部门。在这种情况下，谈其实现社会效益岂不是自欺欺人吗？印度私营企业有硬预算约束（即投入产出比，坚持利润最大化原则），而公营企业的预算是软性的。印度公营企业的巨额亏损则只有靠政府财政支持，甚至亏损企业的行政费用也要政府拨款。公营部门经营效益的低下已经成为制约经济增长的沉重包袱，由此政府不得不采取了一些措施，力图解决政府的财政负担，增强公营部门的活力。

（二）有利于缓解印度政度减少财政赤字的压力

据估计，政府预算的 40% 都用于支持公营企业，这样加重了印度政府预算赤字、国际收支失衡和通货膨胀。在 1991 年 6 月拉奥总理上任时，印度处于非常严重的经济危机之中：外汇储备仅有 12 亿美元，处于不能

---

① Government of India：Economic Survey 2009 -2010.

② Central Statistical Organisation（as reported in Indian Economic Survey，2001 -02，p.7）and RBI Annal Report，various issues.

③ Government of India：Economic Survey 2009 -2010.

兑付外债的边缘；1990—1991 年度印度中央政府的财政赤字占国民生产总值的8.5%；1991 年8 月通货膨胀率高达17%。世界银行和国际货币基金组织仔细研究了印度的经济状况之后，下了最后通牒："除非印度开放经济，实行改革，否则世界银行和国际货币基金组织就撒手不管，不再资助了。"

即使在1994—1995 年度，印度预算财政赤字达5770.4 亿卢比，财政赤字占当年 GDP 的比重为 6.1%；1995—1996 年度高达 6401.3 亿卢比，财政赤字占当年 GDP 的比重为 5.41%。而且在此后的大多数年份里，政府财政赤字占 GDP 的比重基本保持在 5%—6%。由于农业补贴增加和实施经济刺激计划，2008—2009 年度印度政府财政赤字占国内生产总值的比例超过 6.5%，创 7 年来新高。根据已经公开的财政预算，印度政府计划 2009—2010 年度财政预算赤字（约 4.5 万亿卢比）占 GDP 总额达 6.8%，创下 16 年以来的最高水平。同时由于邦政府也存在类似的财政赤字，中央及邦的总财政赤字始终占到 GDP 的 10% 左右。[①]

尤其是近年来，印度政府每年大概需要筹集 2500 亿卢比应对财政短缺以满足与国家技术竞争相关的国家旗舰方案，同时经济的下滑也影响了政府财政收入的增加。尽管靠减持国有企业股份并不是长久之计，但就当时情况而言，印度政府不得不选择加速减持国有股份以缓解财政赤字压力。

高额的财政赤字和债务偿还不仅限制了政府必要的生产性投资，而且挤占了私人部门更有效的投资。所以，为了弥补财政赤字、避免国际收支失衡、提高公营企业经济效益，印度政府通过大幅减持大型国有企业的股份，筹集大量资金以弥补财政预算亏空，甚至曼莫汉·辛格政府几乎每个月都要减持国有上市公司股份，走"公退私进"的公营企业"私有化"道路。

（三）破解印度公营企业管理之难题

长期以来，印度政府对国有企业一直采取过于"严"或过于"死"的行政管理手段。重要公营企业的领导人员，如理事会、董事会（往往

---

① 葛颖："印度改革以来的经济形势分析"，《当代亚太》2002 年第 10 期，第 28 页。

充塞着非专业人员，这些人要么是落选的政客，要么是有很硬的政治后台的人物）、总经理以及高级管理人员都由政府任命；企业的经营活动，如投资规模、生产指标、工资调整、价格和利润以及日常工作的许多事项都得向政府有关部门请示报告，接受国会的审查；企业的全部或大部分资金都由政府调拨，企业的全部或大部分收入都上交政府，企业很少有经营自主权；在决定政府财政对公营企业的投资数量、投资领域和投资地点等方面，政府拥有绝对权力。普遍认为在印度宏观经济管理中的突出问题就是政府管得过多过死，导致公营企业缺乏自主权，[①] 即使是很小的决定都要请示政府。此外，公营部门还存在着严重的超员现象，一些大的公营企业如印度煤炭公司有近 70 万员工，据保守估计，其中 1/3 是多余人员，类似的现象也存在于银行以及中央和各邦政府公营部门的其他企业之中。[②] 虽然在 20 世纪 80 年代初，英・甘地和拉・甘地时期均对印度公营企业的管理权限、私营企业的经营范围和投资规模放宽了很多，这些改革基本上是基于当时印度经济发展要求之需要，但因意见分歧较大，成效不显著。

（四）受世界经济私有化浪潮的外在影响

第二次世界大战后世界经济私有化的理论依据主要是新自由主义思潮。新自由主义强调自由、选择、自由市场、有限的或减少政府的行政干预和个人民主。他们认为国家行为会对个人自由选择构成威胁，国家的主要作用就是依靠法律规范建立一种能使个人自由地施展才能的环境，而自由市场是确保个人最大限度的自由选择的最好体系。比如西德新自由主义者认为中央管制经济的主要弊端在于中央计划机构不可能合理地配置资源，权力过于集中会使政府官吏独断专行、滥用职权，经济个体丧失自由决策权等；同时提出建立“社会市场经济”，而“社会市场经济”的基本前提是“有效的竞争制度”，当然并非“资本主义的私有制”一定是有效竞争制度的先决条件。[③]

① 沈若愚：“略谈印度宏观经济管理”，《南亚研究》1988 年第 4 期，第 6 页。
② 葛颖：“印度改革以来的经济形势分析”，《当代亚太》2002 年第 10 期，第 29 页。
③ 罗节礼：《现代西方主要经济思潮》，西南师范大学出版社 1989 年版，第 147 页。

在这些思想的影响下，世界经济领域曾出现过几次大的私有化浪潮。20 世纪 70 年代末，英国撒切尔夫人搞国营企业私有化；80 年代初美国里根主义私有化之风在亚太地区盛行；20 世纪 90 年代初东欧巨变、苏联解体，私有化更以前所未有的速度发展，就连巴基斯坦刚上台不久的谢里夫政府也宣布实行国有化银行和公营企业私有化，并规定在 1991 年内就要将全国 115 家公营企业的 60% 至 70% 的股权出售给私营企业部门。在 1980—1992 年全球有 1. 5 万多家公营企业私有化，其中东德占 7%，东欧和中西亚地区占 18%，完全出售给私营部门的有 3800 家。[①] 而且在 1988—1994 年期间全球 85% 的公营企业私有化都发生在发展中国家，这些国家收入的 35. 5% 都是依赖于公营企业私有化的交易所得。而印度仍然是一个不发达国家，它不得不受世界经济私有化浪潮的影响。

三、“公退私进”的“私有化”行为方式及其主要特点

广义地讲，私有化主要是减少社会对政府的依赖性和运用市场力量来满足人们对物质与社会服务需求的过程。狭义的概念认为私有化就是把公营企业全部或部分出售或转包给私营企业，以及将政府某些行为让予私营部门的过程。巴巴拉·李和约翰·奈利斯给私有化下了一个更为简短明了的定义，就是：“把私营部门溶进公营企业的所有制和经营管理之中的一般过程。”[②] 因此，我们认为私有化既包括公营企业所有制的变更，又包括公营企业组织制度和经营管理制度的转变的一般过程，而我们论述的印度公营企业私有化就是采用二者综合的统一体。

（一）世界范围内私有化的方式

世界范围内私有化的方式概括起来不外乎有以下几种形式：

第一，直接出售公营企业，即通过竞价拍买的方式将公营企业的所有

---

① ［印］《政治经济周刊》1997 年 7 月，第 1608、1615 页。

② 兰德·达米贾：“印度的私有化：问题的方方面面”，《管理杂志》1991 年第 4 期，第 1 页。

权全部或部分地出售给某个投资者或某些投资者。在1988—1993年期间发展中国家通过这种方式私有化的收益占总收益的57.74%。第二，公共持股，即将公营企业的股权分成若干份，让公众共同持有股份，这样可以避免产生私人垄断。在1988—1993年期间通过这种方式获得的收益占发展中国家私有化总收益的38.49%。第三，放宽经营特许权（占总收益的2.18%）。第四，合资经营（占总收益的1.25%）。第五，公营企业管理权的出让（占总收益的0.21%）。第六，破产（占总收益的0.07%）。第七，租赁（占总收益的0.05%）。

由此可见，世界范围内发展中国家私有化主要采取公营企业所有权变更的方式。包括直接出售公营企业和公共持股两种方式。

（二）印度私有化的行为方式

印度政府成立了公营企业私有化委员会，制订了分阶段进行公营企业改革的计划。印度私有化过程并没有采取传统的私有化模式即出售和公共持股，而是侧重于对公营企业的组织制度和管理制度的变化，即在不同部门放宽对私营部门的限制，增加私营部门的市场份额，以此增强公营企业的竞争力。概括起来主要有三种方式：

第一，公营企业所有权的私有化，即全部或部分出售公营企业的所有权。[①] 自1991年实行经济改革后，为了弥补财政赤字，印度政府就开始采取措施出售公营或国有企业所有权或出售某些国营企业的部分股票（控制权），将一些公营部门政府持股的20%甚至更多股权转让给金融机构、工人（允许职工有权按合理的条件购置股份）等，也允许印度石化公司、印度工业发展银行、工业金融公司等公营企业进入市场增加股本。因而减持（disinvestment）或私有化，也是印度政府增加财政收入的一个途径。

而且，在1996年印度成立了“减持委员会”（Disinvestment Commission），要求对“非战略性的和非核心领域”的公营部门减少政府股份甚至可以完全私有化。1997—1998年度已将50家公营企业股份出售，减持

---

① 主要针对赢利公营企业的部分股份出售给合股公司、金融机构及普通群众和职工，政府将投资部分抽回；对于低技术企业、规模小和非战略性企业、效益低和非生产性企业、与社会和公共事业关系不大的企业等，有选择分阶段地实行部分私有化；将长期处于病态扭转无望的企业提交给工业和金融复兴委员会及其他高级机构处理。为保护工人利益，国家建立一套社会保障机制。

幅度从5%—49%不等，印度人民党政府还宣布将大部分公营企业股份减少至26%。[①] 1998—1999年度的预算减持目标为500亿卢比，1999—2000年度为1000亿卢比，2000—2001年度为1000亿卢比。2001—2002年度的预算在这方面跨出了一大步，规定本年度的减持目标为1200亿卢比。2009—2010年度的预算减持目标为2500亿卢比，2010—2011年度为4000亿卢比。[②] 但由于过去计划体制的影响和意识形态方面的原因，减持的规模不大，实际减持成效更不理想。除此之外，政府还鼓励公营企业合并、并购和合资经营等。

第二，公营企业管理权[③]的私有化。印度公营企业管理权私有化主要有以下几种形式：

大规模地采用基于谅解备忘录制度[④]的绩效合同制，给予公营部门企业以多种经营、广泛横向联合和扩充的权力，以及像私营部门所拥有筹集资金的权力等。1991—1992年度，与政府签订谅解备忘录的中央公营企业有71家，1998—1999年度达108家，[⑤] 2008—2009年度达到了143家。[⑥]

转包合同制，即将所有公营企业的餐饮娱乐等服务行业转包给私人企业，转包合同项目主要指一些劳动密集型的行业，便于扩大就业机会。

出租和经营特许权的出让。据统计1989—1990年度印度有23%的公营部门企业的设备利用率仅达50%—75%。因此，印度政府可以选择出租一些公营企业闲置和未充分利用的设备，如一些电讯设备和铁路干道等，并允许私人部门租赁或经营。

专业化管理。规定更换所有非部属企业董事会成员的1/3，政府提名的领导不得超过董事会成员的1/6。又如1986年10月政府任命塔塔等一

---

① 葛颖："印度改革以来的经济形势分析"，《当代亚太》2002年第10期，第29页。

② Government of India: Economic Survey 2009 - 2010.

③ 或者说，继续推行谅解备忘录制度，进一步扩大企业自主权。

④ 谅解备忘录规定：政府尽可能不干预企业日常经营管理业务；在政府规定的指标内，企业可不经批准增加产品种类，扩大生产；也可不必全部上缴新增利润，留作扩建或技术改造之用；企业可用可支配外汇进口生产所需机器设备；有权制定鼓励生产的各类措施，包括奖励各类人员等。

⑤ Department of Public Enterprises (Government of India), Annual Reports, MOU Newsletter and related documents. New Delhi. 225.

⑥ http://www.dnb.co.in/universitiesofindia_2008/PSU_updates.asp.

些经营良好的私人公司的企业领导人为公营企业像印度航空公司、印度国际航空公司、印度工业发展公司、国家贸易公司等的主席或总经理，以把私营企业的管理机制引入公营企业。印度政府行政改革委员会要求健全公营企业领导机构，要求每个董事会应由有专门知识、竞争能力和经营本事的行家组成，以避免瞎指挥。

为了在公营企业中提倡一种商业主义和职业主义的精神或氛围，在公营企业职工中形成更为强烈的责任感、工作精神和职业道德，将公营部门的工资政策与生产效率相联系。

第三，营造“私有化”的市场竞争环境。其实，印度从首任总理尼赫鲁开始，主要实行国家干预经济政策，那时社会政治经济生活中尤其是国民经济中存在着某些社会主义因素。这一经济政策从1991年起发生了本质改变，国家在经济上更多吸收和更加依赖外国资本，并尽可能地让公营企业从经济领域中退出，尽力为各种私人经济活动让步，给予私人资本以更大空间，① 并营造公营企业走向市场和公私企业公平合理竞争的市场环境。其具体措施主要包括：（1）取消工业许可证制度。以前在印度有一个复杂的政权制度，许可证和管制几乎支配着生产商和分销商的每一个层面。1991年7月24日宣布的新的产业政策以及后来的修正案为产业政策带来了深远的变化。新的产业政策的主旨是努力创造一个更具竞争力的环境，我们也可称之为内部的自由化，其目的是增加竞争的压力，使企业鉴于市场情况自主作出自己的决定，并为民营企业家扩大范围和自由。保留给公营部门垄断发展的范围大幅度缩小，从1956年“工业政策决议”表A的17项缩减到1991年“工业政策协议”规定的8项，到1992年初又缩减为武器弹药、矿物油、铁路运输、原子能等7项，私营部门也可从中有选择地参与发展，② 到现在已减到6项有关国家安全和环保的行业，此外私人和外资还可投资电讯、道路、港口、发电、炼油等基础设施行业和服务业。因此，逐渐取消工业许可证制度，逐步减弱公共部门产业的垄断性，取消征费和非征费价格制度，降低公共部门的企业优先权。（2）减少和逐步取消对公营企业的预算支持和低利息的信贷支持，让公

---

① 李瑞琴：“印度1991年以来的经济改革”，《中国经贸导刊》2007年第15版，第6页。

② 李德昌：“印度90年代的新工业政策”，《南亚研究》1992年第4期，第2页。

营企业从社会上集资。因为政府对公营企业的金融支持政策加剧了政府的负担。（3）逐步取消管理价格。因为印度公营部门企业的定价政策不完全是依照获取最大限度利润原则制定的，而是受政府的调控，这样违背市场经济规律。（4）制定新的多样化投资战略和努力吸引外资。（5）改革和发展资本市场，充分利用证券市场上的金融资源。

（三）私有化的特点

1. 私有化程度轻、步伐缓慢

相对于东欧、苏联国家采取“休克疗法”进行私有化而言，印度的私有化进程温和得多。从世界范围发展中国家采取的私有化形式来看，主要集中于公营企业所有权的私有化，而印度侧重于公营企业组织与管理的私有化，所有权的私有化主要采用“稀释法”，即在保证国家持有大量股份的前提下出售部分股份给私人，或者通过发行新股票来增加总股本，以达到降低国有企业在全部股本中的比重的目的。但事实上很难有私营企业持有公营企业的股本超过总股本的20%。

我们从表6—1也可以知道印度私有化的进展不大。1994年印度通过私有化获得的收益仅为43.95亿美元，占国民生产总值的1.52%，占总外债的4.44%，而私有化程度较高的发展中国家如匈牙利、墨西哥和阿根廷等，它们私有化的收益与国民生产总值的百分比分别为11.77%、7.44%和6.12%，占总外债的百分比分别为16.79%、21.17%和22.02%。

表6—1　1994年部分发展中国家私有化和经济指标

	私有化的收益（亿美元）	国民生产总（亿美元）	私有化的收益占国民生产总值的百分比	外债总额（亿美元）	私有化的收益占外债总额的百分比
匈牙利	47.04	399.76	11.77	280.16	16.79
加纳	5.33	53.10	10.04	53.89	9.8
墨西哥	271.58	3649.52	7.44	1283.02	21.17
阿根廷	170.38	278.52	6.12	773.87	22.02
印度	43.95	2893.74	1.52	989.90	4.44
中国	63.48	5211.51	1.22	1005.35	6.32

再从表6—2所示，除1991—1992年度以外，印度公营企业私有化或者说减持实际完成值基本上没有达到预定的目标，因此我们说印度私有化程度轻、步伐缓慢。

表6—2 印度公营企业减持情况（单位：亿卢比）

年份	目标值	实际值
1991—1992	250	303.8
1992—1993	250	191.3
1993—1994	350	229.1
1994—1995	400	229.1
1995—1996	700	291.9
1996—1997	500	16.7
1997—1998	480	39
1998—1999	500	900.0
1999—2000	1000	662
2000—2001	100	182.9
2001—2002	1200	不详
2009—2010	2500	不详
2010—2011	4000	不详

资料来源：Government of India. Economic Survery 2001－02、2010－11.

2. 私有化处于低级阶段

我们从图6—1可知，世界经济私有化战略选择可分为4个阶段，而任何一个国家公营企业私有化所处的阶段是与本国政治经济实际情况相联系的。如果一个国家生产力水平高而且采用激进式的高度政治干预，那么公营企业私有化就处于高级阶段而且步伐更快和更为彻底；如果一个国家公营企业私有化时本国生产力水平低而且采用渐进式的低度政治干预，那么公营企业私营化程度轻步伐缓慢，处于低级阶段。

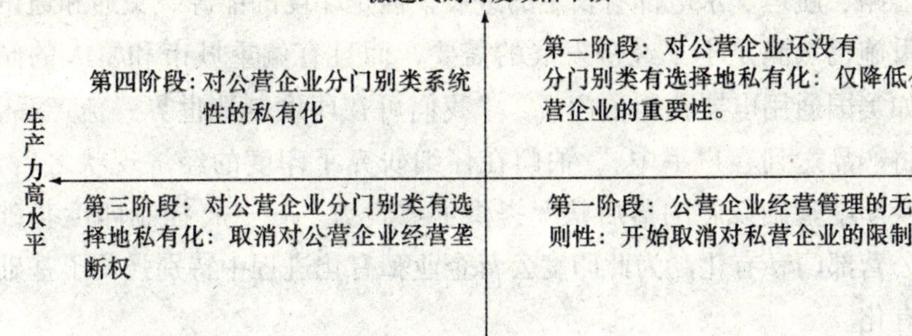

图 6—1　世界经济私有化战略选择

我们从印度私有化所采用的方式与图 6—1① 的分析来看，印度公营企业私有化进程处于第一阶段，这是与印度本身的国情相符合的。

从经济意义上讲，印度本身是一个不发达国家，长期以来公营经济占据国民经济制高点，而且地区发展不平衡，贫富悬殊大，贫困现象十分严重等。

从政治意义上来看，印度本身是一个多宗教、多党派、多种姓的国家，各种矛盾十分激烈而且政局不稳。印度高达政府执政仅 10 个月就被迫辞职，古吉拉尔重组的新政府 7 个月后又被迫下台。所以对于印度公营企业私有化要想进行过多政治干预几乎是不可能的，因为改革就意味着对各集团自身利益的再分配，就连对公营企业是否私有化问题都存在着较大分歧。而且到目前为止，印度政府还没有系统性的私有化政策出台，仅强调了私营部门的重要性，取消了对私营部门的限制，扩大开放，加强世界经济联系，但落到实处的并不多。

3. 强调基础设施的私有化

在西方发达国家经济发展过程中，基础设施的建设往往与整个国民经济发展同步进行甚至超前发展，为其经济发展奠定了良好的基础。而发展中国家由于长期受殖民地的统治，基础设施往往十分落后，成为发展中国家经济发展的“瓶颈”。尽管独立后的印度前 6 个五年计划把总计划费用的 55%—61% 用于基础设施的发展，以后的五年计划更是如此，无论是

---

① ［印］《政治经济周刊》1997 年 7 月，第 1608、1615 页。

铁路、公路、航运、水电都有长足的进展，但是印度的能源、交通和通讯等基础设施仍然满足不了经济发展的需要，而且有偏重城市和富人的倾向。正如美国通用电器公司伯门说："我们可在印度制造世界一流产品，但不能将产品送到客户手中。"伯门在仔细研究了印度的经济现状之后，还为改变印度基础设施的落后状况提供了"良方"——将控制印度基础设施的公营部门私有化。为此印度公营企业私有化进程中特别强调了基础设施私有化。

其实从世界范围内私有化的进程来看，各国基础设施私有化的规模和速度都超过其他部门，尤其是发展中国家对基础设施的私人投资与经营管理发展速度最快。早在20世纪70年代初美国率先实施基础设施私有化，印度也允许私营部门参与电力、航空运输、公路运输等一些价值增殖和基本服务项目，私人可投资修建公路、桥梁和港口等设施。比如，在通讯方面，新德里和孟买两个主要的城市已改变成独立的通讯公司；在电力方面，中央政府和邦政府所属的电力公司允许私营部门参与；允许出租港口码头等设施。再如，1994年一些规模较小的私人航空公司纷纷设立并与国营企业印度航空公司在国内航线上展开竞争。印度私营部门参与基础设施的修建与经营管理是印度公营企业私有化的一个主要政策，① 这一点是值得其他国家学习和借鉴的，因为它为本国经济持续发展增强了后劲。正如R·V·拉奥搏士所说的那样："基础设施和发展之间的联系不是一劳永逸的事情，而是一个持续不断的过程；如果我们要实现宣称的加快经济自我发展的速度这一目标，那就必须在这一发展过程之前、之中和之后促进基础设施的进步。"②

4. 公营企业"私有化"行动与政策调整困难重重

公营部门的改革不仅遭到普通工人的反对，而且一大批与公营部门有关的既得利益阶层（主要是政府官员、企业领导人等）也反对大规模改革。由于公营经济牵涉选民的利益，所有执政党，无论其政治倾向如何，都发现公营部门很容易用于政治目的，③ 特别是一些地方政府和利益集团

① ［印］《政治经济周刊》1996年12月，第M—64页。

② ［印］R·V·拉奥博士："基础设施与经济发展"，《商业》年刊，1981年。

③ Uma Kapila, Recent Developments in Indian Economy (v.4), Delhi, 1993, pp.52—53.

借口维护选民的利益更是反对“私有化”，就连国大党左翼出于社会主义类型社会信念的考虑，也强烈反对改革。例如，“党派联盟的最低纲领并不包括出售有利润的国家企业（如石油和天然气公司）多数股份这一条。没有收益的国有企业在传统上为左翼提供就业机会和忠实选民（人们称之为‘投票银行’），这些企业萧条的市场很难使它们实行私有化”。[①] 更不用说诸如崔纳木国大党（TC）和达罗毗荼进步联盟（DMK）等反对联盟力争阻止以国大党为首的团结进步联盟的公营企业私有化改革。因此，印度私有化改革必须小心谨慎。

四、“公退私进”的“私有化”行动与政策调整需重视的主要问题

尽管公营企业私有化是印度发展的大趋势，但考虑到印度历史与现实原因，私有化又必须采取十分谨慎而又较温和的政策措施。因为尼赫鲁“社会主义类型”的建国方针，给印度政治经济等各个领域都打下了深深的烙印。就连拉奥总理也认为：“对于普遍存在贫困和匮乏的国家来说，政府不能免除参予进行经济决策的责任。国家有责任确保人民最低限度的社会福利。”

而目前印度公营企业有限的私有化又失去了原来的意义。无论是从印度公营企业私有化的方式、程度和成效来看，私有化都仅限于表面现象，而公营企业私有化最关键的问题就是涉及到公营企业所有权的私有化。印度对有选择的34家公营企业出让股权成效不显著，所以在公营企业深层次的私有化或者说经济改革方面还要特别重视以下几个方面的问题：

第一，私有化本质上是一种实用主义，因而一方面政府应制定政策保护弱者、帮助穷人，比如“扶贫计划”，还要维护社会稳定，打击违法犯罪；另一方面广大人民应积极主动发挥自己的聪明才智，理解与支持政府，统一思想认识。

---

① 乔·约翰森，雷伊·马塞洛，东坡译：“印度的迂腐体制是私有化的障碍”，《国外社会科学文摘》2005年第10期。

第二，在目前还未进行所有权私有化而且公营企业也不可完全100%私有化的情况下，公营企业应尽可能地提高自身的经济效益，对组织形式和管理制度进行创新与挖潜。根据图6—2可知，AA曲线表示私营企业产量与平均成本在市场经济竞争中成反比的关系，MN曲线则表明公营企业产量与平均成本在国家垄断经济环境中成正比例的关系。很明显同一产量上MN曲线上的平均成本高于AA曲线。其原因主要在于公营企业缺乏外部竞争压力，内部组织与管理效率低、浪费与懒惰、贪污与腐化、规模不经济等，这些因素导致在同一产量甚至同一产品上，公营企业的平均成本会高于私营企业（当然，这里并不排除公营企业有讲究社会效益的情况）。所以公营企业也应立足自身的改造。

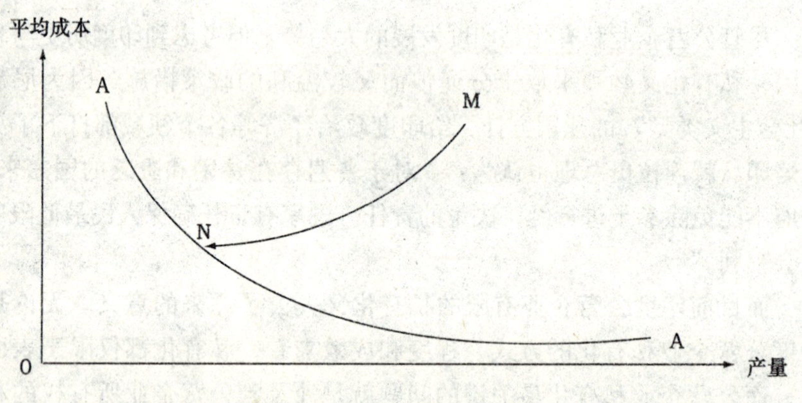

图6—2 公、私营企业产量与平均成本曲线图

第三，建立和健全社会保障体系，因为私有化必然涉及到裁减雇员，国家应对失业救济者提供人道主义援助。[①] 所以要制定一系列社会经济发展政策，投资于人力资源的开发，坚持以人为中心的发展道路，[②] 强调效率与公正。

第四，城市工业化的同时，绝不放松农村工业化。因为农村无论从就

---

① ［印］《月评》1997年3月，第22—23页。

② ［印］《计划》1997年11月，第26页。

业机会还是从经济水平的提高等方面都还有巨大的开发潜力。

第五，建立健全有利于公平竞争的市场体系。

由此可见，“印度从首任总理尼赫鲁开始，主要实行国家干预经济政策，那时社会政治、经济中有一些社会主义的因素。这一经济政策从1991年起发生了本质改变，国家在经济上更多吸收和更加依赖外国资本，并尽可能地从经济领域中退出，尽力为各种私人经济活动让步，给予私人资本以更大空间”。[①] 尽管印度公营企业私有化进程虽然才刚刚起步，或者说现在或将来会遇到这样或那样的困难，但它毕竟是发展的大趋势。而且我们深信：一个没有效率与效益的公营企业在国际国内市场竞争日趋激烈的海洋中，只能像一位永远也不会游泳而最终只能靠营救的罗马贵族。[②]

因而，从所有制形式的调整而言，印度国民经济管理模式演化主要立足于扩大私营部门在国民经济中的份额，降低公营部门在印度经济发展中的“制高点”的地位与作用，并希望以国民经济所有制结构调整作为其经济改革或者说经济发展模式演化的突破口，缩小公营企业的经营范围，扩大私人企业的经营范围。

第三节　管理方式——由经济计划管理模式逐渐向市场化导向的政策管理模式转换

20世纪90年代以来，“作为发展中国家市场经济的一种类型”[③] 的印度进行了经济改革与调整，“尽管经过调整与改革，印度的财产所有制形式并没有发生本质变化，但是印度却对资源配置方式进行了重要变革”，[④] 印度经济管理方式也正由经济计划管理模式逐渐向市场化导向的

---

① 李瑞琴：“印度1991年以来的经济改革”，《中国经贸导刊》2007年第15期，第6页。

② ［印］《政治经济周刊》1997年9月，第2294页。

③ 于海莲：“研究欠发达市场经济向发达市场经济过渡的一部佳作——评《印度市场经济体制》”，《世界经济与政治》1994年第12期，第75页。

④ 文富德：“印度经济管理模式浅析”，《南亚研究》2006年第1期，第14页。

政策管理模式[①]转换。

一、独立后印度经济计划管理模式[②]存在的客观必然性

（一）印度经济计划管理是印度发展的思想基础

独立后，印度领导人认识到市场机制给西方经济造成的周期波动，西方资本主义各国不仅政府有计划，私人企业的热情拥护者也完全承认计划，而且苏联及其他社会主义国家经济计划管理也取得一定的成就，因此为了建设“社会主义类型社会”，必须实行经济计划。同时，印度学者也

---

① 根据资源配置方式标准，国民经济管理的调控形式和手段、决策权限划分以及组织行为是宏观经济管理模式中的核心问题。传统的资源配置方式划分成市场与计划两种，这曾经是持续长达半个世纪的世界性争论焦点。今天，随着绝大部分计划经济模式已经逐步转型到市场经济模式，因而所有有关资源配置方式的争论已经集中到市场经济内部中政府配置资源问题，集中到政府对市场干预的形式和程度方面。从政府主动制订雄心勃勃的发展计划强力引导民间资源，到政府采取随机调控政策防止经济波动反经济周期，形成了两种不同的管理路线，因而形成计划管理模式和政策管理模式。这两种模式有时是非此即彼的，但有时又是共存互补的。从管理角度考虑，在这种模式中要解决的问题是在一定的经济发展阶段中何种管理方式更为有效。从历史角度上看，政府计划模式曾经是一国经济起飞和快速成长的首选模式，之后政府政策模式又是一国经济进入成熟和稳定增长的主要模式。两种模式中都存在或者政策为辅或者计划为辅的补充方式。

② 印度政府认为，独立后印度应在构成混合经济的基础上，坚持实行经济发展的五年计划，利用经济计划配置重要生产要素。印度的“经济计划”模式是，按照联邦政府既定的社会发展目标，通过国家预算和相应的计划手段，从而取得最大经济效益的一种经济发展模式。这种“经济计划”有两个主要内容：

第一，为了实现发展目标需要有一整套计划机构和计划手段。1950 年成立国家计划委员会，负责制订全国发展计划；同时，各地方政府制订地方发展计划，甚至各经济部门也制订发展计划，从而形成完整的计划体系。更为重要的是，全国发展计划须经过议会审查批准，地方发展计划须经地方议会而且国家发展委员会的批准。因此为加强对经济计划的执行，在印度中央政府内还设立了计划执行部。印度中央政府和邦政府都设有计划委员会，在国家发展委员会指导下编制五年计划和年度计划。国家发展委员会由总理主持，其成员包括所有的内阁成员和各邦的首席部长。中央计委主任通常由总理或副总理兼任。

第二，需要有一套对各种资源的最佳使用和发展利益公平分配的制度。而且，要在一种“民主”的制度下，由“公正”的专家把政府提出的消费、生产、投资、贸易和收入分配计划与社会发展目标用经济计划的形式协调起来。这种计划不仅只从经济学的角度和提高人民生活水平的观点考虑，而且必须从文化和精神的社会准则以及人的生存角度给予必要的重视。计划的基本点是使国家在各个方面都得到发展。因而，印度在每个五年计划文件中，要规定计划期内国家社会经济发展目标和主要社会经济指标，包括公私部门、各政府部门和各地方政府的投资额等。印度这种把投资引入所希望的渠道的计划，不同于由市场力量决定资源配置的指导性计划。

认为，发展计划不需要与社会主义的意识形态联系在一起，市场调节也不必与资本主义的意识形态相联系。[①] 于是印度“试图把战时计划和控制的经验，国内要求实行经济民族主义政策的压力，以及民族主义运动中存在的自由主义的、甘地主义的和社会主义的思想矛盾倾向都揉合在一起”，[②]形成在不放弃市场调节机制（因为市场机制给西方经济带来的活力，为发展民族经济，印度不必放弃对市场机制的运用，从而使市场机制继续在印度经济发展中发挥作用）的同时，又坚持实行国民经济发展计划和混合经济制度。因而，印度经济计划管理模式是由一系列战略抉择形成的妥协方案，由这些战略抉择产生的模式日益发展为一套政策，并成为印度经济发展的思想基础。

（二）印度经济计划管理是实现经济起飞和快速成长的必然选择

从理论上讲，古典的静态的均衡理论不适用于像印度这样的发展中国家的经济高速发展。这是因为“第一，发展中国家是严重的短缺经济，市场自发调节在短期内并不能导致供给的大量增加和经济的重新均衡；第二，发展中国家市场信息不完全，市场机制不完善，从而市场调节不能充分而有效地发挥作用；第三，市场机制的自发作用可能导致垄断，发展中国家由于市场相对狭小，与发达国家相比，更容易形成垄断；第四，市场机制的运行即使能导致经济的均衡，但也不一定符合国民经济的整体发展方向；第五，市场的自发调节是一个缓慢的过程，不适应发展中国家迅速积累资金，尽快发展经济的要求等等”。[③] 从实践角度来看，独立后发展中国家在其经济发展中，普遍奉行国家干预主义，通过国家计划直接调控国民经济的运行，以加速经济发展，达到预期的目标。

因而，市场机制在人口多、底子薄且相对落后的发展中国家——印度发挥作用有其局限性，在实践上必然导致国家干预经济的计划机制的产

---

① 文富德：“论印度的经济计划与市场调节相结合”，《南亚研究》1991 年第 3 期，第 34 页。

② 罗·哈德格莱夫、斯·科哈纳克：“印度的经济和政治发展模式”，《经济社会体制比较》1989 年第 4 期，第 26 页。

③ 王敬村、刘力：“是压抑市场还是支持市场——印度和韩国计划机制的分析比较”，《兰州商学院学报》1993 年第 1 期，第 28 页。

生。更何况1947年独立后，尼赫鲁总理希望改变落后的、殖民地性质的农业经济，并在20世纪末实现工业化，把印度建设成为“一个有声有色的大国”的战略指引下，尼赫鲁选择了既不同于资本主义的市场经济，也不同于苏联的中央指令性计划经济的第三条道路，即以公营和私营并存的混合经济发展计划为手段，在各个五年计划中均确立相应的经济增长目标。例如，“一五”计划GDP的年均增长目标为2.1%（实际为3.6%）；“三五”计划为4.5%（实际为4.3%）；“八五”计划为5.6%（实际为6.7%）；“九五”计划为6.5%（实际为5.5%）；“十五”计划为8%（实际为7.8%）；“十一五”计划为10%（实际为8.2%）；在“十二五”期间将维持10%的增长率，以便在2016—2017年度人均收入水平达到成倍增长目标。由此可见，印度的“计划经济”模式是按照联邦政府既定的“社会主义类型”社会发展目标，通过国家预算和相应的计划手段，加强国家控制和发展经济能力，建立一个独立自主、消灭贫困和争取社会公正的国家，将经济计划管理作为促进其经济起飞和快速成长的重要手段，从而取得最大经济效益的一种经济发展模式。

（三）印度经济计划管理是实现社会公平的重要手段

根据印度《宪法》的指导原则规定，“国家政策的目标主要是：所有公民不论性别都有获得足以谋生的手段的平等权利；社会资源的所有权和控制权的分配应最大限度地保障普通人的利益；经济制度的运作不导致有损于公众利益的财富集中和生产资料的集中”，① 指导原则表达了人民对经济增长抱着什么样的愿望。因而，政府把计划作为促进经济发展与实现社会公正的重要途径。正如第一个五年计划中指出的那样：实现经济平等和社会公正……这些目标没有哪一个能在排除其他目标的情况下实现，发展计划必须对所有目标给予均等的重视。从“四五”计划开始，计划的目标就不仅仅是增长，而是提高那些数代甚至几个世纪生活在赤贫之中的人们的生活水平。其实，早在20世纪70年代初期印度政府就已提出“消除贫困”和“公正增长”的口号，其目的是要清楚地表明，强调的重点

---

① ［印］鲁达尔·达特、K·P·M·桑达拉姆著，雷启淮等译：《印度经济》（上册），四川大学出版社1994年版，第232页。

是在消除贫困而不仅仅是增加国民收入。如“八五”计划中“增加就业，控制人口增长率，普及初等教育和扫除15岁龄组中的文盲，为农村广大民众提供清洁饮水、基本医疗卫生设施、公路、能源”；“九五”计划中的“优先发展农业和农村地区，以创造充分就业机会和消除贫困，确保所有人的食品和营养，特别是社会的贫弱阶层及包括少数民族在内的食品和营养，授予妇女和包括表列种姓、表列部落和其他落后的社会贫困阶层更多权力，使他们成为社会经济发展的动力，建立地方黄土地治机构，如乡村评议会、合作社以及互助组织等”；“十五”计划中的“2007年前减少贫困率5个百分点、至少对新增劳动力提供高报酬和优质的就业和2007年前性别认字率与工资标准的差距方面至少减少一半”；“十一五”计划中的“减少消费贫穷比的10个百分点、保证所有政府计划有33%的妇女和女孩为直接和间接受益人和保证所有儿童享受不致导致损害的童年，没有任何强制性的劳动义务”等，这一系列政策举措都用以确保社会公正得以实现。由此可见，印度经济计划管理成为实现社会公正的重要手段。

二、20世纪90年代以来，经济计划管理模式向市场化导向的政策管理模式转换的历史选择

独立30多年来，在尼赫鲁倡导的公营、私营经济并行发展的“混合经济”所有制模式指导下，通过实行印度式“计划经济”，运用国家干预经济的多种措施，印度成为资本主义国家中实行国家干预、制订经济发展计划较早的国家之一。尽管实施国家干预的印度经济建设取得了一定成就，但也暴露出许多问题，并且随着时间的推移，其经济计划管理模式不得不朝着市场化导向的政策管理模式转换。其基本缘由如下：

（一）纠正国营重工业投资优先的计划发展战略

事实上，“从‘二五’计划到‘五五’计划（1974—1979年），印度经济计划的发展战略基本上都沿袭了这一通过对重工业、基础工业和机器制造工业的大量投资来迅速实现工业化的发展战略。其间英·甘地第一次执政时期（1966—1977年）针对严峻的经济形势，虽然对经济政策作了

某些调整、特别是加强了对农业的重视，但总的来说还是继承了重工业投资的工业化发展战略”。[①]“由于尼赫鲁的重工业化战略为独立后印度应历届政府［人民党执政时期（1977—1980年）除外］程度不同地采用，且对印度经济发展产生了巨大的影响，因此在广义上它已成为印度经济计划发展战略的同义语。”[②] 而且，按照重工业投资优先的工业化战略规定，公营部门起主导作用，于是在20世纪90年代以前，除第七个五年计划（公私营部门开支比例47.8∶52.2）外，从“一五”到“六五”计划公营部门投资支出所占比率均高于私营部门（例如从“一五”计划到“六五”计划公、私营部门开支比例分别为53∶47、61∶39、65∶35、64∶36、69∶31和61∶39）。而且，在执行第二个五年计划时，政府颁布了1956年“工业政策决议”，把所有重工业、国防工业和基础设施划归国营，私营只能投资于其他工业。因此，从“二五”计划开始，印度政府就努力扩大公营部门，严格控制私营部门进入重工业部门，以便于政府把国民经济的制高点掌握在自已的手中。由此可见，20世纪90年代以前，印度经济计划管理模式在资源配置上仿效苏联，实行优先发展国营重工业的战略。

然而，经济计划的这种发展战略最为致命的缺陷是导致了印度农、轻、重比例严重失调，全国失业增加，贫困也不断加重。由于对农业、小型工业和家庭工业的重视不够，农业和轻工业滞后，导致粮荒不断，轻工业品短缺；在进口工业设备的同时，必须进口大量粮食；国营企业粗放式的外延投资，加上吃大锅饭的管理方式和国家统负盈亏，亏损严重；生产是为了满足国内市场，进口是为了在本国生产替代产品，出口放在次要地位，于是出现了持续的贸易赤字。因而国营重工业投资优先发展战略必须得到纠正。

（二）改变市场机制未能在资源配置中充分发挥作用的局面

在20世纪50年代至80年代，印度实际上选择了苏联模式，成为世界上除社会主义国家以外对经济干预最多的国家，虽然在混合经济体

---

① 戴永红：“试论印度经济计划的发展战略”，《南亚研究季刊》1991年第3期，第10页。
② 同上。

制下行政命令和市场同时起作用，但是直到20世纪90年代实行经济改革前，印度经济计划比市场机制在资源配置中发挥的作用更大。其主要表现在“印度政府不是致力于市场体系的完善、市场秩序的规范，而是分割市场体系、抑制市场信号；印度政府不是充分发挥市场对企业生产和经营的各种调节功能，而是取代市场直接对企业进行干预；作为其国内市场政策的延伸，印度政府还通过对外汇和进出口贸易实行严格的国家管制的方式，割断国内、国际两个市场的联系，抑制国际市场对优化国内资源配置的作用；印度政府不是随着经济的发展和市场的完善，适当地减少计划的直接干预，而是对经济的控制越来越严厉，计划的范围越来越广泛”。[①] 这必然导致原有的经济计划管理体制僵化；企业尤其是国营企业缺乏市场竞争力与改革创新动力；由于缺乏市场观念的冲击，种姓制度、轻视劳动、宿命主义、抱残守缺等陈腐的习俗和惯例依然存在等。

印度政府对市场机制在资源配置中的作用加以限制，产生了诸如“经济增长缓慢、效率低下，人民生活水平迟迟得不到迅速提高、贫困加剧”等一系列经济与社会后果。正如人民党的“六五”计划（1978—1983年）在回顾30年计划的总体成就时提到：“经过这段时期，停滞和依附性的经济已现代化并更为自立，这是国家值得自豪的一个原因。尽管人口增长，仍保持了适度的人均收入增长率。另一方面，失业和半失业人数仍然很大，生活在贫困线以下的人仍超过人口总数的40%。”[②] 为此，奉行国家干预主义，通过国家计划直接调控国民经济的运行，却排斥了市场机制在资源配置中应有作用的格局必须得到改变。

（三）顺应国际经济秩序的变化

在全球化进程中，从20世纪80年代后半期起，一些发展中国家以新自由主义为指导，重新审视新的世界经济格局，并着力调整国内经济政策，逐步开放国内市场，积极推行市场经济改革的发展战略，通过以出口

---

① 王敬村、刘力：“是压抑市场还是支持市场——印度和韩国计划机制的分析比较”，《兰州商学院学报》1993年第1期，第29—30页。

② 印度计划委员会：《“六五”计划草案（1978—1983）》，第1页。

为导向、减少政府对经济的干预以及奉行实行市场经济政策，形成一批新兴的工业国和地区。

在这种形势下，印度在中央计划下长期形成的半管制经济体制越来越暴露出固有的各种结构性的缺陷和弊端，并日益成为经济进一步发展的障碍。在内外双重压力下，20世纪90年代初，印度总理拉奥利用印度国际收支危机的契机，将印度经济改革进行纵深推进，迈出了改革的实质性步伐，进而使印度经济逐渐走出困境。从1991年印度废除了许可证制度的改革解放市场活力，到1998年后印度人民党瓦杰帕伊连续两次任政府总理，使拉奥改革理念得到进一步的延续，并通过市场化与自由化改革，特别围绕“逐步废止管理价格机制、劳工市场改革、减少为小型工业保留的品种、通过降息改善财政和提高企业竞争力、农业改革和农村发展、对外国私人投资进一步开放”① 等印度第二代经济改革内容的深入实施，印度实现了从半封闭的混合经济模式向开放的市场经济转型，逐渐实现了经济增长方式的调整，走出了印度混合经济模式的困境。

三、经济计划管理模式向市场化导向的政策管理模式转换的具体表现

经过20世纪90年代以来的持续改革，印度经济已从尼赫鲁模式下的半管制经济走向了自由化、市场化、私有化和全球化的道路，传统的以经济计划为主导的资源配置方式已让位于通过市场机制进行资源配置。与此相适应，在宏观经济管理模式上，印度虽仍制订雄心勃勃的经济发展计划，但其计划对市场不再处于支配地位，而是在政府采取随机调控政策防止经济波动中起支持作用。具体而言，印度经济计划管理模式向市场化导向的政策管理模式的转换主要体现在以下几个方面：

① 孙培钧：“印度当前经济形势与第二代经济改革”，《南亚研究》2001年第1期，第8—10页。

（一）从计划委员会的职责变化来看，计划委员会的职责已从控制和管制企业发展转向为企业自由发展创造条件服务①

印度独立后，于1950年建立了国家计划委员会，由尼赫鲁亲自担任主席，开始了经济计划主导国家经济的历程。虽然印度是公私并存的混合经济，但改革前从“二五”起一直实行重工业优先发展的战略，这种经济发展模式的一个重要特点是强调国家和政府在经济发展中的领导作用，着力发展公营企业和有计划地发展经济。公营经济的发展壮大和计划干预，不仅可以为实现尼赫鲁主要生产资料由社会所有和由社会控制，从而在国民经济中占领“制高点”，保障收入和财富的分配更加公平的思想奠定物质基础，更重要的是可以集中资源和控制经济剩余发展战略产业。

因此，在半管制的经济计划管理模式下，印度计划委员会的职责不仅仅限于宏观指导，如拟订、组织实施国民经济和社会发展战略、中长期规划和短期计划；提出运用各种经济手段或政策建议；进行宏观经济的预测、预警；提出宏观调控政策建议，综合协调经济社会发展；研究并提出促进就业、调整收入分配、完善社会保障与经济协调发展的政策等，更重要的是它还拥有广泛的行政干预权力。改革前的计划委员会不仅综合平衡国民经济发展速度、主要生产指标、积累比例、投资规模以及资源分配等国民经济重大问题，而且还有权审批和确定中央各部的规划、重点建设项目以及各邦的计划规模和计划开支。②

事实上，在半管制经济模式中，印度计划委员会通过制定指标和分解指标、下达任务、分配资金和监督执行模式成了企业的指挥者和组织者。对于国营企业，特别是直属中央政府的司局级企业，计划委员会通过资金分配、价格管理等制度严密控制着其投资方向和产品价格；对于私营企业，计划委员会在形式上虽无直接干预权，但通过“工业政策决议”、《主要商品法》和许可证制度等的实施，仍在很大程度上控制着其投资方向、产业规模和商品价格。

---

① 李德昌：“印度‘八五’计划及其主要特点和问题”，《世界经济与政治》1993年第5期，第18页。

② 孙培钧：《中印经济发展比较研究》，北京大学出版社1991年版，第71页。

计划对市场的控制不是自然发生作用的，而是需要某种必不可少的媒介，这就是国家干预。国家干预主要是通过经济法律、经济政策以及行政控制而实现。那么通过改革经济法律、经济政策和行政控制，计划对市场的作用相应地也会发生变化。自20世纪90年代以来进行了20多年的改革，印度通过相关法律修改和政策调整已逐步取消了产业管控，基本上取消了已实行40多年的限制市场自由竞争机制的许可证制度的相关政策法规，并对价格管制机制进行了有利于市场经济的重大变革。印度计划委员会通过计划控制市场的法律和政策基础已被削弱，在市场对资源配置起主导作用的经济发展模式中，其已从过去的指挥者、主宰者转变为经济发展的促进者和调解者。

伴随着角色的转变，相应的职责也发生了改变。与改革前相比，印度计划委员会的职责行政强权性已大为降低，职责更多地体现出为企业自由发展创造服务性条件。其基本职责主要表现在：制定经济计划；为其他经济部门提供发展信息和颁布发展措施；分配资金给国民经济关键部门；在制定能源发展、人力资源开发、落后地区发展和控制国际收支平衡等政策的过程中起总和作用；在促使各邦承担发展教育、医疗、住房等责任，以及提高政府办事效率方面发挥协调和推动作用。[①] 计划委员会的职责由管制转向服务，是与印度政府从经济计划管理模式下的管制型政府转向市场化导向的政策管理模式下的服务型政府相一致的。

（二）从经济计划的具体目标来看，计划目标逐渐从强调计划干预、集中资源发展重工业转向追求国民经济的协调发展，并辅以追求实现社会公正和将收入导向（或刺激）需求的有针对性的政府规划

根据印度《宪法》的指导性原则，印度制定了4个长远目标，即最大限度地增加生产以使国民收入和人均收入达到较高水平；实现充分就业；缩小收入和财富的不平等；建立一个以平等、公正和没有剥削为基础的社会主义社会。[②] 这些长远目标虽是制定各个五年计划的准则之一，但

---

① 李德昌：“印度‘八五’计划及其主要特点和问题”，《世界经济与政治》1993年第5期，第18页。

② ［印］鲁达尔·达特、K·P·M·桑达拉姆著，雷启淮等译：《印度经济》（上册），四川大学出版社1994年版，第232、524页。

计划的具体目标是服从于经济发展战略的。

在第二个五年计划中，由 P. C. 马哈拉诺比斯教授负责提出了明确以苏联经验为基础的重工业优先发展战略，尼赫鲁更是直言不讳地表达了他的工业化就是发展重工业的思想。因此，只要重工业优先发展战略没有作出重大调整，经济计划的具体目标就不可能不受其影响。“二五”计划就认为“一五”计划的发展已使农业的重要性大大降低，因此“二五”计划的目标是以更快的速度发展重工业和基础工业。“三五”计划开始时，印度的计划者们认为前两个五年计划已经建成经济发展所需的体制结构，在此基础上“三五”计划的目标是建成自力更生的经济体系，农业虽应置于优先的位置，但更应强调基础工业（钢铁、化工、燃料、电力等）和机械制造业的发展。“四五”计划之前，印度由于在印巴战争期间饱受其所谓盟国拒绝向其提供经济发展所必需的设备和原料的痛苦，故计划直接提出“稳步增长”和“逐步自力更生”两大主要目标，实际上是进一步强调优先发展重工业。“五五”计划之前，虽因经济结构失调、农业发展不足等因素导致了严重的经济困境，但“五五”计划的经济目标仍然是强调“自力更生”。

重工业优先发展战略实际上就是通过以经济计划作为其实施手段，抵制市场机制，进而扭曲资源配置绩效。因此，除“一五”外，前四个五年计划的具体目标，在事实上都强调了计划干预市场，以集中资源发展重工业，并在自力更生的目标前提下过度保护民族幼稚工业，人为地割裂了国内、国际两个市场的联系。资源配置的人为扭曲和广泛的行政性控制，必然导致经济比例严重失调和短缺经济的出现。1979 年印度国民经济陷于危机，经济结构比例失调、通货膨胀、粮食等生活必需品极度短缺、失业问题尖锐，计划目标到了不得不进行调整的时候。

20 世纪 80 年代的改革虽未放弃尼赫鲁的重工业优先发展战略，但已对这一发展战略进行了事实上的调整。因此，“六五”计划的具体目标是推进全面发展战略，特别是要实现结构多样化、现代化的自力更生目标。“七五”计划的基本目标则更明确指出：通过产业结构的调整，使农、轻、重朝着互相协调的方向发展；整顿国营企业，搞活私营经济，提高劳动生产率和全社会宏观经济效益……[1]计划目标开始转向以市场配置资源为主导，相应地，扭曲资源配置的传统的经济计划管理模式亦开始向着市场化导向的政策管理模式转换。

此后，经过20世纪90年代初的经济全面改革，特别是第二代经济改革后，尼赫鲁发展模式得到深刻的调整，印度经济已迈向自由化、市场化、私有化和全球化的道路。与市场经济的自主性、平等性、竞争性和开放性相适应，印度经济计划的目标已进一步转向追求国民经济的协调发展和为促进市场经济的发展提供公共服务。如“八五”计划的主要目标是，通过增加就业，控制人口增长，普及初等教育和扫除15至35岁年龄组中的文盲，以及为农村提供清洁饮水、基本医疗卫生等措施大力发展人力资源；[2]“九五”计划的主要目标则是强调农业和农村的发展，保障贫弱阶层的基本生活，加强农村基层建设，以及经济与环境的可持续发展；“十五”计划的主要目标是，通过增加就业、普及教育、降低婴儿和孕妇死亡率等措施发展人力资源，通过降低污染等措施保护自然资源和环境促进可持续发展；“十一五”的主要目标是，通过提高识字率、发展教育、增加就业等措施发展人力资源。由此可见，20世纪90年代以来，经济计划的具体目标逐渐转向追求国民经济的协调发展，并辅以追求实现社会公正和将增加收入导向（或刺激）需求的有针对性的政府规划。

（三）从经济计划指标的性质来看，经济计划指标的指示性成分增加，市场机制得以重视，强调经济的协调和可持续发展，国家对经济发展的行政干预基本上限于必要的程度和范围

20世纪80年代前，印度的经济计划不仅是非计划经济体制国家中最完备的计划，而且计划层层分解，贯彻到单位和基层，具有很强的指令性。拉·甘地政府改革后，经济计划更多地转向指导性，计划有了较大灵活性。20世纪90年代，拉奥政府进一步调整了计划管理的地位，增强了市场调节的功能。新经济计划与以前相比具有了明显的新特征。

---

① 董漫远：“印度‘七五’计划和印度经济”，《国际问题研究》1990年第1期，第48页。

② 李德昌：“印度‘八五’计划及其主要特点和问题”，《世界经济与政治》1993年第5期，第17页。

一是计划的指示性成分增多，指令性内容大幅减少。在工业和服务业领域，随着对私营部门经营和建厂的各种限制的逐渐取消，中央计划的强制性也就因之消失，指示性内容的范围随之扩大。如“八五”、“九五”计划通过政策措施诱导私营部门投资能源、交通、电力、电子、软件产业等领域，就是计划指示性的具体体现。公营企业随着经营自主权的扩大以及指示性计划范围的扩大，计划的指令性部分在“八五”期间就已缩小到公营经济中少数重要领域。在农业领域，印度农业计划是典型的指示性计划。政府提出农业发展目标，大体规定各项生产指标后，就将主要力量放在为实现目标创造条件上。如制定、颁布恰当的农业发展政策措施，兴建农村水利、公路、电力、电信等基础实施。政府并不指令数以亿计的农民具体种什么、种几季、种多少，而是由农民根据政府提供的政策和基础条件按自己的利益独自决定。①

二是强调市场机制的作用，充分调动私营经济的积极性。“九五”计划明确提出进一步促进竞争，不仅要制定关于垄断和限制市场竞争的合理法规，而且要提供强制执行这些法规的公共机制，以提升公共部门的效率和在更大程度上发挥市场的作用。早在“八五”期间，拉奥政府就基本上取消了工业许可证和垄断财团的资产限额，私营部门投资一直持续高涨。“八五”计划期间为贯彻政府新政策，进一步提高了私营部门在公、私营部门投资总额中的比重，其比例已从“六五”和“七五”期间的52.2%和54.3%提高到57%。②“九五”、“十五”期间政府大力推行公营企业私有化，扩大私营部门投资范围。私营部门不但可以投资石油、煤炭、电力、铁路和邮电通讯等过去由公营企业垄断的领域，而且在“十五”期间，辛格政府大力推行私有化政策，决定将国营航空业和银行业半数以上的企业出售给私人，私营部门活动范围不断扩大，公营部门活动范围有计划地在缩小。

三是强调协调发展和可持续发展。与过去强调优先发展重工业不同的是，新的计划强调农业、工业和服务业的协调发展。由于农业相较于国民

① 李德昌：“印度‘八五’计划及其主要特点和问题”，《世界经济与政治》1993年第5期，第18页。

② 同上。

经济其他产业部门是弱势部门，因此，在“九五”计划战略中指出，发展战略必须注意农业的发展，农业并未从经济自由化政策中受惠多少，仍然受到很多限制和障碍。此后，“十五”、“十一五”计划中都强调了农业和农村的发展。“十一五”更是提出了雄心勃勃的农业发展计划，即加大对农业的投入，将农业部门GDP年均增长率提高到4%，以确保更多农民从中受益。新的计划不仅重视国民经济产业部门的协调发展，而且注重经济社会的可持续发展。如各个五年计划都提出控制人口增长率；“十五”计划提出采取必要措施使森林和树木覆盖率由2007年的25%增加到2012年的33%，在2007年以前所有主要被污染的河流到2012年得以净化；“十一五”计划则提出在2012年前，所有主要城市空气质量达到世界卫生组织的标准，并在2012以前对所有城市废水进行处理直到变为清洁河水。

四是坚持国家对经济发展的必要干预，有效发挥政府在经济社会发展中的基础作用。“八五”计划在强调市场机制、实行自由化经济政策的同时，明确规定了国家在经济和社会发展中应起重要作用。并进一步明确指出发展水利、交通、能源和通讯等经济基础设施和发展教育、卫生、医疗保障和环境保护等社会基础设施是政府的基本责任，政府也有责任继续制定和实施为贫困民众谋利的特别计划。正如“九五”计划所指出的那样，在市场经济中，政府承担责任的目的是为了保持宏观经济的稳定发展。

因此，改革后计划委员会的职责、经济计划目标及经济计划指标的特点，都集中体现了在市场经济条件下政府通过政策措施而非采取管制手段来影响生产者和企业的经营活动，从而为实现经济发展与社会公正的双重目标而制定相应的政府规划。

第四节　管理手段——形成了经济手段、法律手段和行政手段三位一体、协调运作的格局[①]

印度20世纪50至70年代的经济发展模式基本上是仿效苏联优先发

---

① 陈吉祥、叶红梅：“论印度国民经济管理手段的嬗变”，《南亚研究季刊》2011年第3期，第97—102页。

展重工业的半管制模式。半管制经济的显著特征就是市场调节机制受到极度的压抑，在经济调节中国家主要运用指令性计划全面干预经济社会活动。由于指令性计划具有强制性，国家主要依靠行政手段来执行大量的指令性计划，进而形成过度的行政干预。过度的行政干预和扭曲的资源配置机制导致印度经济农、轻、重比例严重失调，经济状况日益恶化。

进入20世纪80年代，印度对既往的经济政策进行了反思，对过度的行政干预进行了调整，市场调节开始受到重视，经济状况有所好转。可以说20世纪80年代的改革是印度放松管制，迈向自由化、市场化的开始，也是印度政府减少行政干预，利用经济手段和法律手段等综合性的经济管理手段协调运作，以促进印度经济发展的开始。尤其是自20世纪90年代初，印度发生了严重的外汇危机，面对严峻的国内外形势，印度政府不得不进行全面经济改革，这次改革揭开了印度进一步改革管制经济，与国际接轨迈向市场化道路的序幕。随着改革的深入，印度已实现了由计划压抑市场到计划支持市场的转变，行政干预被限于必要的范围和程度。与此相适应，在经济管理中基本上形成了经济手段、法律手段和行政手段三位一体、协调运作的格局。

一、混合经济模式下的印度国民经济管理手段

计划调节和市场调节都是印度政府配置资源的方式，要使资源配置方式更加有利于国民经济按照预定的方向稳步、协调地发展，就必须在宏观经济管理中运用具体的国民经济管理手段。印度国民经济管理手段主要包括经济手段、法律手段和行政手段。

（一）经济手段

经济手段内容广泛，印度主要是通过财政、金融和物价手段影响人们的经济利益，以此来诱导人们的经济行为，进而调节经济运行。

1. 财政手段

财政手段是印度政府管理宏观经济的一种重要手段，其特点主要是通过财政资金的无偿征收和开支来调节宏观经济的发展。财政手段对于供给与需求、积累与消费、所有制结构、产业结构、地区结构等起着重要作

用。20世纪90年代以前，印度财政手段主要有财政集中程度相当高而且财政收入大多集中于中央政府、一直采取赤字财政政策等特点。事实上，印度政府为了“集中足够的资金”，又不致引起通货膨胀，在财政收入方面主要坚持：在财政收入方面尽可能地增加收入，压缩财政赤字，降低财政支出；在增加收入时，尽量降低税收的比重，提高向国内外借贷的比重；在全部税收中，尽量降低直接税的比重，提高间接税的比重。[①] 在财政支出方面尽量增加发展支出和保证重点建设。

2. 金融手段

金融手段的特点主要是通过信贷资金的有偿存贷来影响宏观经济的发展。其与财政手段一样，对宏观经济具有十分重要的作用。印度从1957年起对私人银行逐步实行了国有化，经过数十年的发展，现在印度的金融机构比较健全。印度独立后成立了印度储备银行，即中央银行。以印度储备银行为中心，设有商业银行、专业银行、合作银行以及非银行金融机构，如保险公司、信托公司、融资租赁公司等。印度银行体系由国有银行、私有银行、合作银行和外资银行组成，其中国有银行占银行资产总额高达75%，私有银行仅占18%，外资银行占7%。商业银行的任务是发放短期贷款，即流动资金贷款，但只有在长期投资银行委托的情况下，才能发放小额的中长期贷款。印度储备银行作为印度的中央银行，除发行货币、管理外汇、制订全国信贷规划外，还拥有制定和实施货币政策、制定金融法等权限。这是印度政府管理宏观经济的又一重要经济手段，权力相当集中，在资金筹措、资金分配、货币发行控制、稳定物价等方面都具有相当重要的作用。印度中央银行主要通过规定银行利率、[②] 规定法定比率[③]等办法以调节其他银行的信贷规模和方向，

---

① 沈若愚：“略谈印度宏观经济管理”，《南亚研究》1998年第4期，第1页。

② 规定商业银行向储备银行贴现的利率。这是印度调节宏观经济的一种重要手段，它直接影响商业银行存贷利率，并间接影响宏观经济的发展。如刺激投资则下调银行利率，反之则提高银行利率。

③ 它包括法定现金准备金率和法定流动资金率。前者为商业银行向储备银行缴纳的现金准备金占商业银行存款的比率。这是印度调节宏观经济最为重要的一种手段，通过调节法定现金准备金率可以直接影响商业银行可贷资金量。后者则是储备银行规定的商业银行为了支付存款所保持的现金占存款的比率。二者采取逆市场风向行事，当经济低迷或刺激投资就降低法定现金准备金率和法定流动资金率，当经济过热或通货膨胀过快则提高二者的比率，以降低通货膨胀稳定物价。

从而调节宏观经济的发展。

3. 物价手段

物价手段是印度管理宏观经济的重要经济手段之一。印度虽是市场经济国家，但对物价并非放任自流，而是一直采取需求管理[①]、供给管理[②]等措施管理物价，以确保物价总水平的相对稳定和促进价格结构基本合理。但在财政、金融、生产和进口都难以解决物价问题的情况下，印度政府就对价格进行直接管理，即实行价格管理制度。尤其是在优先发展重工业时期，经济发展比例不协调，经济短缺较严重，为此，印度实施了严格的价格管制制度。

（二）法律手段[③]

印度不仅有关市场经济的民商事法律体系完备，而且有关宏观经济管理的立法也比较健全。独立后，印度在宪法层面上确立了市场经济的地位，如《1949 年印度宪法》第 14 条明确规定，公民在法律上人人平等即国家不得拒绝给予任何人法律上之平等；第 19 条第一款第七项明文规定，公民有从事任何专业、职业、商业或事业的权利；第 44 条规定，国家应努力保证对全国公民实施统一的民法法典。

不同于中国改革开放后才陆续制定与市场经济相关的法律法规，印度独立后，承继了英国殖民统治的法律制度，有利于市场经济发展的民商事法律体系比较完备。有关市场经济的实体法方面，印度民商事法律众多，《合同法》、《公司法》、《合伙法》、《商品买卖法》、《流通票据法》、《驻节城镇破产法》、《省破产法》等调节民商事法律关系的法律规定相当细致繁密。为保障法律的顺利实施，印度亦建立了完备的程序法体系，如在 1908 年民事诉讼法典的基础上修订而成的现行《民事诉讼法典》、《证据法》、《时效法》、《仲裁法》等。

---

① 需求管理主要是通过财政手段和金融手段调节人们对商品的需求。前者主要是通过税收、补贴等手段影响人们对商品的购买意愿，后者主要是印度储备银行通过对商业银行贷款的控制以调节人们对商品的需求。

② 供给管理的常规手段是扩大商品的供应，即扩大生产或者进口。

③ 有关宏观经济管理的法律是国家立法机关制定、国家行政机关保证执行的行为规范。其主要是通过经济立法和经济司法调节经济关系，具有权威性、强制性、普遍性、平等性和稳定性的特点。

在宏观经济的管理方面，印度相继制定了一系列经济法律法规，以调节有关单位或个人的经济活动，如《资本发行（控制）法》、《工业（发展与管制）法》、《土改法》、《主要商品法》、"工业政策决议"、《垄断和限制性贸易行为法》、《许可证制度》、《外汇管制法》等。印度经济立法可谓细致繁密，以至在印度建立一个重要经济实体都要诉诸立法。印度公营企业中的法定公司如印度粮食公司等就是通过有关立法建立的。①

（三）行政手段

行政控制是印度管理经济最主要的手段。独立后，为使计划控制与市场调节有效结合起来，切实执行议会制定的一系列经济立法和政府制定的一系列经济政策，印度政府通过发布行政命令、决议、规定、指示等方式直接指挥和干预经济，并通过公营经济的控制、② 许可证控制、③进出口审批、④ 外汇供应控制、⑤ 价格控制⑥和信贷控制⑦等行政手段，对指令性计划以及其他重大方针政策的贯彻执行起到重要作用，进而达到对宏观经济进行管控的目的。当然，由于干预过度，市场机制受到抑制，束缚了企业的积极性和创造性，因此历次改革都集中精力对行政干预作出调整。

---

① 文富德："论印度的经济计划与市场调节相结合"，《南亚研究》2006 年第 1 期，第 35 页。

② 改革前，印度政府掌控着重要公营企业的人事关系，生产经营活动，甚至日常工作的许多事项都需向政府有关部门请示、汇报，接受国会的审查；改革后则逐渐放松了对公营经济的控制，企业有了较大的经营自主权。

③ 改革前，印度政府为加强对工业企业和商业的管控，不仅在工业领域对新建企业、投资领域、投资规模、投资地区、生产能力、生产品种等实行许可证制度，而且对商业企业也实施许可证制度。

④ 印度政府除了规定具体审批制度，防止盲目进口外，还明确规定了不允许出口的名单，以防止重要商品出口。

⑤ 为平衡国际收支，即使获得生产许可证和进口许可证，但如果进口量太大以致影响国际收支，政府也会通过外汇供应制度予以控制。

⑥ 印度政府不仅对公营企业产品和劳务实行价格管理，其升降须由有关部门批准，还对部分关系国计民生的私营部门产品实行最高限价制度，未经批准亦不得突破。通过价格控制，防止市场调节过程中价格波动对生产、分配与消费的过度冲击。

⑦ 印度政府通过信贷审批，掌控信贷流向和规模，从而掌握经济发展方向和进展。

二、混合经济发展模式下以行政干预为主的经济管理手段存在的必然性及其局限性

20世纪50—70年代是印度优先发展重工业的赶超发展战略时期，在这一时期，在以经济计划作为重要的资源配置方式的前提下，印度国民经济管理以行政干预手段为主具有历史的必然性，同时亦有相应的局限性。

（一）为突破要素约束选择发展重工业的赶超战略，在混合经济模式的计划经济体制下，必然内生出以指令性经济计划为主导的资源配置方式

独立后，印度在第一个五年计划期间进行短暂的经济恢复后，从第二个五年计划开始，效仿苏联实施赶超发展战略——大力发展重工业，并提出了“为制造机器而制造机器”的口号，由此拉开了印度实施赶超发展战略——优先发展重工业的序幕。从经济学的角度而言，优先发展重工业的战略选择并不符合当时印度自然资源和人力资源丰富，而技术落后和资本缺乏所决定的比较优势。优先发展重工业战略的实质是优先发展资本密集型产业，无论怎样的社会制度施行赶超发展战略，在要素短缺的国家都容易内生出计划经济体制。在计划经济体制下，政府通过行政手段在金融税收、劳动力市场、国际贸易等方面采取一系列扭曲措施，[①] 以集中经济资源和控制经济剩余发展重工业。因此，为实现重工业优先发展的战略目标，国家必然选择利用指令性计划主导资源配置，市场对资源的配置作用受到抑制。

早在1958年拉伦·拉耶就指出：只要大部分生产资本掌握在私人企业家手中，我们就没有特殊理由希望实际经济活动与国家计划完全吻合。由于私营企业的计划投资是依存于利润机会，所以它任何时候都可能发生变化，这样就会使国家实现计划的意图成为无意义的事。[②] 因此，政府基

---

① 林毅夫：“发展战略、自生能力和经济收敛”，《经济学》（季刊）2002年第2期，第270页。

② ［印］拉伦·拉耶：“印度计划的危机”，仲麟译自印度“新纪元”，1958年1月1日，《世界经济文汇》1958年第10期，第31页。

于战略选择的考虑，在经济调节实践中必然强化经济计划的作用与功能，以至于运用行政手段扭曲资源配置和控制经济剩余。可以说，选择了赶超发展战略、政治上奉行西方民主、经济上实行混合经济的印度，必然自觉或不自觉地倾向于计划经济模式。

值得注意的是，印度赶超战略实施的经济政治环境有别于进行比较彻底的社会主义改造的苏联和中国。印度一直是多种经济成分并存，计划体制和市场体制都在国民经济运行中发挥作用，但因赶超战略与计划经济体制具有极强的关联性，因此在赶超发展战略调整前印度经济计划虽不能说是计划经济体制下的计划调节，但其计划具有某些指令性特征则是不可否认的客观事实。正如印度学者所说，这种把投资引入所希望的渠道的计划不同于由市场力量决定资源分配的指导性计划，这是一种集中性质的计划。[①] 事实上，在前5个五年计划期间，即赶超发展战略期间，印度是除了社会主义国家之外，世界上计划性最强、对私营经济限制最多的国家。

因此，在印度混合经济模式下，为突破要素约束，增强国家经济动员能力，强化对经济剩余的索取和集中以实现国家重工业发展战略，必然内生出以指令性计划为主导的资源配置方式。

（二）指令性经济计划作为资源配置的主导方式，必然导致经济管理以行政干预为主

事实上，为了实现发展战略和计划目标，保障指令性计划的贯彻执行，印度政府在经济调控中一直强调依靠行政组织系统，通过发布行政命令、决议、规定、指示等方式直接指挥和干预经济。主要体现在强行推进国有化，抑制私营企业的发展；加强对公营企业的行政控制，公营企业丧失经营自主权；实行严格的价格管制，抑制市场经济的发展；割裂国内、国际两个市场的联系，过度保护国内产业；借助各种管制机构和管控机制控制私营经济等方面。如此一来，由于在商品市场领域政府干预过度，市场活力受到抑制。

因此，印度政府运用大量指令性计划，来加强经济集中和控制经济剩

① 文富德：“论印度的经济计划与市场调节相结合”，《南亚研究》2006年第1期，第35页。

余，以实现其经济社会发展的既定目标。但计划调节不是自发实现的，就计划的贯彻执行而言，由于指令性计划具有强制性，必然主要依靠具有执行性和强制性的行政手段执行。因此，当指令性计划在计划调节中占据主导地位的情况下，相应地行政手段也必然成为国民经济管理的主要手段。

（三）有关宏观经济管理的法律法规也为广泛的行政干预提供了法律依据，间接性的经济手段在很大程度上亦被行政化

为了集中资源和控制经济剩余发展重工业，印度政府根据《1949年印度宪法》第38条、第39条之规定，不仅大规模参与经济活动，举办公营企业，而且还通过一系列立法，先后颁布了大量诸如《资本发行（控制）法》（1947年）、“工业政策决议”（1956年）、《工业（发展和管制）法》（1951年）、《主要商品法》（1947年）、《垄断和限制性贸易行为法》（1969年）、《外汇管制法》（1973年）等国家管控贸易和经济的法律。例如，1956年的“工业政策决议”曾将印度工业分为A、B、C三类。A类包括17个小类，规定其中的武器、弹药、原子能以及铁路和航空运输完全由政府垄断，其余13类只能由政府创办新的企业，但允许私营部门现有企业的存在。B类为一般重工业，分为12个小类，国家将在这些工业领域逐步建立新的企业，私营部门经过批准也可在这些工业里建立新的企业或扩大其现有企业。C类则为以上两类之外的企业，留给私人经营，但仍规定必要时，国家也可经营。此后，虽在1973年、1980年的“工业政策决议”中对私人做了一些让步，但仍未脱离1956年“工业政策决议”的框架。实际上，印度政府的“工业政策决议”在很大程度上决定着公、私营部门在国民经济中的地位和作用。又如，《工业（发展和管制）法》明确规定第一附表的大量工业由中央控制，在这些工业中，现有企业须重新登记，而新建企业和原有企业扩大生产能力，都需要从中央政府获得许可证，并且赶超发展战略时期该法在具体实施过程中又逐渐扩大了国营经济涉及的范围，对私营经济的活动范围进行了进一步限制。再如，《资本发行（控制）法》规定政府有权管理公司的资本发行及其变动，从而为政府控制公司规模和投资方向提供了法律依据。而且“工业政策决议”和《工业（发展和管理）法》的实施使印度建立起了一套工业和经济许可证制度。《主要商品法》主要规定政府对市场贸易的调控，实际上是赋予了政府对涉及公众生活及其改善的重要商品的控制权。另外，1969 年《垄断和限制性贸易行为法》实际上是加强政府对企业进一步控制的法律。如此等等，该时期的国家经济立法在一定程度上直接为广泛的行政干预提供了法律依据。

同时，像财政、金融、价格和汇率等间接性的经济手段也因相关立法而具有强制性的行政化倾向。例如，1973 年颁布的《外汇管制法》就是为了进一步加强经济独立，免于外国资本剥削，保护国内资本即幼稚工业的理念而制定的。该法的主要内容是控制外汇及外国证券的支付，控制外国通货及黄金的进出口。该法规定几乎所有在印度的公司都必须降低外资持股率到 40% 以下，并规定外方必须向印方公开技术和帮助培训印度管理人员等。显然，该法并非强调国家利用汇率杠杆引导内、外资流向，而是更多地倾向于利用直接的行政手段达到某种经济目的。

由此可见，在赶超发展战略时期，指令性计划在资源配置中起主导作用，不仅国民经济管理必然以行政手段为主，而且同时期有关宏观经济管理的法律法规也为广泛的行政干预提供了法律依据，并且因经济立法具有较强的行政干预倾向性，在国民经济管理中经济手段在很大程度上被行政手段所取代或被行政化。

（四）以行政干预为主的宏观经济管理手段存在的主要弊端

从行政权的性质来看，与立法权和司法权相比，其具有强制性、主动性和扩展性的特点，因此行政权如不加限制势必造成行政干预过度。更何况在赶超发展战略期间，以行政手段为主对国民经济进行管理，并在立法上为这种普遍的行政干预提供了一定的法律支持，那么对于过度行政干预存在于印度经济生活的方方面面，处处干扰市场经济秩序我们也就不会感到惊讶了。

经济管理中行政干预过度将会导致资源配置人为扭曲、国民经济比例严重失调、效率低下和经济短缺等主要弊端。事实上，印度行政干预过度的弊端早在“三五”计划期间就已暴露无遗。随着行政干预的深入，资源配置进一步扭曲，农、轻、重等国民经济重大比例关系严重失调。“二五”计划期间，工矿业投资中，重工业占84%，轻工业占16%，在公营部门的工矿业投资中，重工业的比例竟高达98%。“三五”计划期间，电力、交通、通讯和工业投资占总投资的62%，其中工业投资高达23%，农业和水利投资仅占总投资的21%。“四五”计划期间，农业和水利投资为总投资的24%，电力、交通、通讯和工业投资占总投资的60%，工业投资比例为23%。“五五”计划期间，农业和水利投资仅为21%，而同期电力、交通、通讯和工业投资占总投资的63%，工业投资比例则飙升为26%。①

政府在产业投资、国际贸易、商品交换等方面运用行政手段过度扭曲资源配置，导致经济效率极低，经济增长缓慢，经济短缺问题严重，特别是粮食的严重短缺。“三五”计划期间，国民生产总值年均增长率仅为2.5%，尽管工业增长率达9.0%，高于前两个五年计划的7.3%和6.6%，但农业增长率只有-1.4%，远远低于前两个五年计划的4.1%和4.0%。“四五”计划（1969—1974年）和“五五”计划（1974—1979年）期间不仅工业生产年均增长率仅为4.7%和5.9%，远低于前三个五年计划的7.3%、6.6%和9.0%，农业年均增长率亦从1967至1969三个年度计划的6.2%下降到“四五”和“五五”期间的2.9%和4.2%。

可见，在混合经济模式下以经济计划为主导的前提下，不但过度行政干预成为必然，而且经济发展也会出现严重的失衡问题。正因为如此，在印度国民经济管理需要调整思路，在经济计划管理模式向市场化导向的政策管理模式转换之机，印度政府运用其他经济管理手段与行政手段协调与配合，以矫正对经济发展中出现的一系列问题。

三、在20世纪80年代的局部改革中，过度的行政干预措施在一定程度上受到了遏制，国民经济管理的法律手段和经济手段开始受到重视

20世纪70年代末，印度出现严重的经济危机。1979年经济严重下

---

① ［印］鲁达尔·达特、K·P·M·桑达拉姆著，雷启淮等译：《印度经济》（上册），四川大学出版社1994年版，第447页。

滑，当年整个国民经济增长率为-4.7%，其中工业为-2.5%，农业则为-17%，通货膨胀率高达22%，外汇储备告罄。[①] 在国内外压力下，20世纪80年代，英·甘地政府和拉·甘地政府针对过去经济运行中存在的问题进行了局部改革，对经济发展战略进行了事实上的调整，过度行政干预得到了一定程度的遏制，经济手段、法律手段开始在经济管理中受到重视。

（一）调整经济发展战略，重视市场机制的作用

英·甘地政府在计划战略的表述中虽未放弃自“二五”计划以来就一直推行的与尼赫鲁和马哈拉诺比斯名字相连的战略，但计划的战略重心已转为主要加强农业的基础设施建设，以便为加速投资、促进产值和出口增长创造条件，并通过达到这些目的的特殊计划增加就业机会。[②] 在“六五”计划（1980—1985年）中，农业和水利投资比例达总投资的26%，比“二五”计划多6个百分点，比“五五”计划多5个百分点。针对以往经济发展中市场活力不足、效率低下的状况，英·甘地在新的五年计划中强调注重效率，提倡竞争，为此，放松了对私营企业和外资的限制。如果说英·甘地对战略的调整和面向市场的改革比较有限，那么拉·甘地则在其基础上向前迈进了一大步。

拉·甘地认为，只有对经济发展战略和经济政策进行“必要的调整”，国家才有可能实现现代化。[③]“七五”计划（1985—1990年）期间，拉·甘地政府第一次明确提出调整产业结构，使农、轻、重朝着相互协调的方向发展，整顿国有企业，搞活私营经济，提高劳动生产率和宏观经济效益的基本目标，进一步对尼赫鲁发展模式进行调整。拉·甘地甚至认为，只要能促进生产力的发展，就可以向一切传统观念和信条“发起调整”，甚至可以对前人制定的政策“实施手术”。[④] 为此，拉·甘地不仅放松了对国内市场的限制，还大胆提出要扩大出口，多创外汇，大力引进先

---

① 董漫远：“印度‘七五’计划和印度经济”，《国际问题研究》1990年第1期，第47页。

② ［印］鲁达尔·达特、K·P·M·桑达拉姆著，雷启淮等译：《印度经济》（上册），四川大学出版社1994年版，第456页。

③ 董漫远：“印度‘七五’计划和印度经济”，《国际问题研究》1990年第1期，第48页。

④ ［印］T. N. 尼南：“情绪变好”，《今日印度》（半月刊）1985年3月15日。

进技术，在大范围内参与世界经济。

因此，可以说20世纪80年代特别是80年代后期，赶超发展战略已得到了调整，以经济计划为主导、忽视市场机制作用的状况得到了较大程度的改善。

（二）简政放权，过度行政干预开始得到遏制

第一，减少对公营企业的行政干预。在1980年的“工业政策协议”中实行被认为是减少政府对国企直接干预的“谅解备忘录制度”。由政府和国有企业共同签订“谅解备忘录”，扩大企业经营自主权。20世纪80年代中期，拉·甘地政府则在计划和管理方面尽量降低行政干预，鼓励企业间的竞争，盈利国有企业不再接管病态企业，鼓励私营企业投资，私营企业在符合条件的情况下可以兼并国营企业。

第二，放宽对私营企业的限制。主要采取了以下措施：一是扩大私人投资。在“七五”期间公、私营投资比为48∶52，私营部门的投资自“一五”计划始第一次超越了公营部门。二是通过工业政策的修改扩大了私营企业的生产领域。1980年的“工业政策协议”放宽了对私营企业的限制，私营企业可以经营过去只允许公营部门涉足的炼铝、机床、石油、煤炭、电子、化肥、化工等部门。1985年拉·甘地政府除保留少数涉及国防机密的领域外，向私营企业和外资开放所有其他的产业。三是放开许可证制度。1985年进一步放宽了25个产业的许可证制度，到1990年已扩大到30个部门。四是放松了对大型私营企业的限制。1985—1986年度，为了放松对大型企业的束缚，政府规定受《垄断和限制性贸易行为法案》约束的企业的资产数额从2亿卢比提高到10亿卢比，这使得原来受该法约束的180家大型企业中有一半得以解放。

第三，放松对外资的限制。20世纪80年代，英·甘地政府向外资开放了过去只允许公营部门涉足的炼铝、机床、石油、煤炭、电子、化肥、化工等部门；20世纪年代中期，拉·甘地政府进一步扩大了外资可以进入的产业领域。

第四，放开进出口贸易。在拉·甘地的改革中，公开许可的产品种类创造了历史记录。1976年公开许可的产品清单仅为79种资本品，1987年4月已达1007种，1988年4月为1170种，1990年4月已高达1329种。

更为重要的是部分中间投入品也列入了公开许可清单，且其种类不断增加，1987 年时为 620 种，1988 年已增至 949 种。企业自由进口机器和原材料的空间明显扩大。

（三）经济手段、法律手段开始受到重视

20 世纪 80 年代，印度对赶超发展战略进行了调整，在国家经济计划层面，计划向着支持市场的方向发展，市场调节开始受到重视，印度的市场经济开始恢复活力。市场经济本质上是法制经济，市场调节受到重视，相应地各种有利于市场经济发展的法律法规必然受到重视。在印度市场经济法律体系中，关于法律实体、法律行为能力、产权制度、财产继承等方面的规定早在殖民时期就比较完善。如规制不动产买卖的《财产转让法》（1882 年）和规制动产买卖的《商品买卖法》（1930 年），早在独立前就对商品市场交换行为进行了详细的规制。现在市场经济受到重视，这些法律就为市场经济的顺利运行提供了强有力的保障。

印度政府采取修改工业政策、放宽许可证等措施扩大私营企业和外资的产业经营领域以及经营自主权，实际上是在国民经济领域公权力主动退缩，政府有意识地让私权利扩张。因此，印度政府主动调整了过去各种具有很强行政干预倾向的政策法规，以便从政策法规层面减少过度行政干预的制度基础，让经济手段和法律手段在国民经济调节中起到更大作用。

例如，印度政府改革税制，扩大间接税比例。其复杂的营业税被增值税体制代替，税制改革不仅有效地减少了投入品税赋对制造商效率的扭曲，以及降低制造业的税赋，而且简化的税制更有利于国家通过相应的税负调整影响资源配置，使其符合预定的经济发展方向。

另外，印度改革汇率政策，减少行政干预，实行积极的汇率政策，有利于有效发挥汇率杠杆的经济调节作用。汇率改革被认为是 20 世纪 80 年代最重要的自由化措施。印度卢比一直被人为高估，1983 年开始，印度官方对于卢比贬值的态度发生了根本转变。此后，汇率政策变得更加积极，1986 到 1990 年期间印度卢比的实际汇率贬值了 30% 以上。让市场决定汇率能有效地配置国内外资源，国家在利用汇率杠杆调控经济时也有较大的回旋余地。

印度 20 世纪 80 年代以自由化导向为主要内容的改革，实际上是调整

了过去五年计划中以经济计划为主导，而忽视市场机制的作用，导致资源配置方式以过度的行政干预的模式。印度政府通过实施新的工业政策，改革和调整工业许可证制度，实施广义许可证和修改《垄断与限制性贸易行为法》等政策法规不仅为市场解套，而且还使过度的行政干预在一定程度上失去了政策和法律基础，为在市场化导向的资源配置模式下，通过经济、法律和行政手段的协调配合，以实现经济社会发展目标奠定基础。

四、20 世纪 90 年代全面改革开放以来，宏观经济管理基本上形成了经济手段、法律手段和行政手段三位一体、协调运作的格局

随着改革的深入，资源配置逐渐从由政府主导演变为以政府引导为主，经济计划手段的出发点已转向支持市场机制的调节功能与作用，进而形成了经济手段、法律手段和行政手段三位一体、协调运作的国民经济管理模式。其具体表现主要有以下几个方面：

（一）调整计划委员会的职能，深度调整经济计划内容，指令性计划让位于指导性计划

20 世纪 90 年代全面改革开放后，印度经济计划的指令性内容大幅减少，指导性内容在经济计划中占据了主导地位。

第一，调整计划委员会的职能，行政干预受到限制。拉奥政府改革后，印度计划委员会的职能因经济发展战略模式的根本性调整，已从过去的制定指标、下达任务、分配资金和监督执行的指挥者、主宰者变为经济发展的促进者和调节者。① 改革后印度计划部门的主要职能是为经济发展提供基础性服务，并在经济发展中发挥重要的调节作用，以此起到调节中央与地方、地方之间、地方与次区域之间的纽带作用。由此可见，印度计划委员会的行政干预已逐渐被限于必要的领域，其行政强权退出的空间交由法律手段和经济手段进行调整。

---

① 李德昌：“印度‘八五’计划及其主要特点和问题”，《世界经济与政治》1993 年第 5 期，第 18 页。

第二，深度调整经济计划内容，主要依靠行政手段执行的指令性计划逐渐被限于必要的范围，主要依靠经济手段和法律手段执行的指导性计划在经济计划中起主导作用。全面改革后，印度政府从“八五”计划开始就增加了指导性成分，缩小了指令性内容。在农业领域，由于私有化程度极高，农业计划现在已是典型的指导性计划，政府只是提出实现粮食自给的目标，大体规定生产指标后，主要力量就放在了为实现目标创造条件上。在工业领域，随着政府对私营部门建厂、经营、产品销售的各种限制的取消，中央计划的强制性随之消失，计划的指导性随之扩大，各个新五年计划期间私营部门对能源、交通、电力等的投资就是通过政策诱导而实现的。即使是公营部门，改革后计划的指令性部分也已缩小到仅仅针对公营部门的某些重要领域。在国家计划层面，行政干预在大多数领域已经失去基础，法律手段和经济手段逐渐得到较为充分的重视。

第三，计划支持市场，经济调节中市场调节起主导作用，行政干预在国民经济管理中受到限制，法律手段和经济手段得到重视。市场调节在经济调节中起主导作用，行政干预必然受到一定程度的限制，但并不意味着国家对这种自发调节撒手不管。实际上，国家不仅对其中比较重要的经济活动仍作出指导性计划，在指导性计划管理下运用经济手段、法律手段通过市场对经济进行间接调节，而且还要依靠各种经济组织、行政组织、司法组织等对这种调节进行市场管理，以保障正当交易，维护交易秩序，取缔非法活动，维护消费者权益，力争使之按照国家的经济社会发展目标运转。[①]

（二）修改相关法律法规，减少行政干预，在国民经济管理中重视法律手段和经济手段的作用

任何法律法规的制定都应当有其明确的目的性，有其自身的价值目标和价值取向。立法价值取向主要有两层含义，一是指各国在制定法律法规时希望通过立法所欲达到的目的或追求的社会效果；二是指当法律法规所追求的多个价值目标出现矛盾时的最终价值目标的选择。全面改革开放前，印度一直实施赶超发展战略，集中资源、控制经济剩余、优先发展战

① 孙培均：《中印经济发展比较研究》，北京大学出版社 1991 年版，第 76 页。

略产业的目标在经济社会发展的众多目标中占据着主导地位，这种价值取向在很大程度上影响着同时期的经济立法。如果说扭曲资源配置，优先发展与印度要素禀赋所决定的比较优势不相符合的产业，必然内生出计划压抑市场的经济调节机制，那么与此相适应的经济立法亦必然是强化行政干预、抑制市场机制的作用。

在改革中要让市场机制以及与之联系密切的经济手段和法律手段在经济调节中占据主导地位并有效地发挥作用，除了调整既往的发展战略模式，在计划层面将指令性计划限于必要的范围之内，法律法规的修改就显得尤为重要了。通过经济法律法规的去行政化修改，行政干预被限于必要的程度和范围，市场机制才能真正有效发挥作用。为此，印度政府在改革中对大量的法律、法规及政策进行了修改。其中以下几方面的修改具有较大影响：

第一，宣布新的工业政策，改革许可证制度。改革前印度的工业政策是行政干预极强的法规之一，在很大程度上决定着公、私营经济的地位。1991 年的“工业政策协议”第一次从根本上改变了 1956 年的“工业政策决议”中公营部门的地位和作用。新工业政策第一次清楚地不再强调公营部门的特殊地位和重要作用，并毫不遮掩地强调要重点鼓励和支持私营部门的发展，充分发挥其在国民经济中的重要作用。为此，政府不再像 20 世纪 80 年代的改革中对许可证制度做很多例外规定来放宽对私营经济的限制，而是基本取消工业许可证、取消对大财团的资产限额、放宽对外资的引进、放松对进口资本货物的管制等。正如新工业政策所宣称：其目的主要就是将印度工业经济从不必要的官僚控制网络中摆脱出来，推行旨在将印度经济与世界经济融为一体的全球化……①

第二，逐步废止价格管制机制，减少商品流通领域的国家干预。价格管制机制是印度过去在商品流通领域内实行国家干预的一种重要形式其在法律上主要由《必需品管制法》（1955 年）和《防止必需品黑市交易和保持供应法》（1980 年）构成。政府对被《必需品管制法》（1955 年）列入监控名单的商品实行管制价格或管制价格与市场价格并行的双重价

① ［印］鲁达尔·达特、K·P·M·桑达拉姆著，雷启淮等译：《印度经济》（上册），四川大学出版社 1994 年版，第 524 页。

格，并对这些工业的生产、销售和库存实行管控。20 世纪 80 年代英·甘地改革后，依据 1955 年《必需品管制法》被列入监控名单的商品仍有 66 种，20 世纪 90 年代实行市场化导向的经济改革后，许多商品已从监控名单中删除。至 2010 年，仅有 3 类商品（即化肥、食糖和药品）仍在很大程度上受到管制价格监控。

第三，改革劳动力市场，放宽企业用工自主权。《工业纠纷法》规定，在雇工 100 人以上的现代工厂企业中，雇主不得随意解雇员工。这些规定是在半管制体制下，政府为了避免劳资矛盾加剧和失业队伍的扩大，而对资方行为进行的某些规范和限制，在开放市场中已成为新办企业、扩大企业规模以及吸引国外投资的重要障碍。该法是劳工法改革中最大的障碍，数年来印度议会中曾多次讨论修改该法案的某些条款，因左翼政党和工会组织的反对均未能成功。目前，劳工法的改革还是取得了一些进展，如已对《合同工法》的某些限制性条款进行了修改，一定程度上增加了企业用工自主权。

第四，减少为小型工业保留的品种，消除市场竞争障碍。为增加就业，过去印度历届政府对小型工业实行保留政策，指定很多种产品专门保留给小型工业生产。这种保护性的政策人为分割市场，不符合市场经济的竞争原则，但因改革这种压抑市场的政策有背甘地主义传统经济思想，容易招致民族主义势力的反对，所以一直进展缓慢。直到 2001 年初，这种保留给小型工业生产的产品仍达 812 种。① 近年来印度政府通过大幅提高小型工业企业投资的最高限额以及继续减少保留工业的品种，改革取得了很大进步。

第五，改革金融体制，增强经济杠杆的调控作用。在金融方面，一是从 1991 年起印度政府发起了资本和货币自由化改革，并进行了符合国际水平的谨慎立法，调节了对国内银行扩张实施的政府管制。二是废除了私人部门进入银行系统的障碍，部分地放松存（规定上限）贷（规定下限）款利息。经过改革，目前印度利率的市场形成机制得到了加强，国家对金融市场的直接干预减少，间接性的经济杠杆逐渐起主要作用。

---

① 孙培均：“印度当前的经济形势与第二代经济改革”，《南亚研究》2001 年第 1 期，第 9 页。

第六，对外国私人投资进一步开放，国内市场与国际市场进一步接轨。外国机构投资者在印度股票市场的投资限额，2001 年以前为所投资印度公司实收资本的 24%，此后这个限额已被提高至 40%。关于外资对印度非金融公司的直接投资，将在个案审批的前提下允许设立百分之百的外资公司，但此种投资总额 5000 万美元以下者，必须将其中 25% 的股权转让给印度国内投资者，超过 5000 万美元，则可保持其百分之百的股权，无需向印度国内投资者转让。鼓励外国私人投资的同时，政府还通过放松外汇资本账户的管制鼓励印度公司对外投资。

通过以上各方面的改革，过度行政干预已失去制度基础，市场化导向的政策管理模式逐渐形成，在以市场配置资源为主导的前提下，经济、法律和行政等经济管理手段逐渐互相协调配合，以实现国民经济发展目标。

（三）转变政府职能，从管制型政府向服务型政府转变

从计划压抑市场到计划支持市场的转变，同时也意味着政府角色应从管制型政府向服务型政府转变。为此，“八五”、“九五”计划中都在一定程度上强化了政府的公共服务职能，即坚持国家对经济发展的必要干预，有效发挥政府在经济社会发展中的基础性作用。

“八五”计划在强调市场机制、实行自由化经济政策的同时，明确规定了国家在经济和社会发展中应起重要作用，并进一步明确指出发展水利、交通、能源和通讯等经济基础设施和发展教育、卫生、医疗保障和环境保护等社会基础设施是政府的基本责任，政府亦有责任继续制订和实施为贫困民众谋利的特别计划。“九五”计划则明确指出，在市场经济中，政府承担责任的目的是为了保持宏观经济的稳定发展。

根据新计划中的政府责任原则，“八五”期间政府投资集中在发展国民经济的弱项基础设施，仅水利灌溉投资就达 3940 亿卢比（按 1990 年价格计算），比“七五”计划的 1436 亿卢比（按 1985 年价格计算）增加 174.4%。“十一五”除了继续加强经济基础设施和社会经济设施投资外，还计划在 2012 年前为所有人提供家园定居点，并加速为农村穷人建造房屋，争取到 2017 年覆盖所有穷人。

除了强化政府公共服务职能外，服务型政府的建立还有赖于政府机构的改革以及科学政绩评价体系的建立和落实。早在 2004 年印度政府就将

行政改革列为首要任务，并制定了严格的公务员考核标准。改革尽管遇到很大的阻力，进展缓慢，但毕竟还是朝着正确的方向前进了。在世界银行的帮助下，印度政府在机构改革中实行了自愿退休计划。公务员的考核标准在很多部门开始执行。

经过改革，管制型政府已逐渐转向与市场经济相符合的服务型政府。服务型政府是有限政府也是法治政府，在国民经济管理中政府的权力被限制在必要的程度和范围，对于宏观经济的调控不再依赖具有直接强制性的行政手段，而是更多地运用经济手段和法律手段。因此，政府职责的转变为国民经济管理中法律手段、经济手段和行政手段的三位一体、协调运作提供了保障。

由此可见，在深化改革的过程中印度国民经济管理手段亦发生了深刻变化，在经济管理中除行政干预减少外，基本上形成了经济手段、法律手段和行政手段三位一体、协调运作的格局。

综上所述，自从1991年拉奥出任总理、曼莫汉·辛格担任财政部长后，被誉为“印度经济改革之父”的曼莫汉·辛格担任在其任职期间进行了前所未有的经济改革，打破了束缚印度经济增长的种种枷锁，使印度经济步入高速发展的轨道。印度的改革自拉·甘地政府起，明确提出印度经济实现自由化、市场化、私有化和全球化的政策目标。因而，迄今历届政府继续奉行其改革举措，并逐渐形成了一种具备注重经济目标和社会目标有机结合的“社会包容性增长”的管理目标、混合经济制度条件下“公退私进”（或者说公营经济与私营经济活动领域范围的适当调整）的管理对象、市场化导向的管理方式，以及经济手段、法律手段和行政手段三位一体、协调运作的管理手段的独特的印度经济管理模式。

第七章 印度经济发展模式面临的挑战

独立后的印度，在尼赫鲁“建设一种在共产主义和资本主义国家的正统的实践之间的中间道路的新型的社会主义”、“为需要而生产，不为贪婪而生产”计划经济思想的建国理念指导下，其经济发展践行了“尼赫鲁社会主义（计划经济、公营企业、消除贫困）+混合经济体制+土地改革、绿色革命+进口替代发展战略”模式。尼赫鲁经济发展模式使印度经济发展历经了20世纪50—70年代“印度式增长率”的低速发展和1980年的缓慢增长过程。就像印度经济学家贾格迪什·巴格沃蒂在他的《转变中的印度：经济自由》中认为的那样，“印度不仅是选择了错误的经济道路，而且结果是将自已排除在世界经济事务之外”的“无效模式”。[①] 正是在国内外对尼赫鲁—英·甘地模式的严厉批评下，特别是20世纪90年代初，为突破印度经济发展所面临的内外交困的尴尬境遇，拉奥政府上台以后，在“市场化、私有化、自由化和全球化”思想指引下，实施了“暴风雨般的经济改革”，代替了英迪拉·甘地时代的“偷偷改革”和拉吉夫·甘地统治下的“勉强改革”，[②] 并逐渐形成了（与中国经济增长与发展模式不同的[③]）独具印度特色的“重点发展服务业（改革后前期首先重点培养的是软件业）→利用金融市场的发达刺激国际资本进

---

① ［印］贾格迪什·巴格沃蒂：《转变中的印度：经济自由》，牛津大学出版社1995年版，第5页。

② 邱永辉、陈继东、李德昌：《南亚国家的经济改革与民主化浪潮》，四川大学出版社1998年版，第121页。

③ 中国经济发展模式是以巨额基础投资→吸引直接投资（尤其是制造业领域的投资）→扩大进出口→扩大就业→刺激消费→全面经济高速增长与发展模式。

入本国资本市场→刺激消费→刺激制造业——→刺激基础设施建设→经济全面发展”的“市场经济发展模式”或模式演化路径。然而，这种经济增长与发展模式同样面临着一系列挑战。

第一节　两部门经济假设下的印度经济增长悖论[①]

一、印度两部门经济假设的提出

在宏观经济学中，通常用国内生产总值（GDP，即一国（或地区）在一定时期内的总产出来），表示经济增长状况。从支出法的角度，一国的总产出（Y）等于该国在一定时期内消费（C）、投资（I）、政府购买（G）和净出口（NX）支出的总和；从收入法的角度，一国的总收入 = 工资 + 利息 + 利润 + 租金 + 间接税 + 企业转移支付 + 折旧。[②]

为了进一步揭示印度经济增长模式的某些特性，我们把印度经济看成是一个最简单的两部门经济系统。印度两部门经济系统假设提出的前提条件如下：

第一，假设所分析的印度经济中只有家庭（包括工人家庭与资本家家庭）部门和企业部门，不考虑政府和对外贸易。

主要是基于忽略印度两部门经济中的政府购买和净出口对经济增长贡献较小的原因（事实上，这一假设对于印度经济而言具有相对的合理性）。一国的政府购买水平主要取决于该国的财政收入和举债水平，印度中央政府的财政收入主要来自所得税，所得税在一个低收入国家是非常稀缺的。印度的所得税包括利得税、资本收益税等，都是变成财产、变成收入以后来征税，在一个十几亿人口中大部分为穷人的国家里，按收入征收所得税是收不到多少税的，这就导致印度的中央政府没有钱来维持它正常的开支，因此它就要借债，一借债以后印度中央财政支出的 30% 就要用

---

① 杨文武、钟鹏：“两部门经济假设下的印度经济增长模式探析”，《南亚研究季刊》2008 年第 2 期，第 47—51 页。

② 高鸿业：《西方经济学（宏观部分）》，中国人民大学出版社 2001 年版，第 419 页。

于归还利息。[①] 较少的财政收入和沉重的利息负担使得印度的政府购买力十分弱小，对经济增长的贡献也微乎其微。同时，由于印度没有采取出口导向的东亚模式，在很长时间里，印度的净出口数额也十分少（有些年份甚至为负数），净出口对经济增长的影响也几乎可以忽略不计。因此，从支出法的角度，印度的总产出 Y = C + I。

第二，假设印度经济的消费行为和储蓄行为都发生在家庭部门，生产和投资行为都发生在企业部门。

印度家庭部门由资本家和工人两类主体构成，家庭部门获得收入（资本家利润 + 工人工资）后，进行消费和储蓄两种行为，[②] 家庭的消费构成了对企业的产出（包括产品和服务）需求，家庭的储蓄构成了企业投资资金的来源。

印度所有的产出（包括产品和服务）都由企业生产和提供，而且企业投资是自主的，不随利率和产量的变动而变动。

第三，在两部门经济中，不存在企业的间接税，为了使分析简化，先撇开折旧和企业转移支付，这样国内生产总值就等于国内生产净值和国民收入。所有国民收入分配给资本家和工人两类主体，我们假设工人获得工资，资本家获得所有剩余收益，那么资本家获得的部分就包括利润、利息和租金，为了分析问题的简便，我们用占资本家收益中绝大部分的利润来代表资本家所获得的收益。因此，从收入法的角度，在两部门经济中，印度家庭的总收入就可以简洁地表示为工资（W）和利润（P）之和，即Y = W + P。

二、印度两部门经济假设下的印度经济增长模式的循环过程

通过上述假设，我们发现印度企业部门创造出所有的国民收入后，通过一定的方式分配给家庭（包括工人家庭和资本家家庭）部门，总收入

① http：//www. folo. cn/user1/1489/archives/2006/20510. html.

② 因为是两部门经济，所以家庭不存在纳税行为，并且不考虑家庭在资本市场的直接投资行为。

在这两类主体之间进行分配，其分配结果是有很大差别的。众所周知，印度由于人口众多，劳动力供给庞大，在劳动力供给远远大于需求的情况下，劳动力市场的均衡工资必然会很低，更为严重的是，大量的印度工人为了生存纷纷都到非正规部门就业,[①] 这使得印度工人只能获得相对于其劳动力价格的极低的工资，其余的收入以利润的方式为印度资本家所有。这种分配方式使得印度工人的收入除了用于自己生存的消费外所剩无几，基本上没有什么储蓄。因此，我们假设印度工人的储蓄为零，他们的消费（C_1）构成了对企业的产品和服务需求。资本家获得的大量利润一部分通过消费（C_2）也同样构成了对企业的产品和服务需求，另一部分储蓄（S）起来，通过资本市场构成了企业投资（I）的来源，这样我们就完成了两部门的印度经济增长循环模型图（如图—71 所示）。在图的下半部分，即从收入法的角度，$Y = P + W$；在图的上方，即从支出法的角度，$Y = C + I$，其中 $C = C_1 + C_2$，$C_1 = W$，$C_2 = P - S$（或 I，因为 $I = S$）。

由此，我们可以看出：（1）印度由于财政收入有限，政府用于基础设施投资的资金也十分有限，这使得印度的基础设施十分落后。而良好的基础设施是发展制造业的前提条件之一,[②] 印度在这一方面的缺陷使得印度企业在投资上没有选择制造业，而是高技术的服务业。（2）随之而来的结果是随着印度经济的增长，印度的劳动就业水平并没有相应地显著提高，并且由于印度人口的迅速膨胀，劳动者的工资也没有大幅提高，进而工人阶级也几乎没有什么储蓄，这使得印度的工人始终处于获取工资、用于消费（如图 7—1 中外圈中虚线部分所示）的低收入、低消费水平。（3）印度企业投资高技术的服务业会产生较高的利润回报，资本家攫取这部分利润后，一部分用于增加自己的消费（C_2），另一部分储蓄起来再次形成企业的投资，这样，我们就完成了印度经济扩大再生产的循环图（图 7—1 中内圈中实线部分所示）。（4）在这个循环体系中，资本家的投

---

① 据印度国家统计抽样调查中心 1999—2000 年的调查结果显示，目前在印度 3.97 亿的劳动力中有 3.629 亿是在无组织中就业的，其中又包括了 2.37 亿农业工人，0.41 亿制造业工人，0.17 亿建筑业工人和 0.37 亿贸易运输业工人。他们当中约有 60% 又是属于自谋职业者，30% 是属于季节性受雇佣的零时工。具体参见 The Ministry of Labour and Employment's Annual Reports 2006 - 2007，http：//labour. gov. in。

② 华民："中印经济发展模式的比较：相似的原理与不同的方法"，《复旦学报（社会科学版）》2006 年第 6 期，第 30 页。

资（由储蓄转化而来）和消费相互促进，不断扩大，推动印度经济不断增长，这就使得印度资本家阶级始终处于高收入—高消费水平—高储蓄—高投资的资本家阶级的自身经济循环过程中。

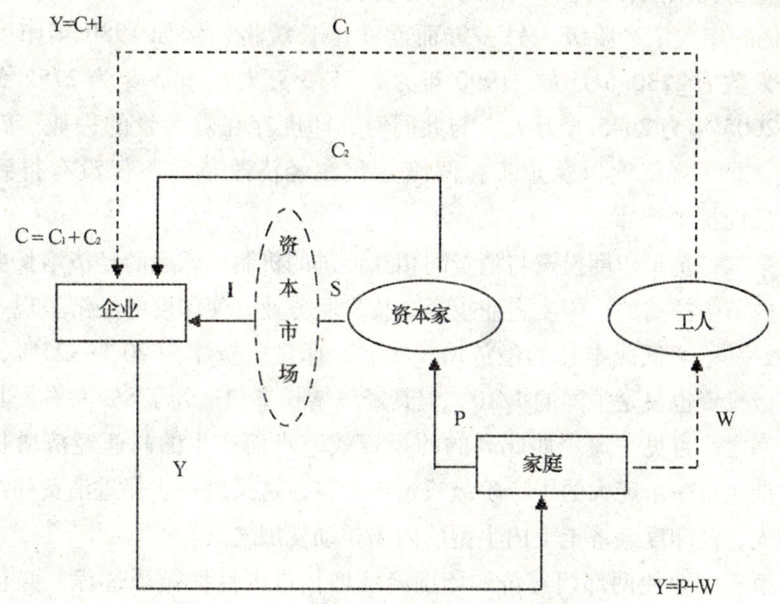

图 7—1　两部门经济的印度经济增长循环过程

三、印度两部门经济假设下的研究结论与展望

印度近年来的经济快速发展创造了一种不同于东亚模式的“南亚模式”。结合上文的分析，我们对这种新的经济发展模式可得出如下结论并作出相应的展望：

第一，由于人口众多、种姓制度等种种原因，印度在进行经济改革之初就存在着资本家和工人两个阶级收入分配的严重不平衡，随着经济改革的推进，印度选择了一条直接从农业生产国转向以服务业为基础的道路。例如，1990 年时，农业占 GDP 的比重为 31%、工业占 GDP 的比重为 28%、制造业占 GDP 的比重为 17%、服务业占 GDP 的比重为 41%；2003 年时，印度农业占 GDP 的比重为 22%、工业占 GDP 的比重为27%、制造业占GDP的比重为16%、服务业占GDP的比重为51%，其各大产业部门的年均增长率则分别为2.7%、6.0%、6.5%和7.9%。这一模式较大地提高了经济发展的速度，增加了上层阶级的财富，但是却无益于提供工作岗位，增加劳动人民的收入，使得印度一方面产生了2.5亿的庞大中产阶级，另一方面就业增长缓慢，例如1980年印度就业总人数为2230.5万人，1990年为2635.3万人，1995年为2752.5万人，2005年为2645.8万人。与此同时，印度存在着大量的失业、隐形失业、非正规就业以及童工，两级分化在经济改革后不仅没有得到改善，反而更加严重。

第二，基于印度投资与消费间相互促进的机制，印度的经济增长主要是靠内需来拉动的。印度企业投资高技术服务业，使印度的经济呈现一种“高效率”、“低成本”的经济增长模式，印度投资率为20%—25%，外国直接投资也仅是中国的1/10，但其经济增长率却达到了8%左右，其投资效率之高可见一斑。如此高的的投资效率进而产生的高速经济增长速度，催生出一个庞大的中产阶级或资产阶级，这又进一步促进消费和投资的扩大，使印度经济走上内生型的内需拉动发展之路。

第三，要使两部门经济的印度经济增长进入良性循环过程，必须使印度经济扩大再生产的内圈（图7—1中内圈中实线部分所示）与外圈（图7—1中内圈中虚线部分所示）均循环起来。如果要使得印度经济扩大再生产的外圈循环起来，必须着力解决自身的就业问题，要解决印度失业问题只能通过大力发展制造业，而制造业的发展在很大程度上取决于基础设施的完善程度。中国在解决这一问题时主要依靠的是各级政府的财政支出，但是对于税收不足、政府购买能力有限的印度政府（如表7—1所示）来说，就需要另辟新径，采取多种方法筹集资金，解决这一问题。①

① 张环：“印度经济增长因素实证分析”，《亚太经济》2007年第2期，第60页。

表7—1　基于支出法的印度经济增长因素分析（单位：亿美元）①

年份	国内生产总值 Y	居民最终消费 X_1	总投资 X_2	政府购买 X_3	商品服务总出口 X_4	商品服务总进口 X_5
1980	1530.0	1265.0	289.0	169.0	119.0	111.0
1990	2680.0	1914.0	563.0	326.0	326.0	200.0
2000	4570.0	2977.0	1037.0	578.0	578.0	670.0
2002	4810.0	3144.0	1053.0	600.0	600.0	692.0
2001	5010.0	4246.4	1137.0	582.0	582.0	767.0
2003	5440.0	3514.0	1239.0	603.0	603.0	853.0
2004	5810.0	3796.0	1387.0	652.0	652.0	1255.0

第四，我们从表7—1还可以看出，印度净出口的数额一直不高，在某些年份甚至为负值（如2004年），从衡量国民收入的支出法我们可以看出，商品和服务的进出口额对印度的GDP增长也有一定的影响。根据西方经济学原理，商品和服务的进口是国民经济的一种“漏出”，因此印度商品和服务的进口对GDP的增长是起负作用的，特别是国际石油价格暴涨对石油需求的70%要靠进口的印度产生了较大的压力。为了印度经济长期稳定增长的需要，印度有必要扩大出口，增加净出口量，这一方面有利于增加国内生产总值，另一方面也有利于增加外汇，保障该国外汇稳定和进口环境安全。

第二节　印度经济社会发展总体水平较差

如果我们用人类发展指数HDI（Human Development Index）来衡量印度经济发展模式的经济社会发展水平，那么据联合国开发计划署的报告显示，从1980年到2010年印度人类发展指数从0.32增长到2010年的0.519，平均年增长率为1.62%；从1990年的0.389增长到2010年的

① 世界银行：《世界发展指标》，中国财政经济出版社组织翻译，中国财政经济出版社2005年版。

0.519，平均年增长率为1.44%；从2000年的0.440增长到2010年的0.519，平均年增长率为1.66%；从1980年到2010年印度人类发展指数（HDI）成就排名上升了6位。这说明了在过去30年特别是20世纪90年代以来，印度经济发展模式的成功演化与有效运转、持续快速的经济增长促进了经济社会发展水平的提高。然而，20世纪90年代以来的印度市场经济发展模式所表现出来的经济社会发展总体水平仍然较差，且与其持续快速的经济增长极不相称或不匹配。

一、2010年人类发展指数排名屈居第一百一十九位

据联合国开发计划署的报告显示，2010年人类发展指数165个国家的排名中，印度只屈居第一百一十九位（而中国排名第八十九），而源于过去十年经济的快速发展，印度GDP的增长一直处于全球GDP增长排名的前十位。人类发展指数主要依据人均收入、预期寿命和教育3个指标，印度显然在这三个方面都比较落后。例如，2010年印度人均国民总收入为3337美元（而世界平均为1.0631万美元、发达国家经合组织为3.7077万美元和非经合组织为4.2370万美元、东亚和太平洋地区为6403美元、南亚地区为3417美元，中国为7258美元）；出生时预期寿命只有64.4岁（世界平均预期寿命是69.3岁、欧洲许多国家预期寿命都超过80岁、东亚和太平洋地区预期寿命为72.6岁、南亚地区预期寿命为74.0岁，中国预期寿命为73.5岁）；平均受教育年限或受教育程度印度仅仅只有4.4年（而世界受教育程度平均7.4年、发达国家经合组织为11.4年和非经合组织为10.0年、东亚和太平洋地区为7.2年、南亚地区4.6年，中国为7.5年）。由此可见，无论是人均收入，还是预期寿命和受教育程度，印度不仅落后于全球水平，而且也落后于东亚和太平洋地区、南亚和中国的人类发展状况。

二、性别不平等现象大量存在

2010年性别不平等指数165个国家的排名中，印度排在第一百二十二位，其指数值为0.748。其中，2003—2008年孕产妇死亡率（每10万

名活产儿中孕产妇在分娩时的死亡率）印度为450人（而世界平均为273人、发达国家经合组织为8人和非经合组织为16人、东亚和太平洋地区为126人、南亚地区为454人，中国为45人）；1990—2008年未成年生育率（指1000名15—19岁青少年女性的生育人数）印度为68.1人（而世界平均为53.7人、发达国家经合组织为19.4人和非经合组织为11.2人、东亚和太平洋地区为18.1人、南亚地区为65.0人，中国为9.7人）；2008年议会中女性席位的比例印度为9.2人（而世界平均为16.2人、发达国家经合组织为20.6人和非经合组织为18.1人、东亚和太平洋地区为19.8人、南亚地区为10.4人，中国为17.1人）；2010年至少受过中等教育的人口比例（占25岁及以上人口百分比）印度女性为26.6%、男性为50.4%（而世界平均女性为51.6%、男性为61.7%，发达国家经合组织女性为84.0%、男性为86.6%和非经合组织女性70.4%、男性为72.1%，东亚和太平洋地区女性为48.2%、男性为61.4%，南亚地区女性为27.4%、男性为49.1%，中国女性为54.8%、男性为70.4%）；2008年劳动力参与率印度女性为35.7%、男性为84.5%（而世界平均女性为56.8%、男性为82.6%，发达国家经合组织女性为65.5%、男性为80.1%和非经合组织女性为58.2%、男性为82.3%，东亚和太平洋地区女性为70.1%、男性为84.5%，南亚地区女性为37.2%、男性为84.2%，中国女性为84.8%、男性为86.9%）；1990—2008年避孕率（占15—49岁已婚妇女百分比）印度为56.3%（南亚地区为53.8%，中国为72.8%）；1990—2008年至少一次产前检查比例印度为74%（而世界平均为82%、非经合组织为100%、东亚和太平洋地区为91%、南亚地区为70%，中国为91%）；2000—2008年由专业助产士接生比例印度为47%（而世界平均为75%、经合组织为99%和非经合组织为100%、东亚和太平洋地区为91%、南亚地区为45%，中国为98%）。由此可见，独立近60年来，尽管政府制定了各种相关的法规来禁止童婚，禁止男方索要嫁妆等，并制定了相关的经济援助法案鼓励女童接受教育，但是印度性别不平等问题，尤其是女性接受教育的问题一直没有得到圆满的解决。而印度性别不平等问题与种姓、宗教等问题纠缠在一起，短期内很难见到解决的希望。

三、多维贫困发生率较高以及公民福祉水平低

2000—2008 年印度多维贫困发生率为 55.4%（中国为 12.5%），多维贫困剥夺强度达 53.5%（中国达 44.9%），多维贫困人口比例为 16.1%（中国为 6.3%）。其中，2000—2008 年在教育方面存在严重剥夺的人口占 37.5%（中国为 10.9%），在健康方面存在严重剥夺的人口占 56.5%（中国为 11.3%），在生活标准方面存在严重剥夺的人口占 58.5%（中国为 12.4%）；2000—2008 年低于购买力平价调整的每天 1.25 美元贫困线人口占总人口 41.6%（中国为 15.19%）；低于国家贫困线人口占 28.6%（中国为 2.8%）。据印度计划委员会统计数据表明，印度农村贫困率由 1993—1994 年度的 37.3% 下降到 2003—2004 年度的 28.3%，下降了 9 个百分点；而同期城市贫困率由 1993—1994 年度的 32.4% 下降到 2003—2004 年度的 25.7%，下降了 6.7 个百分点。由此可见，印度经济近年来形势喜人，贫困问题在过去的经济增长过程中确实已有逐步缓解。但是，从绝对数来看，虽然贫困人口一直呈下降趋势，但即使是 2007 年也有近 2.2 亿人的贫困人口，这一数字超过了许多欧洲发达国家的人口总和。因而，从总体上讲印度仍处于低收入国家之列，也是世界上拥有最大量绝对贫困人口的国家。由印度最高法院牵头，印度乡村发展委员会对印度农村发展进行了调查，结果发现约有 50% 的印度民众仍然生活在贫困线以下。① 尽管这个统计数据令印度政府很恼火，要求再调查一遍，但直到目前为止，印度贫困问题依然是一个十分严峻且不容忽视的客观现实问题。

除此之外，2004—2006 年印度源于贫困的营养不良发生率为 22%（中国为 10%），2004—2006 年印度未达到最低饮食能量需求的人口占总人口的比例为 15%（中国为 13%）；2006—2009 年印度全部被调查者整体生活满意度（0 代表最不满意，10 代表最满意）为 5.5②（中国为

---

① http://gb.cri.cn/27824/2009/07/16/4165s2564107.htm.

② 盖洛普民意调查所公布的 2010 年全球幸福度调查结果表明，只有 17% 的印度人对生活比较满意，且低于 21% 的全球中位数水平。

6.4)，2006—2009年所有被调查者对生活标准满意的仅61%、全部被调查者受到尊重的占比为72%（中国为87%）；2003—2008年每10万人中杀人犯罪率为2.8（中国为1.2）；2006—2009年能负担得起住房的占62%（中国为67%）；2006—2009年对卫生保健质量满意的占59%（中国为57%）、对教育系统及学校满意的占72%（中国为61%）、对空气质量满意的占72%（中国为73%）、对水质量满意的占67%（中国为74%）；1999—2007年间童工占5—14岁儿童的比重为12%。上述数据都充分说明了印度公民的福祉水平不高。

四、可持续性较差且潜在的脆弱性大

2008年印度净储蓄占GNP的百分比为24.2%（中国为35.1%），2006年消费的生态足迹人均0.8公顷（中国为1.8公顷），2007年石化燃料类初级能源供应总量占总量额的比重为70%（中国为87%）、可再生资源类初级能源供应总量占总量额的比重为29%（中国为12%），人均二氧化碳排放量由1990年的0.8公吨上升到2006年的1.3公吨（中国则同期由2.4公吨上升到4.6公吨），2009年自然保护区的面积占陆地面积的5.3%（中国为16.6%），2010年退化土地上生活的人口占总人口的比例为10%（中国为9%），2008年未获得改良服务的饮用水的人口比例为12%（中国为11%）、未获得改良服务的卫生设施的69%（中国为45%），2008年由于户内和户外空气或水污染物引起的死亡人数为百万分之954（中国为百万分之693），2000—2009年平均每年每100万人中有5.5557万人受到自然灾害影响（中国有9.6359万人）。如果与中国相比较，印度只有可再生资源类初级能源供应总量占总量额比重和人均二氧化碳排放量两项指标略优于中国，其他各项指标如人均净储蓄率、自然保护区的面积占陆地面积的比重、退化土地上生活的人口占总人口的比例、未获得改良服务的饮用水和卫生设施的人口比例、平均每年受到自然灾害影响人数等各项指标均不及中国，由此可见印度经济社会发展的可持续性较差且潜在脆弱性大。

五、文盲比例高、入学率和保持率低以及社会医疗资源短缺、效率低下

2000—2007 年印度教育投入占 GDP 的比重为3.2%（中国为1.9%）；2005—2008 年成人识字率（占 15 岁及以上人口的百分比）仅为 62.8%（中国为93.7%）；2010 年至少接受过中等教育的人口占25 岁及以上人口的比重为 22.2%（中国为 38.4%）；2001—2009 年初等教育毛入学率为113.1%（中国为112.1%）、净入学率为89.9%，而中等教育毛入学率为57.0%（中国为 74.0%），高等教育毛入学率为 13.5%（中国为22.1%）；初等教育所有年级的辍学率为34.2%（中国为0.4%）、复学率仅为3.4%（中国为0.3%）；初等教育学生对教师的比例为40.7（中国为18.3%）。由此可见，印度虽然在高等教育方面有一定的成就，但基础教育的严重落后必将严重制约印度经济的高速发展。与中国相比，印度的教育投入相对较高，但是无论初等教育还是中等教育，印度的入学率和保持率均不高，且目前仍有1/3 以上的人口是文盲，其中一半是女性，社会各界有必要努力帮助妇女摆脱文盲状态。印度文盲人口比例很可能是世界最高的，因此政府将开始扫盲活动，尤其是减少妇女文盲，以推动社会进步。

同时，2000—2007 年印度公共卫支出占 GDP 的比重仅为 1.1%（中国为1.9%），2007 年卫生支出人均仅 109 现价国际美元（中国为233 现价国际美元），2000—2009 年每万人中有医生 6 人（中国有 14 人）和医院病床 9 张（中国有 30 张），2008 年婴儿死亡率为 52‰（中国为 18‰）和5 岁以下的儿童死亡率为 69‰（中国为 21‰），成年男性死亡率为250‰（中国为 140‰）和女性死亡率为 173‰（中国为 84‰），每 10 万非传染性疾病年龄标化死亡率为 713 人（中国为 627 人）。由此可见，印度人均卫生支出不足，处于低水平运行状态。与此同时，印度政府医疗机构面临着资源短缺、效率低下、管理不善和条件较差等问题，而且无论在卫生保健方面还是卫生资源配置方面都存在着显著的城乡差别，特别是农村三级医疗网络为农村居民免费提供医疗服务方面，由于政府财力有限，其运营维持艰难。

六、基础设施相对落后

印度基础设施的薄弱给企业生产、物流带来一系列的问题，这种现实条件不仅阻碍了外国投资者前来印度发展，而且成为制约其经济发展的一大瓶颈。近年来伴随人口的增加、经济的快速发展以及城市化水平的提高等，社会对基础设施的需求愈来愈大，导致供需之间的矛盾日益突出。以电力这个最基本的公共保障为例，印度目前总电力装机容量尚不到中国的1/3，每年的电力缺口高达8.9%，在农村还有70%的地区用不上电，即便在首都新德里，电力供应也无法令人满意。而据联合国开发计划署的报告显示，2008年印度未通电地区人口占总人口比例为34.2%。尽管2004—2007年印度道路密度（每平方公里陆地的道路公里数）达1001公里，其公路网从1950—2004年已经翻了8番，现在总长度为331万公里，几乎比中国公路长1倍，但是印度的高速公路仅相当于中国的省级公路，平均时速很难超过60公里/小时，真正封闭的高速公路总长只有200多公里。2004—2008年印度虽然有总长达6.3万多公里的庞大铁路网，但其国内轨道竟然存在着3种不同的轨距，年度货运总量也只有4.3亿吨。[①] 2005—2008年印度航空货运每公里达12.34亿吨，但是长期以来，航空货运在印度都是一个备受忽视的行业。一方面，绝大多数的国内货物主要通过铁路和公路进行运输，另一方面，航空运输由印度航空公司（Air India）和印度国家航空公司（Indian Airlines）两家国有公司垄断经营，政府长期以来对航空业的高度管制导致效率低下；而且印度航空运输业基础设施的匮乏和高税负，都导致航空运输业发展停滞不前。

而据西方估计，印度要使其基础设施达到中国目前的水平，大概需要800—1万亿美元的投资。而目前印度每年投资于基础设施的全部资本不过百亿美元，以这样的速度发展下去，印度的基础设施只能是越来越破旧不堪，根本不能适应经济高速发展的可能。印度目前在基础设施领域的固定投资率只有23%，远远低于中国38%的水平。这主要是印度政府在一

---

① http：//zhidao. baidu. com/question/55330558. html.

些公共基础设施建设领域中的参与程度不够，尤其是在新建更多学校、医院和农村医疗中心等社会基础设施方面，以及水、电、公路、铁路和航空等实体基础设施建设方面行动迟缓所致。因而，只有通过扫清未来基础设施发展障碍，大力吸引投资才能使印度基础设施短缺问题有望得到缓解。

第三节　印度农村劳动力循环季节性转移模式面临的困境[①]

工业化、城市化与大规模农业劳动力转移是一国长期经济增长的重要特征。印度作为一个发展中农业大国，和中国同样面临着工业化和城市化进程中的农村剩余劳动力转移问题。印度自1911年以来，农村剩余劳动力转移主要表现为循环季节性转移和永久性城市迁移两种模式。尽管这两种转移模式之间存在相互制约、相互影响和相互促进的关系，但是印度农村劳动力循环季节性转移模式向永久性迁移模式转换却面临着内在的困境，而且这两种转移模式转换之困境也给予了中国农村剩余劳动力转移一定的经验与启迪。

一、永久性城市迁移模式和循环季节性转移模式

（一）永久性城市迁移模式

永久性迁移是一种稳定性转移，它与循环季节性转移不同，是在城市定居，是一种农民到市民的转化，其身份、地位和城市人完全相同，享受城市人同等待遇。据2001年印度全国人口普查数据显示，印度总人口为10.27亿，其中农村人口占67.2%。[②] 经过近90年城市化发展，印度城市化仅增加了20%多一点。例如，1901年11%，1921年11.3%，1951年17.6%，1961年18.3%，1971年20.2%，1981年23.7%，1991年为

---

① 莫秀蓉："印度农村劳动力转移模式探析"，《南亚研究季刊》2009年第4期，第55—64页。

② Ravi Srivastava and S. K. Sasikumar, "An Overview of Migration in India, Its Impacts and Key Issues", India, 2003, p. 2.

25.71%，2001年达到27.78%。[①] 从人口学角度讲，一国城市人口增长主要通过3种途径实现，即城市人口自然增长（人口出生率减去人口死亡率）、城市人口机械增长（农村人口向城市迁移）、新市镇设立（农村区划为新城市地区）。[②] 此处主要考察农村人口向城市迁移——机械增长。从1941—1951年印度农村向城市迁移共900万人，增幅高达41.4%。[③] 这主要是因为1947年印巴分治，大批印度教徒从巴基斯坦逃往印度，并主要在城市定居下来。据估计，迁移到城市的难民约占城市人口增长的6.2%。1951—1961年期间印度城市人口增长缓慢，10年间增长2204万，其中农村迁移城市的只有871万人，比前10年减少100多万。从印度方面看是由于1961年普查时使用了新的统计口径，803个老镇失去镇的地位，仅有497个地方被新划为镇，因此城市人口机械增长减少。20世纪60年代后期印度在农村发达地区实施了“绿色革命”，在城市进行大量投资，新建和扩建了许多工业中心、钢铁城市、港口城市，使1961—1971年期间劳动力转移表现出多种方式，异地循环转移和向城市永久迁移并存，城市人口达到2.94亿，自然增长2940万人，机械增长1040万，城市人口年均增长率达3.21%。1971—1981年期间印度在城市继续推进工业化进程，在农村实行定点定目标的社区发展投资项目，“以工代赈”支持农村贫困地区减少贫困户。但由于政府财力不足，仍然有2309万农村居民涌向城市，占城市人口增长的40%，这一时期有714个农村居民点被划为城市，又使城市人口增长约50万人，[④] 城市自然增长达到4922万人，城市人口在1981年增长了4.9222亿人。2006年，据有关专家估计，印度农村迁移到城市的人口共400万。[⑤]

---

① ［印］《经济与政治周刊》1989年11月4—11日，第2491页；1986年的数字见阿格拉瓦尔：《印度经济》（第13版），维勒东方有限公司1987年版，第90、91、195页；1991和2001年数据见孙士海、葛维钧：《列国志：印度》，社会科学文献出版社2003年版，第26—27页。

② 孙士海：“印度的城市化及其特点”，《南亚研究》1992年第4期，第11页。

③ 何承金、文富德：“印度城市化状况、问题和对策”，《西北人口》1987年第3期，第32页。

④ 王益谦：“印度城市化历程与特征”，《南亚研究季刊》1992年第2期，第33页。

⑤ http：//book.sina.com.cn，2007年11月14日。

（二）循环季节性转移模式

循环季节性转移主要以异地转移为主，就地转移、季节性转移等为辅。这种异地转移不是永久性转移，是暂时工作地点的变化，经济收入比以前大大提高。循环季节性转移在一定程度上推进了劳动力从第一产业向第二、三产业转移，促进产业结构升级。印度农村与城市人口的变化，以及城市人口随农村人口流动而变化的趋势。1901—1991 年，印度农村人口从 2. 125 亿增长到 6. 267 亿，主要是由于宗教、文化等方面的影响，印度农村人口自然增长很快，城市人口同期从 0. 258 亿增长到 2001 年的 2. 854 亿，2001 年城市人口占总人口的 27. 8%。其中 1951—1991 年是印度城市化发展较快阶段，城市人口从 0. 6244 亿增至 2. 172 亿，占总人口的比重从 17. 3% 上升到 25. 7%；而在 1971—1981 年间，增幅达到 3. 4%。相反在农村，同期虽然农村人口从 2. 986 亿上升到 6. 267 亿，但是农村人口占总人口的比重由 1951 年的 82. 71% 下降到 1991 年的 74. 28%（如表 7—2 所示）；而在 1971—1981 年间，农村人口增幅达到 -3. 44%。所以，农村人口的减少以及城市人口的增加两者是密切相关的，如果排除一些人为的政策因素，两者呈正相关关系。40 年中，印度推动了大约 1. 55 亿人口走向城市，这不能不说是一个巨大的历史进步。到 2001 年，印度人口总数达 10. 27 亿，农村人口所占比重减少，城市人口已达 2. 854 亿。据美国麦肯锡咨询公司 2010 年发布的报道称，2030 年印度城镇人口将从 3. 4 亿升至 5. 9 亿人，[①] 20 年基本上接近翻一番。以上数据表明，印度农村人口逐渐减少，但减少的速度比较慢，这是和城市中机械人口增长较少相关，农村劳动力特别在 20 世纪 50 年代后期向城市大量迁移速度放慢，而主要表现为在农村之间、农村和城市之间循环往复流动，流动频率加快，效率提高，但生活不稳定，幸福指数比前期永久性迁移小得多。

---

① http：//tv. sohu. com/20101202/n278053810. shtml.

表 7—2　1901—2006 年印度城市与农村人口变化

时期	农村人口比重（%）	城市人口比重（%）
1901	89.16	10.8
1911	89.71	10.3
1921	88.83	11.2
1931	88.01	11.3
1941	86.14	13.9
1951	82.71	17.29
1961	82.03	18.0
1971	80.13	19.9
1981	76.69	23.3
1991	74.28	25.72
2000	72.46	…
2001	67.2	27.8
2003	52.3	28.3
2004	51.8	28.5
2005	51.3	28.7
2006	…	29.0

资料来源：V. C. Sinha，Dynamics of India's Population Growth，National Publishing House，New Delhi，1979，p. 225；V. Nath，“1991 Population Census：Some Facts and Policy Issues”，印度《经济与政治周刊》1991 年 12 月 21 日，第 2937 页；2001 年数据见孙士海、葛维钧：《列国志：印度》，社会科学文献出版社 2003 年版，第 26—27 页；印度自然增长和机械增长数字见“Population and Development Review”并计算，胡祟庆：“印度的城市化”，《人口与经济》1985 年第 2 期。

（三）两种转移模式的差异性及其相互关系

通过以上回顾，印度的农村劳动力转移模式主要以永久性迁移模式和循环季节性转移模式为主。永久性劳动力转移与循环性季节转移模式的共同特点在于转移主体都是无地农民和破产的手工业者；转移原因都在于印度农业劳动力就业增长率的下降、相对于产出增长来说农业存在着对劳动力需求的低弹性、耕作土地规模扩大、农业技术进步（如绿色革命）、城市经济利益吸引等，农村劳动力转移都因本国政策而呈现多样化；都造成劳动力向不同的农村地区和城市转移；都使城市数增多、城市化水平提高、产业工人增加、就业压力缓解，使产业结构升级有实现的可能性。

两者之间的不同点首先在于两者定义不同。永久性迁移是劳动力从农村转移到城市，并在城市永远地居住下来，并拥有一份长期的工作；而循环季节性转移模式是指在农村和城市间流动，劳动力是一流量，处于不稳定的状态，并且绝大多数是在那些无组织部门的低或无技术和低劳动生产率的部门工作，就业收入以现金收入为主。这些农户占农村总农户数的比例从 1965 年的 25% 增加到 1988 年的 40% 左右。1984 年，男性劳动力以临时工形式为主的占以现金收入为主的农村男性的 75%，而女性则达 90% 以上。还有一个值得注意的现象是，随着印度政府相关扶持乡村计划的推行以及在各邦政府的配合下，农村劳动力在农村工业企业里能找到工作机会，但童工是农村工业的主体，他们在农场里工作的目的是为了还债，转移主体一般是 5—14 岁的未成年人，童工在印度大概有 70 万—115 万，80% 在印度的农业部门工作。[①] 2001 年一项调查表明，童工每天工作 12 小时，赚到 18 卢比。[②] 其次在于形成原因不同。永久性转移人数多少主要和国家政策相关，即所谓的社区规划、农村统建导致农村人口成为城市人等；而循环性转移模式则与印度本国的发展战略相关。印度软件业非常发达，按常理说，第三产业的发展本能够吸收大量的农村劳动力，但印度农村劳动力素质低下，根本无法分享第三产业发展的成果，所以在农村从事农业的劳动力和失业人员仍然为数众多，作为产业结构升级的一个重要指标——劳动力向第二、三产业转移不明显。另一方面是因为国家对城市化速度的控制。一位学者这样称道，在 20 世纪 60 年代早期，印度城市化速度太快而造成大量的农村人口拥挤在城市，城市病非常普遍。1963—1964 年度、1973—1974 年度劳动力异地转移人数下降，城市化速度放慢。这和农村劳动力转移只能采取循环季节性转移而非永久居住的模式不无相关。最后在于形成影响不同。季节性流出地的雇佣关系得到了充分发展。在流出地，地主的农活要雇佣劳工承担，推动了当地雇佣关系的发展。在

① Mathews, Rahel, Reis, Chen, and Iacopino, Vincent, "Child Labor: A Matter of Health and Human Rights", The Journal of Ambulatory Care Management, Vol. 26, No. 2, 2003, p. 181.

② Arjan de haan, "Migration as Family Strategy: Rural - Urban Labor Migration in India during the Twentieth Century", The history of the family, Vol. 2, No. 4, 1997, pp. 493 - 498.

流入地劳工增多，外国资本企业、官办企业等雇主不需要再借助传统的依附关系来保证劳动人手，传统的依附性劳动制度越来越丧失存在的根基。

永久性劳动力转移模式与循环季节性转移模式两者之间是相互制约、相互影响、相互发展的关系。一方面，循环季节性转移模式是永久性迁移模式的前提和基础（在排除国家硬性政策的前提下）。只有让劳动力充分流动，使生产要素得到合理配置，才能调动劳动者的积极性，改善劳动者的物质和文化生活，提高劳动生产力，才能实现劳动力的永久性迁移，实现农村人到城市人的转变，以提高农民生活的基本满意度。另一方面，永久性迁移模式是循环季节性转移所追求的目标和方向。农村人口向城市转移、在农村地区之间转移，目的是追求经济利益，改善生活环境和水平。第三，永久性迁移和循环季节性转移两种模式都统一于城市化。只是循环季节性转移放慢了城市化速度，而永久性迁移大大加快了城市化进程，一个是城市化的终极目标，另一个是阶段性成果。所以对于发展中国家来说，只有处理好两者之间的关系，在经济发展过程中确实做到以劳动力充分流动为契机，实现大批劳动力合理有序地向城市转移，才能在农村有限的土地上保证更大的产出，促进城市化，提高人民生活水平。

二、印度农村劳动力循环季节性转移模式向永久性迁移模式转换面临的瓶颈

（一）印度农村土地制度的阻力

与其他发展中国家面临的境况一样，印度农村人口向城市的流动主要是农业技术进步和工业化发展的一种伴生现象。但是由于一方面，印度政府宣布于20世纪60年代取消的中间人制度至今仍然存在，而且接管的土地也不是无偿地分给无地或少地农民，大批“柴明达尔”地主仍然以“自耕地”的名义继续占有大量优质土地，夺佃现象也时有发生。尽管印度政府规定了最高占有土地的法令，但这些地主仍以各种方式和名义占有不少土地。因此，由于印度土地改革并没有彻底改变农村封建的土地所有制结构，这种特殊的土地占有方式使土地集中在少数大地主手中，农村2.4%的大地主占有耕地的22.8%，占农村人口74.5%的农民是少地、无

地者，这些人为了生存只能成为流动劳动力。[①] 另一方面，1992 年印度开始进行经济改革之后，经济出现了前所未有的快速增长，从而也带动土地利用结构发生显著变化，最突出的体现是 1991—2000 年间耕地面积减少了 177 万公顷，而同期建设用地增加了 188 万公顷，成为这期间土地面积变化最大的两种土地类型。[②] 这也使一部分农民失去土地这一基本的生存资料，他们涌向城市或向稍发达的农村地区转移，成为无最低生活保障的贫困阶层。第三，工业化和城市化加速反过来又促进农村土地的进一步集中，加剧中间人制度的发展，稳固农村土地制度，更多无地农民被抛向城市，形成城市贫民窟。据印度农业部《2004 年农业概览》的数据显示，1995—1996 年 1 月，在有地农户中 80.3% 的农户只拥有 36% 的农地，另有 19.7% 的农户持有 64% 的土地。印度农村贫困现象的重要原因主要是大部分农民缺乏或丧失了他们赖以生存的生产资料——土地，最终成为纯粹的无地贫困者。[③] 通过以上分析可以看出，印度农村土地制度给工业化和城市化带来了丰富的劳动力，这些劳动力以出卖劳动为生。按照世界工业化进程的一般规律，劳动力大批向城市、向第二、三产业转移，有利于该国的工业化顺利完成，促进城市化的巨大发展。但是，在印度我们看到的情况恰恰相反，这种土地制度释放了大量农民涌入城市以求生存解决贫困，但这种转移从本质上讲是一种无序转移，是一种盲目转移，是一种被迫的转移，不是城市对其的吸引，而是不得已而为之的为求得生存作出的无奈之举。所以其成为印度农村循环季节性劳动转移模式向永久性转移模式转变的一种阻力，再加上工业化和城市化进程进一步加快，更巩固了这种土地制度。

（二）印度经济发展模式的排斥力

众所周知，当印度开始改革与开放时，它所面临的初始条件概括起来大致有以下特点：有比中国更好的企业制度和比中国更好的金融体系，但

---

① ［美］迈克尔·P·托达罗著，卬金强、赵荣美等译：《经济发展与第三世界》，中国经济出版社 1992 年版，第 180—182 页。

② 刘丽："印度的土地审批制度及其相关问题"，《国土资源情报》2006 年第 11 期。

③ 杨文武："中印贫困现象与反贫困实践的经济学比较分析"，《四川大学学报（哲学社会科学版）》2007 年第 1 期。

是劳动力的素质不高（文盲率达到40%以上，这在很大程度上与印度社会的“种姓制度”有关），基础设施非常糟糕，并且因为过早地推行西方式的民主而导致政府效率非常低下。[①] 面对这样的初始条件和特殊国情，印度在开始对外开放时所能作出的选择只能是对外投资和自由贸易。同理，这也是当印度国内公司发展到一定程度，高素质劳动力供给不足和基础设施的障碍使得印度制造业发展远远落后于中国，还有为数很多的印度企业要到海外投资的原因所在，并且印度走上参与全球计算机软件业外包国际分工的道路。这样的发展模式和格局就造成对农村劳动力流动的制约，劳动者在城市很难找到工作，更不用说在城市永久地居住下来。从本质上说，印度第二、第三产业的发展与第一产业之间相互脱节、相互独立，未能形成一个完整的产业链。首先农村特有的土地制度释放了大批的无地农民，而无地农民为了生存只能选择流动，或在相对富裕的农村中当雇工，或在城市中寻找工作，但由于其本身素质不高限制了其流动（据有关统计数据显示，2002年印度成人的识字率男性为68%、女性为45%，青年识字率男性和女性分别为80%和65%[②]）。在城市，因第二产业发展后劲不足，吸收能力自然不强。在第三产业中情况更加严重，由于软件生产的产业链相当短，并且其产业溢出效应也比较小，而软件生产对劳动者素质要求却很高，所以只创造出有限的就业机会，那些大量服务性质的工作被城市人口中低素质劳动者所占据。下面这些数据可以表明印度产业发展之间的断层。如农业部门的劳动力占全部劳动力的比重，1901年为71.7%，1981年为70.6%，80年里仅降低1.1%；同期，工业部门劳动力比重为12.6%和12.9%，服务业劳动力比重为15.7%和16.5%，仅分别增长0.3%和0.8%。[③] 1995—1996年度农业从业人员占62%、工业部门从业人员占16%和服务业从业人员占22%。[④] 时隔10多年，第一产业从业人员仅降低8%左右，第二产业就业人员仅增加近4%，第三产

① 华民：“中印经济发展模式的比较：相似的原理与不同的方法”，《复旦学报（社会科学版）》2006年第6期，第39页。

② 世界银行：《2005年世界发展指标（中译本）》，中国财政经济出版社2005年版，第87—97页。

③ ［印］A·N·阿格瓦尔等主编：《印度基本经济资料》，新德里，1986年版，第50页。

④ 朱先发：“印度第三产业发展与启示”，《决策咨询》1998年第6期，第26页。

业从业人员仅增加6%。1998年印度第一产业就业人数占总就业人数比重仍然高达62.7%，比1996年上升0.7个百分点，第二产业就业人数比重是12.2%，比1996年下降3.8个百分点，在第三产业服务业所占比重为25.1%，只有在第三产业中就业比重有所上升，也仅上升3.1个百分点。[①] 和印度第二产业和服务业在GDP中所占比重相比较，就业比例非常之小。2003年印度的服务业占GDP比重是51%，[②] 2004年是52.2%，[③] 2009为54.4%。即使印度软件服务业欣欣向荣，从事第三产业的人口很多，据估计目前其雇佣的就业人数也只有30多万人。从上述数据看，第二产业和服务业发展了，但农民就业仍然严峻，所以无地农民只能选择在农村从事农业和农村工业。由此可见，印度农村劳动力转移模式居于主导地位的是循环季节性转移模式，一旦农村不能够吸纳每年递增的劳动力，那么这些在第一、二、三产业之间游离的大量农村劳动力将成为社会的边缘人。因此，印度实施的经济发展模式本身决定了印度工业化不可能吸收大批劳动力。

（三）印度国家政策的刚性约束力

回顾自印度独立以来国家实施的农业政策，一个最根本的特点是，印度政府特别重视立足于从农村出发来发展农业以促农民增收和改善农民生活。首先，我们看土地改革。印度土地改革目的是废除中间人制度，建立新的财产关系，使耕者有其田，但由于地主势力的强大导致改革的失败，土地大部分集中在地主手中，未能达到预期的目的。其次，20世纪60年代在农村较发达地区实施了“绿色革命”，提高农业产量，改善农民生活。再次，20世纪70年代分社区发展投资项目，但由于执行力度不够和财政支出不足，收获不大。最后，在20世纪80年代形成的乡村工业发展计划，在一定程度上缓减了农民就业。所以，在改革开放之前，政府也做了大量工作以缓解农村劳动力就业，使过剩的劳动力留在农村。而这些国

① 文富德：“印度产业模式浅析”，《亚太经济》2005年第4期，第26页。

② 世界银行：《2005年世界发展指标（中译本）》，中国财政经济出版社2005年版，第203页。

③ 许小苍：“中印俄巴产业结构转型的特点及比较”，《生产力研究》2008年第8期，第89页。

家政策都是在印度“争得民族独立与解放之后，出于对西方国家的‘敌意’而选择了被事实证明是缺乏效率的在私有制基础上的‘计划经济体制’”下实施的，“结果未能实现有效的经济增长，从而也就不能有效地解决多个世纪积累起来的贫困”。[①] 面对中国改革开放所创造的经济奇迹，印度最终在1992年开始向市场经济转型，放松政府管制，大力推进经济自由化与市场化改革，在短短10多年时间也出现了在印度历史上从来没有过的经济增长。但是其政策始终以农村为立足点，采取多种鼓励措施使印度农民留在农村建设农村，走的是与传统发达国家完全相反的道路，再加上印度实施的这种典型的经济发展模式不可能在短时间内改变，因此这是不得已的选择。本世纪初，印度政府再次提出要倾全力发展农业、繁荣农村、改善农民的生活条件，大量资金向农村倾斜。正如印度总理辛格所言：“印度的目标是让占全国总人口80%的农民和城市人一样富有，我们不是强调农民留在农村，而是通过采用经济激励措施鼓励他们留在农村。”印度政府重视农村发展，加大农村投入的国家政策的刚性约束了农村劳动力向城市的自由流动。虽然这种约束不带任何强制性，但也从另个一侧面说明了从印度独立以来以农村是否发展繁荣为前提的国家政策的刚性，也决定了印度循环季节性转移在短时间内不能转换为永久性劳动力转移，永久性劳动力转移模式在印度面临瓶颈。

从以上分析可以看出，印度循环季节性劳动力转移模式转换为永久性迁移模式遇到许多困难，其中最重要的是印度国内的农村土地制度、经济发展模式和国家政策的刚性约束，土地制度释放出劳动力，但第二、三产业无法吸收劳动力，国家政策的刚性使农村劳动力留在农村，从事农村工业。三者相互作用，相互影响，共同构成了阻碍农村劳动力向城市转移的巨大合力，劳动力转移模式转换和城市化的实现还任重道远。

---

① 华民：“中印经济发展模式的比较：相似的原理与不同的方法”，《复旦学报（社会科学版）》2006年第6期，第37页。

三、印度循环季节性模式向永久性模式转换的经验启示

第一，中国不能实行土地私有制。特别是党的十七届三中全会通过的《中共中央关于推进农村改革发展若干重大问题的决定》指出农村土地承包经营权可以自由流转，为农村劳动力转移提供了良好的契机，但是笔者认为，在流转的过程中不能实行土地私有制。因为中国48%的农民几乎是平均分配14%的产值，[①] 温饱是解决了，而农民的小康生活、和谐社会却不能简单地靠平均地权而获得。农民收入问题未能提高的本质在于弱质产业不能养活众多的人口，而减少农业就业比重才是解决问题的根本。减少农业就业比重要求土地实行规模经营以提高农民收入，土地制度私有化改革也许能够解决规模效益问题，但是印度的实践表明，私有制才会使无地者不是土地占有者成为普遍现象。况且土地达到规模化经营的方式很多，实行土地承包经营权的流转和部分农民成为只管干活不管经营的农业雇工两者之间是不相矛盾的，但是土地私有制的出现难以保护愿意耕种的农民不失去土地。那样的话，中国的农民问题恐怕也要像印度那样需要通过不断地立法保护小农的利益，限制大地主，取消中间人制度才能解决。而限制土地集中在大地主手中的结果还是要影响土地的规模效益，所以在我国农村改革发展问题上不能重蹈印度的覆辙。

第二，中国不能实行印度的经济发展模式。印度经过20世纪90年代的自由化改革以来，10多年的经济获得飞速发展，其中服务业在GDP比重中已占半壁江山，产业服务化趋势明显。国际经验证明，服务业在吸收劳动力特别是低素质劳动力方面有着独特的优势，但是恰恰在印度其对解决就业的拉力甚微。其根本问题在于产业服务化必须以第一产业农业、第二产业工业制造业的充分发展为基础，三次产业之间关联度高才能吸收大批的低素质劳动者。目前我国有部分学者也撰文指出，中国目前的主导产业应该是服务业，应该学习印度模式，发展那些高技

---

① 盛荣："印度土地制度效果对中国土地制度改革的启示"，《中国农业大学学报（社会科学版）》2006年第4期，第71页。

术、高附加值的软件服务业，其理由是这些产业能带来巨大的收益，也不会对环境造成污染，而不是重新重工业化，认为重新重工业化本质是资本、技术密集型制造产业的大力发展，会取代劳动密集型产业的发展，降低对低素质劳动者的需求，从而减少农村劳动者向城市转移的机会，妨碍农村循环季节性模式转变为永久性迁移模式。当然，我们不可否认重新重工业化确实会减少劳动力就业，但是印度模式告诉我们，在经济发展水平不高、农业机械化程度不强的情况下，不能单走第三产业服务化的发展模式，那样就会导致服务业孤军奋战，而其他产业发展滞后，相反还会导致大量的农村劳动者失业，形成逆城市化、反城市化的局面。再者重新重工业化以先进的设备带动服务业的发展，特别是生产性服务业的发展，同时也能提高农业机械化水平，创造新的就业岗位，因此重新重工业化是中国的必然选择。

第三，国家不宜干预农村劳动力自由流动。印度国家政策从其独立以来一直致力于发展农业和农村工业，虽也取得一定成绩但问题更多，其中最严重的后果是印度城市化率普遍偏低，除人为政策因素将经济和地理位置较好的邦全部统归城市之外，印度农村劳动力在城市永久性居住是非常困难的，永久性劳动力转移模式在印度居主导地位短时间内难以实现。所以我国在对待劳动力流动这一问题上，特别是在全球金融危机下，国内出口企业纷纷倒闭导致大量低素质劳动力失业，而农村土地承包经营权自由流转又增加农民就业机会的这一时期，他们选择在农村就雇于种田能手，还是再次流入城市寻找新的工作，国家都不应该干预，也不能实施某种政策导向，应尊重农民的自愿选择。如果政府抓好这次契机，循环季节性转移模式将被永久性迁移模式所取代，农村中高素质劳动者将获得一份城市的工作并获得永久居住权和相应的城市生活保障，而低素质劳动者由于在城市找不到更好的工作，他们只能留在农村，这样可以自然地分化农民，发展农业，减缓城市的压力，提高城市化率。

第四节　后金融危机时代印度经济发展模式面临的新挑战[①]

随着全球金融危机不断加深与蔓延，印度经济增长与发展模式在后危机时代面临着新的挑战。因此，在后金融危机时代的今天，印度必须对现存发展模式有一个清醒的认知，以便于努力寻求能促进印度经济持续快速发展的新模式。

一、外需疲软和内需乏力致使印度商品贸易不断下降

如图 7—2 所示，受不断向全球各个角落蔓延的美国金融危机致使外部需求疲软和内需乏力的影响，自 2008—2009 年第二季度以来，印度的商品进出口额均大幅下降。2009—2010 年度第二季度商品出口额同比下降 20.25%，商品进口同比下降 31.77%，贸易逆差额同比缩减 46.37%；[②] 2009—2010 年度第二季度商品出口额环比（略显）增长 0.71%，商品进口环比（主要是由于进口石油价格上涨所致，降幅有所收窄）下降 8.3%，贸易逆差额环比（因进口额的减少而降幅）缩减 25.28%。[③] 而印度商工部正在制定 2009—2010 年度至 2013—2014 年度新外贸政策，提高出口产品竞争力，并弥补过去 3 个月卢比兑美元升值 8% 给商品出口产业带来的损失，促进印度产品出口。正如印度商工部商务秘书拉胡尔·库勒（Rahul Khullar）表示，印度目前的形势十分严峻，还不清楚什么时候能够恢复增长，新的外贸政策将是帮助出口商的最后机会。进口的连续下降体现了内需不旺，总需求存在问题，目前任

① 杨文武、李文贵："印度经济发展模式面临的新挑战"，《南亚研究季刊》2009 年第 4 期，第 44—49 页。

② 其中，2009—2010 年度第一、第二季度，石油产品进口累计 348.08 亿美元，同比下降 45.0%；非石油产品进口累计 897.76 亿美元，同比下降 26.2%。

③ Reserve Bank of India report India's Balance of Payments Developments during the First Quarter（April - June 2009）of 2009 - 2010.

何期望通过进口来恢复投资都是有限的。在与出口密切相关的一些部门，如纺织、钻石切割和打磨等行业，失业率急剧攀升，即使在高利润的 IT 行业也不再招聘新员工。①

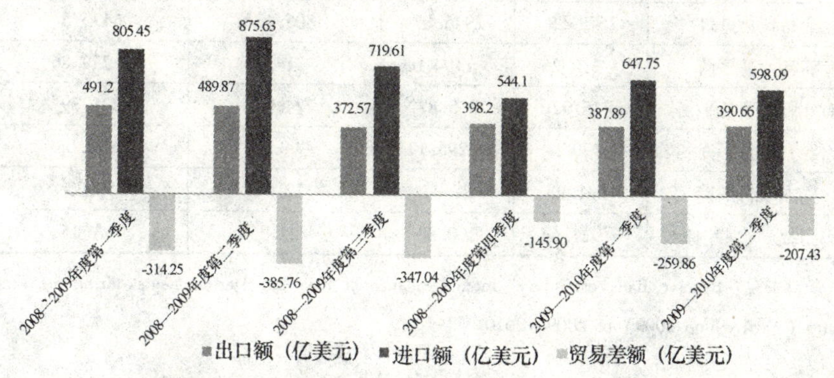

图 7—2　印度商品进出口状况（单位：亿美元）

二、印度对外服务贸易遭遇金融危机的影响不断显现

印度对外服务贸易取得了自 2005—2006 年度的 420.02 亿美元上升到 2006—2007 年度的 522.17 亿美元、2008—2009 年度的 895.86 亿美元顺差额（如表 7—4 所示）。而 2009—2010 年度第一季度印度对外服务贸易也取得了 201.79 亿美元的顺差，其顺差额（与 2008—2009 年度第四季度的 193.45 亿美元相比）环比略增长了 4.31%。但是，2009—2010 年度第一季度对外服务贸易顺差额（与 2008—2009 年度第一季度的 224.06 亿美元相比）同比却下降了 9.93%。其中，2009—2010 年度第一季度对外服务贸易出口同比边际地下降了 0.7%（而 2008—2009 年度第一季度对外服务贸易同比增长了 30.3%），对外服务贸易进口同比增长了 11.9%（而 2008—2009 年度第一季度对外服务贸易同比增长了 13.5%）（如表 7—3 所示）。

① B. P. Mathur, "Global Economic Crisis: Lessons for India", Mainstream Weekly, June 6, 2009, p. 12.

表 7—3 2009—2010 年度印度国际收支主要项目（单位：亿美元）

项目	2007—2008（修正值）	2008—2009（初始值）	2008—2009 第一季度（修正值）	2009—2010 第一季度（初始值）
商品贸易出口	1661.63	1751.84	491.20	387.89
商品贸易进口	2577.89	2945.87	805.45	647.75
商品贸易平衡	-916.26	-1194.03	-314.25	-259.86
对外服务贸易平衡	745.92	895.87	224.06	201.79
经常项目平衡	-170.34	-298.17	-90.19	-58.08
资本项目平衡	1091.98	97.37	112.54	59.23
国际储备（±增减）	-921.64	200.80	-22.35	-1.15

资料来源：Reserve Bank of India，India's Balance of Payments Developments during the First Quarter（April - June 2009）of 2009 - 2010.

第一，2009—2010 年度第一季度印度对外服务贸易收入中，除了保险和金融服务收入外，其他服务贸易收入均呈下降态势。其中，对外投资收益下降了 20.3%，软件服务收入下降了 11.5%（而 2008—2009 年度第一季度环比增长了 37.6%。此前根据印度国际软件及服务业领袖大会预计 2009—2010 财政年度印度软件出口将增长 4% 至 7%，其出口额将达 480 亿美元或 500 亿美元）。据印度旅游局资料显示，2009—2010 年度第一季度到印度旅游人数下降了 1.8%，（主要是由于自 2008 年 11 月以来，到印度旅游人数大为减少）旅游收入仅为 23 亿美元，下降了 8.7%（2008—2009 年度第一季度环比却增长了 19.9%）。

事实上，我们从表 7—4 可知，印度对外服务贸易净额主要来源于软件服务收入和私人转移收入。① 但是，由于印度服务外包产业高度依赖美国市场；国际金融危机在短期内对印度服务外包的发展产生较大的负面影响；欧美等国基于政治、安全、成本等方面的考虑，为了平衡风险，正在增加对中国的外包，减少对印度的依赖；再加上软件服务外包竞争愈益激

① 例如，印度软件服务从 2005—2006 年度的 222.62 亿美元上升到 2006—2007 年度的 290.33 亿美、2007—2008 年度的 372.42 亿美元，再上升到 2008—2009 年度的 441.86 亿美元；而印度私人转移收支从 2005—2006 年度的 244.93 亿美元上升到 2006—2007 年度的 298.25 亿美、2007—2008 年度的 417.05 亿美元，再上升到 2008—2009 年度的 440.47 亿美元。

烈，甚至有人认为，到2011年上海有可能挑战印度班加罗尔世界第一外包城市的地位，而大连与北京将成为世界前五位的外包城市。研究机构对美国400家公司外包情况的调查结果表明，在研发外包方面，18%的公司选择中国企业，17%的公司选择印度企业。[①] 因而软件服务收入的减少在很大程度上影响了印度对外服务贸易总收入。私人转移收入主要是印侨汇款，2007年印度侨汇收入达到了270亿美元、2008年达到519.7亿美元，位居世界第一。尽管印度侨汇在2009—2010年度第一季度净流入也高达18.18亿美元，（与2008—2009年度第一季度的8.14亿美元相比）同比增长了124.76%，但根据世界银行预测，2009年发展中国家侨汇收入将减少7.3%。由此可见，全球金融危机的深度和持续时间仍不确定，汇率变化也不可预计，加上一些主要移民对象国家可能加强移民控制，这些因素将对印度侨汇收入产生影响。

表7—4 2005—2006年度至2008—2009年度印度对外服务贸易状况（单位：亿美元）

年度	2005—2006			2006—2007			2007—2008（修正值）			2008—2009（初始值）		
分类	收入	支出	净值	收入	支出	净值	收入	支出	净值	收入	支出	净值
对外服务贸易(a+b+c)	896.87	476.85	420.02	1145.58	623.41	522.17	1486.04	740.12	745.92	1625.56	729.7	895.86
服务a(1+2+3+4+5)	576.59	344.89	231.7	737.8	443.11	294.69	900.77	525.12	375.65	1012.24	514.06	498.18
旅游(a1)	78.53	66.38	12.15	91.23	66.84	24.39	113.49	92.54	20.95	108.94	94.32	14.62
运输(a2)	63.25	83.37	-20.12	79.74	80.68	-0.94	100.14	115.14	-15	110.66	127.77	-17.11
保险(a3)	10.62	11.16	-0.54	11.95	6.42	5.53	16.39	10.44	5.95	14.09	11.31	2.78
G.n.i.e.(a4)	3.14	5.29	-2.15	2.53	4.03	-1.5	3.3	3.76	-0.46	3.89	7.91	-4.02
其他(a5)	421.05	178.69	242.36	552.35	285.14	267.21	667.45	303.24	364.21	774.66	272.75	501.91
软件服务	236	13.38	222.62	313	22.67	290.33	403	30.58	372.42	470	28.14	441.86

① 亚太总裁协会（APCEO）与专业外包机构国际外包中心（IOC）联合推出2009上半年《全球服务外包发展报告》。

续表

年度	2005—2006			2006—2007			2007—2008（修正值）			2008—2009（初始值）		
分类	收入	支出	净值	收入	支出	净值	收入	支出	净值	收入	支出	净值
商业服务	93.07	77.48	15.59	145.44	158.66	-13.22	167.71	167.15	0.56	162.51	152.69	9.82
金融服务	12.09	9.65	2.44	31.06	29.91	1.15	32.17	31.38	0.79	39.39	29.61	9.78
通信服务	15.75	2.89	12.86	22.62	7.96	14.66	24.08	8.59	15.49	21.7	9.96	11.74
转移收支 b(b1+b2)	256.2	9.33	246.87	314.7	13.91	300.79	442.59	23.15	419.44	470.25	27.46	442.79
官方 b1	6.69	4.75	1.94	6.35	3.81	2.54	7.53	5.14	2.39	6.45	4.13	2.32
私人 b2	249.51	4.58	244.93	308.35	10.1	298.25	435.06	18.01	417.05	463.8	23.33	440.47
收入 c(c1+c2)	64.08	122.63	-58.55	93.08	166.39	-73.31	142.68	191.85	-49.17	143.07	188.18	-45.11
投资收入 c1	62.29	114.91	-52.62	89.26	156.88	-67.62	138.08	180.89	-42.81	134.82	174.99	-40.17
雇员报酬 c2	1.79	7.72	-5.93	3.82	9.51	-5.69	4.6	10.96	-6.36	8.25	13.19	-4.94

资料来源：Reserve Bank of India，India's Balance of Payments Developments during the First Quarter（April - June 2009）of 2009 - 2010.

第二，2009—2010 年度第一季度印度对外服务贸易支出包括商业借贷利息、外援和非居民存款以及外资企业再投资盈利的直接投资收入支出，相应地增加到 44 亿美元（而上一年度同期仅为 41 亿美元）。

三、外国直接投资减少而国际游资冲击着印度股市，存在着潜在的通胀压力和经济泡沫隐患

第一，2008—2009 年度由于担心经济下滑，大量外资抽逃导致股市剧烈振荡以及实体经济恢复性增长缓慢。如表 7—5 所示，2005—2006 年度至 2008—2009 年度印度资本项目净值分别为 254.7 亿美元、452.03 亿美元、1079.93 亿美元和 91.46 亿美元，而 2008—2009 年度利用外资净值比 2007—2008 年度负增长了 91.51%。虽然 2008—2009 年度印度利用外国直接投资净值达到了 174.96 亿美元（比 2007—2008 年度 154.01 亿美

元增长了 13.6%），但是其间接投资净值却为 -140.34 亿美元（比 2007—2008 年度的 295.56 亿美元负增长了 147.48%）。据印度商工部最新统计，2009 年 2 月份印度利用外资（FDI）总额为 14.9 亿美元，较去年同期的 56.7 亿美元下降 73%。

表 7—5 2005—2006 年度至 2008—2009 年度印度利用外资状况（单位：亿美元）

年度	2005—2006 年度			2006—2007 年度			2007—2008 年度（修正值）			2008—2009 年度（初始值）		
项目	流入	流出	净值	流入	流出	净值	流入	流出	净值	流入	流出	净值
1. 外国投资（a+b）	772.98	617.7	155.28	1332.1	1184.57	147.53	2727.62	2278.05	449.57	1649.09	1614.47	34.62
a）直接投资（i+ii）	91.78	61.44	30.34	235.9	158.97	76.93	368.38	214.37	154.01	362.58	187.62	174.96
i. 在印	89.62	0.61	89.01	228.26	0.87	227.39	343.61	1.25	342.36	351.48	1.66	349.82
股权投资	59.76	0.61	59.15	164.81	0.87	163.94	268.66	1.08	267.58	279.75	1.66	278.09
外商盈余转投资	27.6	…	27.6	58.28	…	58.28	71.68	…	71.68	64.26	…	64.26
其他资本	2.26	…	2.26	5.17	…	5.17	3.27	0.17	3.1	7.47	…	7.47
ii. 境外	2.16	60.83	-58.67	7.64	158.1	-150.46	24.77	213.12	-188.35	11.1	185.96	-174.86
股权投资	2.16	39.82	-37.66	7.64	133.68	-126.04	24.77	168.98	-144.21	11.1	146.68	-135.58
外商盈余转投资	…	10.92	-10.92	-	10.76	-10.76	…	10.84	-10.84	…	10.84	-10.84
其他资本	—	10.09	-10.09	…	13.66	-13.66	…	33.3	-33.3	…	28.44	-28.44
b）间接投资	681.2	556.26	124.94	1096.2	1025.6	70.6	2359.24	2063.68	295.56	1286.51	1426.85	-140.34
i）在印	681.2	556.26	124.94	1095.34	1025.3	70.04	2356.88	2062.94	293.94	1285.11	1423.66	-138.55
外国机构投资	655.54	556.28	99.26	1057.56	1025.3	32.26	2266.21	2062.94	203.27	1273.49	1423.66	-150.17
全球存托凭证和美国存托凭证	25.52	…	25.52	37.76	…	37.76	87.69	…	87.69	11.62	…	11.62
ii）境外	…	…	…	0.86	0.3	0.56	2.36	0.74	1.62	1.4	3.19	-1.79
2. 借款	394.79	315.7	79.09	546.42	301.52	244.9	835.28	415.98	419.3	601.58	551.57	50.01

续表

年度	2005—2006 年度			2006—2007 年度			2007—2008 年度（修正值）			2008—2009 年度（初始值）		
项目	流入	流出	净值	流入	流出	净值	流入	流出	净值	流入	流出	净值
3. 银行资本	216.58	202.85	13.73	372.09	352.96	19.13	558.13	558.13	117.57	117.57	683.95	683.95
4. 还本付息	…	5.72	-5.72	…	1.62	-1.62	…	1.21	-1.21	…	1.01	-1.01
5. 其他资本	59.41	47.09	12.32	82.3	40.21	42.09	209.04	114.34	94.7	123.91	82.1	41.81
资本项目	1443.76	1189.06	254.7	2332.91	1880.88	452.03	4330.07	3250.14	1079.93	3024.56	2933.1	91.46

资料来源：Reserve Bank of India，India's Balance of Payments Developments during the First Quarter（April - June 2009）of 2009 - 2010.

由此可见，伴随着美国信贷危机向欧洲扩散，人们对全球经济下滑的担心日益凸显，与美国、欧洲、亚洲主要国家的股市走势相同。一些国外投资者从印度股市撤出（2008—2009 年度外国间接投资净流出达 138.55 亿美元），导致印度孟买 Sensex 指数全年下跌 52.32%。2008 年 10 月美欧金融市场动荡期间，印度孟买证券交易所股指下跌了 700 点。2008 年印度房地产股下跌了 40%—70%。因而，由于次贷危机、能源价格高、通胀抬头的多重压力，印度 2008—2009 年度 GDP 增长速度回落到 6.7%。

第二，在欧美等主要经济体止跌回升，中、印等亚洲新兴市场保持增长等因素影响下，特别是出于对印度经济增长远期前景看好的情况下，2009—2010 年度第一季度以来，国际游资涌入印度助推印度股市“发飙”，进而引发通货膨胀和经济泡沫的隐患。如表 7—6 所示，2009—2010 年度第一季度印度外资总流入量达到了 784.89 亿美元（2007—2009 年度同期为 907.84 亿美元），外资总流出量为 717.53 亿美元（2007—2009 年度同期为 797.39 亿美元），资本项目净值为 67.36 亿美元（同比 2008—2009 年度第一季度 110.45 亿美元，下降了 39.01%）。另据印度储备银行（央行，RBI）数据显示，2009—2010 财年 4—8 月印度吸引外资同比下降 3.41%，仅为 141.4 亿美元。缩水主要集中在 4 月和 5 月，持续蔓延的金融危机使海外投资者延缓了他们投资印度的决定。[①] 因此，2009 年年初，

① http：//chinca. mofcom. gov. cn/aarticle/tongjiziliao/200910/20091006557492. html.

由于外国投资的停滞，印度经济一度陷入低潮。

表 7—6　2009—2010 年第一季度资本流量（单位：亿美元）

项目	总流入量（3—4 月）			总流出量（3—4 月）		
	2007—2009 年度初始值	2007—2009 年度第一季度修正值	2009—2010 年度第一季度初始值	2007—2009 年度初始值	2007—2009 年度第一季度修正值	2009—2010 年度第一季度初始值
外国直接投资	362.58	121.37	96.12	187.62	31.70	27.79
间接投资	1286.51	407.64	386.25	1426.85	449.75	303.57
外援	50.42	9.09	8.21	24.04	5.58	7.37
对外商业借款	153.82	27.60	20.92	72.24	12.93	24.48
侨汇	370.89	90.63	111.72	327.99	82.49	93.54
银行资本（不包括侨汇存款）	279.09	128.89	44.05	355.96	110.07	95.88
短期贸易信贷	397.34	101.76	101.26	455.29	77.79	132.11
还本付息	0	0	0	1.01	0.30	0.23
其他资本	123.91	21.76	16.36	82.10	26.78	32.56
合计	3024.56	907.84	784.89	2933.10	797.39	717.53

资料来源：Reserve Bank of India, India's Balance of Payments Developments during the First Quarter（April – June 2009）of 2009 – 2010.

尽管如此，2009—2010 年度 4—8 月的有价证券投资却呈现了迅猛回弹的景象，其净投资达 112.7 亿美元，而上年同期仅为 40 亿美元。外国机构投资（FII）对印度资本市场的净投入额的剧增成为印度股市大涨的主要推动因素。而受美国市场影响，2009 年 3 月份以前印度资本市场的外国机构投资为净流出 20 亿美元。因此，在 4 月到 9 月的短短近 6 个月时间里印度资本市场就流入了 120 亿美元资金，平均每月净流入超过 20 亿美元。[①] 这样一来，引发了印度股市迅速膨胀。例如，印度孟买敏感指数在 2009 年 8 月最后一周猛涨了 681 点，接近 16000 点关口。进入 9 月份，孟买股指一直维持在 16000 点以上，9 月 22 日中盘曾一度突破 17000

① http://whb.news365.com.cn/hqsc/200910/t20091005_2483246.htm.

点。据统计，2009 年以来，作为印度股市指标的孟买股市敏感指数已大涨 68%。代表 50 种股票的印度全国股票交易指数也迅速突破 4700 点的心理关口，在 9 月下旬一度冲上 5000 点，后维持在 4900 点以上。而且 2009 年印度股票市场的平均市净率（股票价格与每股净资产的比率）仍然高达 3 倍，而发达国家成熟股票市场的市净率水平一般维持在 1.3—2.2 之间。

经济学家对于印度经济长期上升的走势持普遍一致的看法，但对于近中期的增长趋势却存在不同意见。全球金融危机的累积效应可能正在释放，同时大量基础建设项目因各种原因拖延工期。房地产业仍不景气，首都新德里的房地产价格下降了 10%—30%，孟买商业用房房租在 2008 年内下降了 64%，为所有国际大城市中下滑最严重的。股票价格的上涨仅为国际游资兴风作浪投机所致，并非本国投资者尤其是大量中小投资者投资所为。

因而，由于外资拉动的行情，使得很多投资人对市场前景忧心忡忡，关注通货膨胀这个蜷缩的“猛兽”。虽然印度中央银行曾预测，到 2009 年年底以批发物价指数统计的通货膨胀率将达 5% 左右，但实际通膨率有可能远远超过这个预期值。直至 2009 年 1 月底，通胀率一直维持在 10% 上方。另据印度重要商会组织印度商工联合会估计，由于百货商品与粮食价格持续上扬，印度在 2009—2010 财政年度的通货膨胀率将达到 10%。而印度商工联合会在一项最新公布的报告中指出，印度 2009 年 3 月底至 10 月 10 日累积的通货膨用率已达到 5.95%，同期粮食价格上涨了 14.13%，糖价上涨了 90%。由于 2009—2010 年度的 6—9 月雨季雨水不足，农业减收 15%—20%。事实上，为应对全球金融危机带来的不利影响，自 2008 年 9 月以来，印度央行已累计向其经济注入了 5.85 万亿卢比（约合 1300 亿美元）资金，占其 GDP 的 9%。因而，在超低利率政策的环境下，极度宽松的货币政策使印度资产泡沫严重膨胀，已经达到了应该拉响警钟的地步。印度央行为应对通胀与资产价格上扬，发布了 2009—2010 年度第二季度宏观经济与货币政策报告。该行行长苏巴拉奥在声明中宣布维持当前基准利率不动，但将金融机构法定流动性比率从 24% 上调至 25%，旨在要求金融机构购买更多政府债券，以收紧信贷增长并抑制通胀预期。正因为如此，国际货币基金组织（IMF）前首席经济学家拉詹表示，印度政府考虑逐步撤消经济刺激措施是相当适宜的。

四、印度经济增长在很大程度上依靠内需推动，但国内私人消费和私人投资需求难以启动

正如印度总理辛格所说，“印度经济早晚要经历金融危机带来的‘痛苦’”。为了减轻金融危机给印度经济和社会带来的不利影响，印度政府积极出台政策，以大力挖掘内需。“印度的增长是基于内需发展的。它不是全部基于出口市场……，我们可以保持我们内需驱动的增长。”国内需求尤其是国内消费需求和私人投资需求增长是印度经济增长的主要驱动力（因为商品和服务出口仅占 GDP 总值的 25% 左右）。因而，印度将努力扩大内需，扩大医疗和教育占 GDP 的比例，对基础设施进行大规模投资，并加大引进外资的规模。

然而，在 2008—2009 年度随着经济增长放缓，印度国内消费模式也发生了相应的变化。印度国内总消费稳定地保持在 8% 的增长水平，但是私人消费的增长率却从上一年度的 8.5% 下降到 6.8%，而政府消费支出相应地从上一年度的 7.4% 上升到了 16.8%，这主要是由政府雇员调薪所致。由于投资和私人消费不足，2008—2009 年度的印度经济增长率仅达到 7.1%，远低于 2007—2008 年度的 9.0%。其中，制造业由 2007—2008 年度的 8.2% 下降到 2008—2009 年度的 4.1%，建筑业也由上一年度的 10.1% 下降到 2008—2009 年度的 6.5%。[①]

相比外向出口型国家，印度受国际金融危机冲击其实并不是很大。但是，印度的现实情况是印度劳动人口 55% 就业靠农业；人均收入低[②]且大量的城市贫困人口[③]也需要政府贷款项目的帮助才能就业；基础设施极其落后、制造业落后、社会管理落后等严重影响私人投资（正如 UPS 亚太

---

① Asian Development Bank, Asian Development Outlook 2009, pp. 197—198.

② 印度中央统计组织向国会报告，2007—2009 财年居民人均收入为 3.749 万卢比，比上一财年增加 4207 卢比，增幅为 12.7%。按照目前汇率折算，2007—2009 财年人均收入约为 773 美元。

③ 据《印度时报》2009 年 7 月 1 日报道，一项由印度最高法院领导的调查显示，印度约有 50% 的人口生活在贫困线以下。这一统计数据令印度政府恼火，表示将重新进行评估。

区总裁肯·托罗在博鳌国际会议“印度、中国以及亚洲其他地区的和谐发展”论坛中认为：中小企业在进入印度的时候最大的障碍是基础设施的欠缺）；即使是引以为自豪的IT服务业对普遍就业的作用也太低。再加上困扰印度经济增长的因素还包括通货膨胀和财政赤字过高（但是，印度财政部首席经济顾问Arvind Virman认为对于印度来说增加财政赤字是应对全球经济下滑的唯一办法。并且2008—2009年度的财政预算报告所宣布的农业贷款减免计划和第六届政府薪酬委员会决议的贯彻执行对于促进印度经济的总需求发挥着重要的作用[①]），庞大的政府开支已经引起了企业界和国际投资者的关注。另外，正如澳大利亚投资银行的区域投资专家认为，尽管印度今后仍将保持仅次于中国的高经济增长率，而且具有较强的消费能力，[②] 但由于借贷成本高等原因，外资对印度的投资欲望将逐步减退。

综上所述，随着全球金融危机不断加深与蔓延，印度经济发展模式面临着一系列新的挑战。正如印度国际经济关系研究委员会高级顾问马修·约瑟夫在对金砖四国后危机时代寻求发展新模式研讨会上认为，“印度应更多扶持、依靠出口，发展工业和制造业，中国在加强内需的同时，应更着力发展服务业”。因而，在后危机时代的今天，印度必须对现存发展模式有一个清醒的认知，并努力寻求能促进印度经济持续快速发展的新模式。

---

① Balraj Mehta, “Post - Election Issues In Economic Policy”, Monthly Commentary on Indian Economic Conditions, July 6, 2009, p. 9.

② 根据2007年首次打入印度市场并在当地开设工厂的中国家电名牌企业海尔公司的统计，印度的家电普及率分别是：电冰箱19.6%，电视机27%，空调3%。

第八章　印度经济发展模式质量评价

自1991年实行经济改革以来，在“市场化、私有化、自由化和全球化”思想指引下，印度政府实施了“暴风雨般的经济改革”，代替英·甘地时代的“偷偷改革”和拉吉夫·甘地统治下的“勉强改革”，并逐渐形成了（与中国经济增长与发展模式不同的）独具印度特色的“市场经济发展模式”。尤其是进入21世纪以来，通过全面经济改革，经济发展增速引人注目，印度已成功地实现了由尼赫鲁时代的带有社会主义色彩的混合经济模式向自由市场经济模式的转型。然而，如何客观评价20世纪90年代以来，印度市场经济发展模式下的国民经济发展质的优劣程度，正确认知印度经济增长与经济发展、经济发展与社会发展之间的协调状态，显得尤为重要。为此，本章力图通过印度经济发展模式质量评价指标体系的构建，结合多指标综合分析方法，收集整理与印度经济发展模式演化体系相关的历史数据资料，尝试对印度经济发展模式质的规定性进行实证研究，尽可能地为客观反映印度经济发展模式质的规定性创造认知条件。

第一节　印度经济发展模式质量评价的目的与依据

一、印度经济发展模式质量评价目的

长期以来，人们关注的焦点更多地集中于印度经济发展模式量的规定性，如经济改革开放政策的演化、经济增长速率的消长和经济结构的变化等相关方面的评析，而对于其质的规定性或者说综合性的定量评价

研究并不多见。这是因为我们很难通过任何单一或部分指标揭示印度经济发展模式下的内部经济结构、经济与社会之间的协调状态，以及度量印度经济发展模式质量优劣的动态变化关系。因此，为了客观反映不同模式或同一模式不同时期的印度经济发展质量优劣，尤其是洞察现存市场经济发展模式的不足和有待完善之处，以进一步修正现行市场经济发展模式的制度设计，提升经济发展水平与发展质量，促进经济可持续发展等提供有价值的信息支持与决策依据，需对印度经济发展模式质的规定性进行较为全面、准确的评价。

二、印度经济发展模式质量评价依据

（一）印度经济发展模式类型

1. “尼赫鲁模式”

尼赫鲁认为，苏联早期通过经济计划发展重工体系的模式和中国建国初期农村合作化运动的经验对印度有借鉴之处，同时发展重工业和工业化是同一个意思。[①] 因此，印度最初的经济计划以苏联的经验为基础，其核心是，在自力更生和公营经济占主导地位的条件下实行重工业、基础工业和机器制造业投资优先的工业化发展战略，并且实行自力更生的进口替代发展模式。这一发展战略正是尼赫鲁经济思想的具体体现，因此被称为“尼赫鲁发展模式”。这一发展模式运行期间大概从 1951 年“一五”计划开始一直持续到 1979 年“五五”计划的结束。但是，由于印度政府过分强调发展重工业，忽视了轻工业特别是农业的发展，人民对消费品的需求得不到满足，以致物价飞涨，人民生活水平降低，最终农业衰退、财政危机等原因导致了印度经济状况的恶化。在这近 30 年间，印度国民收入的年增长率为 3.4%，人均收入年增长率仅为 1.2%。[②]

---

① 戴永红：“试论印度经济计划的发展战略”，《南亚研究季刊》1991 年第 3 期，第 10 页。

② ［印］鲁达尔·达特、K·P·M·桑达拉姆著，雷启淮等译：《印度经济》（上册），四川大学出版社 1994 年版，第 66 页。

2. "甘地模式"

英·甘地在执政期间，面对印度严峻的经济形势，对经济发展战略进行了调整，加强了对农业的重视，强调农业和家庭工业及小型工业的发展。"甘地模式"的基本目标是：提高大众的物质和文化水平，向大众提供基本的生活保障，改善印度55万个村的经济条件。[①] 以农业为国民经济基础的"甘地模式"在人民党1977—1980年短暂的执政时期得到了推广，1980年至1985年的"六五"计划就体现了这种思想，这与优先发展重工业的"尼赫鲁模式"大相径庭。在这期间，印度的国民收入增长率为4.7%，人均收入增长率为2.5%。[②]

3. "尼赫鲁模式"与"甘地模式"结合的经济发展模式

20世纪80年代后，英·甘地和拉·甘地先后执政，在此期间他们在坚持"尼赫鲁发展模式"的前提下，注重与"甘地模式"的结合。针对印度经济中普遍存在的低效率和管理机构臃肿腐化的问题进行了大刀阔斧的经济政策调整，采取各种措施放松经济管制、整顿公营企业、提高私营企业的作用，并且实行经济自由化政策，加大出口的力度，减少贸易壁垒，看重对外贸易的发展。经过此番调整，印度摆脱了发展缓慢停滞的阶段，经济发展年增长率超过了5%。在这一时期，印度的国民净产值平均每年增长达到5.4%，人均国民净产值的年增长率达到了3.34%。[③] 这种相对较为理想的发展模式一直持续到的20世纪90年代初，主要体现在1985年至1990年的"七五"计划期间。

4. 市场经济发展模式

在1991年印度发生国际支付危机时，印度政府被迫实施了以"市场化、私有化、自由化和全球化"为导向的经济改革，扩大公营企业的企业自主权，减少政府对公营企业的干预，并且放松了进口限制，采取了自由、开放的市场经济发展模式。改革后的印度经济进入了持续、快速的增长阶段，年均增长率从1950—1980年"印度式增长"阶段的3.5%上升到1980—2002年的6%，再上升到2002—2007年的8.5%；

---

① 戴永红："试论印度经济计划的发展战略"，《南亚研究季刊》1991年第3期，第10页。

② ［印］鲁达尔·达特、K·P·M·桑达拉姆著，雷启淮等译：《印度经济》（上册），四川大学出版社1994年版，第69页。

③ 同上。

人均 GDP 也从 2002 年的 507 美元上升到 2007 年的 965 美元。1990—2009 年期间，印度 GDP 的年增长率基本保持在 1.4%—9.7% 的中低增速发展态势，其平均速度为 6.47%。在 1990—2009 年期间，印度人均 GDP 保持着持续快速的增长态势，且年均增长率高达 11% 以上。印度人均 GDP 从 1990 年的 6789 卢比和 1995 年的 1.2843 万卢比，上升到 2009 年的 5.3258 万卢比。由此可见，自 20 世纪 90 年代特别是进入 21 世纪以来，自成雏型的印度开放的市场经济发展模式逐渐形成，并已初显其成效，而且随着近年来印度实施全面的经济改革开放，其经济增长速度不断加快，经济发展水平不断提升，也越来越多地受到世人的关注。

（二）印度经济发展模式质量的内涵

一般认为，经济发展是指一个国家摆脱贫困落后状态，或者说一个国家按人口平均的实际收入在一定时期内增长并走向经济和社会生活现代化的过程。在这个过程中，经济发展不仅包括国民经济规模的扩大、经济结构的改进和优化等量的规定性，而且包括经济质量的改善和社会生活素质的提高等质的规定性。那么，就一国经济发展模式而言的经济发展质的规定性主要包括以下几个方面：经济发展的有效性；经济发展的充分性；经济发展的协调性；经济发展的持续性；经济发展的创新性；经济发展的稳定性；经济发展的分享性。①

同样，印度经济发展模式质量就是指一定时期内一定经济发展模式下的经济发展效益的提高、经济稳定程度、卫生健康状况的改善、自然环境和生态平衡以及政治、文化和人的现代化进程，也涵盖了一定时期一定经济发展模式下的经济发展的有效性、充分性、协调性、持续性、创新性、稳定性和分享性等内涵。

---

① 冷崇总：“构建经济发展质量评价指标体系”，《宏观经济管理》2008 年第 4 期，第 43—45 页。

第二节 印度经济发展模式质量评价指标体系的构建

一、印度经济发展模式质量评价指标体系的构建原则

（一）目的性原则

为揭示不同历史条件下不同经济发展模式质的差别性，以及同一模式不同时期经济发展模式质的差异性，尤其是对20世纪90年代实施全面的经济改革开放以来，在“市场化、私有化、自由化和全球化”思想指引下，市场经济发展模式质的规定性进行全面系统性的综合评价，发现其不足和有待完善之处，以为修正现行制度设计，提升发展水平与发展质量，促进社会进步与经济可持续发展等提供有价值的信息支持与决策依据，因而构建印度经济发展模式质量评价指标体系必须围绕以上研究目的而进行相应的指标设计。

（二）全面性原则

为了客观评价不同经济发展模式之间或同一经济发展模式不同时期经济增长与经济发展、经济发展与社会进步之间的协调性，需从印度经济发展的有效性、充分性、协调性、可持续性、创新性、稳定性和分享性等多维度、多视角去构建指标体系，以全面系统地反映印度经济发展模式质的规定性。

（三）可操作性原则

在构建印度经济发展模式质量评价体系时，要充分考虑到所涉及的相关指标在实践中应便于获取，统计和汇总上也要易于操作，力争每个指标都符合精、通、实的原则。“精”就是指标要具有代表性，通过尽量少的相关指标就可以从多层面反映印度经济发展特定模式下的经济发展质量；“通”就是要符合惯例，特别是国际惯例，并且所涉及的指标从历史逻辑上要有延续性；“实”就是指所设计的指标体系中的相关指标的计算方法应科学合理，并且其数据的采集最好能够基于国内外现行统计制度与统计

方法，能从各种统计资料上直接获得或者通过计算后获取，使理想化的指标体系能够现实化，以便进行量化计算和实际操作，不能仅是纯理论性的指标概念。

（四）可比性原则

对不同类型或同一类型不同时期的印度经济发展模式质的规定性进行定量评价，需要作为衡量和评判标准的参照数值，而且各参照数值还可以进行比较计算，因此在印度经济发展模式质量评价指标体系构建时，其相关指标的选择须考虑其参照数值的可比性。

（五）层次性原则

对于印度经济发展模式质量评价，我们应立足于从单项评价和综合评价两方面入手，既要注意这两方面之间的关系，还要注意它们的系统平衡和影响印度经济发展模式质量的各个方面或几大标志性因素自身内部的系统结构，尽量使评价指标体系符合研究目的之内在逻辑关系。因此，在构建印度经济发展模式质量评价指标体系时，需要尽可能从体现印度经济增长与经济发展、经济发展与社会发展有机协调等方面分层次引入指标。

二、印度经济发展质量评价指标体系的具体内容及其说明

根据印度经济发展模式质量评价的目的与依据，以及评价指标体系的构建原则，将印度经济发展模式质量评价指标体系分为由有效性、充分性、协调性、可持续性、创新性、稳定性和分享性支撑的 7 个子系统（如表 8—1 所示），各子系统进一步细化，形成一个由目标层、准则层和指标层构成的指标体系，其具体内容如下：

（一）目标层

该指标体系的总目标是对印度不同时期的不同经济发展模式或同一经济发展模式不同时期的国民经济内部及其经济与社会之间的协调关系的优劣程度进行比较与度量，特别是对 20 世纪 90 年代实行全面的经济改革开放以来，在市场经济发展模式下的印度经济发展的内在的质的规定性方面

的优劣程度进行比较与度量。

表 8—1　印度经济发展质量评价指标体系结构内容

目标层	准则层	指标层	
印度经济发展模式质量	有效性 X_1	劳动生产率	X_{11}
		（固定资产）投资产出率	X_{12}
		贷款产出率	X_{13}
		耕地产出率	X_{14}
	充分性 X_2	经济增长率	X_{21}
		就业弹性系数	X_{22}
		劳动力参与率	X_{23}
	协调性 X_3	产业结构比	X_{31}
		城市化率	X_{32}
		对外贸易开放度	X_{33}
		外债存量	X_{34}
	持续性 X_4	能源净进口	X_{41}
		GDP 单位能源使用量	X_{42}
		自然资源租金	X_{43}
		自然资源损耗占 GNI 的百分比	X_{44}
	创新性 X_5	教育支出占 GNI 的百分比	X_{51}
		计算机、通信和其他服务占商业服务出口额的百分比	X_{52}
		（居民）专利申请量	X_{53}
	稳定性 X_6	经济增长波动率	X_{61}
		消费者价格指数（2005 年 =100）波动率	X_{62}
	分享性 X_7	人均 GDP 增长（年增长率）	X_{71}
		人均居民最终消费支出（年增长率）	X_{72}
		城镇人口增长率（年增长率）	X_{73}

（二）准则层

准则层是实现总目标层所需考核和控制的，由印度经济发展的有效性、充分性、协调性、可持续性、创新性、稳定性和分享性 7 项指标组成。

经济发展的有效性是指经济发展过程中投入与产出的比例关系，其高低可反映经济发展质量优劣的基本标志，是经济发展质量的核心；它反映GDP构成要素的内在本质，以及增长成本或增长效率和增长结构的适应性等诸方面。

经济发展的充分性是指经济发展潜能的利用程度，或者说在经济发展过程中各种（经济和社会）资源的利用程度。高质量的经济发展应在其潜能得到最大限度发挥的同时，保持经济的持续快速发展。

经济发展的协调性是指经济发展进程中努力实现速度、结构、效益，人口、资源、环境，投资、消费、出口，城乡、区域发展等方面的协调程度，尤其是包括产业结构、区域结构、贸易结构等在内的经济结构的协调程度，它既是经济发展质量的关键，又是经济发展质量的重要内容之一。

经济发展的持续性是指既满足现代人的需求又不损害后代人需求的能力；它是指经济、社会、资源和环境保护协调发展的状态。主要表现为资源、环境承载经济长期发展的能力，评价经济发展质量不能忽略经济发展带来的资源和环境的代价。

经济发展的创新性主要指的是技术创新和制度创新在经济发展中的作用，由技术创新和制度创新所构成的创新性的强度是决定经济增长质量的重要因素。

经济发展的稳定性是指国民经济发展的平稳状况，它是经济发展质量的重要标志。经济发展的稳定性越好，经济安全性越大，经济发展的质量也越高。

经济发展的分享性是指经济增长成果（即国民收入的分享状况），也就是经济增长对减少贫困、提高居民生活水平的作用。高质量的经济发展，不仅仅要实现国民经济的持续健康增长，还要还富于民，缩小贫富差距，让广大群众分享到国家发展的好处，真正实现国富民强。居民能否分享经济发展成果是经济发展质量高低的重要指标。

（三）指标层

指标层是评价印度经济发展模式质量的具体因素，结合该指标体系设计的目的、依据和具体原则，以及资料数据收集整理的可行性等实际情况，分别选取与这 7 项因素密切相关的具体参数，共 23 个影响因子（如表 8—1 所示）。其中：

X_{11}劳动生产率：劳动者在一定时期内创造的劳动成果与其相适应的劳动消耗量的比值。由于劳动生产率受到国家科技水平、劳动者素质、产业结构、政策体制等多种因素的影响，因此具有较强的综合性，是评价经济发展质量的重要指标之一。其计算公式为：劳动生产率＝一定时期的印度国内生产总值/当年印度劳动者人数

X_{12}（固定资产）投资产出率：从投资效率的角度反映印度经济增长的质量，是按当年价格计算的国内生产总值与全社会固定资产投资的比值。投资产出率反映单位固定资产投资所带来的国内生产总值，其数值越高，反映经济发展质量越高，投资越有效率。其计算公式为：投资产出率＝一定时期印度国内生产总值/当年印度固定资产投资总额

X_{13}贷款产出率：一定时期内印度国民生产总值与银行贷款额的比值，客观反映投资与产出之间的关系。贷款产出率越高，经济发展质量越高，反之则越低。其计算公式为：贷款产出率＝一定时期印度国内生产总值/印度银行部门提供的国内信贷[①]

X_{14}耕地产出率：农业总产值与耕地面积的比率，反映了耕地的利用效率。土地产出率越高，表明耕地越是得到了充分有效的利用，经济发展质量越高。其计算公式为：土地产出率＝印度农业增加值[②]/印度农业耕地面积 X_{21}经济增长率：一定时期内国内生产总值的增加值与基数期国内生产总值的比率。尽管经济发展不能等同于经济增长，但是经济发展是以一定的经济增长速度为重要前提的。其计算公式为：

经济增长率＝（一定时期印度国内生产总值—基数期印度国内生产总值）/基数期印度国内生产总值×100%

---

① 银行部门提供的国内信贷包括以总额计算的对各部门的所有信贷，中央政府信贷除外，以净额计算。银行部门包括货币当局和存款银行，以及可获得数据的其他银行业金融机构（包括不接受可转移存款但确实承担类似定期和储蓄存款责任的机构）。其他银行业金融机构的例子还有储蓄和抵押贷款机构和建房贷款合作协会。

② 农业对应《国际标准行业分类》第 1—5 项，包括林业、狩猎和渔业以及作物耕种和畜牧生产。增加值为所有产出相加再减去中间投入得出的部门的净产出。这种计算方法未扣除装配式资产的折旧或自然资源的损耗和退化。增加值的来源根据《国际标准行业分类》第 3 修订版确定。数据按现价美元计。

X_{22}就业弹性系数：劳动力就业的增长率与经济增长率的比率，反映了经济发展与就业增长之间的数量关系。一般来讲，高质量的经济发展吸纳劳动力就业程度越高，越能发挥劳动力资源推动经济发展的潜能，其就业弹性系数应越大，反之则小。其计算公式为：就业指数 = 一定时期印度就业人员增长/同期印度 GDP 增长率

X_{23}劳动力参与率：年龄在 15 岁及 15 岁以上的人口中从事经济活动（所有在特定阶段为货物和服务的生产提供劳力的人员）的人口比率，反映人们参与社会经济活动的普遍程度。劳动力参与率越高，表明一个国家或地区从事社会经济活动的人力越多，可以创造的国民收入越多，经济发展也越充分。其计算公式为：劳动力参与率 = 年龄在 15 岁及 15 岁以上的人口中从事经济活动的人口/15 岁以上总人口

X_{31}产业结构比：一定时期三次产业增加值的比值，或者说一国经济赖以构成的几大产业及其比重和相互关系。而保持各产业之间的协调与均衡性是提高经济发展质量的重要前提条件。其计算公式为：产业结构比 = 第一产业增加值: 第二产业增加值: 第三产业增加值

X_{32}城市化率：城镇人口①占印度总人口的比例。城市化必须与经济发展相协调，否则会阻碍经济发展。因此，城市化水平作为评价经济发展质量的指标之一，有利于优化城乡经济结构，促进国民经济良性循环和社会协调发展。其计算公式为：城市化率 = 一定时期印度的城镇人口/全国总人口

X_{33}对外贸易开放度：一定时期印度进出口总额占印度国内生产总值的比重。包括对外贸易开放度在内的经济开放度的不断扩大，日益融入世界经济体系，有利于增强外向型经济发展的竞争能力，提高经济发展对外的协调性。其计算公式为：对外贸易开放度 = 一定时期印度进出口总额/印度国内生产总值

---

① 城镇人口是指生活在国家统计机构所定义的城镇地区的人口。该数据根据世界银行人口预测及联合国《世界城市化展望》所提供的城镇化比率计算得出。

X_{34}外债存量比（占 GNI 的百分比）：外债总额[①]存量与国民总收入之比。对于发展中国家而言，适当地举借外债和利用外资是一条实现国民经济加速发展的有效途径，但是如果利用不当，不仅无助于加速经济发展，而且极可能陷入沉重的债务危机，影响经济的进一步发展，因此经济增长和发展必须与外债存量之间保持协调性。其计算公式为：外债存量比 = 印度外债总额存量/印度国民总收入

X_{41}能源净进口：印度能源净进口[②]占印度能源使用量的百分比。能源净进口既是 GDP 的减项，也是一国或地区流动性或购买力的净流失，同时还是一国或地区就业机会的流失。长期的能源净进口必将使能源在经济发展中的瓶颈作用凸显，而且还足以使一个经济体陷入严重的债务危机，并在信用破产后丧失经济自主权。因此，能源净进口比率越大，经济发展的可持续性越弱。其计算公式为：能源净进口 = 印度能源净进口/印度能源使用量

X_{42}GDP 单位能源使用量：平均每千克石油当量的能源消耗所产生的按购买力平价[③]计算的 GDP。能源是国民经济的基本支撑，对保障国民经济的发展以及人民生活至关重要；能源是经济运转的动力，经济的增长总是伴随着能源的消耗，然而 GDP 单位能源使用量越大，国民经济发展越不具有可持续性，因此 GDP 单位能源使用量与经济可持续发展之间存在反向关系。其计算公式为：GDP 单位能源使用量 = 能源消费总量（石油当量）/按购买力平价计算的 GDP

X_{43}自然资源租金占 GDP 的比重：石油、天然气、煤、矿物和森林等自然资源租金总额除以 GDP 的比重。使用资源要付费（交纳租金），在使

---

① 外债总额是指拖欠非居民的以外币、货物或服务形式偿付的债务。外债总额是公共债务、公共担保债务和私人无担保长期债务、使用国际货币基金组织贷款和短期债务的总和。短期债务包括所有原定偿还期一年（含）以下的所有债务和长期债务的拖欠利息。国民总收入（GNI，以前称为 GNP）指所有居民生产者创造的增加值的总和，加上未统计在产值估计中的任何产品税（减去补贴），再加上来自境外营业的原始收入（雇员薪酬和财产收入）的净收益。

② 能源净进口是根据能源使用量减去产量估算，均采用石油当量衡量。负值表示该国是净出口国。能源使用量是指初级能源在转化为其他最终用途的燃料之前的使用量，等于国内产量加上进口量和存量变化，减去出口量和供给从事国际运输的船舶和飞机的燃料用量所得的值。

③ 按购买力平价（PPP）计算的 GDP 是指用购买力平价汇率转换为按现价国际元计算的国内生产总值。国际元对 GDP 的购买力相当于美元在美国的购买力。

用中破坏、污染环境也要付费（除排污费外，还应征收环境补偿费等），治理环境又可能导致短期经济收入的减少。因而，只有经济发展与资源利用、环境保护保持协调一致，经济发展才有可持续性。自然资源租金占GDP的比重越大说明经济发展对自然资源的依赖性越大，经济发展的可持续性越差。其计算公式为：自然资源租金占GDP的比重=自然资源租金总额/GDP

X_{44}自然资源损耗占GNI的比重：森林、能源和矿物等损耗净值占GNI的比率。对于任何一个发展中国家而言，经济增长与发展都非常重要，但如果一国经济增长方式以牺牲环境为代价，那么这种大量消耗环境与自然资源的增长与发展模式在给人类带来丰富物品的同时，也将使人类付出影响深远的环境代价。因此，自然资源损耗占GNI的比重越大，就意味着其越不利于经济持续性的发展；反之则相反。其计算公式为：自然资源损耗占GNI的百分比=森林、能源和矿物等损耗净值/GNI

X_{51}教育支出占GNI的百分比：当前的教育运营开支，其中包括工资和薪酬，而不包括建筑物和设备的资本投资的教育支出占GNI的比例。知识创新是指通过科学研究获得新的自然科学和技术科学知识的过程，而知识创新系统的核心是国立科研机构和教学科研型大学，还包括其他高等教育机构、企业科研机构、政府部门和有关起支撑作用的基础设施。因而，包括教育支出在内的发展与投入是知识创新体系形成的关键之所在，而且越是经济发展程度高的国家，其公共教育支出所占比例就越高。其计算公式为：教育支出占GNI的百分比=教育支出/GNI

X_{52}计算机、通信和其他服务占商业服务出口额的百分比：包括国际电信、邮政和快递服务，计算机数据，居民和非居民之间的新闻相关服务交易，建筑服务，版税和特许权费，各种商业、专业和技术服务，以及个人、文化和娱乐服务等在内的计算机、通信和其他服务占商业服务进口额的百分比。如果要举出一个推动了印度现代化并体现了印度经济转型的行业的话，那就是信息技术产业，而且印度是世界上仅次于美国的第二大软件出口国。因此，包括计算机、通信和其他服务在内的信息技术出口额占商业服务出口额的百分比，可以用来作为衡量印度经济发展创新性的一个重要的标志。其计算公式为：计算机、通信和其他服务占商业服务出口额的百分比=通信和其他服务/商业服务出口额

X_{53}（居民）专利申请量：在世界范围通过《专利合作条约》程序或向国家专利部门提交的专利申请，目的是对一项发明（即提供一种新的做事方法或对某个问题提供一种新的技术解决方案的产品或程序）拥有专有权。专利权在有限的期限内为专利所有者的发明提供保护，一般为20年。专利创造和运用能力的增强，有力地推动了一国创新型经济的快速发展。但是，如果专利控制在外商手里，国内生产总值增长再快，也不表明经济发展的质量高。因此，（居民）专利申请量是可以用来衡量一国经济发展创新性质量的重要指标之一。

X_{61}经济增长波动率：当年国内生产总值增长率与上年国内生产总值增长率之差，除以上年国内生产总值增长率的比率。如果经济增长波动率超过一定限度，则表明经济发展不够平稳、过程不够健康，经济发展的稳定性差；反之则相反。其计算公式为：经济增长波动率＝（当年国内生产总值增长率—上年国内生产总值增长率）／上年国内生产总值增长率

X_{62}消费者价格指数（2005年＝100）波动率：普通消费者在指定时间间隔（如年度）内购买固定或变动的一揽子货物和服务的成本变动率。消费者价格波动幅度越大，经济发展稳定性越差，其质量也就越低。通常采用拉斯佩尔公式进行计算。

X_{71}人均GDP①增长（年增长率）：当年人均GDP与上年人均GDP之差，除以上年人均GDP的比率。人均GDP增长率的大小意味着经济增长的快慢和人民生活水平提高所需时间的长短，也意味着分享了经济发展成果可能性的大小。其计算公式为：人均GDP增长（年增长率）＝（当年人均GDP－上年人均GDP）／上年人均GDP

X_{72}人均居民最终消费支出②（年增长率）：当年人均居民最终消费支出与上年人均居民最终消费支出之差，除以上年人均居民最终消费支出的

---

① 基于不变价本币的人均GDP年增长率，人均GDP是国内生产总值除以年中人口数。以购买者价格计算的GDP是一个经济体内所有居民生产者创造的增加值的总和加上任何产品税并减去不包括在产品价值中的补贴。计算时未扣除资产折旧或自然资源损耗和退化。

② 人均居民最终消费支出的年增长率在计算时采用以2000年不变价衡量的居民最终消费支出和世界银行的人口估计值。居民最终消费支出（私人消费）是指居民购买的所有货物和服务（包括耐用品，例如汽车、洗衣机、家用电脑等）的市场价值，不包括购买住房的支出，但包括业主自住房屋的估算租金；也包括为取得许可证和执照向政府支付的费用。此处居民消费支出包括为居民服务的非营利机构的支出，无论国家是否另行公布。

比率。一般来讲，随着经济的发展、社会的进步，一国或地区居民的消费支出规模随着收入的增加逐年扩大。因而，人均居民最终消费支出增长率越快，说明城乡居民的生活水平得到明显提升，更好地分享了经济发展的成果。其计算公式为：人均居民最终消费支出（年增长率）=（当年人均居民最终消费支出 - 上年人均居民最终消费支出）/上年人均人均居民最终消费支出

X_{73}城镇人口[①]增长率（增长率）：当年城镇人口与上年城镇人口之差，除以上年城镇人口的比率。城镇人口增长率越快，说明一国或地区从传统农业社会走向现代化时代的历史性变革速度越快，也意味着有更多的农村人口移居城市并分享经济发展成果，并反过来又进一步促进经济发展。其计算公式为：城镇人口增长率（年增长率）=（当年城镇人口 - 上年城镇人口）/上年城镇人口

第三节 印度经济发展模式质量评价方法与步骤

一、多指标综合评价方法概述

评价是现代社会各领域的一项经常性的工作，是作出科学管理决策的重要依据和前提。评价的核心任务是“度量”，即为充分揭示事物的本质与特征而通过定性指标定量化的方法。然而随着人们研究领域的不断扩大，所面临的评价对象日趋复杂，如果仅依据单一指标对事物进行综合分析往往不尽合理，因此我们必须全面地从整体上多角度地考量问题，于是多指标综合评价方法应运而生。

所谓多指标综合评价方法，就是把描述评价对象不同方面的多个指标的信息综合起来，得到一个综合指标，由此对评价对象做一个整体上的评判，并进行横向或纵向比较。[②] 或者说多指标综合评价方法就是把多个用

① 城镇人口是指生活在国家统计机构所定义的城镇地区的人口。该数据根据世界银行人口预测及联合国《世界城市化展望》所提供的城镇化比率计算得出。

② 段永瑞：《数据包络分析——理论与应用》，上海科学普及出版社 2006 年版，第 2 页。

于被评价对象的不同方面且量纲不同的统计指标转化成无量纲的相对评价值，并用一定的方法将其进行综合以得到对该事物一个整体评价结果的方法系统。①

具体地讲，多指标综合评价的方法很多，如美国著名运筹学家托马斯·塞蒂（F. L. Santy）于20世纪70年代提出的层次分析法（简称AHP），由赫尔姆和达尔克提出的德尔菲法（Delphi）或专家法，利用降维的思想把多指标转化为少数几个综合指标的主成分分析法，统计中常用的衡量数据差异的统计指标的变异系数法，根据各指标传输给决策者的信息量的大小来确定指标权数的熵值法，以及系统动力学和人工神经网络方法等。但由于各种方法出发点不同，解决问题的思路不同，适用对象不同，又各有优缺点。

二、印度经济发展模式质量评价的主成分分析方法与步骤

（一）主成分分析法基本思想

主成分分析也称主分量分析，旨在利用降维的思想，把多指标转化为少数几个综合指标。其基本思想是设法将原来众多具有一定相关性的指标 X_1，X_2，X_p（比如P个指标），重新组合成一组新的互相无关的综合指标来代替原来的指标。通常数学上的处理就是将原来P个指标作线性组合作为新的综合指标。这些新的综合指标通常被称为主成分，主成分相比原始变量而言，具有更多的优越性，即在研究许多复杂问题时不至于丢失太多信息，从而使我们更容易抓住事物的主要矛盾，提高分析效率。

（二）主成分分析法的基本步骤②

第一，原始数据的标准化处理。为了解决量纲不同不能进行比较的问题，我们应对原始数据进行标准化，消除量纲使其具有可比性。对数据进

① 马立平：“多指标综合评价的常用方法——现代统计分析方法的学与用（四）”，《北京统计》2000年第4期，第37页。

② 吴亚非、李科：“基于SPSS的主成分分析法在评价体系中的应用”，《当代经济》2009年第2期，第166页。

行标准化变换 $Z=(x_{ij}-\overline{x}_j)/s_j$，其中 $\overline{x}_j$ 为第 j 项指标的平均值，s_j 为第 j 项指标的标准差。

第二，求指标数据的相关系数矩阵。在经过标准化数据处理以后，计算相关系数矩阵，公式如下：

$$R=\begin{bmatrix} r_{11} & r_{12} & \cdots & r_{1p} \\ r_{21} & r_{22} & \cdots & r_{2p} \\ & & \cdots & \\ r_{p1} & r_{p2} & \cdots & r_{pp} \end{bmatrix}$$

式中，$r_{ij}(i,j=1,2,\cdots p)$ 为原来变量 x_i 与 x_j 之间的相关系数，其计算公式为：

$$r_{ij}=\frac{\sum_{k=1}^{n}(X_{ki}-\overline{X}_i)(X_{kj}-\overline{X}_j)}{\sqrt{\sum_{k=1}^{n}(X_{ki}-\overline{X}_i)^2\sum_{k=1}^{n}(X_{kj}-\overline{X}_j)}}$$

因为 R 是实对称矩阵（即 $r_{ij}=r_{ji}$），所以只需计算上三角元素或下三角元素即可。

第三，确定主成分。

确定主成分可由特征方程式 $|\lambda_i-R|=0$，求得 p 个特征根 $\lambda_1\geq\lambda_2\cdots\geq\lambda_p$。假设各特征值对应的标准化正交特征向量为 λ_1，$\lambda_2\cdots\lambda_p$，则第 i 个主成分为 $Y_i=\lambda_{11}X_1+\lambda_{21}X_2+\cdots+\lambda_{p1}X_p$（$i$，$j=1$，2，…，$p$）。此时，$Y_1$ 称为第一主成分，Y_2 称为第二主成分，以此类推 Y_p 称为第 p 主成分。

主成分 Y_i 的贡献率为：

$$\frac{\lambda_i}{\sum_{k-1}^{p}\lambda_k}(i=1,2\cdots p)$$

主成分的累计贡献率为：

$$\frac{\sum_{k=1}^{i}\lambda_k}{\sum_{k-1}^{p}\lambda_k}(i=1,2\cdots p)$$

一般取累计贡献率达 85%—95% 的特征值 λ_1，$\lambda_2\cdots\lambda_p$ 所对应的第一，第二，…，第 m（$m\leq p$）个主成分。

第四，计算主成分载荷。其计算公式为：

$$I_{ij} = \sqrt{\lambda_i} \times e_{ij}(i,j = 1,2\cdots,p)$$

第五，根据因子得分进行综合评价。

（三）主成分分析法评析①

主成分分析法根据评价指标中存在着一定相关性的特点，用较少的指标来代替原来较多的指标，并使这些较少的指标尽可能地反映原来指标的信息；在主成分分析法中，各综合因子的权重不是人为确定的，在综合评价中的应用可避免许多人为因素，使得综合评价结果唯一，而且客观合理；由于计算机的普及和计算软件的发展，进行主成分分析已变成一件逐渐普遍和十分容易的事情了。

当然，主成分分析法的计算过程比较繁琐，且对样本量的要求较大，评价的结果跟样本量的规模有关系；主成分只是原始变量的线性关系，没有反映非线性情况，若指标之间的关系并非为线性关系，那么就有可能导致评价结果出现偏差。

① 田瑾："多指标综合评价分析方法综述"，《时代金融》2008 年第 2 期，第 26 页。

表 8—2 印度经济发展模式质量评价的数据指标体系（续表一）

年份/指标	有效性				充分性			协调性			
	劳动生产率（%）	（固定）投资产出率（%）	贷款产出率（%）	耕地产出率（美元/平方公里）	经济增长率（%）	就业弹性系数	劳动力参与率①	产业结构比②	城市化率（%）	对外贸易开放度（%）	外债存量（占 GNI 的百分比）
1980	2638	544. 17%	262. 37%	33167. 33	6. 74	…	60. 60	0. 0365	23. 10	15. 56	11. 45
1981	2722	533. 02%	252. 87%	32950. 23	6. 00	0. 38	60. 50	0. 0336	23. 34	14. 67	12. 17
1982	2734	525. 12%	232. 96%	32913. 39	3. 47	0. 65	60. 40	0. 0314	23. 58	14. 29	14. 12
1983	2876	535. 63%	233. 54%	36767. 08	7. 30	0. 33	60. 40	0. 0326	23. 82	13. 85	14. 89
1984	2909	515. 75%	216. 73%	34368. 93	3. 82	0. 61	60. 40	0. 0301	24. 06	14. 17	16. 30
1985	2948	489. 07%	208. 17%	35816. 55	5. 23	0. 40	60. 30	0. 0279	24. 30	13. 05	17. 76
1986	2991	478. 23%	196. 39%	36751. 73	4. 77	0. 51	60. 30	0. 0261	24. 54	12. 36	19. 22
1987	3040	468. 51%	194. 08%	40198. 49	3. 96	0. 56	60. 20	0. 0253	24. 78	12. 73	20. 51
1988	3299	462. 79%	195. 15%	44568. 24	9. 64	0. 25	60. 20	0. 0268	25. 02	13. 64	21. 26
1989	3437	445. 24%	189. 16%	42813. 78	5. 95	0. 40	60. 20	0. 0248	25. 26	15. 34	26. 23
1990	3531	434. 35%	194. 45%	46423. 36	5. 53	0. 42	60. 20	0. 0248	25. 50	15. 68	27. 35
1991	3498	453. 14%	195. 60%	39738. 19	1. 06	2. 02	60. 10	0. 0258	25. 72	17. 18	32. 98
1992	3600	445. 67%	199. 81%	35626. 30	5. 48	0. 41	60. 10	0. 0247	25. 94	18. 64	37. 09
1993	3717	466. 99%	202. 83%	40358. 93	4. 77	0. 43	60. 00	0. 0247	26. 16	19. 88	34. 19

① 年龄在 15 岁及 15 岁以上的人口中从事经济活动的人口比率。

② 第一产业增加值：第二产业增加值：第三产业增加值。

续表

年份/指标	有效性				充分性			协调性			
	劳动生产率（%）	(固定)投资产出率(%)	贷款产出率（%）	耕地产出率（美元/平方公里）	经济增长率（%）	就业弹性系数	劳动力参与率	产业结构比	城市化率（%）	对外贸易开放度(%)	外债存量（占 GNI 的百分比）
1994	3888	452.61%	211.25%	46426.97	6.65	0.33	60.00	0.0238	26.38	20.31	31.19
1995	4111	409.31%	226.69%	47452.19	7.57	0.23	59.70	0.0208	26.60	23.13	27.02
1996	4374	432.24%	219.04%	53730.91	7.56	0.25	59.50	0.0222	26.82	22.19	24.67
1997	4496	434.21%	216.79%	54470.91	4.05	0.43	59.20	0.0207	27.04	22.89	23.25
1998	4727	439.44%	214.84%	55205.09	6.19	0.31	59.00	0.0208	27.26	23.98	23.93
1999	4958	427.69%	203.11%	56945.80	7.39	0.24	58.70	0.0199	27.48	25.28	22.18
2000	5061	439.98%	188.62%	53899.91	4.03	0.43	58.40	0.0177	27.70	27.38	22.02
2001	5226	423.46%	182.97%	56568.98	5.22	0.39	58.30	0.0178	27.90	26.41	20.83
2002	5295	420.13%	169.91%	54179.16	3.77	0.48	58.10	0.0150	28.10	29.97	20.81
2003	5607	400.95%	174.10%	64249.93	8.37	0.23	58.00	0.0151	28.30	30.90	19.79
2004	5879	348.06%	173.66%	69878.32	8.28	0.21	57.80	0.0128	28.50	36.86	17.12
2005	6276	327.66%	171.30%	80094.31	9.32	0.22	57.80	0.0126	28.70	41.32	14.46
2006	6714	318.74%	164.23%	89007.77	9.27	0.22	57.80	0.0120	28.98	45.59	16.81
2007	7124	305.82%	164.42%	115980.96	9.82	0.21	57.80	0.0119	29.26	44.90	16.52
2008	7445	303.65%	146.52%	112593.77	4.93	0.42	57.80	0.0115	29.54	52.39	18.58
2009	…	324.45%	144.15%	…	9.10	0.18	57.60	0.0119	29.82	43.61	18.22

表8—2　印度经济发展模式质量评价的数据指标体系（续表二）

年份/指标	持续性				创新性			稳定性		分享性		
	能源净进口(占能源使用量的百分比)	GDP单位能源使用量(购买力平价美元/千克石油当量)	自然资源租金占GDP的比重（%）	自然资源损耗占GNI的百分比（%）	教育支出占GNI的百分比)	计算机、通信和其他服务(占商业服务出口额的百分比)	(居民)专利申请量	经济增长波动率（%）	消费者价格指数(2005年=100)波动率(%)	人均GDP增长(年增长率%)	人均居民最终消费支出(年增长率%)	城镇人口增长率(年增长率%)
1980	9.95	1.41	3.99	3.89	2.95	28.87	1207	-2.29	0.11	4.37	6.57	3.82
1981	8.45	1.56	4.51	4.76	3.05	32.75	1067	-0.11	0.13	3.66	1.83	3.26
1982	7.21	1.65	4.70	4.91	3.05	40.87	1128	-0.42	0.08	1.22	-1.32	3.22
1983	5.58	1.78	4.39	4.29	3.15	47.89		1.11	0.12	5.01	5.58	3.17
1984	4.66	1.84	4.72	4.64	3.37	59.19	1003	-0.48	0.08	1.66	0.41	3.11
1985	6.89	1.89	3.96	4.04	3.48	55.57	982	0.37	0.06	3.11	2.33	3.04
1986	5.60	1.96	2.96	3.15	3.39	44.65	999	-0.09	0.09	2.52	0.53	3.15
1987	6.32	2.02	3.26	3.08	3.17	37.84	988	-0.17	0.09	1.77	1.05	3.10
1988	6.37	2.17	2.92	2.98	3.75	37.01	1033	1.44	0.10	7.36	4.44	3.06
1989	7.88	2.28	3.19	3.34	3.98	41.15	1048	-0.38	0.06	3.79	2.41	3.01
1990	8.49	2.39	3.56	3.55	3.88	42.70	1147	-0.07	0.09	3.42	2.77	2.96
1991	9.11	2.41	3.97	4.10	3.69	40.41	1267	-0.81	0.14	-0.92	0.05	2.84
1992	11.26	2.50	4.11	4.28	3.61	28.87	1248	4.15	0.12	3.53	0.30	2.71
1993	12.15	2.62	3.39	3.35	3.54	29.63	1209	-0.13	0.06	2.84	2.54	2.70
1994	12.29	2.75	2.91	2.86	3.51	31.50	1588	0.40	0.10	4.75	2.74	2.64

续表

年份/指标	持续性				创新性			稳定性		分享性		
	能源净进口（占能源使用量的百分比）	GDP 单位能源使用量（购买力平价美元/千克石油当量）	自然资源租金占 GDP 的比重（%）	自然资源损耗占 GNI 的百分比（%）	教育支出占 GNI 的百分比）	计算机、通信和其他服务（占商业服务出口额的百分比）	（居民）专利申请量	经济增长波动率（%）	消费者价格指数（2005 年 =100）波动率（%）	人均 GDP 增长（年增长率%）	人均居民最终消费支出（年增长率%）	城镇人口增长率（年增长率%）
1995	13.10	2.86	3.02	3.11	3.27	31.36	1545	0.14	0.10	5.67	4.06	2.61
1996	14.26	3.03	2.89	2.89	3.18	29.94	1661	0.00	0.09	5.68	5.87	2.59
1997	14.93	3.09	2.76	2.76	3.55	43.30	1926	-0.46	0.07	2.26	0.49	2.56
1998	17.15	3.24	2.35	2.32	3.77	55.26	2247	0.53	0.13	4.38	4.26	2.53
1999	20.20	3.33	2.30	2.17	4.42	63.65	2206	0.19	0.05	5.58	3.87	2.50
2000	20.25	3.47	3.24	2.80	4.42	62.75	2179	-0.45	0.04	2.30	1.69	2.48
2001	19.65	3.68	2.87	2.94	4.42	65.26	2371	0.29	0.04	3.53	4.21	2.34
2002	19.91	3.77	2.80	2.67	4.42	65.98	2693	-0.28	0.04	2.17	1.05	2.27
2003	19.26	4.08	2.86	2.58	4.42	65.05	3425	1.22	0.04	6.77	4.32	2.20
2004	21.05	4.30	2.90	3.39	4.42	69.09	4014	-0.01	0.04	6.74	4.04	2.13
2005	21.32	4.69	3.80	3.65	3.14	70.63	4521	0.13	0.04	7.83	6.95	2.07
2006	22.33	5.04	4.25	3.93	3.07	71.69	5314	-0.01	0.06	7.77	6.98	2.35
2007	23.92	5.42	4.06	4.03	3.07	71.54	…	0.06	0.06	8.35	7.65	2.30
2008	24.58	5.57	5.79	6.78	3.07	72.07	…	-0.50	0.08	3.54	6.20	2.29
2009	…	…	4.02	4.17	3.07	70.03	…	0.85	0.11	7.65	6.01	2.28

第四节 印度经济发展质量评价实证分析

一、数据收集与整理

本书根据印度经济发展质量评价指标体系具体内容及其说明（如表8—1所示）以及世界银行WDI数据库资料，汇编、整理与计算，并通过插值法填补（个别）缺失值，最终形成了本章所需要的数据指标体系，其结果如表8—2所示。

上表中缺失的数据需要用插值的方法进行必要的填补，本章采取的方法是，对于大小时间范围内变化趋势均比较明显的指标项，缺失数据利用最近5年数据变化率的平均值进行推算；对于小时间范围内变化趋势不明显、离散程度较大的数据，则采用缺失值前5年内平均值的方法进行填补，表中缺失的也主要是这两类数据。

此外，在进行计算之前，还需要对所有数据进行同向化处理。由于外债存量（占GNI的百分比）、能源净进口（占能源使用量的百分比）、自然资源租金（占GDP的比重）、自然资源损耗占GNI的百分比（%）、经济增长波动率（（%）绝对值）和消费者价格指数（2005年=100）波动率（%）6个指标项属于逆向指标，其值的大小对经济发展质量的影响与其他正向指标相比正好相反，因此将逆向指标进行同向化是必要的。本书采取的是倒数法，采用这种方法是基于以下原因：首先，上述6个指标项涉及的数据均为正值；其次，采用这种方法不会显著地改变原有数据的离散程度；最后，与其他方法相比，这种方法比较简便。

在经过插值填补缺失数据和指标项同向化处理之后，所得的数据如表8—3所示。

表 8—3 插值和同向化处理后的印度经济发展模式质量评价的数据指标体系

年份/指标	有效性				充分性			协调性			
	劳动生产率（%）	（固定）投资产出率	贷款产出率	耕地产出率（美元/平方公里）	经济增长率（%）	就业弹性系数	劳动力参与率（年龄在15岁及15岁以上的人口中从事经济活动的人口比率）	产业结构比（第一产业增加值：第二产业增加值：第三产业增加值）	城市化率（%）	对外贸易开放度（%）	外债存量（占GNI的百分比）
1980	2638	5. 4417159542	2. 6236961887	33167. 333884	6. 7437790707	0. 47563101①	60. 6	0. 036508956047	23. 1	15. 56373392	8. 7368998608
1981	2722	5. 3301607115	2. 5286808396	32950. 23213	5. 9993298445	0. 38306865481	60. 5	0. 033558349451	23. 34	14. 674628963	8. 2138695491
1982	2734	5. 2511818382	2. 3296282616	32913. 389374	3. 4655762348	0. 65225502515	60. 4	0. 031418099059	23. 58	14. 288256507	7. 0839730932
1983	2876	5. 3563088331	2. 3353778681	36767. 084557	7. 2992911298	0. 32702243925	60. 4	0. 032566645706	23. 82	13. 849922467	6. 7165615884
1984	2909	5. 1575179491	2. 1672913496	34368. 925655	3. 8232260524	0. 6117537519	60. 4	0. 030112753816	24. 06	14. 173500008	6. 1338709257
1985	2948	4. 8906543356	2. 0817274486	35816. 547079	5. 2341588068	0. 40405517863	60. 3	0. 027940119518	24. 3	13. 046955533	5. 6305917511
1986	2991	4. 7823299762	1. 9639411561	36751. 731276	4. 7682376983	0. 50750045009	60. 3	0. 026110682924	24. 54	12. 357059362	5. 2032269872
1987	3040	4. 6851483334	1. 9408388123	40198. 492588	3. 9574194141	0. 56123531335	60. 2	0. 025288275698	24. 78	12. 725611341	4. 8767428596
1988	3299	4. 6278983572	1. 9515253163	44568. 24369	9. 6373874313	0. 24661685383	60. 2	0. 026840364357	25. 02	13. 643997729	4. 7040285584
1989	3437	4. 4523933426	1. 8915706322	42813. 783918	5. 9507372736	0. 39586283413	60. 2	0. 024751536529	25. 26	15. 342106774	3. 8118287541
1990	3531	4. 3434671547	1. 9444587986	46423. 361493	5. 5289887553	0. 42298736094	60. 2	0. 02484519219	25. 5	15. 682801286	3. 6569733722
1991	3498	4. 5314355716	1. 9559503725	39738. 191461	1. 0636283668	2. 0242542745	60. 1	0. 025812544381	25. 72	17. 183139895	3. 0323903645

① 取该缺失值前 5 年指标项数据的均值得到。

续表

年份/指标	有效性				充分性			协调性			
	劳动生产率（%）	（固定）投资产出率	贷款产出率	耕地产出率（美元/平方公里）	经济增长率（%）	就业弹性系数	劳动力参与率（年龄在15岁及15岁以上的人口中从事经济活动的人口比率）	产业结构比（第一产业增加值：第二产业增加值：第三产业增加值）	城市化率（%）	对外贸易开放度（%）	外债存量（占GNI的百分比）
1992	3600	4. 4567349259	1. 9980584485	35626. 30163	5. 4802685133	0. 40549840299	60. 1	0. 024719413044	25. 94	18. 643858351	2. 6962858324
1993	3717	4. 6698795051	2. 028323238	40358. 925635	4. 7676267253	0. 43411255062	60	0. 024742727408	26. 16	19. 88276806	2. 9249891217
1994	3888	4. 5261136336	2. 1125490439	46426. 968424	6. 6541496921	0. 33416190784	60	0. 023819595613	26. 38	20. 311509366	3. 2059558055
1995	4111	4. 0931298811	2. 2668889466	47452. 190761	7. 5692540112	0. 22848083548	59. 7	0. 020835036391	26. 6	23. 131649009	3. 7013189985
1996	4374	4. 3223879755	2. 190360415	53730. 909364	7. 5572116306	0. 25340407305	59. 5	0. 022205672674	26. 82	22. 187162932	4. 052864898
1997	4496	4. 3420573024	2. 1678968566	54470. 914094	4. 0544984702	0. 43293880057	59. 2	0. 020704068375	27. 04	22. 888005039	4. 3015621963
1998	4727	4. 3943554883	2. 1484498617	55205. 087573	6. 1935404721	0. 31177870612	59	0. 02083247651	27. 26	23. 984995423	4. 1781611977
1999	4958	4. 2768767966	2. 0310537667	56945. 802208	7. 3873113604	0. 23715254699	58. 7	0. 019868986442	27. 48	25. 276134905	4. 5084576032
2000	5061	4. 3998216894	1. 8862413239	53899. 90695	4. 0304092908	0. 43117732826	58. 4	0. 017673339294	27. 7	27. 381685134	4. 5410296847
2001	5226	4. 2345613634	1. 8297374992	56568. 979872	5. 2168945837	0. 38858993217	58. 3	0. 017789059958	27. 9	26. 407181898	4. 8015657325
2002	5295	4. 2012744719	1. 6990788873	54179. 157593	3. 7668312545	0. 47658670849	58. 1	0. 014978344549	28. 1	29. 966132437	4. 8059785214
2003	5607	4. 0095441736	1. 7409803987	64249. 934512	8. 3708968425	0. 22935607544	58	0. 015143177898	28. 3	30. 90083899	5. 0519858205
2004	5879	3. 4805701467	1. 7366003742	69878. 323158	8. 2781738091	0. 20570860286	57. 8	0. 01284562494	28. 5	36. 857463538	5. 8401907064

续表

年份/指标	有效性				充分性			协调性			
	劳动生产率（%）	（固定）投资产出率	贷款产出率	耕地产出率（美元/平方公里）	经济增长率（%）	就业弹性系数	劳动力参与率（年龄在15岁及15岁以上的人口中从事经济活动的人口比率）	产业结构比（第一产业增加值：第二产业增加值：第三产业增加值）	城市化率（%）	对外贸易开放度（%）	外债存量（占GNI的百分比）
2005	6276	3. 2766261714	1. 7130406971	80094. 305905	9. 3189242273	0. 21659437156	57. 8	0. 012604985709	28. 7	41. 315076432	6. 9145358667
2006	6714	3. 1874462315	1. 642317924	89007. 771966	9. 2718322241	0. 22234965834	57. 8	0. 011996133712	28. 98	45. 588368185	5. 9472402596
2007	7124	3. 0581936878	1. 6442443216	115980. 96137	9. 8170036773	0. 20783969336	57. 8	0. 011931185533	29. 26	44. 895542419	6. 0547537705
2008	7445	3. 0365107914	1. 4652231934	112593. 77049	4. 9323753687	0. 41502590516	57. 8	0. 011500141525	29. 54	52. 392880551	5. 3829292077
2009	7882①	3. 2444502749	1. 4414672693	126531. 1613②	9. 1049295233	0. 1848366115	57. 6	0. 011915888213	29. 82	43. 606815738	5. 4894654354

① 该缺失值前5年指标项数据的均值求得。

② 同上。

表 8—3 插值和同向化处理后的印度经济发展模式质量评价的数据指标体系（续表二）

年份/指标	持续性			创新性			稳定性		分享性			
	能源净进口（占能源使用量的百分比）	GDP 单位能源使用量（购买力平价美元/千克石油当量）	自然资源租金（占 GDP 的比重）	自然资源损耗占 GNI 的百分比（%）	教育支出占 GNI 的百分比	计算机、通信和其他服务（占商业服务出口额的百分比）	（居民）专利申请量	经济增长波动率（%）绝对值	消费者价格指数（2005 年 = 100）波动率（%）	人均 GDP 增长（年增长率）	人均居民最终消费支出（年增长率）	城镇人口增长率（年增长率%）
1980	10. 050854846	1. 414827833	25. 03766932	25. 736431559	2. 9486804105	28. 868431424	1207	43. 71443508	8. 7987421389	4. 3659357063	6. 5727633534	3. 8235168064
1981	11. 829264332	1. 5576632082	22. 167500426	21. 017009689	3. 0510585395	32. 754441889	1067	905. 87495418	7. 6247960472	3. 6632490008	1. 8287238346	3. 2621126072
1982	13. 870067196	1. 6455956293	21. 263482112	20. 375144191	3. 0510585395	40. 873177856	1128	236. 77637116	12. 678657016	1. 2182802748	−1. 3224943964	3. 2189853202
1983	17. 931192661	1. 7769685188	22. 780355229	23. 293741881	3. 1534366685	47. 894966273	1066①	90. 397338591	8. 425406172	5. 0122628135	5. 5837468629	3. 1671579962
1984	21. 448956323	1. 8357528231	21. 192318797	21. 574265528	3. 372770764	59. 187204583	1003	209. 98718276	12. 016949138	1. 662081004	0. 4091904 7606	3. 1060468008
1985	14. 518945169	1. 8936322522	25. 263310624	24. 742194619	3. 4804448658	55. 569255816	982	270. 97152847	18. 0000018	3. 1064911845	2. 3281817709	3. 0351241762
1986	17. 846545942	1. 9598374095	33. 8082039	31. 728144512	3. 3947095632	44. 653885751	999	1123. 4002359	11. 453689173	2. 5243898719	0. 52916332368	3. 1478019246
1987	15. 830882774	2. 0167038966	30. 688451629	32. 428453555	3. 1699940526	37. 83652441	988	588. 07722934	11. 365329539	1. 7723976285	1. 0505462127	3. 0974899298
1988	15. 688818338	2. 1709239192	34. 231543205	33. 541101442	3. 7464862118	37. 005790652	1033	69. 673269315	10. 114111349	7. 3642253996	4. 4389555206	3. 0590041632
1989	12. 683116128	2. 2776568392	31. 336371563	29. 956034845	3. 9791620661	41. 150672266	1048	261. 41312653	16. 235294091	3. 7942690853	2. 4139777235	3. 0110097184
1990	11. 77527509	2. 3922980491	28. 116353307	28. 157990118	3. 8806818842	42. 70349503	1147	1410. 9681496	11. 146739062	3. 4196884733	2. 7680672167	2. 9646670631
1991	10. 974432758	2. 4061063552	25. 190444798	24. 403705005	3. 690456487	40. 405120818	1267	123. 81954148	7. 2096774116	−0. 92083568717	0. 048503976019	2. 8421579402
1992	8. 8805816497	2. 4984178742	24. 319330352	23. 347769625	3. 606108684	28. 868816976	1248	24. 082296302	8. 4833333718	3. 5338047859	0. 30048658679	2. 7143010967

① 取前后各一年的均值得到。

续表

年份/指标	持续性			创新性			稳定性		分享性			
	能源净进口（占能源使用量的百分比）	GDP单位能源使用量（购买力平价美元/千克石油当量）	自然资源租金（占GDP的比重）	自然资源损耗占GNI的百分比（%）	教育支出占GNI的百分比	计算机、通信和其他服务（占商业服务出口额的百分比）	（居民）专利申请量	经济增长波动率（%）绝对值	消费者价格指数（2005年=100）波动率（%）	人均GDP增长（年增长率）	人均居民最终消费支出（年增长率）	城镇人口增长率（年增长率%）
1993	8.2293226943	2.6168840487	29.500487116	29.853859002	3.5420842425	29.631869755	1209	769.00746129	15.718231956	2.8445218527	2.5448708433	2.6971815358
1994	8.1395819435	2.7457097218	34.345655982	35.002901765	3.5079966743	31.495702999	1588	252.72031176	9.7928802881	4.7477165356	2.7442399435	2.6411214922
1995	7.6356988992	2.8561338052	33.114558661	32.135109888	3.2712477903	31.362380848	1545	727.14657395	9.7800587048	5.6671921628	4.063992922	2.6145473657
1996	7.0113989637	3.0301773827	34.591331801	34.562340791	3.1781472036	29.936398352	1661	62855.131493	11.139393908	5.6777296278	5.870932681	2.5865392757
1997	6.6974777711	3.0864600108	36.180085495	36.183186349	3.5480366209	43.299848515	1926	215.75308275	13.958188191	2.2578668547	0.49470960848	2.5586429545
1998	5.8319924213	3.2386686197	42.490589478	43.145024221	3.7703764095	55.25703398	2247	189.54739848	7.5580985937	4.38206829	4.2566728877	2.530855685
1999	4.9517145087	3.32812746	43.519707208	46.18415482	4.4185392215	63.648193872	2206	518.82153797	21.414097029	5.5778213426	3.8717592185	2.5031748374
2000	4.9378062935	3.4675006082	30.894215003	35.720878243	4.4185392215	62.750745024	2179	220.0633562	24.941176236	2.2991353283	1.6945912868	2.475597866
2001	5.0900969771	3.6779806664	34.849600746	34.049018575	4.4185392215	65.258788547	2371	339.69315232	27.138461216	3.5302802896	4.2094610579	2.3354024844
2002	5.0231138704	3.7741968775	35.762837792	37.477897085	4.4185392215	65.983841969	2693	359.77012085	22.767635087	2.1670183868	1.0516164357	2.2680353111
2003	5.1923715637	4.0768471356	34.988012308	38.756437839	4.4185392215	65.053961432	3425	81.815325645	26.275229508	6.766519725	4.3231398042	2.2007410297
2004	4.7508656859	4.2968105081	34.490854392	29.51094581	4.4185392215	69.087193694	4014	9027.8503767	26.544642714	6.7415722781	4.0392681429	2.1335181002
2005	4.6895587837	4.6889325917	26.297189595	27.430414923	3.137607146	70.629719081	4521	795.40431929	23.549618446	7.8346360098	6.9451586249	2.0663650256
2006	4.4792140099	5.0381592494	23.516828042	25.459748184	3.0706411144	71.687073843	5314	19788.762872	17.243206496	7.7724712048	6.9822599667	2.3525208725

续表

年份/指标	持续性			创新性			稳定性		分享性			
	能源净进口（占能源使用量的百分比）	GDP 单位能源使用量（购买力平价美元/千克石油当量）	自然资源租金（占 GDP 的比重）	自然资源损耗占 GNI 的百分比（%）	教育支出占 GNI 的百分比	计算机、通信和其他服务（占商业服务出口额的百分比）	（居民）专利申请量	经济增长波动率（%）绝对值	消费者价格指数（2005 年 =100）波动率（%）	人均 GDP 增长（年增长率）	人均居民最终消费支出（年增长率）	城镇人口增长率（年增长率%）
2007	4. 1799006834	5. 4206245988	24. 607115148	24. 808165418	3. 0706411144	71. 538437064	6251①	1700. 7185961	15. 69859526	8. 3548575643	7. 6488559939	2. 3019277099
2008	4. 0675264957	5. 5702110561	17. 28068568	14. 756173265	3. 0706411144	72. 070718207	7353②	200. 97749626	11. 973443143	3. 5352650885	6. 1980907001	2. 292769991
2009	3. 878519624	5. 900688763③	24. 884618704	24. 005067033	3. 0706411144	70. 030604271	8649④	118. 2099785	9. 1933809386	7. 6522642414	6. 0119916718	2. 2837850633

① 取该缺失值前 5 年指标项数据的均值求得。

② 同上。

③ 同上。

④ 同上。

表 8—4 标准化处理后的印度经济发展模式质量评价的数据指标体系

年份	劳动生产率（%）	（固定）投资产出率	贷款产出率	耕地产出率（美元/平方公里）	经济增长率（%）	就业弹性系数	劳动力参与率（年龄在15岁及15岁以上的人口中从事经济活动的人口比率）	产业结构比（第一产业增加值：第二产业增加值：第三产业增加值）	城市化率（%）	对外贸易开放度（%）	外债存量（占GNI的百分比）
1980	−1.1925918035	1.6441696918	2.3107067286	−0.90181839038	0.26645336629	0.16960513621	1.2087076864	2.0622868762	−1.7142559436	−0.76815043958	2.5040945472
1981	−1.1367959632	1.4783862885	1.9686123295	−0.91052440846	−0.082170607185	−0.11738110513	1.1147666746	1.6410916777	−1.5914435775	−0.8465808723	2.1465959014
1982	−1.1288251289	1.3610149656	1.2519410476	−0.91200184334	−1.2687219799	0.71722152015	1.0208256627	1.3355737583	−1.4686312114	−0.88066386626	1.3742956277
1983	−1.0345035894	1.5172452832	1.2726419994	−0.75746444582	0.52659847031	−0.29115037354	1.0208256627	1.4995272767	−1.3458188453	−0.9193305368	1.1231646464
1984	−1.012583795	1.2218200885	0.66746128833	−0.85363324433	−1.1012353386	0.59164878426	1.0208256627	1.1492374471	−1.2230064791	−0.89078685771	0.72488730342
1985	−0.98667858345	0.82523130422	0.35939599576	−0.79558203976	−0.44049856047	−0.0523131455	0.9268846508	0.8390967676	−1.100194113	−0.99016249377	0.38088884032
1986	−0.95811642712	0.66424935002	−0.06468318003	−0.7580801292	−0.65868841478	0.26841518492	0.9268846508	0.5779471076	−0.97738174693	−1.0510201628	0.088778955021
1987	−0.92556885362	0.51982670263	−0.14786113491	−0.61986122559	−1.0383928756	0.43501818895	0.83294363893	0.46054956126	−0.85456938083	−1.0185091629	−0.13437758272
1988	−0.75353167943	0.43474691916	−0.10938531815	−0.4446294205	1.6215239459	−0.540444989	0.83294363893	0.68210816952	−0.73175701472	−0.9374957333	−0.25243026037
1989	−0.66186708468	0.17392709654	−0.32524687984	−0.51498517889	−0.10492640377	−0.07713213942	0.83294363893	0.38393075307	−0.60894464861	−0.78770078945	−0.86226149709
1990	−0.59942888247	0.01205075871	−0.13482769314	−0.37023716483	−0.30243032892	0.0063854023998	0.83294363893	0.39729997509	−0.48613228251	−0.75764717451	−0.96810734978
1991	−0.62134867686	0.29139257291	−0.093453292984	−0.63831980493	−2.3935490069	4.971055672	0.73900262706	0.53538822408	−0.37355428024	−0.6252981135	−1.3950187055
1992	−0.5535965851	0.18037916848	0.05815312741	−0.80321109062	−0.32524591358	−0.047838480473	0.73900262706	0.379345168	−0.26097627798	−0.49644405681	−1.6247509263

续表

年份	劳动生产率（%）	（固定）投资产出率	贷款产出率	耕地产出率（美元/平方公里）	经济增长率（%）	就业弹性系数	劳动力参与率（年龄在15岁及15岁以上的人口中从事经济活动的人口比率）	产业结构比（第一产业增加值：第二产业增加值：第三产业增加值）	城市化率（%）	对外贸易开放度（%）	外债存量（占GNI的百分比）
1993	−0.47588095042	0.49713553851	0.16711883725	−0.6134276847	−0.65897453211	0.040878651462	0.64506161518	0.3826732626	−0.14839827571	−0.3871563695	−1.4684289802
1994	−0.36229656128	0.28348358567	0.47036643615	−0.37009252294	0.22448012085	−0.26901470889	0.64506161518	0.250897417	−0.035820273448	−0.34933590082	−1.2763842617
1995	−0.21417189006	−0.35997806029	1.0260536676	−0.32897998435	0.65302150776	−0.5966750593	0.36323857956	−0.17514447411	0.076757728817	−0.10056350267	−0.93779648444
1996	−0.039477771096	−0.019275228163	0.75051942704	−0.077196491723	0.64738208677	−0.51940146079	0.17535655581	0.02051204676	0.18933573108	−0.18387925865	−0.69750986969
1997	0.041559044547	0.0099555626219	0.66964136295	−0.047521491558	−0.99293096209	0.03723948181	−0.10646647981	−0.19383998555	0.30191373335	−0.12205601801	−0.52752173445
1998	0.19499760531	0.08767643918	0.59962416971	−0.018080330949	0.0087778125379	−0.33841301791	−0.29434850356	−0.1755098938	0.41449173561	−0.025287430951	−0.61186806946
1999	0.34843616608	−0.086909863158	0.1769498656	0.05172423241	0.56781815522	−0.56978873075	−0.57617153918	−0.31304682979	0.52706973787	0.088607590598	−0.38610578563
2000	0.41685249404	0.095799817372	−0.34443458526	−0.070419503436	−1.0042118731	0.031778100469	−0.8579945748	−0.62647256318	0.63964774014	0.27434405975	−0.36384230536
2001	0.52645146602	−0.14979526736	−0.54787163128	0.036613244023	−0.4485833591	−0.10026258396	−0.95193558668	−0.60995359109	0.74199137856	0.18838040626	−0.18576221671
2002	0.57228376339	−0.19926326216	−1.0182964601	−0.059221246777	−1.1276449013	0.17256824489	−1.1398176104	−1.0111795071	0.84433501698	0.50232537806	−0.18274601283
2003	0.77952545586	−0.48419564718	−0.86743375742	0.3446279375	1.0284291237	−0.5939614094	−1.2337586223	−0.98764976411	0.94667865541	0.58477845499	−0.014596530253
2004	0.96019770057	−1.2703094356	−0.88320364971	0.57033248663	0.9850071263	−0.66727954461	−1.421640646	−1.3156224173	1.0490222938	1.1102289509	0.52415270286
2005	1.2238994695	−1.5733926929	−0.96802819287	0.98000458365	1.4723883115	−0.63352861164	−1.421640646	−1.34997335	1.1513659323	1.5034474402	1.2584828771

续表

年份	劳动生产率（%）	（固定）投资产出率	贷款产出率	耕地产出率（美元/平方公里）	经济增长率（%）	就业弹性系数	劳动力参与率(年龄在15岁及15岁以上的人口中从事经济活动的人口比率)	产业结构比（第一产业增加值：第二产业增加值：第三产业增加值）	城市化率（%）	对外贸易开放度（%）	外债存量（占GNI的百分比）
2006	1.5148349224	−1.7059239266	−1.2226593111	1.337444335	1.4503352276	−0.61568455271	−1.421640646	−1.4368861694	1.294647026	1.8804064465	0.5973225927
2007	1.7871717618	−1.8980074725	−1.2157234862	2.419098772	1.705637848	−0.66067217542	−1.421640646	−1.4461574362	1.4379281198	1.819293497	0.6708096042
2008	2.0003915801	−1.9302306498	−1.8602732968	2.2832687079	−0.58182309631	−0.018298803864	−1.421640646	−1.5076883996	1.5812092136	2.480651496	0.2116079747
2009	2.2906627967	−1.6212096263	−1.9458044101	2.8421733442	1.3721750513	−0.73199240045	−1.6095226698	−1.4483411084	1.7244903074	1.7056081681	0.2844269993

表 8—4 标准化处理后的印度经济发展模式质量评价的数据指标体系（续表二）

年份	能源净进口（占能源使用量的百分比）	GDP 单位能源使用量（购买力平价美元/千克石油当量）	自然资源租金（占 GDP 的比重）	自然资源损耗占 GNI 的百分比（%）	教育支出占 GNI 的百分比）	计算机、通信和其他服务（占商业服务出口额的百分比）	（居民）专利申请量	经济增长波动率（%）绝对值	消费者价格指数（2005 年 =100）波动率（%）	人均 GDP 增长（年增长率）	人均居民最终消费支出（年增长率）	城镇人口增长率（年增长率%）
1980	0.1590106575 8	−1.3386059106	−0.71325479935	−0.56033204273	−1.2594558547	−1.3763677933	−0.61575843239	−0.29226155675	−0.92637376566	0.039222729191	1.3536616177	2.7051428867
1981	0.52139349343	−1.2243784363	−1.1662347396	−1.2369465697	−1.0538517333	−1.1258258993	−0.68541999242	−0.21830248582	−1.1135781794	−0.27245140547	−0.62672286561	1.341607464
1982	0.93724368715	−1.1540576326	−1.3089100236	−1.3289696039	−1.0538517333	−0.60238842932	−0.65506745555	−0.27570004517	−0.3076595034	−1.3569083989	−1.9421890761	1.2368601472
1983	1.7647708536	−1.0489968706	−1.0695118838	−0.91053581057	−0.84824761193	−0.14967421632	−0.68591757499	−0.28825693801	−0.98590813552	0.32589876888	0.94079977204	1.1109822287
1984	2.4815783053	−1.0019862292	−1.320141263	−1.1570538611	−0.40776296516	0.57836776898	−0.717265277	−0.27799811315	−0.41317937034	−1.1600621982	−1.2193026335	0.96255569434
1985	1.0694642144	−0.95569922918	−0.6776433116	−0.70287389962	−0.19152303861	0.34510855761	−0.72771451101	−0.2727666679	0.54091347159	−0.51939931163	−0.41822570974	0.79029921501
1986	1.7475225661	−0.90275402645	0.67094117554	0.29868843412	−0.36370367662	−0.35863568467	−0.71925560729	−0.19964242498	−0.50300014856	−0.77758823348	−1.1692203429	1.0639703086
1987	1.3367950364	−0.85727709053	0.17857112708	0.39909040811	−0.81499572076	−0.79816991592	−0.72472901558	−0.24556425895	−0.51709050041	−1.1111316603	−0.95157068395	0.94177281327
1988	1.3078468591	−0.73394515235	0.73775404272	0.558608617	0.34276292385	−0.85172962993	−0.70233779985	−0.29003471938	−0.71661718176	1.3691032269	0.46291020093	0.84829879562
1989	0.6953811142	−0.64858932318	0.28082808263	0.044624445554	0.81004158048	−0.58449759358	−0.69487406128	−0.27358662023	0.25950296116	−0.21433792309	−0.38241045724	0.73173015271
1990	0.51039221686	−0.5569091225	−0.22736628892	−0.21315780318	0.61226563482	−0.48438279459	−0.64561338669	−0.17497386819	−0.5519482357	−0.38048179234	−0.23459690399	0.61917336719
1991	0.34720622532	−0.54586642436	−0.68914324722	−0.75140251104	0.23023945379	−0.63256536734	−0.58590347809	−0.28538986741	−1.1797754617	−2.3057055103	−1.3698700867	0.32162388537
1992	−0.079453499816	−0.47204359401	−0.82662552938	−0.90278995579	0.060845305922	−1.3763429357	−0.59535754695	−0.2939456686	−0.97667072031	−0.32986591659	−1.2646807326	0.011085888977
1993	−0.21215919498	−0.37730451493	−0.0089175239507	0.029975689503	−0.067733807348	−1.3271468025	−0.61476326725	−0.23004344634	0.1770491632	−0.63559485676	−0.32776953309	−0.030494006192
1994	−0.23044548283	−0.27428079798	0.75576371421	0.76818414579	−0.13619124623	−1.2069802937	−0.4261794726	−0.27433231954	−0.76784259396	0.20856022864	−0.24454352478	−0.1666523307

续表

年份	能源净进口（占能源使用量的百分比）	GDP 单位能源使用量（购买力平价美元/千克石油当量）	自然资源租金（占 GDP 的比重）	自然资源损耗占 GNI 的百分比（%）	教育支出占 GNI 的百分比）	计算机、通信和其他服务（占商业服务出口额的百分比）	（居民）专利申请量	经济增长波动率（%）绝对值	消费者价格指数（2005 年 = 100）波动率（%）	人均 GDP 增长（年增长率）	人均居民最终消费支出（年增长率）	城镇人口增长率（年增长率%）
1995	−0.33312069231	−0.18597309318	0.56146769487	0.35703428514	−0.61164969392	−1.2155759432	−0.44757552318	−0.23363441608	−0.76988719975	0.61639030173	0.30638323502	−0.23119542257
1996	−0.46033300355	−0.046787977013	0.79453711812	0.70502175785	−0.79862189687	−1.3075129976	−0.38985594487	5.0959161046	−0.55311953756	0.62106415607	1.060684595	−0.29922131713
1997	−0.52430007801	−0.001777961535	1.0452796981	0.93739929914	−0.055779754958	−0.44593422815	−0.25799656339	−0.27750349458	−0.10361786536	−0.89580354923	−1.1836029387	−0.36697574826
1998	−0.70065824406	0.1199454207	2.0412251713	1.9355047383	0.39074117028	0.32497874812	−0.098272557897	−0.27975150758	−1.1242141514	0.046378278099	0.38681688503	−0.43446531521
1999	−0.88003066015	0.19148692343	2.203644076	2.3712191053	1.6924346741	0.86598014564	−0.11867344333	−0.25150524845	1.0853456254	0.57675019922	0.22613587576	−0.50169640506
2000	−0.8828647085	0.30294560575	0.21104541145	0.8711190663	1.6924346741	0.80811912439	−0.13210817277	−0.27713374461	1.6477946169	−0.87749906773	−0.68271607888	−0.56867520115
2001	−0.85183274976	0.47126949202	0.83529801255	0.6314277292	1.6924346741	0.96981966023	−0.036572319015	−0.26687149254	1.9981867256	−0.3314291941	0.36710845411	−0.90918097076
2002	−0.86548175937	0.54821495993	0.97942822852	1.123019512	1.6924346741	1.0165658693	0.12364926905	−0.26514922168	1.3011888404	−0.936099057	−0.9511239227	−1.0728019896
2003	−0.83099246803	0.79024866163	0.85714260198	1.3063214654	1.6924346741	0.95661388694	0.48787971148	−0.28899313236	1.8605306722	1.103993047	0.41456329177	−1.2362459691
2004	−0.92095721085	0.96615648877	0.77867942737	−0.01918712187	1.6924346741	1.2166475793	0.78095584617	0.47842827727	1.9034929016	1.0929276976	0.2960619532	−1.3995166496
2005	−0.93344959196	1.2797420776	−0.51447297151	−0.31746887346	−0.8800377521	1.3160984777	1.03323021	−0.2277790338	1.4258885497	1.5777521436	1.5091168609	−1.5626176666
2006	−0.97631111302	1.5590235863	−0.95327920793	−0.59999961135	−1.0145244068	1.3842690777	1.4278131893	1.4015360662	0.42023065747	1.5501791703	1.5246047002	−0.86760392418
2007	−1.0373015727	1.8648865479	−0.78120634169	−0.69341579179	−1.0145244068	1.3746860515	1.8940480589	−0.15011808629	0.17391777907	1.8084945237	1.8028731302	−0.99048431842
2008	−1.0601998293	1.9845129583	−1.937488674	−2.1345507661	−1.0145244068	1.409003696	2.4423840528	−0.2787709948	−0.4201170946	−0.32921820465	1.1972556885	−1.0127265354
2009	−1.0987133701	2.2488006653	−0.7374097747	−0.80855447801	−1.0145244068	1.277471881	3.0872510657	−0.28587107487	−0.86344231959	1.4968618085	1.1195692303	−1.0345490784

二、指标数据的标准化

为消除同向化后依然存在的各指标项不同量纲之间数据的不可整合性，采用前述的Z分数法对上表数据进行无量纲化处理，标准化后的数据如表8—4所示。

三、指标数据的计算

将查找到的标准化指标数据输入SPSS3.0软件，应用主成分分析法（principal component analysis）输出每一步骤的计算结果。

其一，相关系数矩阵如表8—5所示，由相关系数矩阵可知，有些要素之间有着密切的相关关系，如劳动生产率和GDP单位能源使用量（R=0.998）；有些要素之间相关系数则为零，如就业弹性系数和第三产业教育支出占GNI的百分比（R=0）；而有些要素之间如（固定）投资产出率和GDP单位能源使用量则成很大的负相关关系（R=-0.952）。

其二，计算相关系数矩阵的特征值以及各主成分的贡献率和累积贡献率，根据表8—6所列出的主成分，按照特征根从大到小的次序排列。第一主成分的特征根为12.559，它解释了总变异的54.604%；第二主成分的特征根为3.597，它解释了总变异的15.638%；第三主成分的特征根为2.515，它解释了总变异的10.935%；第四主成分的特征根为1.442，它解释了总变异的6.272%；这4个主成分的累积贡献率为87.449%，超过了85%，符合利用主成分进行分析的条件。因此，只需求出第一到第四主成分的F1、F2、F3、F4即可，它们可以充分反映上述30年间各年度印度经济发展质量的综合水平。

表8—5　Correlation Matrix（相关系数矩阵）

变量	VAR00001	VAR00002	VAR00003	VAR00004	VAR00005	VAR00006	VAR00007	VAR00008	VAR00009	VAR00010	VAR00011	VAR00012	VAR00013	VAR00014	VAR00015	VAR00016	VAR00017	VAR00018	VAR00019	VAR00020	VAR00021	VAR00022	VAR00023
VAR00001	1	-0.938	-0.812	0.951	0.473	-0.336	-0.959	-0.941	0.962	0.973	-0.004	-0.807	0.998	0.017	0.03	0.092	0.779	0.941	0.104	0.424	0.574	0.604	-0.86
VAR00002	-0.938	1	0.852	-0.899	-0.487	0.292	0.877	0.951	-0.934	-0.923	0.152	0.741	-0.952	-0.026	-0.006	-0.067	-0.675	-0.863	-0.137	-0.379	-0.583	-0.564	0.852
VAR00003	-0.812	0.852	1	-0.772	-0.245	0.127	0.779	0.868	-0.819	-0.753	0.247	0.499	-0.832	0.009	0.01	-0.26	-0.727	-0.757	0.041	-0.461	-0.337	-0.302	0.759
VAR00004	0.951	-0.899	-0.772	1	0.517	-0.325	-0.843	-0.832	0.853	0.932	0.097	-0.662	0.952	-0.15	-0.148	-0.135	0.712	0.981	0.08	0.218	0.6	0.654	-0.699
VAR00005	0.473	-0.487	-0.245	0.517	1	-0.72	-0.425	-0.388	0.4	0.466	0.25	-0.343	0.474	0.106	0.099	-0.139	0.28	0.477	0.226	0.144	0.992	0.807	-0.332
VAR00006	-0.336	0.292	0.127	-0.325	-0.72	1	0.342	0.31	-0.299	-0.318	-0.201	0.283	-0.324	-0.223	-0.224	0	-0.232	-0.296	-0.149	-0.275	-0.716	-0.511	0.281
VAR00007	-0.959	0.877	0.779	-0.843	-0.425	0.342	1	0.948	-0.951	-0.926	-0.036	0.824	-0.95	-0.151	-0.177	-0.281	-0.842	-0.841	-0.084	-0.622	-0.529	-0.528	0.899
VAR00008	-0.941	0.951	0.868	-0.832	-0.388	0.31	0.948	1	-0.98	-0.895	0.21	0.791	-0.949	-0.199	-0.203	-0.281	-0.749	-0.802	-0.113	-0.557	-0.495	-0.448	0.945
VAR00009	0.962	-0.934	-0.819	0.853	0.4	-0.299	-0.951	-0.98	1	0.91	-0.231	-0.857	0.964	0.209	0.22	0.267	0.711	0.823	0.134	0.497	0.509	0.503	-0.947
VAR00010	0.973	-0.923	-0.753	0.932	0.466	-0.318	-0.926	-0.895	0.91	1	0.108	-0.784	0.973	-0.123	-0.109	-0.022	0.757	0.939	0.102	0.392	0.564	0.633	-0.804
VAR00011	-0.004	0.152	0.247	0.097	0.25	-0.201	-0.036	0.21	-0.231	0.108	1	0.155	-0.032	-0.448	-0.417	-0.421	0.245	0.179	-0.077	0.039	0.216	0.299	0.306
VAR00012	-0.807	0.741	0.499	-0.662	-0.343	0.283	0.824	0.791	-0.857	-0.784	0.155	1	-0.793	-0.276	-0.295	-0.273	-0.461	-0.649	-0.16	-0.457	-0.438	-0.477	0.797
VAR00013	0.998	-0.952	-0.832	0.952	0.474	-0.324	-0.95	-0.949	0.964	0.973	-0.032	-0.793	1	0.001	0.012	0.078	0.768	0.94	0.106	0.415	0.575	0.596	-0.868
VAR00014	0.017	-0.026	0.009	-0.15	0.106	-0.223	-0.151	-0.199	0.209	-0.123	-0.448	-0.276	0.001	1	0.966	0.645	-0.025	-0.23	0.108	0.318	0.115	-0.052	-0.286
VAR00015	0.03	-0.006	0.01	-0.148	0.099	-0.224	-0.177	-0.203	0.22	-0.109	-0.417	-0.295	0.012	0.966	1	0.642	0.016	-0.229	0.091	0.36	0.111	-0.033	-0.288
VAR00016	0.092	-0.067	-0.26	-0.135	-0.139	0	-0.281	-0.281	0.267	-0.022	-0.421	-0.273	0.078	0.645	0.642	1	0.275	-0.156	-0.163	0.669	-0.101	-0.236	-0.382
VAR00017	0.779	-0.675	-0.727	0.712	0.28	-0.232	-0.842	-0.749	0.711	0.757	0.245	-0.461	0.768	-0.025	0.016	0.275	1	0.729	-0.125	0.629	0.363	0.395	-0.677
VAR00018	0.941	-0.863	-0.757	0.981	0.477	-0.296	-0.841	-0.802	0.823	0.939	0.179	-0.649	0.94	-0.23	-0.229	-0.156	0.729	1	0.032	0.219	0.561	0.617	-0.673

续表

变量	VAR00001	VAR00002	VAR00003	VAR00004	VAR00005	VAR00006	VAR00007	VAR00008	VAR00009	VAR00010	VAR00011	VAR00012	VAR00013	VAR00014	VAR00015	VAR00016	VAR00017	VAR00018	VAR00019	VAR00020	VAR00021	VAR00022	VAR00023
VAR00019	0.104	-0.137	0.041	0.08	0.226	-0.149	-0.084	-0.113	0.134	0.102	-0.077	-0.16	0.106	0.108	0.091	-0.163	-0.125	0.032	1	-0.027	0.23	0.286	-0.138
VAR00020	0.424	-0.379	-0.461	0.218	0.144	-0.275	-0.622	-0.557	0.497	0.392	0.039	-0.457	0.415	0.318	0.36	0.669	0.629	0.219	-0.027	1	0.206	0.12	-0.591
VAR00021	0.574	-0.583	-0.337	0.6	0.992	-0.716	-0.529	-0.495	0.509	0.564	0.216	-0.438	0.575	0.115	0.111	-0.101	0.363	0.561	0.23	0.206	1	0.826	-0.439
VAR00022	0.604	-0.564	-0.302	0.654	0.807	-0.511	-0.528	-0.448	0.503	0.633	0.299	-0.477	0.596	-0.052	-0.033	-0.236	0.395	0.617	0.286	0.12	0.826	1	-0.351
VAR00023	-0.86	0.852	0.759	-0.699	-0.332	0.281	0.899	0.945	-0.947	-0.804	0.306	0.797	-0.868	-0.286	-0.288	-0.382	-0.677	-0.673	-0.138	-0.591	-0.439	-0.351	1

表 8—6　特征值、贡献率和累积贡献率

Total Variance Explained（总差异解释）						
Component	Initial Eigenvalues			主成分特征值、贡献率、累积贡献率		
	Total（特征值）	% of Variance（贡献率）	Cumulative %（累积贡献率）	Total（特征值）	% of Variance（贡献率）	Cumulative %（累计贡献率）
1	12. 559	54. 604	54. 604	12. 559	54. 604	54. 604
2	3. 597	15. 638	70. 242	3. 597	15. 638	70. 242
3	2. 515	10. 935	81. 177	2. 515	10. 935	81. 177
4	1. 442	6. 272	87. 449	1. 442	6. 272	87. 449
5	0. 832	3. 619	91. 068	…	…	…
6	0. 605	2. 628	93. 696	…	…	…
7	0. 426	1. 851	95. 547	…	…	…
8	0. 375	1. 629	97. 176	…	…	…
9	0. 188	0. 816	97. 992	…	…	…
10	0. 15	0. 652	98. 643	…	…	…
11	0. 129	0. 562	99. 206	…	…	…
12	0. 06	0. 26	99. 466	…	…	…
13	0. 039	0. 171	99. 637	…	…	…
14	0. 036	0. 156	99. 793	…	…	…
15	0. 02	0. 086	99. 88	…	…	…
16	0. 013	0. 059	99. 938	…	…	…
17	0. 007	0. 03	99. 968	…	…	…
18	0. 004	0. 018	99. 986	…		…
19	0. 002	0. 008	99. 994	…	…	…
20	0. 001	0. 004	99. 998	…	…	…
21	0	0. 001	99. 999	…	…	…
22	0	0. 001	100	…	…	…
23	1. 16E－05	5. 05E－05	100	…	…	…
Extraction Method：Principal Component Analysis						

表 8—7 主成分载荷矩阵

Component Matrix 主成分载荷矩阵				
	Component 主成分			
	F1	F2	F3	F4
VAR00001	0.985	0.06	-0.113	-0.046
VAR00002	-0.947	-0.038	0.113	0.178
VAR00003	-0.816	0.11	0.351	0.019
VAR00004	0.915	0.293	-0.12	-0.088
VAR00005	0.56	0.325	0.697	0.049
VAR00006	-0.422	-0.111	-0.688	-0.213
VAR00007	-0.968	0.113	0.079	-0.122
VAR00008	-0.959	0.194	0.122	0.074
VAR00009	0.965	-0.181	-0.094	-0.14
VAR00010	0.954	0.189	-0.144	-0.017
VAR00011	-0.019	0.644	0.14	0.62
VAR00012	-0.808	0.219	-0.044	0.156
VAR00013	0.985	0.066	-0.128	-0.072
VAR00014	0.101	-0.808	0.476	-0.076
VAR00015	0.111	-0.808	0.471	-0.027
VAR00016	0.165	-0.869	-0.006	0.296
VAR00017	0.785	-0.016	-0.23	0.458
VAR00018	0.895	0.343	-0.183	-0.02
VAR00019	0.128	0.064	0.369	-0.537
VAR00020	0.512	-0.485	0.014	0.543
VAR00021	0.656	0.289	0.637	0.035
VAR00022	0.641	0.427	0.469	-0.032
VAR00023	-0.889	0.328	0.089	0.097

其三，主成分荷载以及计算公式。如主成分荷载矩阵表8—7显示，第一主成分与劳动生产率、耕地产出率、经济增长率、城市化率、对外贸易开放度、GDP单位能源使用量、（居民）专利申请量等指标项都有很强的相关性，此外第一主成分还与（固定）投资产出率、贷款产出率、劳动力参与率、产业结构比、能源净进口（占能源使用量的百分比）、城镇人口增长率等指标项有很强的负相关性，这说明第一主成分基本涵盖了印度经济发展的有效性、充分性、协调性、持续性、创新性、稳定性和分享性全部7个主要方面。第二主成分主要在外债存量（占GNI的百分比）上有较大载荷，此外值得注意的是，第二主成分与自然资源租金、自然资源损耗占GNI的百分比、教育支出占GNI的百分比3个指标项有较强的负相关性，这说明第二主成分主要反映印度经济发展的协调性。第三主成分与经济增长率有较大的相关性，并与就业弹性系数有较强的负相关性，说明它主要反映印度经济发展的充分性。第四主成分与消费者价格指数波动率有较大相关性，并与经济增长波动率有较强的负相关性，说明其主要反映印度经济发展的稳定性。

其四，计算从1980—2009年30年间各年度印度经济发展质量的综合得分。各年度各主成分得分等于其变量标准化数据与主成分载荷矩阵中各主成分相关系数乘积的加总，综合得分F等于各因子得分以其方差贡献率占4个因子总方差贡献率的比重作为权重进行加权之和：

$$F=(F1*54.604+F2*15.638+F3*10.935+F4*6.272)/87.449$$

结果如表8—8和图8—1所示：

表8—8 各年度印度经济发展质量综合得分

年份	F1	F2	F3	F4	F	阶段划分
1980	-16.39	6.02	3.06	1.32	-8.68	20世纪80年代
1981	-15.92	5.06	0.92	1.14	-8.84	
1982	-16.66	2.89	-2.5	1.14	-10.12	
1983	-12.65	4.94	1.99	1.24	-6.68	
1984	-14.62	2.37	-2.51	1.53	-8.91	
1985	-10.17	0.95	-0.44	1.55	-6.12	
1986	-11.78	-0.84	-0.31	0.25	-7.52	
1987	-11.4	-0.54	-1.03	-0.38	-7.37	
1988	-6.22	0.27	3.99	0.05	-3.33	
1989	-6.57	-1.89	0.3	0.09	-4.39	
1990	-6.49	-0.83	-0.31	-0.59	-4.28	20世纪90年代
1991	-12.28	-2.12	-7.47	-2.43	-9.16	
1992	-7.2	-0.36	-1.27	-1.74	-4.84	
1993	-5.86	-1.92	-0.44	-1.22	-4.15	
1994	-3.89	-1.8	1.6	-1.62	-2.67	
1995	-1.47	-0.18	2.4	-1.62	-0.76	
1996	0.41	0.22	4.87	-4.37	0.59	
1997	-1.73	-3.34	-0.74	-0.75	-1.82	
1998	1.96	-3.61	2.18	-0.89	0.79	
1999	6.09	-5.99	2.94	1.06	3.17	
2000	4.5	-5	-1.83	1.34	1.78	2000年以来
2001	7.47	-4.66	-0.53	1.6	3.88	
2002	7.2	-5.94	-2.26	1.09	3.23	
2003	12.83	-3.96	1.59	1.65	7.62	
2004	15.82	-2.37	0.82	1.52	9.67	
2005	18.48	2.86	0.77	1.32	12.24	
2006	19.71	4.21	0.57	-0.56	13.09	
2007	22.29	4.92	0.23	-0.03	14.83	
2008	20.49	5.49	-5.28	-0.8	13.06	
2009	23.97	5.12	-1.24	-0.89	15.67	

通过计算各年份的因子值，并以因子贡献率为权重计算印度经济发展质量综合得分，再根据得分进行聚类分析，可以将这30年间印度经济的发展质量按三个阶段进行划分：20世纪80年代（得分均为负值且其绝对值较大）；20世纪90年代（得分由负转正，且负值绝对值较小）；2000年后（得分均为正值且其绝对值越来越大）。

第五节 印度经济发展质量评价研究结论

一、20世纪80年代的经济发展质量

如表8—8和图8—1所示，20世纪80年代印度经济发展质量综合得分有这样几个特点：第一，其各年度得分均为负值，并且除1988和1989年外，其他年份的得分绝对值均在6以上，1982年甚至超过10，这说明在20世纪80年代印度经济发展质量整体较差；第二，在20世纪80年代最后两年，其综合得分的绝对值显著减小，这说明其经济发展质量有明显的好转趋势。

具体到各个因子的得分。贡献率最大的主成分F1完全符合综合得分的第一个特点，这说明该阶段印度经济发展的有效性、充分性、协调性、持续性、创新性、稳定性和分享性全部7个方面均存在明显的不足；此外，其得分的绝对值逐渐减小的趋势十分明显，这同时说明其经济发展质量也在显著地改善。贡献率次之的主成分F2则具有不同的特点：首先，除1986、1987和1989年外其得分均为正值，这说明其经济发展的协调性在某一方面是较理想的；其次，除个别年份出现反复外其得分减小的趋势也同样十分明显，这说明经济发展的协调性在该方面的趋势是恶化的。F3的得分正负参半，变化的趋势也不甚明显，这说明其经济发展的充分性在某些方面并不稳定。F4的得分则具有两个特点：第一，除1987年外其他各年份得分均为正值，这说明其经济发展的稳定性在某些方面并非如综合得分中反映的那样缺陷明显；第二，在1980—1985年其得分比较接近，而之后的4年则明显减小，这说明其稳定性自1986年开始呈现出下降的趋势。

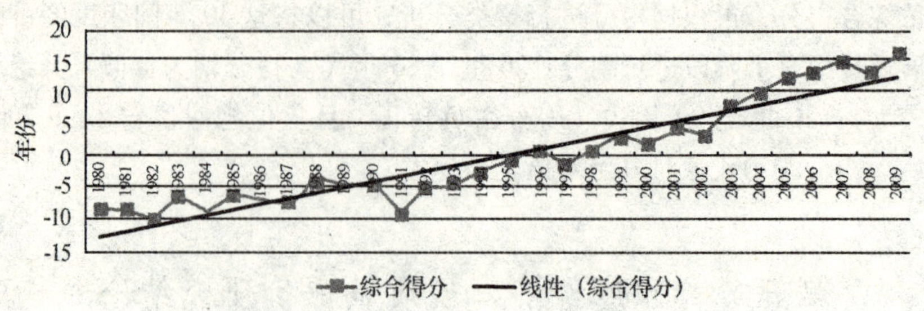

图 8—1　印度经济发展模式质量评价综合得分

二、20 世纪 90 年代的经济发展质量

20 世纪 90 年代印度经济发展质量综合得分则具有这样几个特点：首先，除 1996、1998 和 1999 年外，其他各年度得分均为负值，但是与 20 世纪 80 年代相比，除 1991 年比较特殊外其绝对值显著减小，这说明在 20 世纪 90 年代印度经济整体发展质量仍然存在不足，但是相较于 20 世纪 80 年代已经明显改善；其次，除 1991、1997 等个别年份外，整个 20 世纪 90 年代综合得分逐渐提高，其中 1996、1998 和 1999 年已为正值，其变化趋势比较明显，这说明其经济发展质量在逐步提高。

具体到各个主成分的得分。贡献率最大的 F1，基本符合综合得分的两个特点，这主要是因为该阶段其他几个因子的得分绝对值普遍较小，综合得分主要决定于贡献率最大的因子。这说明该阶段印度经济发展的有效性、充分性、协调性、持续性、创新性、稳定性和分享性全部 7 个方面仍然存在不足，但是另一方面，其经济发展质量也在随着时间的推移而逐年改善。贡献率次之的主成分 F2 则呈现出与 20 世纪 80 年代不同的特点：首先，除 1996 年外其得分均为负值，这说明其经济发展的协调性在某些方面不及 80 年代；其次，从 1997 年到 1999 年其得分减小的趋势十分明显，且与前几年相比差异十分明显，这说明经济发展在这些方面的协调性在 20 世纪 90 年代的最后 3 年明显地恶化了。F3 的得分仍然是正负参半，这与 20 世纪 80 年代相似，但负值主要集中在前 5 年，这说明其经济发展在某些方面的充分性在 20 世纪 90 年代后半段得到了改善。F4 的得分则具有两个特点，第一，除1999年外其他各年份得分均为负值，这与20世纪80年代的情况截然相反，说明其经济发展在某些方面的稳定性相较20世纪80年代明显下降，仍然存在不足；第二，除1991、1996和1999年外，其余各年份得分比较接近，这说明其稳定性尽管不及20世纪80年代，但并未出现显著的变化。

三、2000年后的经济发展质量

2000年后印度经济发展质量的综合得分具有以下几个特点：第一，各年度得分均为正值，这与20世纪80年代和90年代相比变化十分明显，说明在2000年后印度经济整体发展质量已经得到了显著的提高，进步明显；第二，除2002年、2008年等个别年份外10年间其综合得分逐年提高，到2009年已经超过15，这与1982年的低于－10形成了鲜明的对比，说明其经济发展质量在逐年提高的同时与20世纪80年代相比已经取得了质的提高；第三，与其他年份相比，从2002年到2005年其得分增幅很大，这说明在这3年间印度经济发展质量提高非常显著。

具体到各个主成分的得分。贡献率最大的因子F1具有这样几个特点：首先，其前两个特点与综合得分的前两个特点完全一致；此外，与综合得分相比其各年份的增幅又不尽一致，这主要是因为该阶段其他几个因子的得分绝对值不像20世纪90年代那样普遍较小以致于显得无足轻重。这说明该阶段印度经济发展的有效性、充分性、协调性、持续性、创新性、稳定性和分享性全部7个方面相较于20世纪90年代和80年代已经取得了非常显著的提高，特别是在后半段增幅较大，说明其经济发展质量不仅整体较高，而且也在随着时间的推移而趋向于更高。贡献率次之的主成分F2则呈现出与20世纪80年代和F1不同的特点：首先，前5年为负值而后5年为正值，这说明其经济发展的协调性在某些方面不如整体质量改善的那么显著；其次，从趋势来看，最初的几年其延续了20世纪90年代后期的趋势，但是自2005年起出现反转，这说明其经济发展在这些方面的协调性在最初5年延续了20世纪90年代最后5年的恶化趋势，但在2005年即获得根本性的改善，此后逐年提高。F3的得分也同样是正负参半，这与20世纪80和90年代相似，但负值主要集中在前3年和最后2年，这说明其经济发展在某些方面的充分性在这五年中是存在不足的，对综合得分形成了削弱。F4 的得分则具有两个特点：第一，与 20 世纪 90 年代相比其得分为正值的年份显著增加，这说明其经济发展在某些方面的稳定性相较于 20 世纪 80 年代明显改善，但仍然存在不足；第二，从趋势来看，前 6 年的得分均为正值且波动不大，而后 4 年的得分虽然为负但绝对值很小，这与 20 世纪 90 年代形成了鲜明的对比而与 20 世纪 80 年代类似，说明该阶段其经济发展在某些方面的稳定性在前 6 年相较于 20 世纪 90 年代明显改善，尽管在后 4 年有所下降，但其变化并不显著。

第九章　基于制度分析视角下的中印经济增长模式比较[①]

当20世纪80年代初，中国开始向市场经济大方位转型时，印度也拉开了改革的序幕。接下来的20余年中，两国经济蓬勃发展。在中国，规模惊人的外资源源涌入，刺激了中国中低技术制造业的空前繁荣，近10余年国内生产总值（GDP）的年均复合增长率超过了9%；[②] 而在印度，伴随电子信息技术等的发展和行政管制的放松，一个强大的服务部门乘势而起，GDP的年均复合增长率接近6%。中印两国都取得了惊人的成就，均是当今世界上经济增长最快的国家，但无论如何，中国经济增长模式绩效明显好于印度。那么，造成这种差异的根本原因是什么呢？仁者见仁，智者见智。我们主要从中印两国经济体制变革策略与路径选择的差异性分析入手，剖析两国经济增长模式绩效差异性的根本原因，力求进一步揭示印度经济发展模式内在的、本质的特征。

第一节　问题与假设的提出

尽管中国和印度是当今世界上经济增长最快的国家，也几乎同时（印度在1947年，中国在1949年）成为现代国家，但其发展的绩效却存

---

① 王学人："中国和印度经济成长模式的比较"，《南亚研究季刊》2008年第1期，第38—43页。

② 马丁·沃尔夫，李功文译："中国与印度：殊途同归的亚洲巨人"，《金融时报》2005年第2版，第25页。

在明显的差异,[①] 这种差异在20世纪80年代以后表现得更为突出（如表9—1和表9—2所示）。据统计,[②] 1952—1980年期间，印度国内生产总值（GDP）的年均增长率为3.6%，中国则达到6.3%；而在1978—2004年期间，印度的年均产出增长率提升至5.4%,[③] 而中国也升至更高的9.3%；同期印度工人的人均产出增长率为3.3%，而中国高达7.3%。马丁·沃尔夫的计算表明,[④] 20世纪70年代中期，这两个大国的人均GDP（以共同国际价格衡量）差不多，都大致相当于美国的1/20，但到2004年，中国的人均实际收入已达到美国水平的15%，而印度仅大致相当于中国水平的一半。

表9—1 中国与印度：一些重要经济指标的对比[⑤]

中国	1982	1992	2001	2002	2009[⑥]
GDP（亿美元）	2215	4546	11671	12327	49854
国内总投资/GDP（%）	33.2	36.2	38.5	41	…
商品和服务出口/GDP（%）	8.9	19.5	25.5	29.5	27
国内总储蓄/GDP（%）	34.8	37.7	40.9	44	54
印度	1982	1992	2001	2002	2009
GDP（亿美元）	1948	2442	4785	5102	13772
国内总投资/GDP（%）	21.7	23.8	22.3	22.8	…
商品和服务出口/GDP（%）	6.1	9	13.5	15.2	19.6
国内总储蓄/GDP（%）	18.3	21.8	23.5	24.2	35

① 莱内特·翁："中印经济发展模式差异详解"，《香港亚洲时报在线》2004年4月29日，转引自《参考消息》2004年5月25日。

② 小岛真："印度经济改革的成果与课题——与中国之比较"，《经济资料译丛》2002年第1期，第15—21页，转引自［日］《世界经济评论》2001年10月号，尤冬青摘译。

③ Bosworth, Barry and M. Collins, Susan, "Accounting for Growth: Comparing China and India", NBER Working Paper No.12943, February 2007.

④ 马丁·沃尔夫，李功文译："中国与印度：殊途同归的亚洲巨人"，《金融时报》2005年第2版，第25页。

⑤ LynetteOng："中国和印度：不同的经济发展道路"，《亚洲时报》2004年5月11日，在线中文版撰文，http://asiatimes-chinese.com/simplify/2004/05/0511w2.htm。

⑥ 世界银行数据库，http://data.worldbank.org.cn/indicator。

表 9—2　中国和印度一些重要社会经济指标的比较

竞争力	中国	印度
人口（2002）	12.8 亿	10.5 亿
人口增长率（2002）	0.87%	1.51%
婴儿死亡率（2002）	27（每 1000 个成活出生婴儿）	61（每 1000 个成活出生婴儿）
年平均实际 GDP 增长率（1990—2000）	9.6%	5.5%
外商直接投资（2001）	442 亿美元	34 亿美元
贫困人口（2002）	10%	25%
劳动力（1999）	7.06 亿	4.06 亿
住宅电话及手机（2001）	247.7 部每 1000 人	43.8 部每 1000 人
海外移民数	5500 万	2000 万

资料来源：《CIA World Factbook 2002》（华盛顿，中央情报局，2002）；《The Economist Pocket World in Figures》（伦敦：Profile Books，2002）；《World Development Reference CD-ROM》（华盛顿：世界银行，2002）；《财经时代》。转引自黄亚生、韩泰云，刘东岳译：“印度能否赶超中国?”，《开放时代》2004 年第 1 期。

中、印两国的发展差异不仅体现在经济总量方面，而且在经济结构上也大为不同。正如有研究已经指出的那样，[①] 中国的发展基础是高储蓄、基础设施的大规模投资、普及基础教育、快速工业化、国家日益放弃控制的劳动市场，以及对国际开放、具有国际竞争力的经济；而印度却在许多方面具有独特性：它始终以服务业为基础，失业现象明显，储蓄率比中国低得多，对基础设施的投资也是如此。

中、印两国经济发展缘何出现如此差异？中国为何能够领先？未来两国发展态势又将如何？对于这些饶有兴趣的问题，笔者拟在下文中运用经济制度和经济体制的概念来进行分析和解答。

所谓经济制度和经济体制，在马克思主义经济学看来，通常就是指社会发展的一定阶段的生产关系的总和（如封建主义、资本主义、社会主义等）以及在某一经济制度之下国家组织生产、流通和分配的具体形式

① 马丁·沃尔夫，李白译：“中国和印度不同的发展道路”，2005 年 6 月 22 日，http://www.qianyan.org.cn/show_m.asp? id=168。

(如计划经济体制、市场经济体制以及计划和市场两类机制相结合的混合经济体制等)。采纳这一分析概念具有充分的理由:(1)选择何种经济制度或经济体制通常对经济运行结果的好坏具有决定性的影响。因为经济体制往往规定了经济行为主体的权利范围,对经济主体行为发挥着激励功能,同时也规定着信息的交流结构,从而对整个社会的经济活动起着协调作用;同时,西方新制度经济学派的观点也认为,“政治对于经济增长来说至关重要,受政治影响而形成的以经济为中心的制度安排直接决定着经济绩效”,[①] 因此从体制角度来分析两国经济绩效的差异实际上类似于分析生产关系对生产力发展的影响,这应当是符合逻辑的一种分析路径。(2)中、印两国正在进行的经济改革,在很大程度上也不仅仅是停留于简单的经济政策(如外贸外资政策、工业政策、劳工政策等)变化之上,而是要对既有的复杂的经济体制架构(如政府与市场的关系、不同所有制主体的经济地位和经济关系等)作出重大调整和重新部署等。而两国经济改革以来已取得的巨大成就,更是虽然模糊却又生动地表明了经济体制改革与经济成效变化两者间的内在关联关系。

事实上,纵观两国近50余年的发展历程,根据两国各自经济体制的变化,我们完全可以将两国的发展过程大致划分为两个大的阶段:一是从两国新建之初到20世纪80年代以前。在这一时期,中国实行的是以“大一统”为主要特点的社会主义计划经济体制,印度实行的是揉合计划经济体制与市场经济体制特点于一身、但以计划经济体制特点为主的资本主义混合经济体制;二是从20世纪80年代以后至今。在这一时期,中国由社会主义计划经济体制向社会主义市场经济体制模式转型,而印度则由资本主义混合经济体制向更为自由化的市场资本主义模式转型。在以上每一个大的发展阶段中,虽然政策也在不断变化调整,但是这种变化仅是细枝末节的修正,并不涉及到大的体制或机制的变动。只有在20世纪80年代初的前后,两国的经济体制才发生了堪称是“质”的变化。正是两国在经济体制或经济发展模式上的差异,才在很大程度上影响到两国经济绩效的不同。

---

① 杨光斌:“观念、制度与经济绩效——中国与印度经济改革的政治学理论价值”,《中国人民大学学报》2006年第3期,第114—122页。

第二节　印度"两阶段"的经济体制变迁与经济绩效的变化

一、20世纪80年代以前印度的混合经济体制及其经济绩效

对于20世纪80年代以前的印度，根据当时经济体制的总体特点，可以将其归类于混合市场经济体制。[①] 其主要特征是：(1) 在政府与市场关系上，抑制市场机制的作用，十分注重发挥政府的宏观调控和整体规划的力量；(2) 在所有制关系中，公有经济与私营经济并驾齐驱，大力扶持公营部门的成长；(3) 在发展目标上，力求实现效率与公平之间的平衡；(4) 在对外关系上，既允许有一定的开放度，但是政府也给予严格管制，追求自力更生和自给自足；(5) 在政策工具上，政府将直接的行政干预（如发放投资许可证）与间接的市场调控手段（运用财税和信贷政策等）相配合。

日本学者小岛真更为具体地总结了这一时期印度混合经济体制的四个基本特点：[②] (1) 实行公共部门优先原则。以《工业政策决议》(1948年、1956年) 为基础，规定对具有基础性、战略性重要地位的工程建设须由公共部门担任。公共部门被定位于经济体系中最重要的增长引擎角色。(2) 以工业许可制为中心对民营部门实行统一管制。以1951年的《工业法》为基础，规定凡是具有一定规模以上的民营企业，在变更生产项目、生产设备、工厂厂址等有关的企业活动时，一律必须经过批准，获取颁发的许可证以后方可进行相关活动。另外，印度还通过1953年的《重要物资法》，对钢铁、煤炭、肥料、棉纺织品等重要物资的价格、流通供应等实行严格管制。(3) 推行进口替代战略。以"商品重要性"和"国内不能生产的产品"这两大原则来限制进口的范围。

---

① 李渤、陶颖："浅析俄罗斯—印度经贸关系"，《云南财贸学院学报》2004年第3期，第96—100页。

② 小岛真："印度经济改革的成果与课题——与中国之比较"，《经济资料译丛》2002年第1期，第15—21页，转此自［日］《世界经济评论》2001年10月号，尤冬青摘译。

另外，通过1973年的《外汇管制法》限制外资的流入，规定外资出资比率的上限为40%，外资企业的零部件生产也要求逐步实现国产化。（4）考虑到印度语言、宗教、种族的多样性以及议会制政治体制，印度的经济发展目标呈现出多元化的特点，如既要推动经济增长，又要提高就业，还要努力维持地区间的均衡发展以及工农间的平衡等。

这种混合经济体制运行了30余年，印度已经实现粮食基本自给，并建立起一个比较完整的民族工业体系。同样的进步还发生在科技、供电等诸多领域。[①] 但尽管如此，仍然有许多问题亟待解决，如长期存在的收入与财富分配不平等，动力、煤炭、铁路和钢铁等关键部门的经营状况日益恶化，石油产品价格急剧上升并加剧通货膨胀的压力等。尤其严重的是，自1979—1980年度开始，印度进入了贸易收支逆差时期。1979—1980年度的贸易赤字达到184亿卢比，1980—1981年度贸易缺口上升到597.6亿卢比，1981—1982年度则为612.1亿卢比，这种糟糕的局面后来一直持续到20世纪80年代末才宣告结束。而且印度国民经济的整体增长情况也不理想。到20世纪70年代，印度国民收入的年均增长率仍滞留在3%左右，比20世纪50年代的3.8%和60年代的3.4%还要低，如此缓慢的成长也被世人讥称为“印度式增长”。换言之，到20世纪70年代末，印度长期推行的混合经济体制在加强社会经济基础设施建设、支持战略性产业的发展以及促进社会公平等方面的积极效应日渐模糊，而其带来的官僚主义作风严重、社会生产热情下降、经济增长缓慢等消极影响却日渐清晰。这种发展乏力的状况不仅导致印度国内社会矛盾的激化与政治乱局的出现，而且与当时亚洲大陆上一批新兴国家和地区的快速繁荣和崛起形成强烈的反差。日本、韩国、泰国等自然资源和人力资源等都不占明显优势的国家，反而在战后的20年一跃进入中等收入或高收入行列。因此，在内外形势的影响下，印度当政者被迫进行反思并积极着手发动经济改革。

---

① 张立：“印度产业技术政策的发展评析”，《南亚研究季刊》2007年第2期。

二、20世纪80年代以来印度面向自由市场经济体制的转型与经济绩效的变化

从20世纪80年代起，印度政府就开始有意识地进行一系列的政策调整，并渐进地推动经济体制变革。如1980年国大党提出的“工业政策协议”强调，要最大限度地利用已有的生产能力，通过最大限度地扩大生产来提高生产力和就业能力，同时还号召要加速面向出口和取代进口的工业的发展。为实现这一目标，原先的工业许可证政策被放宽了，尤其是私营大财团得到了更大的生产自由，不用再担心受到垄断与限制性贸易委员会过多的干扰。如果这些垄断财团和外国公司将其超出许可能力的产品用于出口或按政府的指示销售，那么它们就可以不受任何限制地扩大生产。而1984年拉吉夫·甘地政府执政后，更是掀起了一股新的自由化改革浪潮。其改革的重点就是放宽许可证政策，给予大财团很大的优惠，特别是允许其享有不受垄断和限制性贸易行为法、外汇管制条款约束的特殊照顾。

通过这些改变，印度实际上已经在逐步摒弃原有的混合经济体制，转而向具有英美特色的市场资本主义模式过渡。然而，应该指出的是，尽管印度并不存在任何拥抱自由市场模式的意识形态障碍，但是，印度经济发展所嵌入的政治法律框架却不允许印度做如此大的转变。“事实上，独立后的印度在政治上继承了英国统治时期的自由主义法律和政治制度，给予普通大众选举权，实行议会制民主。从获得独立开始，印度就是为数不多的经由自由之路发展的非西方国家之一，其中对人的自由和参与的重视与对经济增长的重视等同。”① 但是，“虽然民主在印度已经形成了比较稳固的政治体制，但其政制的质量却并不高，现代政治制度与传统社会结构之间的矛盾使印度的政治发展产生诸多弊端”。② 在这个由众多种族、语言、

① ［美］霍华德·威亚尔达主编，董正华、昝涛、郑振清译：《非西方发展理论——地区模式与全球趋势》，北京大学出版社2006年版，第52页，转引自启辰：“中印发展模式的比较”，《背景与分析》2007年8月29日，http：//www. world - china. org/newsdetail. asp？ newsid = 1981。

② 吴鑫：“印度：封闭的民主国家？”，《三联生活周刊》2002年第11期，第13页。

宗教、种姓构成的多元社会中，不同的社会集团在争取和维护自己利益的过程中不断积聚并形成了各自的政治势力。其结果是，从经济发展角度看，复杂的民主政治限制了政府效率，制约了合理的政治决策。直到进入20世纪90年代以后，随着苏联和东欧社会主义体制的全面崩溃、新自由主义在英美等国的重新得势并站稳脚跟，以及信息通信技术取得革命性进步而产生的更为强大的全球一体化影响等，印度最终在一次突如其来的“外汇危机”的推动下获得了足够的爆发力，进入了更加全面、彻底、深入的经济自由化改革时代。

这次改革是由1991年执政的拉奥政府发动的。在这一届政府发布的新的经济政策中指出：（经济发展的）“主要动力是提高工业生产的效率和国际竞争能力，比过去更多地利用外国投资和技术，提高公营部门的效益并使其范围合理化……”[①] 这次改革的具体措施在1991年7月颁布的“工业政策协议”中得到较为详细的阐述：基本取消工业许可证制度，为公营、私营企业提供接近平等的竞争条件；修改《反垄断法》，减少对大型私营企业的投资限制；改革公营部门，引进竞争机制；改革计划管理体制，加强市场调节功能，加速推行经济自由化、市场化；调整外资政策，[②] 改革外贸体制，促进印度经济国际化等。

根据印度政府业已出台的改革措施可以看出，这种尚处于发育和成长中的新模式具有向英美市场资本主义体制靠拢的诸多特点。首先，对政府与市场关系来了一个大转变，更加强调市场机能在经济运行中的主导性作用，而政府则从一切能够退出的领域退出（包括传统的电信、民航、公路等基础设施以及银行、钢铁、能源等战略性产业）。原有的公共部门优先发展的原则已被撤消，许多产业向民间部门开放。其次，开展私营化运动。这既是为了减轻财政对公营企业的负担，也是为通过私营化筹集更多的建设资金。对公营企业的改革措施主要有：发行股票引进市场机制；增加企业自主权；对经营不善的企业实施退出等。第三，在不危及到国家安全的前提下，放手让私营经济和外国经济成分发展。这主要体现为产业许

---

① ［印］鲁达尔·达特、K·P·M·桑达拉姆著，雷启淮等译：《印度经济》（上册），四川大学出版社1994年版，第429页。

② 杜涛：“印度外经贸政策的现状及分析”，《云南财贸学院学报》2002年第2期，第106—109页。

可证制度的事实上废除。第四，对外充分开放，鼓励本国经济与世界经济的融合。贸易与外汇自由化逐步展开，对外资的政策由原先的谨慎限制改为热烈欢迎。

事实已经表明，印度改革以来的经济绩效正在朝着好的方向发展。印度的GDP增长率在20世纪80年代和90年代分别达到了5%和6%，[①] 2000年以来除了2002财年度GDP增长率曾跌至最低的4%以外，其他年份都保持在6%以上。[②] 印度的社会指标在改革过程中一直也在不断改善。据统计，[③] 印度的识字率从1991年的52%上升到了2001年的65%，在20世纪90年代的增长速度超过了前10年的水平。但纵使如此，印度现行经济体制中仍然存在着许多不利于经济发展的因素，[④] 诸如：政府对经济发展干预有所减少，但依然过多；对外国直接投资的某些限制依然存在；公营企业的改革更是举步维艰等。此外，鉴于高水平的就业保护阻止了企业为大规模制造业雇佣工人，经济合作与发展组织（OECD）已经呼吁印度必须加快改革步伐，[⑤] 否则印度在2011年前实现该国政府设定的两位数经济增长目标就难以实现。因此，到目前为止，印度在改革速度和经济发展状况方面仍然逊色于中国。

第三节 中国两阶段的经济体制变迁与经济绩效的变化

一、20世纪80年代以前中国的计划经济体制及其经济绩效

在20世纪80年代以前的这一阶段中，可以将中国的经济体制归类于

---

① 小岛真："印度经济改革的成果与课题——与中国之比较"，《经济资料译丛》2002年第1期，第15—21页，转引自［日］《世界经济评论》2001年10月号，尤冬青摘译。

② 孙培钧、华碧云："印度当前经济形势与面临的问题"，《南亚研究》2005年第1期，第7—13页。

③ 蒙特克·S. 阿卢瓦利亚，刘英译："渐进主义的功效如何？——1991年以来印度经济改革的回顾"，《经济社会体制比较》2005年第1期，第55—64页。

④ 文富德："浅析印度经济发展的前景"，《南亚研究季刊》2002年第3期，第1—8页。

⑤ 乔·约翰逊："印度必须加快改革"，《国际金融报》2007年10月11日，http：//www.p5w.net/news/gjcj/200710/t1258784.htm。

苏联式的计划经济体制模式。其主要特征是：（1）在所有制方面，全力以赴地发展国有部门，完全排斥或高度限制非公营经济成分的发展。农地、公司、企业都是国家的，私人企业、中外合资企业等在这期间几乎销声匿迹。（2）在政府与市场的关系上，高度压制市场机制的作用。政府包揽除“黑市”（或称“地下市场”）以外的一切主要的经济活动，即政府负责计划的制订、资源的调配、生产的组织、投资的安排和产品的分配等一切经济活动。经济中的激励机制是以精神激励为主、物质奖励为辅。（3）经济发展的目标取决于政府的审时度势。在不同的时期，经济增长、充分就业和公平分配等任一选项都可能成为最为优先的发展目标，政府可以根据当时面临的主要矛盾来相机抉择。（4）在对外关系中则重义轻利，鼓励自力更生，尽可能减少对外依赖。为适应上述模式的要求，中国还建立起了庞大的行政官僚系统，进行了彻底的土地改革运动和化“私”为“公”运动，按行业、部门或地区组建了难以计数的国有企业，所有企业或类似的经济主体都按“上级部门”下达的计划或任务行事。

应该承认，在新中国成立之初的那段特殊发展时期里，以“集中统一、自上而下”为特点的计划经济体制对于国民经济的恢复和重建发挥了积极的推动作用。据统计，[①] 从1957年底到1978年底，按可比价格计算，中国社会总产值增长3.25倍，工农业总产值增长3.64倍，国民收入增长1.96倍，工业总产值增长5.99倍，农业总产值增长0.84倍。[②] 也正是在这一时期，在“旧”中国遗留下来的“一穷二白”的基础上，（新）中国建立起了独立的比较完整的工业体系和国民经济体系。

但随着时间的推移，由于“大而全”、“小而全”、官僚作风、部门局部利益以及“三铁”[③] 现象所反映出来的激励机制的缺失，所谓计划经济体制所具有的集中化规模化运作优势、节约市场交易成本优势以及减少了经济无序运行的优势等，在很大程度上仅仅是理论上的，在实际中，这一切都被日渐增加的信息搜集劣势、内部高昂的管理和控制成本以及难以应

---

① 武力：“中华人民共和国50年经济发展与制度变革论析”，《当代中国史研究》1999年第Z1期，第5—6页。

② 1958年按照1957年不变价格，1978年则按1970年不变价格。

③ “三铁”是指“铁饭碗”、“铁交椅”、“铁工资”，用以形容某一特定“单位”内部的用工制度、用人制度和分配制度所存在的刚性或僵化特征。

对临时的外来冲击（如灾难性气候的降临、国际供求形势的风云变幻）等不利影响所抵消了。由于这些弊端的存在，再加上大众普遍的精神境界也并未提升到革命导师幻想中的理想化层次以致完全唾弃了个人私利的考虑，因而正如科尔内[①]的分析所精辟地指出的那样，尽管经历了约30年的奋斗，在工业化和现代化上取得了若干重大的成就，但中国仍像其他一些社会主义国家那样，尚未能解决人民大众基本的温饱问题，人民收入增长很慢，生活水平没有多大改善，经济仍然处于“短缺”的困境之中。据统计，[②] 1978年中国全民所有制单位的职工平均工资仅比1957年增加7元，居民平均消费水平为175元，仅比1957年增加44%（按可比价格计算）。在这一时期，许多生活消费必需品都是供不应求，需要凭票（证）购买。很显然，这种民不聊生的局面不可能长期平静地持续下去，现实呼唤着改革的兴起。

二、20世纪80年代以后中国的经济改革与经济绩效的变化

20世纪70年代末80年代初的这个短暂时期，对于当代中国经济乃至社会的发展无疑具有分水岭的意义。以1978年的中共“十一届三中全会”为标志，中国正式走上了新的改革发展征程。尽管最初的改革目标和方向可能并不是十分清晰的，因为决策者们一直都在“摸着石头过河”，但是现在看来，经济改革的总方向却一直没有偏离市场经济体制这个大目标。

这一阶段的改革是从原有体制最薄弱、受压抑最重的农村地区开始的，主要是实行家庭联产承包责任制，[③] 给农民生产经营的自主权，包括发展商品生产、进入市场流通的自主权。这一举措取得了空前的成功，并

---

① ［匈］亚诺什·科尔内著，张晓光等译：《短缺经济学（上）》，经济科学出版社1986年版，第3—6页。

② 马洪主：《现代中国经济事典》，中国社会科学出版社1982年版，第571页。

③ 是指农户以家庭为单位向集体组织承包土地等生产资料和生产任务的农业生产责任制形式。其基本特点是在保留集体经济必要的统一经营的同时，集体将土地和其他生产资料承包给农户，承包户根据承包合同规定的权限，独立作出经营决策，并在完成国家和集体任务的前提下分享经营成果。一般做法是将土地等按人口或劳动力比例根据责、权、利相结合的原则分给农户经营，承包户与集体经济组织签定承包合同。引自 http：//baike. baidu. com/view/33729. htm。

为后来的城市改革提供了巨大的示范效应。当然，当时周边一批亚洲国家（如泰国、韩国、新加坡以及日本等）的快速致富，对中国的主政者下定改革的决心也产生了不可忽视的影响。在农村改革成功推动生产得到快速增加后，价格改革也随之启动，原先由政府定价的纷纷改为由市场供求来定价，到20世纪90年代下半叶，消费品的90%、投资品的80%已经完全由市场定价，[①] 这意味着市场力量已经在经济运行中占据了压倒性的主导地位。在所有制关系方面，非国有经济也恢复了合法地位，“三资”[②]企业和民营企业迅速崛起。在不到20年的时间里，非公有制经济占GDP的比重就由1978年的1%[③]窜升至1996年的24%。[④] 与此同时，政府也在对国有企业进行大刀阔斧的改革，如放权让利、引入承包责任制、公司化、拍卖、破产关闭等。在对外关系方面，政府实行了分梯度对外开放的策略，率先在沿海一带建立若干个“经济特区”，授予其更大的经济自主权和更加优惠的政策，以吸引外资的进入，随后再逐渐向内地延伸。外国的资本、技术和现代经营理念等都被视为是实现地方经济快速增长所不可或缺的激素，从而受到各地狂热的尊崇和拉拢。内向型发展的时代早已一去不复返了。

这一时期中国经济绩效的变化是惊人的。用可比价计算，[⑤] 1978至2003年的25年间GDP增长了9.3倍，年均增长率约9%；同一时期人均GDP增长6.9倍，年均增长率约8%。这一数据表明，改革开放带来了国力的大幅提升和人民生活的极大改善。香港《大公报》的一篇文章指出，[⑥] “1990年中国和印度的GDP分别是3546亿美元和3169亿美元，基本处在同一起跑线，但到2005年，中印两国GDP分别是22248亿美元和7198亿美元，中国是印度的3倍，中国已远远抛离印度，今后印

---

① 张卓元：“中国经济体制改革的总体回顾与展望”，《经济研究》1998年第3期，第16页。

② 指中外合资、中外合作和外商独资企业。

③ 陈元生：“我国所有制变化趋势和改革重点”，《理论前沿》1997年第24期，第8页。

④ 《人民日报》1997年9月14日。

⑤ 桂金赛、霍凤团：“改革开放前后两个28年的经济发展比较”，《沿海企业与科技》2006年第4期，第150页。

⑥ “中印经济竞争各有优势进入良性发展道路最重要”，http://www.zhongbiao.com.cn/info/news/200610/2006105418.html。

度经济即使能以年均8%的增长率持续增长，也要13年后才可赶上中国2005年的GDP"。然而，不应否认的是，中国经济当前面临的问题也并不简单。事实上，脆弱的金融业、经济增长过于依赖外资和出口需求的拉动、对本土私营企业的严格限制、对某些大型国有企业的溺爱保护等，仍然令一些外部观察家[①]对中国的前途产生深深的疑惑。

第四节　比较与思考：中国为何能领先印度

回顾两国体制演进与经济发展的轨迹，从中将会得到些什么收获呢？两国经济发展模式既有几分相似，但也有重大的区别。相似之处主要在于：两国发展的起点基本相似，都是经济基础薄弱，人口众多，发展任务繁重；另外，两国发展的思路也大体相似，即两国都受当时苏联模式的影响甚深，力图借助政府的"有形之手"实现"跃进"式发展；由于遭受过痛苦的殖民经历，两国都对国外经济势力持有强烈的戒备心理；受内外多方面因素的影响，两国都还被迫走上了改革开放之路，促成了经济的起飞。从某种意义上讲，这些共性特征的出现也是必然的，因为包括中国和印度在内的任何国家，无论国情差异再大，都必须服从和听命于客观经济规律的作用，都必须自觉遵循客观的经济法则从事，否则经济发展就会受到相应的惩罚。而在商品经济条件下，价值规律就是最为重要的客观经济规律之一，为此就必须让市场机制充分发挥作用，减少政府对市场机制的人为干扰。

然而，这些共同点并不能掩盖两国在经济发展模式上所存在的根本不同。无论在哪一个大的发展阶段，两国都始终表现出强烈的个性特征，从而使我们得以有可能提出比较两国发展模式的必要。尤其值得一提的是，中国的改革首先起始于居住人口最为广泛的农村地区，随后才小心谨慎地推广到城市地区；而印度的改革却鲜有触及农村地区，更多地是体现在城市及现代产业部门。另外一大区别在于，中国的改革一直

① 黄亚生、韩泰云，刘东岳译："印度能否赶超中国?"，《开放时代》2004年第1期，第9页。

是在政治稳定的环境中推进的，而印度的改革却要受到政局变化的影响。除此之外，印度的经济改革极为重视私营经济的发展，而中国的经济改革则将国有企业的发展作为重中之重。

一、中印两国增长模式的区别

在20世纪80年代以前的这一段时期中，印度始终走的是一条“资本主义”式发展道路。尽管公营部门得到政府的精心栽培，但是私营经济仍然起到“平分天下”的作用。众所周知，印度的土地改革是有其名而无其实的，[①] 地主残余势力由此得以苟存，私营财团的势力也有了长足的提升。[②] 这与中国的情况形成鲜明的对比。中国消灭了代表剥削、保守的地主阶级，私营企业也基本归于绝迹，这显然有助于调动起普通农户的生产积极性。这种做法的一个重要结果是，社会的总积累绝大部分由政府接管，从而加强了政府的力量，也为将计划经济体制的优点发挥到极致提供了更大的可能。因此，尽管经历了一段时期的“动荡”，面对着更为不利的国际政治环境，到20世纪70年代末中国经济的表现仍然不输于印度。[③]

进入20世纪80年代以后，虽然僵化的计划经济体制在社会主义国家已经普遍遭到了挫折，但与印度走向自由市场式资本主义有所不同的是，

---

① “印度从来就没有过土地改革。德里大学的莫汉提说：‘同中国相比，印度的发展战略不能确保耕者有其田，大部分地区仍然盛行在外地主、合耕和暗藏地主制度’。印度最富庶的两个邦——上普拉得什和比哈什仍然受困于在外地主和佃耕这一几近封建主义的制度。新西兰前驻北京大使、最近才卸下驻印度大使职务的尼克·布里奇说：‘我认为中国占有优势的主要原因之一是中国经历了暴力革命。人们把地主杀了。印度仍然还有地主，扯国家的后腿’。”以上引自：Rone Tempest：“中国与印度——日益拉大的差距”，http：//www. zuoxuan. com/xinweng/dianping/d0175. asp。

② 孙培均、华碧云、张敏秋、高鲲：《印度垄断财团》，时事出版社1984年版。

③ 在1978年中国改革开放前，同作为处在亚洲的两个世界人口大国，中国与印度在综合国力以及人均GDP等指标上相若。在2003年7月印度总理瓦杰帕伊访华后，英国《经济学人》杂志曾发表了一篇题为“印度对中国：落在龙后面的老虎”的专题报道。这篇报道一开篇就指出：“25年前，中、印这两个又脏又穷的亚洲大国的生活水准颇为相似，但如今中国人的平均收入几乎是印度人的两倍。”以上转引自韦森：“文化精神、制度变迁与经济增长——中国—印度经济比较的理论反思”，《国际经济评论》2004年第7—8期，第60—63页。

计划经济的理论和实践在中国的意识形态和政治格局等方面的影响仍然根深蒂固，所以中国20世纪80年代以来的各类改革无一例外地被冠以“社会主义”的前缀，由此也逐步形成了所谓具有中国特色的社会主义市场经济模式。

在新的模式下，政府早先“全知全能”的定位受到批判，而市场机制得到了应有的认可和尊重。这种调整在早期最突出地反映在农村地区的改革上。虽然在改革后土地名义上仍然归属集体（国家）所有，但是农户却被授予了小块土地的排他的经营权和受益权，在履行完纳税义务以后，农户可以自由地处置剩余的粮食。这种做法实际上鼓励农户增产增效，并朝向市场交换发展。从表面上看，这与印度的农地制度已颇为相似，但其实仍不相同。因为不完整的产权既在一定程度上抑制了农户投资土地的积极性（而不利于农业生产率的提高），但另一方面也使大多数农户拥有了一份基本的生存保障，不至于（像印度的部分同行那样）沦于赤贫状况，而这又无形中保证了一个有效的农村市场的存在，并为制造业的发展提供了广阔的空间。

当然，随后广泛兴起的乡镇企业也正是前一时期农村经济得到快速发展的产物。[①] 因为农业生产力的提高，必然导致富裕劳动力的增多和向其他产业的转移；而乡镇企业的壮大不但直接促进了经济增长和生产增加，给国有企业增大了竞争压力，而且也进一步提高了（在乡镇企业兼职的）农户收入，使国内市场得以继续深化。

如前所述，在农村经济摆脱纯粹公有经营模式的同时，城市里面的非国有经济成分也受到政策的保护和适度的支持。这种保护后来连同对农户的保护一道，上升到了法律的层次。这说明制度经济学中所强调的对经济增长至关重要的产权问题已经得到了更好的解决。随着各省市级地方政府之间的经济竞争不断升温（因为拥有经济优势的地方党政负责人将会有更大的擢升机会等），民营资本和外资受到了可谓史无前例的欢迎；而名目繁多的优惠政策又刺激了投资的加大，进而产生了一种正向的“滚雪球”效应，中国经济便在高额投资的驱动下蓬勃成长。

---

① 潘维：《农民与市场（中国基层政权与乡企业）》，商务印书馆2003年版。

在投资规模加大的同时，由于不像印度那样政府面临着多元化的目标，①，中国还能够将施政重点放在提高经济效率上。这样，许多传统的臃肿不堪的国有“单位”组织正在转变成新的更加专业化的功能性组织，运行效率得以大大增强。原有的非主营性业务要么被剥离重组，要么被干脆取消。政府开始承担起原本由“单位”等提供的保障功能，而这也是市场机制高效运转所必不可少的外部条件。

尽管凝聚改革共识并不容易，但中国采取的实用主义的“摸着石头过河”的策略无疑是英明的，这大大减少了改革的阻力，或使改革能够更容易取得成功。实践证明，中国建立“经济特区”的做法是高明的。被选定的这些地区大多对外交通发达，拥有大量“侨属”关系，很容易与海外的资本、技术和市场接上头，因此试验最终大获成功并不令人倍感意外。这些成功坚定了中国改革者的信心，到20世纪90年代，即与印度启动自由化大改革的时间基本一致的时候，中国已经完全确定了要建立社会主义市场经济体制的大政方针（1991—1994年）。这标志着中国其实已经找到了自己（或中国政府）想走的路。

二、中印两国增长改革模式不同的原因

中、印两国改革模式有所不同的原因之一在于，“中国的经济改革是在共产党的领导下，经过以工农为主的劳动人民的解放运动以后，在执政

---

① 以下这一事例充分说明，在印度经济增长并不是高于一切的目标和价值追求，政府必须小心地在利益分化的选民集团的湍流中航行，否则就有“翻船”的危险。——“2004年5月，印度举行了一次全国大选，选举的结果令所有政治观察家和新闻媒体都深感意外。在野8年的国大党出人意料地击败执政的全国民主联盟，重新进入久违了的总理府。选举前执政的人民党政府执政期间加速向市场经济转型，加大经济自由化改革力度，大搞计算机革命，大力推行私有化。在对外贸易、高科技行业和国内生产总值增长等方面都取得明显成效，国内生产总值增长连续保持在6%以上，外汇储备达到1100亿美元，股市一路攀升，突破了6000点大关，市场上中产阶级消费活跃，经济形势可谓一片大好。也正是在这种情况下，人民党决定提前举行大选，希望借“大好形势”一举夺得选举胜利而继续执政，实际上，不管是选举前的民意调查，还是选举进行中的投票站调查结果，都预测人民党将会获胜。但国大党却最终战胜了人民党。大多数分析认为，人民党失利的主要原因是印度大多数人并没有从经济快速发展中享受到益处，这些人用选票表达了自己对政府政策的不满。”以上引自王庆东：“宪政体制：印度经济发展的制约还是保障?”，http：//www. xschina. org/show. php? id =4059。

的中国共产党领导下进行的改革，其改革的着眼点也主要是广大人民群众。而印度的改革则属于政治改良，通过议会制进行，而其改革的着眼点也集中在城市的中产阶级和土地所有者阶层。"[①] 改革初衷的不同，自然也会导致两国的改革路径产生偏离。

中、印两国改革模式有所不同的原因之二在于，两国的政治体制也迥然相异。在中国，政府享有极高的社会威望，即便在改革开放前的1966—1976年期间，政治纷争也仅局限在一个相对狭小的范围之内，因此在决定是否改革上政府起了关键作用。而印度的情况则与此截然不同。"事实上，独立后的印度在政治上继承了英国统治时期的自由主义法律和政治制度，给予普通大众选举权，实行议会制民主。从获得独立开始，印度就是为数不多的经由自由之路发展的非西方国家之一，其中对人的自由和参与的重视与对经济增长的重视等同。"[②] 但是，"虽然民主在印度已经形成了比较稳固的政治体制，但其政制的质量却并不高，现代政治制度与传统社会结构之间的矛盾使印度的政治发展产生诸多弊端"。[③] 在这个有众多种族、语言、宗教、种姓构成的多元社会中，不同的社会集团在争取和维护自己利益的过程中不断积聚并形成了各自的政治势力。其结果是，从经济发展角度看，复杂的民主政治限制了政府效率，制约了合理的政治决策，改革也难免举步维艰。

中、印两国改革模式有所不同的原因之三在于，改革之前两国的经济所有制结构存在较大的差异。在新中国成立后的相当一段时期内，私营经济几近绝迹，曾被视为洪水猛兽般的异端而遭到唾弃。在改革之后，虽然私营经济有了发展的空间，但是政府改革的重点仍然在于帮助国有企业（特别是国有大型企业）渡过转型的难关，以使其在国民经济中能继续起到中流砥柱的作用。然而在印度，私营经济一直占有重要地位。实际上，私营部门也是吸纳就业人数最多的部门，它横跨于农业、工业以及服务业

---

① 李瑞琴："印度1991年以来的经济改革"，《中国经贸导刊》2007年第15期。

② ［美］霍华德·威亚尔达主编，董正华、昝涛、郑振清译：《非西方发展理论——地区模式与全球趋势》，北京大学出版社2006年版，第52页。转引自：启辰："中印发展模式的比较"，《背景与分析》2007年8月29日，http：//www. world - china. org/newsdetail. asp? newsid = 1981。

③ 吴鑫："印度：封闭的民主国家?"，《三联生活周刊》2002年第11期，第13页。

等各个领域之中。而在改革之后，印度在减少对私营部门限制的同时，还积极地支持私营企业发展壮大。当然，这种改革取向上的差异，也是与中国坚持社会主义制度、而印度实行资本主义制度这种基本制度的不同紧密相联的。

两国改革模式的上述差异最终也使得两国收获了大小不等的经济改革成果，在此我们可以将其中的因果链条做以下具体的描述：最初中国在农村地区开始实行以家庭联产承包制为形式的变相的产权改革（即赋予农户排他的经营权和受益权），从而激发了农户的潜能，显著提高了农业生产率，并刺激了乡镇企业的发展；而这些又在无形中保证了一个有效的农村市场的存在，为制造业的发展提供了广阔的空间，同时也增加了国有企业面临的竞争压力，使国内市场得以继续深化。随后，中国又将改革转向城市地区，通过改革国有企业和积极引入非国有经济成分这种双管齐下的方式，激活了一度低迷的工业和第三产业的发展。而中国改革之所以能得以不断推进，又与发展社会主义所要求的“强政府”角色以及高明的对外开放策略有关。“强政府”意味着（各级）政府能够超越许多外来干扰，强有力地主导宏观经济政策的制定，同时中国还幸运地把握住了沿海一带所广泛存在的华侨联系以及与港、澳、台地区紧密相邻等所带来的经济机遇。相比中国而言，至少在整个20世纪80年代，印度仍然缺少这样有利的条件。议会民主制致使改革共识难以凝聚，[①] 较为彻底的改革迟至90年代才发动，改革的重点也几乎没有触及人口最多的农村地区和大众阶层，只是为（国内外的）私人资本提供了长驱直入的机会。此外，相对“弱势”的印度政府也缺少意志和实力来为高速增长的经济提供一切必需的物质和社会基础设施。由此，农业的起色便有限，工业的发展也面临着许多难以逾越的障碍，最终，服务业便畸形地崛起为印度最为耀眼的明星。[②]

特别应当指出的一点是，在中国，加上“社会主义”前缀绝不是徒

① 启辰指出：“自上世纪80年代后半期，印度国大党失去统治地位后，印度的政局就陷入了多党竞争的局面。在这期间，尽管执政党更迭频繁，有的执政党甚至上台几个月就面临下台的危险。”详见启辰：“中印发展模式的比较”，《背景与分析》2007年8月29日，http：//www.world - china. org/newsdetail. asp？ newsid = 1981。

② 张立、王学人：“印度服务业的增长绩效、原因与问题”，《四川大学学报（哲学社会科学版）》2008年第2期，第80—89页。

具形式的修饰语，其政策含义和在实际生活中的直接表现是对公有制占主导地位的强调，即政府决定仍然要保留和直接控制一大批实力雄厚、关系国计民生的大型国有企业。它们分布在若干“关键”行业（其选取标准取决于政府给出的定义①）。这些企业的地位是不容挑战的，因为政府可以通过进入管制来加以保护。当然，从市场经济的伦理角度来讲，这种行政保护对于其他市场参与者而言是极不公平的，它必然会继续保护低效率的存在，为部分官员和企业“内部人”② 提供持续寻租的空间，同时让消费者和纳税人以高价格或低质量来承担这些成本。正是由于这一原因，某种看似自相矛盾的现象才会出现，即尽管目前中国的经济形势从宏观上看来似乎一片大好，但是对中国未来前景的质疑声却不绝于耳。③ 因为在这些批判者看来，中国经济在微观层次上的积弊并未得到有效清除，比如

① 一则新华社报道指出：“根据国资委（中国国有资产管理委员会）的最新部署，国有经济应对关系国家安全和国民经济命脉的重要行业和关键领域保持绝对控制力，包括军工、电网电力、石油石化、电信、煤炭、民航、航运七大行业。”详见任芳、刘兵：“国资委：国有经济应保持对七个行业的绝对控制力”，2006 年 12 月 18 日，http：//www. gov. cn/jrzg/2006 – 12/18/content_472256. htm。除了上述七大行业外，中国的金融业也由国有资本所控制。

② 费方域：“控制内部人控制——国企改革中的治理机制研究”，《经济研究》1996 年第 6 期。

③ 江涌指出：“中国改革开放前建立的比较完整独立的工业体系目前已严重受损，制造业中主要行业、产品品牌为外资所控制，作为‘工业之母’的装备制造业正面临‘全军覆没’的境地，中国正在成为世界的加工车间，而并非世界工厂；20 多年的改革开放，在中国形成了众多利益集团，它们凭借其掌握的雄厚的经济资源、强大的政治资源，以各种方式来影响中国政府的决策，以确保其商业利益。”以上参见江涌：“美国：全球化的真正受益者”，源自 http：//economist. icxo. com/htmlnews/2005/10/14/687793. htm。再如印度的一份报道指出：“美国国家情报委员会（NIC）日前发布报告称，印度具备的经济潜力不逊于中国，从长远来说，其可能取代中国成为世界经济发展的‘火车头’。据悉，在美国几乎所有的大型咨询和情报机构背后都有 NIC 的影子，其中也包括美国中央情报局。在曾经发布的报告中，NIC 承认了中国眼下的绝对经济优势。NIC 指出，根据两国 GDP 和吸引外商投资的数据来看，在经济上印度同中国还不可同日而语。仅从近几年来说，印度的累计增长率就落后了中国 20%。NIC 同时指出，一批专家在接受其访谈时均指出，印度的经济潜力还未完全显现，一旦充分发挥，印度将取代中国成为全球发展最快的经济体。同时，报告认为，印度的资本市场继承了其前宗主国英国的一套成熟体系，在高科技领域拥有一大批拥有全球竞争力的优秀公司，而中国经济目前最大的隐忧正是其‘危机四伏’的金融体系，经济也严重依赖外商投资，缺乏一批有核心优势的本土公司。报告最后也‘直言不讳’地指出了印度的一些问题。NIC 认为，相比印度能够取得的经济增长速度，其目前的增长速度至少要低 2—3 个百分点。此外，印度的地方政府官僚习气还很严重，经商环境不甚乐观。这使得国际投资者对于这个潜力巨大的国家仍然心存犹疑，处于观望姿态，从而使印度在外商直接投资（FDI）上大大落后于中国。同时，印度的政党斗争过于激烈，使得政府无法一以贯之执行一个稳定的经济政策。”以上源自：“印度经济潜力还未完全显现 或取代中国火车头”，《印度时报》，http：//world. people. com. cn/GB/41219/3632639. html，转引自张文木：“印度国家发展及其潜力评估——与中国比较”，《大国》2005 年第 2 期。

说，公司治理水平不高，民营企业和中小企业融资比较困难，企业创新动力不强，本土企业在国际产业链上的层次普遍较低，企业运营的法律环境有待完善等。因此，尽管经济总量保持强劲增长，外汇储备傲视群雄，然而，中国却存在着银行账水平较高、GDP 与 GNP（国民生产总值）的差距较大、环境污染较严重、资源损耗极大、对国外资本技术以及市场依赖较大等深层次问题。

第五节 结论

综上所述，中国经济之所以能够在诸多方面超越印度，并不是偶然现象，这与两国所选择的不同制度和经济体制有着紧密的关系。简而言之，在 20 世纪 80 年代以前，在印度实行资本主义混合经济模式之际，实行社会主义计划经济模式的中国却更好地调动了农户的积极性，更为充分地发挥了计划经济体制的长处。进入 20 世纪 80 年代以后，当印度在艰难地向自由市场式资本主义模式转型之际，中国却努力地朝着市场社会主义模式转型，尤其是中国“强政府”的角色使得改革更容易形成共识并得到顺利推进，政府也有能力为经济起飞提供必需的社会物质基础设施；同时，中国选择了先“农村”后“城市”、先“沿海”后“内陆”、先“制造业”后“服务业”的循序渐进的改革开放策略与改革路径，惠及了更为广阔的领域与空间，推动了中国经济超速成长。

具体地讲，在 20 世纪 80 年代以前，中国实施土地和企业公有制，从而消灭了传统的地主势力和资产阶级，调动了农户的积极性，促进了农业的发展，同时中国实行高度的计划经济发展模式，从而得以最大限度地发挥出计划经济体制的长处，如实现以农补工、压消费保积累等。而同一时期印度尽管也引入了计划经济的理念和方法，但是由于印度的计划模式是建立在比较牢固的（土地和资本）私有制基础之上的，因而寄生势力盘剥厉害，社会两极分化现象严重，农业发展乏力，工业发展所依赖的市场空间极其有限。[①] 这样，尽管中国后来又经历了“大跃进”和“文革”运动等的不利影响，但相比印度而言，中国的经济成就仍旧毫不逊色。

在进入20世纪80年代以后，中国转向市场社会主义模式，首先在农村地区进行变相的产权改革（即赋予农户排他的经营权和受益权），从而激发了农户的潜能，显著提高了农业生产率，并刺激了乡镇企业的发展；随后，中国又将改革转向城市地区，通过改革国有企业和积极引入非国有经济成分这种双管齐下的方式，激活了一度低迷的工业和第三产业的发展。而中国改革之所以能得以不断推进，又与发展社会主义所要求的“强政府”角色以及高明的对外开放策略有关。“强政府”意味着（各级）政府能够超越许多外来干扰，强有力地主导宏观经济政策的制定，同时中国还幸运地把握住了沿海一带所广泛存在的华侨联系以及与港、澳、台地区紧密相邻等所带来的经济机遇。

相比中国而言，至少在整个20世纪80年代，印度仍然缺少这样有利的条件。议会民主制致使改革共识难以凝聚，[②] 较为彻底的改革迟至20世纪90年代才发动，改革的重点也几乎没有触及人口最多的农村地区和大众阶层，只是为（国内外的）私人资本提供了长驱直入的机会。此外，相对“弱势”的印度政府也缺少意志和实力来为高速增长的经济提供一切必需的物质和社会基础设施。由此，工业的发展便面临许多难以逾越的障碍。最终，服务业成为印度最为耀眼的明星。

当然，中国的市场社会主义模式也面临诸多质疑并存在诸多隐忧。尤其是中国仍将国有经济（企业）视为社会主义的物质基础而对其大加袒护，允许其垄断某些关键的基础设施和战略性行业，这会不可避免地带来低效率和抑制经济整体的活力，并招致种种质疑。而印度的市场资本主义模式却拥有发育较为健全的微观基础，也有着更好的法治框架和产权保护，这些因素似乎更有利于鼓励长期投资和提高效率。因此，

---

① 李瑞琴：“印共（马列）成员樯德拉色克谈印度经济改革”，《世界社会主义研究动态》2007年第27期。

② 启辰指出：“自上世纪80年代后半期，印度国大党失去统治地位后，印度的政局就陷入了多党竞争的局面。在这期间，尽管执政党更迭频繁，有的执政党甚至上台几个月就面临下台的危险。”详见启辰：“中印发展模式的比较”，《背景与分析》2007年8月29日，http：//www.world－china.org/newsdetail.asp？newsid＝1981。

出于上述缘故，尽管中国目前在许多经济指标上无可争议地领先于印度，但看好印度未来的乐观论调仍然会大有市场。这也从一个侧面表明，与印度一样，中国的改革其实也远未终结。

第十章 研究结论及经验启示

第一节 研究结论

通过对印度经济发展模式相关内容所进行的深入细致的分析与研究，我们可以得出一些关键性的结论：

一、印度经济发展模式正在形成，并取得了较大成就

研究表明，在1991年印度爆发国际收支危机、外汇储备仅够维持两个星期进口支付的困境条件下，刚刚上台的拉奥政府推出了以“自由化、市场化、全球化和私有化”为特色的“四化新经济政策”，放松对私有经济发展的限制，加快国有经济改革，由计划向市场转变，从而使传统的“尼赫鲁模式”逐渐向“市场经济模式”演化，形成了独特的印度经济发展模式，并取得了较大成就。具体地讲：

首先，从印度生产力要素增长机制来看，印度已形成了一个包括制度变迁、要素投入、经济结构演化在内的多种因素综合作用、靠国内消费驱动的内源性的、加速服务业向传统工业和农业渗透与反向刺激的、具有南亚印度特色的“适度增速”模式。

其次，从经济结构演化来看，自20世纪90年代以来，印度产业结构调整迅速，第一产业占GDP的比重迅速下降，第二、三产业占GDP的比重迅速上升，其中第三产业的上升尤为迅速。1995年印度第二产业所占份额就开始超过第一产业所占份额，2000年以后第三产业占GDP的比重就已经超过了50%。

再次，从印度对外开放形态来看，在经济全球化背景下，从20世纪90年代开始印度从长期半封闭的内向型发展战略向对外开放的战略转变，走出了尼赫鲁时代旧模式的困境，朝着市场经济模式演化，走上了对内改革对外开放，并通过对外开放促进市场化改革之路。虽然印度走上了一条与中国完全不同的对外开放之路，形成以鼓励出口为核心的贸易自由化、积极合理有效地利用外资与“主动走出国门，参与全球竞争与合作”的对外投资活动并行化，以及解除对汇率的控制以促进印度与世界经济融合为基本特征的对外开放模式，但却与中国一样实现了经济的快速发展，持续快速的印度经济增长与发展显然受益于其对外开放模式的成功演化。

最后，从印度管理模式来看，迄今历届政府均奉行改革举措，并逐渐形成了一种具备注重经济目标和社会目标有机结合的“社会包容性增长”的管理目标、混合经济制度条件下“公退私进”（或者说公营经济与私营经济活动领域范围的适当调整）的管理对象、市场化导向的管理方式，以及经济手段、法律手段和行政手段三位一体、协调运作的管理手段的独特的经济管理模式。

无论是从印度GDP的年增长率、经济总量，还是人均GDP等方面来看，印度已成功地实现了经济转型，并取得了举世公认的经济发展绩效。目前，印度全国的GDP值已突破1万亿美元大关（按现行汇率计算），而且正稳步向“年GDP2万亿美元俱乐部”迈进，从而使印度成为了继中国之后的又一个令世界瞩目的新兴经济大国。

二、以产业结构为代表的经济发展模式演绎进程远未终结

根据系统论的理论原理，事物的结构决定其性质。因此，为找到印度经济发展模式演进规律的着眼点，仍需努力揭示印度经济结构的演化规律性，这样才能真正把握印度经济发展模式演进本质。

研究表明，印度并非按照传统国家“农业—工业—服务业”次序逐渐升级递进的经济结构模式演进，而是呈现出错位式或跳跃式的产业结构演进过程，印度经济似乎是“工业革命模式的一个例外”。

然而，对于印度经济结构演化模式，不仅印度人在反思其产业结构，而且对印度以服务业为龙头带动经济发展模式，国外不少专家也是有疑问

的。研究也进一步表明：

首先，印度经济结构中的产业结构演进模式并不只是印度的个别现象，在欠发达的南亚区域其他国别的经济结构演化进程中均表现出了较大的共性特征，而且南亚大多数国家也是世界上最不发达国家。

其次，印度经济发展历程告诉我们，在低收入发展中国家中，由于第一产业和第二产业在国民经济中还占有较大比重，哪怕服务业的比重高一些，但仅靠服务业的推动，经济最多只能获得较快增长，却不能获得高速增长。要实现经济高速增长，除第三产业获得高速增长外，第一产业需要实现较快增长，第二产业则需要实现高速增长。这是因为许多服务行业的发展是建立在第一产业和第二产业的基础上的，服务业要获得高速增长，必须有第一产业和第二产业较快、较高增长速度作支撑。而且许多第二产业行业是建立在第一产业的基础上的，第二产业要实现较快增长，也离不开第一产业的支撑。

再次，从国际经验来看，第三产业的服务对象很大一部分来源于第二产业，而第二产业相对落后的印度，如果只能通过寻求海外市场来支撑其第三产业发展，那么优先发展服务业就不能创造出预期的新的就业机会。因而，印度第三产业中的许多服务部门靠承接大量的跨国外包业务，不仅这些外向型的经济部门岗位有限，而且对从业人员的教育和专业训练要求较高，于是印度相对发达的第三产业不可能从根本上缓解以农村剩余劳动力为主体的社会就业压力。事实上，目前印度人口中60%仍滞留在农村。因而，无论是出于缓解就业压力的考虑，还是为了达到出口多样化的目标，都需要尽快提高制造业在整个经济中所占份额及其国际竞争力，没有制造业为基础的第三产业，根本无法推动国内经济长期全面的发展。要吸收大量的农村人口就业，必须发展加工制造业。

最后，事实上近年来印度政府吸引外资主要是为了调整产业结构，大力发展制造业，吸引外资的2/3流入制造业，而不是服务业。印度政府出于产业平衡、扩大就业等考虑，已经采取大力发展制造业的一系列改革措施，仿效我国设立了许多经济开发区和特区，减少了对外资进入产业和股权比例的限制，鼓励国内外企业投资于传统的加工制造业，提高制造业在国民经济中的比重。

因而，如果仅以产业结构中服务业的比重增加，就片面地认为是印度经济结构模式具有其存在的合理甚至科学性，甚至认为印度模式会因此而超过或优越于中国模式等论断还为时过早。如果只是做“世界后方办公室”，仅有软件和服务外包业的快速发展而制造业、传统服务业长期跟不上，那样的发展绝不等于印度实现了现代化。

为此，印度是否会回归于传统国家“农业—工业—服务业”的次序，逐渐升级递进地演化其经济结构模式呢？我们将拭目以待。

三、印度经济发展模式面临巨大挑战，其是否具有可持续性的判断还为时过早

我们必须承认印度已由传统的“尼赫鲁模式”逐渐向“市场经济模式”演化，形成了独特的印度经济发展模式，并取得了较大成就。但是我们也要清醒地意识到印度经济发展模式面临着巨大的挑战。

事实上，在印度经济发展模式条件下的经济增长与发展，在很大程度上已遇到了诸如日益突出的增长与就业、增长与分配矛盾，较差的经济社会发展总体水平，非均衡的地区经济发展结构，农村劳动力转移面临困境，公共基础设施落后，能源短缺，资金短缺，气候条件严劣、生产力水平不高以及劳动效率低下等不利因素，它们长期制约着印度经济的可持续发展。而且，后危机时代印度经济发展模式同样面临着如外需疲软和内需乏力、对外服务贸易遭遇金融危机的影响、外国直接投资减少而国际游资冲击着印度股市等诸多挑战。

除此之外，印度的民主选举体制虽然使产权得到更加有效的保障，但它也造成了政府功能在一定程度上的异化，并削弱了政府的执政能力，尤其是在私营经济占据国民经济主导角色的情况下，其实更需要政府发挥对市场调节的纠偏和校正作用。因而，需重新界定与审视（无论是中央还是邦）经济发展进程中政府所要扮演的角色及定位。

正因为如此，印度经济发展模式是否具有可持续性的判断还为时过早，因为该模式面临的有些挑战甚至是致命的。例如，印度经济发展面临的资源短缺、各种复杂的政治社会矛盾、人文发展水平差、非常糟糕的公共基础设施，以及过早地推行西方式的民主而导致政府效率非常低下等非经济影响因素制约了其经济发展模式的可持续性。

四、充分认知印度经济发展模式并非是一件十分容易的事情

首先，任何经济发展模式的演进均是基于一定思想影响和理论指引，并随着特定的国内外环境条件的变化而具有一定的动态演化规律。因此，如何认知印度经济发展模式的动态演化规律具有较大的深度与广度。

其次，印度经济发展模式涵盖了印度经济发展体多维度、多视角的模式集合。尽管经济学家在考察经济发展模式时，必须首先对经济增长规律及其源要素（或者说增长动力源）、经济结构、宏观经济管理和对外开放格局等相关内容加以理解，但是即便是对经济增长模式、经济结构模式、经济管理模式和对外开放模式等进行深刻的理解与诠释也有较大的难度。例如，就经济增长模式而言，经济增长是一个多种因素综合作用的动态过程，在不同国家的不同历史发展时期，各因素对其经济增长的作用也各不相同。

因此，任何简单地对印度经济发展模式进行理论抽象或概括都是不合理和不科学的，否则容易犯以偏概全的错误。

第二节　经验启示

与此同时，印度经济发展模式也给予了我们一些经验启示：

一、发展中国家也能成功地依靠扩大内需助推经济增长

为此，对于发展中的人口大国来讲，经济发展可以依靠国内市场需求的拉动，即国内消费市场需求。扩大国内消费需求又必须解决大量中低收入阶层的就业问题，尤其要解决大量农村劳动力的就业问题。而要解决中低收入阶层就业问题，就必须发展劳动密集型的制造业，不能过早地、过多地发展资本和技术密集型的产业，这样也不利于吸纳大量低素质的农村劳动力，不利于动员全社会参与到经济发展中来，最终也难以助推经济增长。中国过去30多年的改革开放，基本上是在“三套马车”的投资与出

口直接拉动下，连续10多年GDP实现两位数的增长。目前，中国应逐步转变过于依靠投资和出口的经济发展模式，强调依靠国内需求和消费实现增长的模式。

二、发展中国家需正确处理增长与分配、就业的关系

就印度而言，由于人口众多、种姓制度等种种原因，印度在进行经济改革之初就存在着资本家和工人两个阶级收入分配的严重不平衡，随着经济改革的推进，印度选择了一条直接从农业生产国转向以服务业为基础的道路。尽管这一模式较大地提高了经济发展的速度，增加了上层阶级的财富，但是却无益于提供工作岗位，增加劳动人民的收入，于是印度一方面产生了2.5亿的庞大中产阶级，另一方面就业增长缓慢，而且存在着大量的失业、隐形失业、非正规就业以及童工现象，两级分化在经济改革后不仅没有得到改善，反而更加严重，这样阻碍了印度经济的进一步发展。

由此，也从反面告诫了我们，经济增长不一定能保证分配公平和增加就业。尽管经济增长是大多数发展中国家所追求的目标，然而，没有就业机会增加的经济增长、仅使富裕人群受惠导致贫富差距扩大的经济增长将带来日益严重的社会问题。因此，现阶段的中国需要在增长与分享、增长与就业之间寻求一种平衡，寻求一种高增长、低差距、各社会群体较为均等化地参与经济增长分配的“包容性增长战略”模式。

三、发展中国家更加需要支持和鼓励私营经济的发展

印度自独立时便确立了混合型发展的经济模式，私营经济所占比重大，是经济活动的主要参与者。即便是在1947—1980年的“统制”经济时期，也主要集中在对私人资本的管制上。20世纪90年代以来，印度在全球化时代进行的新自由主义改革，通过“公退私进”的所有制结构调整，政府进一步撤销管制，向私人投资开放了更多的领域，积极努力地完善私营经济发展的市场环境和政策环境，令私营经济部门更加壮大。目前，印度拥有强大的私营企业，他们成为了印度经济发展的

支柱。

相反，中国仍将国有经济（企业）视为社会主义的物质基础而对其大加袒护，允许其垄断某些关键的基础设施和战略性行业，这会不可避免地带来低效率和抑制经济整体的活力，这不得不值得我们进一步深思。

四、适度开放与均衡增长策略始终是发展中国家对外贸易的现实选择

就印度对外贸易发展模式取得的经验而言，发展中国家对外贸易发展模式演化受制于多种因素的综合作用，但无论如何，确保经济的均衡发展是发展中国家对外贸易的重要任务，推动制造业和服务业的共同发展，保证商品贸易与服务贸易的均衡增长是发展中国家今后对外贸易发展的必经之路。因此，坚持适度开放与均衡增长策略始终是发展中国家对外贸易的现实选择。

五、吸引外资主要是向外寻找需求，而不是所有权；吸引外资的软硬环境建设显得尤为重要

就印度吸引外资经济发展模式取得的经验而言，印度的外向型经济主要是向外寻找需求，而不是所有权。与中国作出的让步相比，印度对外商投资的放宽是温和的，印度给予外国投资者的是国民待遇，而不是最惠国待遇。

这也从反面告诉了我们，印度既要加强自身建设，尤其是作为吸引外国投资的重要条件软硬件基础设施建设，也要提高外资利用效率；既要完善外国投资的法律法规，也要建立有效的对外投资管理机制；同时，既要根据国情和国际发展形势，制定合理的外资政策，适当地扩大或限制外资规模，而且还需取消外资的超国民待遇，对外国直接投资流向加强政策引导，使外资流入与发展中国家的经济发展与社会进步目标有机结合。

六、发展中国家对外投资主体可以是私营企业

就印度对外直接投资发展模式而言，其既注重对外直接投资的行业调整，引进国际化的技术和管理人才，也鼓励私营企业扩大对外直接投资。与中国相比，印度进行海外直接投资最显著的特点就是投资主体绝大部分为私营企业，尤其是私人家族企业集团，而中国目前大部分已形成的跨国公司均为国营企业。因此，要想培养具有国际竞争力的大型跨国公司，我国应将支持对外直接投资的主体转向民营企业，并为其提供完备的金融、信息服务，让中国民营企业成为中国经济参与全球竞争的一支重要力量，承担起更大的历史责任。除在特殊领域外，不能再仅仅为了增强国有大型企业表面的国际竞争力，而片面去提高企业的垄断势力，产生不必要的道德风险。同时，中国民营企业在许多方面也需要更为积极地向印度家族企业学习，以尽快提高我国民族企业应对全球竞争的能力。

七、发展中国家可以根据本国的实际情况适时推进资本账户开放进程

就印度汇率制度改革模式而言，首先，对于转型国家而言，在其汇率制度的完善过程中，如何处理好外汇管理与外汇市场培育之间的关系，并使之形成良性循环，是顺利推进汇率制度完善进程的关键。印度政府在处理这个问题上采取的首先放松汇率管制、随后立即跟进外汇市场培育的策略也值得借鉴。其次，扬弃印度货币当局在汇率制度完善过程中坚持汇率反映经济基本面的管理理念。一方面，作为发展中大国，面对开放经济条件下的汇率稳定、资本自由流动、货币政策独立三元悖论，不能只简单地选择其中的两个目标，而是要在三个目标中寻求平衡；另一方面，随着资本项目的进一步开放和国际资本流动的加速，仅以实体经济（通常表现为经常项目）为汇率管理依据的做法必将面临严峻挑战。因此，印度货币当局的汇率管理理念、依据等问题都值得进一步探索。再次，资本项目开放的风险是可控的。国际资本流动的易变性被看作是许多发展中国家国际收支危机的重要诱因，正因为如此，我国在资本项目的开放上（除直

接投资外）一直十分谨慎，步伐相对缓慢。但印度在资本账户开放方面与我国迥异的路径选择和实际运行效果证明，只要我们采取适当的制度设计，资本账户开放的风险（包括证券等投资组合项目开放的风险）都是可控的。因此，我们应该根据我国的实际情况适时推进我国资本账户开放进程。

参考文献

1. ［印］鲁达尔·达特、K·P·M·桑达拉姆著，雷启淮等译：《印度经济》（上册），四川大学出版社1994年版。

2. ［印］鲁达尔·达特、K·P·M·桑达拉姆著，雷启淮等译：《印度经济》（下册），四川大学出版社1994年版。

3. 雷启淮：《当代印度》，四川人民出版社2000年版。

4. 陈继东：《独立后印度经济社会发展研究》，四川大学出版社1997年版。

5. 林承节：《印度近现代史》，北京大学出版社1995年版。

6. 张淑兰：《印度拉奥政府经济改革研究》，新华出版社2003年版。

7. 文富德：《印度经济——发展、改革与前景》，巴蜀书社2003年版。

8. 沈宏达：《经济结构三维模式》，经济管理出版社2002年版。

9. 孙培均、华碧云：《印度国情与综合国力》，中国城市出版社2001年版。

10. 陈峰君：《东亚与印度：亚洲两种现代化模式》，经济科学出版社2000年版。

11. 文富德：《印度经济全球化研究》，巴蜀书社2008年版。

12. 沈开艳、权衡等：《经济发展方式比较研究：中国与印度经济发展比较》，上海社会科学院出版社2008年版。

13. ［英］爱德华·卢斯著，张淑芳译：《不顾诸神：现代印度的奇怪崛起》，中信出版社2007年版。

14. 邓常春：《南亚次大陆经济发展与区域安全》，四川大学出版社2009年版。

15. 潘松：《我们向印度学什么》，机械工业出版社2010年版。

16. [印] 阿玛蒂亚·森、让·德雷兹著，黄飞君译：《印度：经济发展与社会机会》，社会科学文献出版社 2006 年版。

17. 邱永辉、陈继东、李德昌：《南亚国家的经济改革与民主化浪潮》，四川大学出版社 1998 年版。

18. 罗节礼：《现代西方主要经济思潮》，西南师范大学出版社 1989 年版。

19. [加] 赫伯特·G. 格鲁伯、迈克尔·A·沃克著，陈彪如译：《服务业的增长：原因与影响》，上海三联书店 1993 年版。

20. [印] 贾瓦哈拉尔·尼赫鲁著，齐文译：《印度的发现》，世界知识出版社 1956 年版。

21. 宋涛：《印度经济和发展战略研究》，福建师范大学 2003 年博士学位论文。

22. 靳晓黎、金乐琴：《外国宏观经济管理概论》，中国物价出版社 1999 年版。

23. [美] 迈克尔·P·托达罗著，印金强、赵荣美等译：《经济发展与第三世界》，中国经济出版社 1992 年版。

24. 段永瑞：《数据包络分析——理论与应用》，上海科学普及出版社 2006 年版。

25. 任佳：《印度工业化进程中产业结构的演变——印度发展模式初探》，商务印书馆 2007 年版。

26. 孙培钧、华碧云、张敏秋、高鲲：《印度垄断财团》，时事出版社 1984 年版。

27. 戴永红：“试论印度经济计划的发展战略”，《南亚研究季刊》1991 年第 3 期。

28. 杨文武：“20 世纪 90 年代以来印度经济发展模式的特性分析”，《南亚研究季刊》2007 年第 4 期。

29. 刘庆林、廉凯：“服务业外包对印度产业结构影响的分析”，《亚太经济》2006 年第 6 期。

30. 杨文武：“印度新政府反冲式启动经济发展战略背景”，《南亚研究季刊》1998 年第 3 期。

31. 杨文武、江东：“印度经济发展战略”，《南亚研究季刊》1998 年第

4 期。

32. 杨文武、钟鹏："两部门经济假设下的印度经济增长模式探析"，《南亚研究季刊》2008 年第 2 期。

33. 杨文武："试析印度经济增长"，《南亚研究季刊》2005 年第 3 期。

34. 杨文武、雷鸣："试论印度经济增长模式的形成基础、架构体态及其启示"，《南亚研究季刊》2008 年第 1 期。

35. 杨文武："论印度公营企业私有化问题"，《南亚研究季刊》1998 年第 1 期。

36. 杨文武、胡树林："印度独立初私营经济存在的客观必然性"，《南亚研究季刊》2000 年第 3 期。

37. 张立："印度产业技术政策的发展评析"，《南亚研究季刊》2007 年第 2 期。

38. 张立："印度经济发展模式的经验及教训"，《天府新论》2009 年第 5 期。

39. 张立、王学人："印度服务业增长的绩效、原因与问题"，《四川大学学报（哲学社会科学版）》2008 年第 2 期。

40. 张立："印度开放电信市场的经验与启示"，《通信企业管理》2007 年第 7 期。

41. 文富德："论印度的经济计划与市场调节相结合"，《南亚研究》1991 年第 3 期。

42. 文富德："印度经济模式的特色"，《领导之友》2004 年第 5 期。

43. 文富德："印度地区经济发展不平衡问题初探"，《南亚研究季刊》1998 年第 4 期。

44. 文富德："印度经济管理模式浅析"，《南亚研究》2006 年第 1 期。

45. 李德昌："印度经济改革新进展"，《南亚研究季刊》1995 年第 1 期。

46. 赵鸣歧："印度正在崛起——关于印度经济现代化模式的评价"，《上海财经大学学报（哲学社会科学版）》2006 年第 3 期。

47. 谢代刚、李文贵："试论印度经济发展模式的演绎进程"，《南亚研究季刊》2005 年第 2 期。

48. 江勇、王磊："中国印度经济发展比较"，《山西财经大学学报》

2005 年第 2 期。

49. 袁宜："资本项目开放中的汇率安排——印度的经验及对我国的启示",《世界经济研究》2005 年第 6 期。

50. 冷崇总："构建经济发展质量评价指标体系",《宏观经济管理》2008 年第 4 期。

51. 田璀："多指标综合评价分析方法综述",《时代金融》2008 年第 2 期。

52. 李瑞琴："印度 1991 年以来的经济改革",《中国经贸导刊》2007 年第 15 期。

53. 张环："印度经济增长因素实证分析",《亚太经济》2007 年第 2 期。

54. 陈峰君："论印度模式及其转型",《南亚研究》2000 年第 1 期。

55. 华民："中印经济发展模式的比较:相似的原理与不同的方法",《复旦学报(社会科学版)》2006 年第 6 期。

56. 王华："政治民主与经济绩效——印度发展模式考察",《华东师范大学学报(哲学社会科学版)》2007 年第 2 期。

57. 王廷琦："印度经济的增长模式及启示",《理论学习》2005 年第 4 期。

58. 刘建辉："对比中国:印度乐观预期称 21 世纪属于印度",《经济》2005 年第 3 期。

59. 程瑞声："龙象共舞 走向长期繁荣",《深圳大学学报(人文社会科学版)》2006 年第 4 期。

60. 王学人："中国和印度经济成长模式的比较",《南亚研究季刊》2008 年第 1 期。

61. 李渤、陶颖："浅析俄罗斯—印度经贸关系",《云南财贸学院学报》2004 年第 3 期。

62. 孙培钧、华碧云："印度当前经济形势与面临的问题",《南亚研究》2005 年第 1 期。

63. 孙士海："印度的城市化及其特点",《南亚研究》1992 年第 4 期。

64. 权衡："中印经济增长模式之比较",《党政干部文摘》2006 年第 11 期。

65. 朱明忠："论印度教的特点及在印度社会发展中的作用"，《当代亚太》2000年第7期。

66. 吴永年："印度传统文化与经济发展"，《当代亚太》2005年第2期。

67. 周圣葵："印度外贸战略的调整"，《世界经济》1985年第10期。

68. 张四齐、林承节："试析拉吉夫的经济思想"，《南亚研究季刊》2000年第4期。

69. 王芳："印度制造业发展缓慢的制度原因剖析"，《求是学刊》2007年第4期。

70. 刘阿男："中印对外开放模式的比较与分析"，《辽宁经济管理干部学院学报》2009年第4期。

71. 周杰：《印度跨国公司对外直接投资研究》，四川大学2009年博士学位论文。

72. 曹勇："印度资本账户开放：经验与启示"，《世界经济与政治论坛》2005年第4期。

73. 周世婷：《中国与印度双边贸易问题研究》，浙江工商大学2006年硕士学位论文。

74. 朱晓刚："印度产业结构的亮点"，《科学决策》2006年第12期。

75. 杜涛："印度外经贸政策的现状及分析"，《云南财贸学院学报》2002年第2期。

76. 刘小雪："软件及服务业对印度经济增长的影响"，《当代亚太》2004年第3期。

77. 王德华："中印两国发展市场经济比较研究——学习邓小平社会主义市场经济理论的一些体会"，《南亚研究季刊》1996年第2期。

78. 杨光斌："观念、制度与经济绩效——中国与印度经济改革的政治学理论价值"，《中国人民大学学报》2006年第3期。

79. 何道隆："印度政府减少收入分配不平等的政策措施"，《南亚研究季刊》1990年第2期。

80. 印度储备银行，http：//www. rbi. org. in/。

81. 世界银行，http：//www. worldbank. org. cn/Chinese/。

82. 亚洲开发银行，http：//www. adb. org/。

83. 世界银行数据库，http：//databank. worldbank. org/ddp/home. do。

84. Khanna，Tarun（2007），Billions of Entrepreneurs：How China and India Are Reshaping Their Futures - And Yours，Harvard Business School Press.

85. Das，Gurucharan（2006），"The India Model"，Foreign Affairs（July/August）.

86. Huang，Yasheng（2008），"The Next Asian Miracle"，Foreign Policy（July/August）.

87. Huang，Yasheng and Tarun Khanna（2003），"Can India Overtake China?"，Foreign Policy（July/August）.

88. Ministry of Finance，Government of India，Economic Survey，New Delhi.

89. Obstfeld，Rogoff，Global Current Account Imbalances and Exchange Rate Adjustment，http：//www. imes. boj. or. jp/English/publication/mes/2005/me 23 - s1 -4. pdf. 2005.

90. World Bank（2003），World Development Report：Dynamic Development in a Sustainable World，Washington，D. C.，2003.

91. Kochhar，Kalpana，Utsav Kumar，Raghuram Rajan，Arvind Subramanian，Ioannis Tokatlidis（2006），India's Pattern of Development：What Happened，What Follows，IMF Working Paper.

92. Mohamed A. El - Erian，and Michael Spence（2008），Growth Strategies and Dynamics：Insights from Country Experiences，World Economics，Vol. 9，No. 1.

93. Hansda，Sanjay K.（2001），Sustainability of Services - led Growth：An Input Output Analysis of Indian Economy，RBI Occasional Working Paper，Vol. 22，No. 1，2 and 3.

94. Gordon，James，and Poonam Gupta（2004），Understanding India's Services Revolution，IMF Working Paper WP/04/171，September.

95. Wu，Yanrui（2008），"Comparing Regional Development in China and India"，Research Paper No. 2008/13，World Institute for Development Economics Research.

96. Panagariya，Arvind（2005），The Triumph of India's Market Re-

forms: The Record of the 1980s and 1990s, Policy Analysis, November 7, No. 554.

97. Bhagwati, J. and P. Desai (1970), India: Planning for Industrialization, Oxford University Press.

98. Bhagwati, J. and T. N. Srinivasan (1976), Foreign Trade Regimes and Economic Development India, Delhi, Macmillan Company of India Ltd.

99. Joshi, V. and I. M. D. Little (1994), India: Macroeconomics and Political Economy 1964 - 1991, Washington D. C., World Bank.

100. Khanna, Tarun, Joe Kogan and Krishna Palepu (2006), "Globalization and Similarities in Corporate Governance: A Cross - Country Analysis", Review of Economics and Statistics (February), Vol. 88, No. 1.

101. G. K. Kalyanaram (2008), India's Economic Growth and Market Potential: banchmarked Against China, Journal of Indian Business Research, December.

102. S. D. Tendulkar and L. R. Jain, 1995; S. M. Dev, 1995; V. Joshi andI. M. D. Little, 1996; A. Sen, 1996; M. Ravallion and G. Datt, 1996; and M. H. Suryanarayana, 1996.

103. Sen, A. (1996), "Economic reforms, employment and poverty", Economic and Political Weekly, special issue.

104. Panda, M. and J. Quizon (1996), "Growth and distribution under trade liberalization in India", paper presented at the Econometric Society Meeting, 28 - 30 December, New Delhi.

105. Parikh, K. S., N. S. S. Narayana, M. Panda and A. G. Kumar (1997), "Agricultural trade liberalization: growth, welfare and large country effects", Agricultural Economics, Vol. 17, No. 1.

106. Manoj Panda (2006), Growth with Equity: Policy Lessons from the Experience of India, Indira Gandhi Institute of Development Research, Mumbai.

107. Sen, Amartya (1997), "On Economic Inequality" Radcliffe Lectures.

108. Alfaro, Laura (2003), "Foreign Direct Investment and Growth: Does

the Sector Matter?", Working paper, Harvard Business School, Boston.

109. Ahluwalia, I. J. (1985), Industrial Growth in India: Stagnation since the Midsixties Delhi, Oxford University Press.

110. Goldar, B. N., 1986. Productivity Growth in Indian Industry, Allied Publishers, New Delhi.

111. Ravallion M. and G. Datt (1996), "India's checkered history in fight against poverty", Economic and Political Weekly, Vol. 31, special issue.

112. Subhash C. Kashyap (2003), Political Reforms for Good Governance: A Policy Brief, Shipra Publications, New Delhi.

113. Hansda, Sanjay K. (2002), Services Sector in the Indian Growth Process: Myths & Realities, The Journal of Income and Wealth, Vol. 24, No. 1 & 2, January – December.

114. Gordon, James, and Poonam Gupta (2004), Understanding India's Services Revolution, IMF Working Paper WP/04/171, September.

115. Montek S. Ahluwalia (2005), Lessons from Indian Economics Reforms, published in, Development Challenges in the 1990s': – Leading Policymakers Speak from Experiences, The World Bank and Oxford University Press, March.

116. Nirvikar Singh (2007), Services – led Industrialization in India: Assessment and Lessons, Department of Economics and Santa Cruz Center for International Economics, University of California, Santa Cruz, USA.

117. Hansda, Sanjay K. (2002), Services Sector in the Indian Growth Process: Myths & Realities, The Journal of Income and Wealth, Vol. 24, No. 1 & 2, January – December.

118. Gordon, James, and Poonam Gupta (2004), Understanding India's Services Revolution, IMF Working Paper WP/04/171, September.

119. Kapur, Devesh and Pratap Bhanu Mehta (2004), Indian Higher Education Reform: From Half – Baked Socialism to Half – Baked Capitalism, CID working paper No. 108, Harvard University, September.

120. Kapur, Devesh and Sunil Khilnani (2006), Primary Concerns, Hindustan Times, New Delhi, April 24th and 25th.

后　记

本书是杨文武教授主持的教育部人文社会科学重点研究基地重大项目“印度经济发展模式研究”（项目批准号：08JJDGJW259）的最终研究成果。该项目于 2008 年 12 月立项，并于 2011 年底获准结项（证书编号：13JJD0090）。

本项目试图从“印度经济增长模式”、“印度经济结构模式”、“印度经济管理模式”、“印度经济对外开放模式”四大维度来破解 20 世纪 90 年代以来的“印度经济发展模式”之谜，并科学地回应甚至完善那些“以服务业为主导”、“印度软件业非常发达，但是基础设施建设很差，贫富差距大”、“内需主导型”等众说纷纭且不够准确的有关印度模式或印度经济发展模式的相关理论见解与学术观点。然而，笔者是否真正做到了这一点，还需读者来评判！

本书由杨文武教授负责篇章结构的设计和组织协调工作，其中各章节及其撰写人员分别如下：

第一章　绪论（杨文武、邹毅）

第二章　印度经济发展模式演化及基本特性（杨文武、邱倩）

第三章　印度经济增长模式（杨文武、邹毅）

第四章　印度经济结构模式

第一节　印度经济结构演化的三维模式分析框架（杨文武）

第二节　印度经济产业结构（张雨涛、杨文武）

第三节　印度经济关系结构分析（邹毅、杨文武）

第五章　印度对外开放模式

第一节　印度对外贸易发展模式（周杰）

第二节　印度外资经济发展模式（李好）

第三节　印度汇率制度改革模式（马先仙）

第六章　印度经济管理模式

第一节　管理目标——注重经济目标和社会目标有机结合（杨文武、李星东）

第二节　管理对象——选择了“公退私进”的“混合所有制”模式（杨文武）

第三节　管理方式——由经济计划管理模式逐渐向市场化导向的政策管理模式转换（陈吉祥）

第四节　管理手段——形成了经济手段、法律手段和行政手段三位一体、协调运作的格局（陈吉祥）

第七章　印度经济发展模式面临的挑战

第一节　两部门经济假设下的印度经济增长悖论（杨文武、钟鹏）

第二节　印度经济社会发展总体水平较差（雷鸣）

第三节　印度农村劳动力循环季节性转移模式面临的困境（莫秀蓉）

第四节　后金融危机时代印度经济发展模式面临的新挑战（杨文武、李文贵）

第八章　印度经济发展模式质量评价（雷鸣）

第九章　基于制度分析视角下的中印经济增长模式比较（王学人、张立）

第十章　研究结论及经验启示（杨文武、秦永红）

参考文献（雷鸣）

另外，该书稿经由四川大学南亚研究所前任所长雷启淮教授编审与校正，花费了他大量的精力与心血，在此深表谢意！

事实上，如果将印度经济发展模式解剖为印度的经济增长模式、经济结构模式、经济管理模式、对外开放模式等四大维度，并对印度经济发展模式面临的机遇与挑战、质量评价以及中印经济发展模式比较等诸多方面或领域之概念属性进行高度的抽象与概括，这的确不是一件非常容易之事。特别是对决定印度经济发展模式本质属性的，包括经济产业结构、经济关系结构和经济制度结构在内的印度经济结构模式演化及其运行特性进行深度剖析，这同样面临较大的挑战。

因而，从这个意义上讲，尽管该书稿历时3年多，耗费了项目主持人和参编人员大量的心血和汗水才得以问世，但对印度经济发展模式进行高度的理论抽象与现实考察仍具有较大的艰巨性和复杂性。

为此，限于资料和作者能力，该拙作对于不断演化的甚至尚未定性的20世纪90年代以来的印度经济发展模式只是进行了一次有益的探索和尝试，书中难免有不妥之处，敬请广大读者批评指正。

编　者

2013年10月于四川大学文科楼